李建盛◎主编
中国瑶族文化传承研究中心组编

瑶学论丛

（第四辑）

中国书籍出版社
China Book Press

图书在版编目(CIP)数据

瑶学论丛. 第四辑 / 李建盛主编. -- 北京：中国
书籍出版社，2022.1

ISBN 978-7-5068-8790-8

Ⅰ.①瑶… Ⅱ.①李… Ⅲ.①瑶族-民族文化-中国
-文集 Ⅳ.①K285.1-53

中国版本图书馆 CIP 数据核字(2021)第 228416 号

瑶学论丛·第四辑

李建盛　主编

责 任 编 辑　杨铠瑞

责 任 印 制　孙马飞　马　芝

出 版 发 行　中国书籍出版社

地　　　　址　北京市丰台区三路居路 97 号(邮编：100073)

电　　　　话　(010)52257143(总编室)　(010)52257140(发行部)

电 子 邮 箱　eo@chinabp.com.cn

经　　　　销　全国新华书店

印　　　　刷　长沙市精宏印务有限公司

开　　　　本　880 毫米×1230 毫米　　1/16

字　　　　数　387 千字

印　　　　张　19.5

版　　　　次　2022 年 1 月第 1 版　2022 年 1 月第 1 次印刷

书　　　　号　ISBN 978-7-5068-8790-8

定　　　　价　98.00 元

前　言

2020 年 11 月 29 日至 12 月 1 日，正值神州瑶都（中国·江华）瑶族盘王节之际，中国民间文艺家协会和中国瑶族文化传承研究中心主办，中共江华瑶族自治县委、江华瑶族自治县人民政府承办了 2020 年中国瑶族文化传承与发展论坛。论坛活动主题为"瑶族地区脱贫攻坚、全面建成小康社会、乡村振兴"。通过向社会各界征集论文，并邀请国内瑶学研究专家学者参加论文撰写和学术研讨，共收到全国各地来稿 106 篇。经组织专家评选，评出优秀论文 20 篇，入选论文 43 篇。现辑录部分优秀论文正式出版，以供学术交流。

因时间与人力所限，书中疏漏在所难免，请读者酌情借鉴引用。

《瑶学论丛》编委会

目录 CONTENTS

（三）民俗篇

（四）开发篇

（五）文化篇

（六）艺术篇

文献篇

非物质文化遗产视角中的
瑶族民间文学研究①

◎ 吴正彪　王贞俨

【摘要】瑶族作为中华民族大家庭中的一个重要成员，有着内容丰富、形式多样的非物质文化遗产，其中，民间文学类的非物质文化遗产不仅在人类精神文明建设中可以找到其科学的定位，而且在民族学、伦理学、红色文化传统教育、民俗学等各个方面都蕴含有相应的学术研究价值。

【关键词】瑶族；民间文学；非物质文化遗产；学术研究价值

2006 年 5 月 20 日，在国务院公布的第一批 518 项国家级非物质文化遗产代表作名录中，我国的非物质文化遗产划分成十大类，即：一、民间文学；二、民间音乐；三、民间舞蹈；四、传统戏剧；五、曲艺；六、杂技与竞技；七、民间美术；八、传统手工技艺；九、传统医药；十、民俗。由此可见，民间文学类作为口头的非物质文化遗产被排在这十大类的第一类。尽管后来在公布第二批、第三批、第四批国家级非物质文化遗产代表作名录时对这些分类又做了适当的调整，但民间文学类的非物质文化遗产一直保持不变。在中国这个多民族的大家庭中，每个民族的民间文学类非物质文化遗产也特别丰富，而且还蕴含着多个层次和不同方面的学术价值。为此，我们试以瑶族的民间文学类非物质文化遗产为例，就其学术研究价值做一些粗浅的探讨，不当之处，敬请行家批评指教。

① 基金项目：国家社科基金项目"苗瑶语族母语诗歌格律研究"（20BZW202）系列成果。

一、瑶族的民间文学体裁分类及其在非物质文化遗产中的定位

瑶族是一个历史悠久、分布面比较广的跨境民族，主要分布在国内的广西、云南、湖南、广东、贵州、江西等省区，以及境外的越南、泰国、老挝、缅甸、美国、法国、加拿大等国家，现有人口 300 余万人。瑶族由于支系多，方言土语复杂，在居住分布上具有大分散、小聚居等特点，民间文学的内容十分丰富。从体裁上分，有民间口头韵体文学，如民间歌谣、叙事长诗、古史歌、谚语、谜语、歇后语等；民间口头散文体文学，如神话、传说、故事等；民间口头说唱文学，等等。在这些民间文学类的非物质文化遗产中，最有影响的主要有古史歌《密洛陀古歌》《盘王大歌》《桂北瑶民起义歌》《歌唱赵金龙》《瑶族苦难歌》《联谊信歌》《赵玉林歌》《甲子歌》《情歌》《立传歌》《祭神歌》《婚姻歌》《生产劳动歌》《时政歌》《"读焚"古经辞》《射岩箭》《神话故事》《民俗故事》《历史典故传说》《历史人物传说》《童话故事》《石牌话》《地方风物传说》《神话传说》《祭祀辞》《祝辞》《谚语》，等等。

这些丰富多样的民间文学内容，决定了它们在非物质文化遗产中的多方面学术价值以及在人类精神文明中的科学定位。

(一)母语文化的民族性定位

民族性也是它的独特性，而这种独特性不仅表现在精神文化的独特，同时在母语文化中也体现出"我者"与"他者"的不同。如我们在贵州省荔波县瑶山瑶族乡对当地白裤瑶的民间口碑古籍歌谣进行调查记录时，这里的老人们介绍说，他们这支瑶族现在还流传有《丧葬开路歌》《婚嫁送别歌》《铜鼓木鼓起源歌》《"油锅"祭祀辞》等古籍歌谣，从瑶语的表达中，这些歌的名称表达与汉语的表达是不一样的：《婚嫁歌》在瑶族语言中称为 [ʦao⁵³ntei³³tou³³]，这里的 [ʦao⁵³] 指"歌"，[ntei³³tou³³] 指"烤火"，这首歌的准确译法应当是《火塘歌》，也就是嫁女时所举行的婚嫁送别歌。《丧葬开路歌》则由几个部分组成，一是 [pu⁵³tɕi³³nau²¹³tɯ⁵⁵]，即"给死人开路"，这里的 [pu⁵³tɕi³³] 指"开路"，[nau²¹³tɯ⁵⁵] 直译为"人死"，意译为"给死人开路的仪式歌"；二是 [nthou³³ntou⁵³]，即"解麻歌"，这里的 [nthou³³] 指"解开、解除"之意，[ntou⁵³] 则指我们用来制作衣服裙子时的麻类植物；三是 [nam³³ŋɔ²¹³vo³³]，即"交牛歌"，这里的 [nam³³] 有"交代、给予、送给"等意思，[ŋɔ²¹³] 指"水

牛"，〔vo³³〕指"黄牛"，等等。

要体现出"我者"和"他者"的不同，我们认为只有通过母语文化中的民间文学呈现出来，我们的民族性定位才有说服力，才有自己的独特性特色依据。

(二)不同支系文化丰富性的准确定位

瑶族在汉藏语系中，按照语言分类，主要由苗瑶语族的苗语支和勉语支以及壮侗语族侗水语支的拉珈语三个部分组成：勉语支又称瑶语支，有四个方言、九个土语，即勉方言(其内部包括广滇土语、湘南土语、长坪土语、罗香土语4个土语)；金门方言(其内部包括滇桂土语和防海土语两个土语)；标敏方言(其内部包括东山土语、石口土语、牛尾寨土语3个土语)；藻敏方言。① 苗语支的布努语有三个统一方言，即布努方言(其内部包括东努土语、努努土语、布诺土语3个土语)；包瑙方言；努茂方言(其内部包括努茂土语和冬孟土语两个土语)，此外，由于"原布努语的巴哼、唔奈、尤诺和炯奈四个方言不是从原始布努语中分化发展而来的，它们与原布-瑙方言都是从原始苗瑶语族苗语支分化发展而来的"，在苗瑶语方言的归类中另"作为瑶族语言系统中的几种独立语言"。自称为"拉珈"的瑶族属侗水语支，俗称"茶山瑶"和"那溪瑶支系"，主要分布在广西的金秀、平南和蒙山以及湖南省的洞口县等地。② 瑶族语言的多元性孕育了非物质文化遗产的丰富多样性，而民间文学类的非物质文化遗产同样需要在多种类型中准确定位，避免以偏概全，以一地或某一支系中某一种民间文学定位为代表整个民族的非遗文化现象。

(三)民间口头文学中的红色文化定位

从 20 世纪二三十年代开始，中国共产党在左右江革命老区建立革命根据地，创建了红七军和红八军，当时的很多瑶族与壮族、汉族和苗族同胞一起参加革命，流传在广西革命老区的红色歌谣就有很多瑶族的民间口头歌谣。如在广西东兰县瑶族山歌《瑶苗壮汉一条心》这样唱道："千条枪杆劈空起，瑶苗壮汉一条心；跟着拔哥生死战，豺狼虎豹消灭净。万杆红旗出山林，枪口对准白匪军；冲锋陷阵把命拼，各族人民享太平。"③ 而在广西巴马瑶族自治县西山老根据地的《西山瑶族革

---

① 《中国少数民族语言简志》编委会、《中国少数民族语言简志丛书》修订本编委会.中国少数民族语言简志丛书修订本·卷肆 [M].北京：民族出版社，2009：192–193.

② 奉恒高.瑶族通史 (上卷) [M].北京：民族出版社，2007：6.

③ 梁文化，张正华，覃金盾，简华春，韦玉林.左右江革命根据地红色歌谣 [M].南宁：广西美术出版社，2009：86.

命歌谣》则是这样唱的："民国十八年,西山闹革命;山上架石头,山脚安火炮;人民团结紧,好比西山石;敌人来侵犯,总是逃不了。民国十几年,人民很苦难;敌人来犯我,到处烧杀掳。民国二十年,右江大革命;据地在东兰,师长韦拔哥;痛苦的瑶民,心心向着党;组织自卫队,严守西山岗;军民战术高,胜利接胜利;革命意志坚,胜利在眼前。"①从这些歌谣中我们看到,"瑶苗壮汉一条心"的"石榴子"精神与"各族人民享太平"的革命"初心"都在这里得到充分体现。这些具有革命性的民间文学类非物质文化遗产,同样是瑶族同胞"不忘初心,砥砺前行,方得始终"的精神动力,是瑶族在艰难困苦的环境中,永远都与全国各族人民一起保持文化自信、道路自信、制度自信的一个文化定位。

(四)以社会主义核心价值观为主导所进行的选择性定位

在瑶族民间文学作品中,无论是韵文体的口传歌谣,还是散文体的民间故事传说,都蕴含有对富强、民主、文明、和谐、自由、平等、公正、法治、爱国、敬业、诚信、友善等丰富内容的追求与践行。正如《千家峒歌》所描绘的"祖先住在千家峒,四周高山团团围,峒中良田几万亩,山林茂密土地肥。耕山耕地五谷收,生活过得好富华;瑶人住有千把户,歌堂不断真逍遥"。②这是一种对富裕生活的追忆与向往。而在瑶族的《石牌话》中则是这样唱述的:"瑶山二十四花山,我们三十六瑶村;木置牌,造村社;三家为一村,五户为一寨;立得十二条三多('三多'是瑶语,即指'法规'之意),制成十三条俄料('俄料'是瑶语,这里翻译成汉语即指'法治的条款');朝还朝,瑶还瑶;人人安分又守己,个个守己又安分;谁个若乱捣粑粑('捣粑粑'指'胡作非为'之意),作恶行凶天不饶,谁犯三十三天法,谁乱九十九地规;把他烧成铜,将他化成锡;我们同心又同德,瑶家世代保平安。"③这些同样体现了瑶族民间对法治社会的遵循与维护。类似的内容还有很多,而且大部分与社会主义核心价值观的二十四字里所反映出来的理念和思想一致,因此,选择社会主义核心价值观作为瑶族民间文学类的导向定位,对弘扬正能量、推动社会进步,引导瑶族人民自觉融入人类命运共同体等都有极其重要的积极意义。

---

① 广西壮族自治区编辑组.中国少数民族社会历史调查资料丛刊·广西瑶族社会历史调查(第七册)[M].南宁:广西民族出版社,1986:45.

② 黄书光,刘保元,等.瑶族文学史[M].南宁:广西人民出版社,1988:98.

③ 《中国少数民族文学作品选》编辑委员会.中国少数民族文学作品选·第三分册[M].上海:上海文艺出版社,1981:142.

二、瑶族民间文学类非物质文化遗产的学术研究价值

对于"非物质文化遗产的价值",中国学者认为,"就是非物质文化遗产对人类具有的重要功能和作用,它存在于非物质文化遗产本身与人类的相互关系中。"[1] 人类口头的民间文学亦然。在我们看来,这种民间文学类非物质文化遗产的学术研究价值是多方面的,具体来讲,有民族学价值、伦理学价值、革命传统教育价值、民俗学价值等。在此,我们就其中的一些学术研究价值试简要概述如下。

(一)民族学价值

瑶族作为一个古老的人类文化共同体,不仅有自己的本民族母语,而且在口头的民间文学中也有着明显的民族性。从瑶族古歌《密洛陀》中,我们就可窥视到它所具有的多重民族学价值。《密洛陀》是在十分庄重肃穆的祭祀仪式活动中唱诵的,因此在名称和内容结构上都承载有瑶族布努支系深厚的民族文化特点。首先从名称上看,"密洛陀"指的是古老的女性祖先神。"密"在瑶语中是对老辈女性的尊称,汉语直译有"娘、妈、母亲"的意思,但由于古歌是在祭祀神灵的宗教场所吟诵,不可以用单音节词来表达,否则被视为对祖先神的不敬,而必须要以双音节词"密本""密阳"的读音形式在古歌中出现;"洛陀"语义也是重点在"洛"这个读音上,有"老""长辈"等意思,也是由于在宗教场所念诵,同样要以"洛陀""洛西"的双音节读音形式出现。"密洛陀"在称谓上是"密本洛西""密阳洛陀"的简称。同时在性别的身份上,"密洛陀"是瑶族的一个女性祖先神。就其名称而言,这是一首形成于母系氏族社会时期的古歌。同时也反映了瑶族早期社会发展中从母系社会向父系社会发展的历史过程。其次,《密洛陀》古歌反映了瑶族人民对远古时代人类社会生活的原始认知,并从人类及万物的起源中将早期瑶族的"文化遗留"通过古歌诵唱的方式传承着自己的母语文化。在古歌《密洛陀》中就曾如此叙述道:"拿蜂仔来造人,用蜂蜡捏头,用蜂蜡捏手,用蜂蜡捏脚,捏成了人样,捏了一个又一个,放进瓦缸里。/密洛陀在缸边则说道:'如果是鸡仔,二十天才生;如果是狗仔,两个月才出世;如果是马仔,十二个月才生;如果是牛仔,十个月才出世,如果是人仔,九个月才生。'/到了九个月,密洛陀去种地,九兄弟在家,听见瓦缸里有哭声。/九兄弟打开缸子,蜂仔已成人,有男又有女,个个白又胖。/密洛陀回来了,九兄弟对

---

① 张声震.中国瑶族布努支系密洛陀古歌(上)[M].南宁:广西民族出版社,2002:90.

密洛陀讲：'蜂仔成人啦!'密洛陀打开瓦缸，人仔动手又动脚，密洛陀心高兴，密洛陀心欢喜。密洛陀拿饭喂人仔，人仔不吃饭；密洛陀拿酒给人仔喝，人仔不喝酒。密洛陀叫来咪令，咪令胸前有两个凸凸，凸凸里有奶水，咪令用奶喂人仔，人仔吃着奶，一天天长大。/风吹过楠竹，楠竹吱吱响，人仔听见竹枝声，学会把话讲，人仔讲话不一样：有的讲汉话，有的讲壮话，有的讲瑶话。/密洛陀送他们走，密洛陀叫他们结婚，蓝和罗成双，韦和蒙结对，姓蓝到涅货涅东，姓罗到坡山坡之，姓蒙到坡细坡蒙，姓韦到可昌可所。"[1]从这段古歌里我们看到，瑶族人认为，人类的祖先是由蜂蜡捏制而成的，同时也传递了饲养蜜蜂的乡土知识。古歌还透视出这样一个信息：尽管人类说着不同的语言，归附于不同的宗族，但都是由祖先神"密洛陀"创制而来的，都有着相同的命运共同体。

(二)伦理道德价值

每个民族都有自己一套伦理道德观念的价值体系，并以此构成该民族所固有的意识形态。"有民族就必然有道德，没有道德的民族是没有的，一定的道德形式总是存在于一定的民族形式之中。"[2]也就是说，这种伦理学价值不仅体现在日常生活的习俗礼仪、族际交往、团结互助等各方面，在具体的民间文学类非物质文化遗产中同样普遍存在。如在民间传说故事《白裤瑶族的蜘蛛图腾与传说》是这样去表达他们的感恩思想的：在很早以前，瑶族人就居住在长江流域以南的地方，这里土地肥沃、自然资源丰富，瑶族人在瑶王"义勇"的带领下经过长期开垦，已经有了很大的发展，人们安居乐业，农忙种田耕地、农闲上山围猎，得到了天朝皇帝"先有瑶人，后有朝臣"的高度赞誉，并赐给"义勇"一枚方形印章作为"印信"掌管地方权力的依据。"义勇"通过"印信"来对瑶族的社会生活加强管理，瑶族同胞的生活也在有条不紊中得到了空前的繁荣，同时也引起了地方土司和外族人的嫉妒。于是，地方土司便联合一些恶霸势力强行侵占瑶族的田土，并抢走了作为印信的方形印章。瑶族人在无可奈何中携家带口外逃，而这些追兵也一直穷追不舍，瑶族人逃到一个大悬岩的山洞里躲难时，追兵也随后赶到，但看到洞口挂满了很多蜘蛛网，便认为里面没有人，瑶族人为此逃过一劫。为了感恩蜘蛛编织的网封住洞口让瑶族人幸存下来，瑶族人无论在什么场合都不会随意伤害蜘蛛，而且还形成了保护蜘

---

[1] 广西民间文学研究会，莎红.密洛陀（瑶族创世古歌）[M].南宁：广西人民出版社，1981：54-58.

[2] 熊坤新.关于中国少数民族伦理思想研究的若干思考.民族伦理研究[M].昆明：云南民族出版社，1990：4.

蛛甚至将蜘蛛作为生命保护神来加以崇拜。每当家里的小孩受到惊吓生病时,通常都会请祭司到山上去"喊魂",然后用树叶将一只蜘蛛小心翼翼地包好带回家放到病人的身旁,用蜘蛛来代表"生命的灵魂"使病者"依附",让其"灵魂"得到"回归",并在这一图腾动物的护佑下"帮助"病者早日恢复健康。① 类似的感恩故事还有很多,如《瑶山白裤瑶族"长席宴"的起源》《谷种从什么地方来》等,都反映了瑶族人对自然万物的感恩思想。除了对自然万物的"感恩"之外,瑶族人的民间口头文学中还有许多反映"诚信""与人为善""尊老爱幼""勤俭善良"等内容,这些伦理道德思想,与我们今天所倡导的践行社会主义核心价值观相一致,是民族优秀传统文化的重要组成部分。

(三)革命传统教育价值

瑶族分布较为集中的黔桂滇粤湘接壤地带位于 20 世纪 30 年代前后是中国共产党在第二次国内革命战争时期的重要革命根据地,特别是左右江革命老区,如今在当地汉族、壮族、瑶族、苗族等民族中流传下来的革命歌谣,对教育当代人"不忘初心、方得始终"有着不可或缺的革命传统教育价值。在 1993 年出版的《都安瑶族自治县志》收录的瑶族民间歌谣中就有很多这样的民歌,如:"支支粉枪怒火凶,门门土炮好威风,把把大刀闪闪亮,壮瑶团结缚苍龙。"又如:"自从成立苏维埃,瑶民个个笑颜开,翻身解放得平等,骑马出弄上街来。"再如:"右江成立红七军,为了百姓打豪绅,古弄瑶友扛梭镖,杀鸡饮血去当兵。"② 等等。在 2003 年出版的《巴马瑶族自治县志》中也收录了很多类似的革命传统教育歌谣,如:"刀架颈来眼不眨,要行共产不怕杀,莲藕折断丝还在,韭菜割了又发芽。""西山顶上有蜜桃,要想摘桃莫怕高,要想翻身就革命,快跟拔哥打土豪。"又如:"乘凉想起树遮阴,穿衣想起种棉人;瑶家翻身分田地,哎啰——,耕田想起红七军。西山楠竹根连根,架上葡萄藤牵藤;红军瑶家同播种,哎啰——,种下禾苗绿茵茵。大雁展翅向北飞,红军远征杀敌人;瑶家美酒捧在手,哎啰——,盼着红军来尝新。"③ 等等。这些内容丰富、文化厚重的民间歌谣,不仅体现了老区瑶族人民冒着生命危险紧跟中国共产党和苏维埃人民政府干革命的决心和信心,同时也反映了贫苦瑶族同胞对中国

① 谢文丽.白裤瑶族的蜘蛛图腾与传说.荔波瑶族(荔波县政协文史委员会编)[M].北京:中央文献出版社,2010:258-259.

② 都安瑶族自治县志编纂委员会.都安瑶族自治县志[M].南宁:广西人民出版社,1993:714-717.

③ 巴马瑶族自治县志编纂委员会.巴马瑶族自治县志[M].南宁:广西人民出版社,2003:675-685.

共产党领导下的工农红军的深情厚谊，将这些红色歌谣与左右江革命遗址、红色历史文化博物馆结合起来，充分发挥革命传统文化的教育作用，激励后人奋发向上，更加坚定"四个自信"，在我们今天社会生活中的意义重大。

(四)民俗研究价值

民俗文化作为"民众的知识"或"民间的智慧"在民俗学的名称定义中被译为"关于民众知识的科学"。[①]在国家级非物质文化遗产代表作名录的分类中，"民俗"与"民间文学"一起成为一个专门的类别。瑶族的很多传统节日、人生礼仪、服饰、婚丧嫁娶等民俗活动，都有相应的民间口传歌谣和故事对这些民俗文化事象进行"合理"的阐释。如湖南省宁远县里溪一带瑶族聚居区在每年农历六月初六过"半年节"、广东省连山一带瑶族每隔三至五年在农历十月十六举办"耍歌堂"民俗活动、湖南省江华瑶族自治县的瑶族在每年农历二月初一过"赶鸟节"等，都有相应的故事传说对这些节日来源进行"合理"解释。过"半年节"的传说是这样讲的，瑶族人生活在大山里，整天整年都忙于狩猎和耕种田地，把祭祀神灵的事情忘记了。那些神灵们享受不到人类敬供的祭牲和香火，便到玉帝那里告了瑶人一状，于是玉帝便派了管疟疾和发痧的两个神灵进入凡间残害瑶人，又害怕把瑶人害绝了以后再也享受不到人们敬供的祭品，于是让这两个害人的精灵在过完瑶年后就离开瑶山。两个瘟神来到瑶山，伸手摸这个摸那个，那些被摸的人随即遭殃生病死去了。然而，这两个瘟神又搞不清瑶族过年的具体时间，这样一直折腾到了五六月间。瑶家人知道只要过完瑶年瘟疫就会消除，于是便商量在六月初六这一天给土地公公过生日时隆重一点，以此假借为"瑶年"让瘟神离开。节日这一天，十二姓瑶族人会聚到土地庙里杀鸡杀鸭、屠猪宰羊，燃放鞭炮、唱诵节日歌谣，按照过"瑶年"的方式过起节来。但这两个瘟神还是不相信，说是瑶族过年要吃萝卜、地上要有白雪，他们的猜疑被瑶人知道了，大家便去找来萝卜制作菜肴，分别用石灰喷洒在山上、田土里、房上、地面，到处是白生生的一片。两个瘟神这才离开瑶山。而当年喷撒石灰的地方，种出来的庄稼也特别好。从此，瑶族人就在农历十二月三十过大年，在六月初六过"半年节"。[②]除了通过传说来解释各种节日的来源外，瑶族的婚丧礼仪活动中都伴随有相应的礼俗歌和祭祀古经辞，这些都是形式多样、内容丰富的民间口头非物质文化遗产。

---

① 乌丙安.中国民俗学（新版）[M].沈阳：辽宁大学出版社，2004：168.

② 蒲朝军，过竹.中国瑶族风土志[M].北京：北京大学出版社，1992：443-444.

从"民"和"俗"的学术研究价值看民间文学类非物质文化遗产,一方面,以此来体现出民众的社会记忆,如过"半年节"是对瘟疫灾难的历史记忆回溯;《"耍歌堂"的传说》则是对抗击恶势力暴行的记忆。另一方面,通过民间文学的口头语言,以丰富的情感形式充分地将各种文化积淀逐一表达出来,让每个"在场"人熟知"我们的文化"是怎么样的,并在文化认同中自觉地传承这些文化。

三、结语:抢救记录整理与数据化保护瑶族民间文学类非物质文化遗产的当代意义

从 2006 年国务院公布第一批国家级非物质文化遗产名录以来,如今已经先后公布了四批国家级非物质文化遗产名录,其中,属于瑶族民间文学类国家级非物质文化遗产名录的有广西壮族自治区都安瑶族自治县申报的《密洛陀》(第三批)和湖南省江永瑶族自治县申报的《盘王大歌》(第四批),这与方言土语复杂、支系繁多、题材多样、内容丰富浩瀚的瑶族民间口头文学比较起来,需要在申报国家级、省级非物质文化遗产名录中加大工作力度,使之成为当下国家提倡的全面复兴中华优秀传统文化的重要组成部分。因此,抢救记录整理与数据化保护瑶族民间文学类非物质文化遗产,我们认为,在进入 21 世纪的今天,无论是对国家的整体性协调发展,还是以"石榴子"精神在多元民族文化背景中构建人类命运共同体,都有着十分重要的意义。

一是抢救性记录整理和数据化保护,确保即将濒危的民间文学类非物质文化遗产得到有效保存,为中华民族文化的多样性提供资料储备。

瑶族民间文学类非物质文化遗产资料的搜集整理,从 20 世纪以来就已经有很多学者做了大量的工作。目前,搜索到的这些成果有如赵元任 1930 年著的《广西瑶歌记音》,多个版本的《盘王大歌》(或称《盘王歌》)出版,国家民委五种丛书中《广西瑶族社会历史调查》的歌谣搜集整理,1958 年 4 月由全国人民代表大会民族委员会办公室编的《广西大瑶山瑶族歌谣故事集(第五、六部分)》,1981 年由广西民间文学研究会搜集、莎红整理的《密洛陀(瑶族创世古歌)》,2002 年张声震主编的《中国瑶族布努支系密洛陀古歌(上中下)》,各个瑶族聚居区文化部门组织搜集的三套集成·民间文学卷,等等,可以说是做了大量的基础性工作。但是除了赵元任著的《广西瑶歌记音》和张声震主编的《中国瑶族布努支系密洛陀古歌(上中下)》是用国际音标记录的瑶族母语歌谣外,其他的文本多为汉文记录文本,值得注意的是,贵州、云南、湖南、广东等省出版的瑶族民间文学资料中,用国际音标记

录的资料微乎其微。在社会经济高速发展的今天,很多瑶族民间文学资料已经处于濒危的状况。在我们的田野调查中看到,许多有重要研究价值的民间文学口碑古籍已经处于濒危或正在消失,如在贵州荔波的三个支系瑶族中,生活在瑶山瑶族乡的白裤瑶老人中,能够完整地念诵祭祀辞的目前不超过 6 人;生活在瑶麓的青瑶不仅用瑶语唱诵的瑶族母语歌谣如今已经没有传承人,即便是一些婚丧和狩猎的祝颂辞也只有七十多岁的高龄老人能够零星地念出几句;生活在黎明关水族乡的长衫瑶支系,能够用本民族语言唱诵瑶歌的也是寥寥无几。在广西巴马、大化、都安等瑶族自治县,一些传统的瑶语古经辞如"读焚"等,能够准确翻译解释的人也不是很多。

基于瑶族母语民间文学资料的濒危和消失状况,我们认为除了使用国际音标实地抢救记录翻译整理这些资料外,还应使用录音、录像等数据库资料保存的方式,尽早及时将这些资料搜集记录翻译整理出来,使瑶族的民间文化作为中华民族文化的一个重要组成部分得到储存。

二是点面结合,补齐调查记录短板,确保每一个种类、每一个题材、每一个语言点民间文学类非物质文化遗产文本的完整性。

瑶族内部方言土语差异大、支系复杂,呈现在民间文学类的非物质文化遗产也是丰富多样,因此在搜集记录整理民间文学资料时,对于每一个语言点的歌谣、叙事诗、古史歌、古经辞、故事传说等,都要确保每个主题的资料搜集一定有完整性。只有保证其完整性,这些民间文学的民族性也才会得到体现,而"民族性是民族文化中不变的固有内容,反映了民族文化的特有模式。"[①] 同时也是一个民族长期积淀起来的精神文化魅力之所在。

三是高校专业人员、地方政府职能部门、民间文学类非物质文化遗产传承人相互配合,在记录整理的基础上共创品牌,推动非遗项目的多元化申报,为地方的两个文明建设服务。

充分发挥高校教师和研究生熟悉掌握国家音标记录瑶语歌谣和故事的专业特长,由地方政府职能部门保障调查和出版经费并协调好口传文化传承人的发音唱诵配合,逐点推进,在抢救搜集到大量民间文学资料的基础上,合作创建文化品牌,为地方的非物质文化遗产代表作名录申报和文化旅游产品的塑造发挥各自优势,使之成为瑶族地区两个文明建设的重要精神资源。

① 赵菲,刘晓巍.全球化时代强化中国优秀传统文化教育的缘由、误区与出路 [J] .教育与教学研究 (第32卷), 2018 (12) .

20 世纪初期中外人类学者的
瑶族研究及其启示

◎ 奉 莹 张猷猷

【摘要】随着 20 世纪初西方民族学人类学的引进，中国学者尝试着以科学救国、技术救国的方针路线，对瑶族在内的少数民族地区开展了实地调研工作，其中包含了国外、国内学者的学术心境和贡献。20 世纪初期瑶族研究是人类学世界化的一部分，有助于抗战时期中国边政学和乡政学的发展，有助于中国"族团意识"的形成，有利于中国性人文主义社会科学的发展。

【关键词】瑶族研究；凌纯声；费孝通；王同惠；人文主义人类学

中国是一个多民族国家，《山海经》《礼记》当中有许多对于戎夷部落的研究，魏晋时期文人更是开创了对地方民俗文化研究之新气。20 世纪初，西方现代民族学和人类学传入中国之后，人类学家开始酝酿且形成了对中国各民族进行研究的科学学科。当时，有许多西方传教士和学者对中国进行了考古学和民族学的研究，民族学主要集中在城市和汉人地区。随着一批年轻学者的留学归来，1928 年开始，中央研究院社会科学研究所的严复礼和商承祖前往广西百色县的凌云进行田野调查，去研究那些未开化的民族，当时，广西省政府称之为"特种民族"，这标志着中国民族学田野调查和本土化的开端。

一、《广西凌云瑶人调查报告》和凌纯声、徐益堂的瑶族研究

1928 年，中国地质研究所和中央研究院联合组织科学考察团，对广西西部地区地理地质、民族文化进行科学研究。此时，中央研究院社会科学研究所在上海

才刚刚成立，最初，民族学组在南京办公，组长是教育学家蔡元培先生，组员有凌纯生、林惠祥。社会科学研究所派出的是德国籍研究员严复礼（F.Jaeger）和专职编辑人员商承祖，商承祖的父亲是商衍鎏，晚清最后一次科举考试的探花，曾担任过翰林院编修和国民政府财政部秘书，被聘为汉堡大学学术助理，与德国渊源颇深。受父亲的影响，商承祖也在汉堡大学学习，其学术兴趣在于德国文学。

他们的调研范围大致在凌云县北部 350 千米，研究对象包括红头瑶、蓝靛瑶、盘古瑶、长发瑶四个瑶族支系，调研内容包括族称来源、居住情况、生产生活、体貌特征、服饰、风俗、财产继承、祖先崇拜、巫术、结绳刻木、社交、歌谣、头饰等，记录了凌云四个瑶人族群的数字、身体特征、亲属关系、动物、一般物品等，在语言上进行了比较，主要与泰语进行了对照，并且在语言上进行了详细的记录，记录了形容词、动词、短句子、姓名称谓等。在地理上他们还进行了横向的对比，严复礼将凌云的瑶人与广东韶关瑶人进行了对比，并且在广泛的地理区域内绘制了瑶人分布的地理空间。此次调查成果颇丰，严复礼和商承祖拍摄了 76 张照片，收集了日常用品和服饰共计 43 件，可以做一个小型的民族博物馆了。其实，社会科学研究所在成立之初就在筹备民族学博物馆，其目标是收集西南地区苗族和瑶族的物品。

我们可以看到，两位中研院的学者到了广西瑶族社区之后研究的范围很广，感觉像是进入了新世界，什么都感兴趣，什么都觉得新鲜，什么都研究，线条很粗犷，辐射面很广，没有学术聚焦，这也是这次考察研究的一个特点。另一个特点是，此次学术活动和研究方法在很大程度上受到德国学术影响，这是因为严复礼是德国学者，蔡元培和商承祖都有德国留学的背景，民族学组还聘请了德国学者史图博（H. Stubel）为特约研究员。[1] 第三个特点是打破了将西南地区少数民族视为西南夷的民族偏见，而是将其视为国族的一部分，这与中国传统的天下观和民族观有着极大的区别。

此次调查时间为六个月，他们将调查结果进行了整理，出版了《广西凌云瑶人调查报告》，1929 年由中研院专刊第二号刊印。值得注意的是，就在《广西凌云瑶人调查报告》出版之际，商承祖和凌云声在松花江下游等地对赫哲族进行了田野调查，1934 年出版了《松花江下游的赫哲族》一书，包括了东北古代民族、赫哲族的文化、赫哲族语言和故事四大部分，此书的出版对中国人类学意义非凡。

1933 年 5 月初，中央研究院社会科学研究所的凌纯声、助理研究员芮逸夫、

---

① 王建民.中国民族学史（上册）[M].昆明：云南教育出版社，1997：108.

技术员勇士衡前往湘西的常德、桃源、沅陵、泸溪、古丈、凤凰、麻阳、芷江、黔阳、洪江、武冈等地考察苗族和瑶族的社会状况，实际调查地点集中在凤凰、乾城和永绥三个地区。这次调研，凌纯声在中国民族学历史上第一次运用了影视方法记录苗族、瑶族日常生活，在中国民族学发展历史上是一种新的尝试，求科学之真，保存其文化之特质。

1933 年，从巴黎大学民族学学院毕业的留学生，在金陵大学教书的徐益堂，在金陵大学开设了中国边疆问题讲座，继而又组建了该校社会学系边疆民族组，并于 1935 年，进入广西象平瑶族聚集区进行了田野调查，他的研究旨趣主要体现在以下五个方面：1. 宗教信仰；2. 占卜和禁忌；3. 法律体系；4. 村落居住和社会组织；5. 饮食起居。其文章可以在 1937 年中国地理学会出版的《地理学报》中查找。徐益堂发表的文章篇幅不大，其中一个特点是对瑶民的生产生活器具描述十分详细，并且附有徐益堂自己绘制的图片。从徐益堂的调研方法和成果来看，其受到法国人类学学派的训练和影响很大，注重实地调查资料，宁肯为事实牺牲理论绝不肯为理论而牺牲事实。包括凌纯声、杨成志、卫惠林在内的几位学者，先后授业于法国人类学家莫斯（M.Mauss），形成了一个与中国人类学南、北两派不太相同的华东地区学派。北派一般比较偏向于社会科学，南派一般偏向于人文学。[1] 除了法国留学回来的人类学者之外，华东学派还包括了孙本文、黄文山、吴泽霖、柯象峰、芮逸夫、吴定良等，而后来兴起的华西学派此时的主要工作还是由外籍学者主持，基本上也没有中国学者参与，与中国人类学界的交流不多。

二、费孝通、王同惠的瑶族调查

1935 年暑假，费孝通与新婚妻子王同惠经上海、香港于 9 月份进入广西南宁，一个月之后，他们进入大藤峡瑶山进行田野作业。王同惠先后在象县东南乡的六巷、古陈村等对花篮瑶进行社会组织调查，费孝通的任务是到各个村落去测量体质。12 月 16 日，他们从古陈村调查点转移到罗运，向导先行，二人却在途中迷路，误入一片竹林，费孝通先生误入瑶人设下的陷阱，木石齐下，不幸受伤，王同惠奔出山林呼叫，落入峡谷之中不幸遇难，王同惠是中国民族学田野调查中第一个牺牲的学者。1936 年，费孝通根据他与王同惠调查的结果编写成了《花

---

① 李亦园.人类学与现代社会 [M] .台湾：水牛图书出版公司，1985：298.

篮瑶社会组织》，由商务印书馆出版。而体质方面的资料由于抗战时期"李闻事件"，费孝通匆忙离滇，这些材料也在云南丢失。

全书分为亲属关系、家庭、村落、族团与族团之间关系四个部分，共计六章。费孝通王同惠对花篮瑶的婚姻、生育习惯、儿童养育、成人礼、丧礼、经济生活、居住、亲属称谓、人口、石碑、神庙与信仰等进行了研究，不但以文化功能主义研究一个历史和结构的瑶族，而且还重点关注了族群之间的互动。这一研究方法是费孝通的导师马林诺夫斯基发明出来的一套新的田野考察技术和方法（这或许是马林诺夫斯基对于人类学的最大贡献所在），这种被后人冠之以功能论的田野工作方法集中强调的就是，人类学田野工作者应该对部落社会的人给予一种包罗万象而又相互关联的描述。① 吴文藻先生称之为"社区研究"，王同惠女士用自己的生命给社区研究奠定了基石，同时，吴文藻先生也强调了研究非汉族族团对中国国家命运的重要性。

《花篮瑶社会组织》以社区为窗口来看社会，以小见大，是一个集合集体生活的抽象概念，是复杂的社会关系全部体系之总称，同时也是一个地区人们实际生活的具体表现。文化是社区研究的核心，是历史的产物。社区是文化在时间和空间上的一个历史的和地埋的范围，社会人类学者的目标就是像解剖麻雀一样解剖文化。文化是一个有机的整体，发挥作用时是整体的而不是局部的。

从方法论来看，费孝通采用了两种方法：一种是社会调查；一种是社会学研究。社会调查是基础，人类学家专门制定出了实地调查问题格，② 社会学研究是说明和解释。这里所说的方法是功能结构论的方法。因此，不仅文化是一个整体，社区也是一个统一的体系。社区的延续依赖于社会结构的延续，功能和社会结构合二为一就是社会体系，包含着两个方面：一个是对外的适应，即古典理论讲的进化，文化的进化在先，生物的进化在后；③ 另一个是内部的完整，对外的适应指瑶族社会应对外部环境变化的自我调整，除了社会有机体调整之外还含有心理结构调整，内部的完整则是各个社会部分的完整、功能机制的完整以及民风习俗的完整。这一完整性论点后来也成了人类学者的道德准则，被后来的人类学家一再强调。

---

① 赵旭东.文化的表达：人类学的视野 [M] .北京：中国人民大学出版社，2009：38.

② 凌纯声，林耀华.20 世纪中国人类学民族学研究方法与方法论 [M] .北京：民族出版社，2004：17.

③ 列维-施特劳斯.面对现代世界问题的人类学 [M] .北京：中国人民大学出版社，2017：101.

三、广东瑶族调查研究

对广东瑶族最早的调查应该是在宣统二年到三年（1909—1911 年），德国传教士洛伊施纳（W.Leuschner）进入广东北部的乳源县进行调查，比他更早的是光绪二十八年（1902 年），日本学者鸟居龙藏进入湖南和西南地区对瑶族进行实地调研，现遗有《中国西南部人类学问题》《苗族调查报告》，不过鸟居龙藏后来将视线转向了满洲和蒙古地区，1925 年出版了《蒙古及满洲》。洛伊施纳在粤北地区进行了两年的田野调查，学习当地的瑶语，著有《中国南方之瑶子》。[①] 1936—1937 年，中山大学的杨成志带队到广东曲江、乐昌、汝源三县的瑶族聚集区进行了调研，对体质、历史、经济生活、农作、宗教信仰、房屋、工具、服饰、传说和歌谣等进行了叙述和讨论，写成了《广东北江瑶人调查报告专号》。在此期间，杨成志与美国地理学会组成了桂北科学考察团，专门研究瑶族的风俗习惯。

广东瑶族研究具有如下特点：第一，这一时期对瑶族研究关注较多的主要是中国民族学的华东学派和南派学者，研究地点主要集中在两广地区。第二，研究者虽然接受了学科训练，但也存在调查中听信他人传言妄自记录内容的问题，例如 1928 年，容肇祖和钟敬文在未进行实地调查的情况下，邀请为广东国民党党员会议跳舞的瑶族人到中山大学查问风俗习惯，以供研究。对此事，中山大学历史语言研究所周刊"西南民族研究"专号上编者明确指出，刊物缺少实地调查研究，多是纸上材料的措施整理，他们对自己的专号很不满意。第三，研究方法是文化人类学和体质人类学并重的方法，多学科交叉合作，例如，杨成志"广东北江瑶人的文化现象与体质型"，体现了人类学、社会学、民俗学、语言学、博物馆学等的多学科交叉研究方法。第四，研究较为集中，尤其重视精神信仰层面的研究，例如，江应梁"广东瑶人之宗教信仰及其经咒"认为，瑶人的宗教信仰出现了通俗化倾向，多有汉化的特征等。[②] 第五，调查时间短暂。例如，杨成志等人对粤北北江瑶人调查仅仅用了 6 天时间，徐益堂对广西瑶族地区进行调研是利用开会时间去的，严复礼和商承祖调查时间花了大概一个月，费孝通和王同惠调研的时间算是比较长的但也只是 3 个月。由于调研时间短暂，20 世纪初期人类学民族学的田野调查更多的是一个初步的了解、资料的保存和初步的比较分析。

---

① 王建民.中国民族学史（上册）[M].昆明：云南教育出版社，1997：69.
② 杨成志，等.瑶族调查报告文集 [M].北京：民族出版社，2007：317.

四、结语和启示

20 世纪上半叶是世界风云变幻的半个世纪，人类经历了两次世界大战，这一时期也是人文社会科学经历的第二次人文主义的过程。所谓的第二次人文主义是欧洲文艺复兴的延续和扩展，人类学作为人文主义的学科在世界格局的动荡变化中有了多学科交叉的价值和多功能解决问题的途径。

1. 瑶族研究是 20 世纪初期人类学世界化的一部分

人类学是舶来品，自 20 世纪初从西方传入中国，短短几年后，① 中国学者开始尝试西方人类学的中国化。这一时期，英国的马林诺夫斯基和拉德克利夫–布朗构建了结构功能论，美国的博厄斯发展了历史学派，马林诺夫斯基以经验论建立了人类学方法论的独特地位，赋予了人类学现代科学的基础，这也是大英帝国文化上的重要知识基础。② 人类学的学科知识基于与异族人的接触和交往，在从欧美传入世界其他国家的同时也传入了中国，但中国人类学的发展走上了与西方学科发展完全不同的道路和历史使命。青年留学生将人类学民族学作为救国救民的利器，带着"民族之谜"的学术使命和国家使命走进了中国华南的大山里，探索瑶族的"特殊的文化的人造物"。③ 至此，学术的历史使命与国家的历史使命紧密地联系在了一起，影响了中国人类学学者和学术的命运。

在西方，人类学从法国涂尔干社会理论脉络、结构功能论到历史学派，逐渐经历了人格心理学派和以技术可以产生能量来解释文化进步的文化学（culturology），且正在酝酿着结构人类学，人类学从外求转向了内求。人类学在中国从汉族转向了包括瑶族在内的少数民族研究，增加了理论的普及性以及所具备的挑战性和反思性，有利于学科本身的内在诉求的完成。

2. 瑶族研究有助于抗战时期中国边政学和乡政学的发展

吴文藻先生除了学术本身之外，他认为瑶族的研究对中华民族立国的基础也有实际效用，人类学的应用价值在未来不可小觑。当时，中国正面临着邻国日本的步步紧逼，1931 年"九一八事变"、1937 年"七七事变"和 1937 年底国民政府首都南京陷落，国府迁都重庆，以往的大后方变成了抗日战争的中心，一时间

---

① 现代人类学形成于 1920 年。

② 黄应贵.反景入森林 [M] .北京：商务印书馆，2010：20.

③ 安德森.想象的共同体——民族主义的起源与散布 [M] .吴叡人，译.上海：上海世纪出版集团.2008：7.

中国速亡论普及长江南北。中国政府能否坚持抗战？是否有能力继续抗战？是否会与日本侵略者达成和平妥协？如何了解少数民族问题建立边政学科呢？吴文藻先生提出了两点：他认为，边政与乡政是中国现阶段中央政治的核心，革新边政与改进乡政，推行新县制以加强力量是必不可少的，人类学可以以边政学为根据，奠定新边政的基础，辅助新边政的推行。①边政学和新边政对中国抗战的意义重大，中国幸于国土面积之广大，有深厚的战略纵深，人类学家和民族学家对边疆地区的研究，有利于国府对战略纵深的了解以及对国家资源的利用，包括对人力、物力和财力的统计、集中和调度，增强了少数民族对民族抗战的积极作用。

3. 瑶族研究有助于中国"族团意识"的形成

1936 年《花篮瑶社会组织》发表时，国民政府已经成立 25 年，离"民族国家"建设完成之期尚远，名义上的"五族共和"远远没有形成大一统的"族团意识"，瑶族等少数民族还处于受歧视的地位。清代形成了一个大一统的帝国，但它没有向心力，没有形成一个大族团单位，欧美、日本都是强有力的族团单位，也就是有向心力的民族国家，而且他们还在利用各族之间的隔膜来分裂中国，阻碍中国形成统一族团意识的进程。在当时的背景下，"到边疆去""特种民族教育政策"等如果没有对少数民族的调查，对中国的边疆政策就无从谈起。因此，政府在制定非汉族政策之前应该进行普遍的社会实地调查。

4. 瑶族研究有利于中国性人文主义社会科学的发展

当下，我们在谈论世界的全球化，其实更是一种人文主义的运动，即对世界关怀的内在化，而不是西方帝国主义扩张的世界一体化的西方化或西化。它是建立在中国性的人类学基础之上，中国对瑶族在内的少数民族的了解、包容，瑶族建立在对外部世界的适应，文化相对论会按照世界发展的轨迹和节奏被不断地书写，儒家在这一点上有借鉴价值，以出世的态度做入世的事情，②人文主义应该是一种多维度的和双向度的，不仅是文艺复兴的、工业社会的，也应当属于中国传统的文化——儒释道。

人文主义的关怀应该是双向性的，建立在文化的差异性之上。也正是在这种差异之上，一种中国性的社会科学正由 20 世纪上半叶的民族学家和人类学家建立起来，这一时期的科学研究只是实地调研和普遍人文运动的开端罢了。

---

① 吴文藻.论社会学的中国化 [M] .北京：商务印书馆，2010：571.
② 赵旭东.本土异域间 [M] .北京：北京大学出版社，2011：349.

云南瑶学研究的回顾与展望

◎ 黄贵权

【摘要】20世纪初期法国学者勒尼法苏、萨维纳等在越南开展瑶族语言文化的研究，开创了瑶学。1928年中山大学辛树帜、石声汉到广东北部和广西大瑶山开展调查，开创了中国瑶学。1958年黄惠焜、宋恩常等参加民族大调查，在今云南河口县、金平县的很小区域内开展对瑶族社会历史的调查，开创了云南瑶学。20世纪80年代瑶族学者开始涉足瑶学领域，并从20世纪90年代开始，成为云南瑶学的中流砥柱和国际瑶学的一支重要力量，是云南瑶学苦旅的坚守者、稳定器。综合迄今为止云南瑶学研究状况，结合省外、国外瑶学研究的一些新动态、新趋势，并根据瑶族文化的特点，可以认为，云南瑶学未来可以研究的领域主要有云南瑶传道藏集注、云南瑶族歌谣文献集注、瑶族歌谣用语和宗教用语研究、瑶族土俗字（仿汉瑶字）研究、瑶传道教仪式研究、瑶传道教与瑶族伦理道德规范研究、新时期瑶传道教的传承与保护研究、瑶传道教音乐与舞蹈研究、新时期瑶族村治研究、瑶族服饰演变和改革研究、瑶族歌谣传承与保护研究、瑶族传统生态文化与瑶族村社生态文明建设研究、新时期瑶族生计方式和经济产业转型研究、瑶族传统渔猎技艺及特有生产生活技术研究、新时期瑶族农村婚姻家庭研究、山瑶扶贫研究等。对于研究者个人而言，只要根据自身学术背景、特长，选择适合自己的研究方向，理应都能够为我国瑶学的繁荣发展作出重要贡献，理应都能为增进中华民族的文化自信作出应有贡献。

【关键词】云南；瑶学研究；回顾；展望

一、瑶学研究的开创和研究类型

（一）瑶学研究的开创

1. 世界瑶学的开创

从全世界范围来看，瑶学是法国学者于 20 世纪初开创。

当时或出于殖民的需要，一些法国学者语言学、民族学和人类学等相关学科的理论和方法，对越南北部的少数民族开展了调查研究。其中，涉及瑶族较多的是勃尼法苏和萨维纳。

勃尼法苏在《印度支那》杂志上发表了《白裤瑶》（1905 年）、《蓝靛瑶》（1906 年）等文章，深入研究了关于瑶族的房子、服装、经济、社会组织、仪式、文学、艺术、宗教等，并根据语言的不同特点，把越南瑶族分为"门""勉"两大支系，其中，自称为"门"的有"白裤瑶""蓝靛瑶"等，自称为"勉"的有"大板瑶"等。

萨维纳 1901 年到达越南后，在芒街（Mon-Kay）和先安（Tien-Yen）学习了僈（Mans）语（即瑶语——笔者注），1926 年发表了《法语—僈语词典》。后来，萨维纳的语言学研究成果大部分汇集在 1939 年由香港拿撒勒出版社出版的《法属印度支那语言学指南》这本书中。乔治·孔多米纳斯说，这本书"列举的八种语言中，包括有瑶族一个重要支系的语汇，主要是自称'门'的瑶族语，也附加有自称'勉'的瑶族语。"

2. 中国瑶学的开创

20 世纪 20 年代末期，一些在西方留学，学习了语言学、民族学和人类学等相关学科的理论和方法的中国人，开始对中国广东、广西两地的瑶族开展一些研究，开创了中国瑶学。他们取得的主要研究成果有：（1）辛树帜、石声汉、任国荣、黄季庄等在中山大学《语言历史研究所周刊》的《瑶族调查专号》发表的调查报告（1928 年）；（2）颜复礼、商承祖《广西凌云瑶人调查报告》（1929 年）；（3）赵元任《广西瑶歌记音》（1930 年）；（4）庞新民《两广瑶山调查》（1933 年）；（5）王同惠《广西省象县东南乡花篮瑶社会组织》（1936 年）；（6）徐益棠《广西象平间瑶民之宗教与其宗教的文献》（1942 年）；（7）唐兆民《瑶山散记》（1948 年）。其他成果还有一些，这里没必要一一列举。

（二）瑶学研究的类型："他文化研究"与"己文化研究"

如果我们曾经认为，西方舶来的语言学、民族学等学科，都是研究他人的文化，也就是研究异文化，是为殖民服务的，是殖民者的学问，那么，其实是我们自己误解了。

据我所知，作为从西方舶来的语言学、民族学和人类学等学科，在初创的时候，也有很多是西方人研究西方人的文化，这就像中国古人所做学问，大多是中国人研究中国人的文化一样。例如，亲属研究鼻祖之一的英国学者梅因（Main，H.S.），其1861年出版的《古代法律》一书，就是基于古希腊语罗马学者的证据，特别是罗马法典的古代记录。这是欧洲人研究欧洲人的文化。我把这种以自身的语言、文化作为研究对象的研究类型，称为"己文化研究"或"母文化研究"。

就在梅因所处时代的前后，西方列强凭借坚船利炮，向外扩张、侵略，在亚非拉搞殖民统治，他们不得不面对诸如美洲印第安人等不同于欧洲人的人群，于是，出于殖民统治等方面的需要，许多西方人就开始研究非西方人的语言和文化。例如，同样是亲属研究鼻祖之一的美国学者摩尔根，他研究的就不是自身的文化，而是北美印第安人的文化。他于1851年出版的《易洛魁联盟》一书，是世界上第一部以科学态度来研究印第安人的著作。我把这种以他人的语言、文化作为研究对象的研究类型，称之为"他文化研究"。这里所说的"他文化研究"，也被学术界称为"异文化研究"。

然而，关于"他文化"或"异文化"研究的界定，其实其边界有一定的模糊性。譬如说，一个民族成分是瑶族的人，但他/她的母语不是瑶语，其青少年时代也没在瑶族村社生活，那么，他/她的瑶学研究，是属于"己文化"研究呢，还是属于"他文化"研究？虽然我个人的倾向是，他/她应当被界定为"他文化"研究的类型，但这也有可能会存在争议。

1. 瑶学研究中的"他文化研究"

20世纪20年代末期至1949年中国瑶学的"他文化研究"。

这个时期属于中国瑶学的开创期。这个时期的中国瑶学与西方瑶学一样，均属于"他文化研究"或"异文化研究"的类型，并且，这个时期的许多学者，他们对待少数民族的态度，与西方学者对待亚非拉被统治的各族人民的态度相类似，那就是，他们不能用平视的目光看待少数民族和少数民族文化。这就像现在的西方人，绝大多数仍不能以平视的目光看待中国人和中国文化一样。例如，《广西凌云瑶人调查报告》等论著，因研究者明显秉承了从以往延续下来的对少数民族及其文化的俯视和歧视态度，在实际调查过程和行文中，均时时表现出对瑶族的傲慢和对瑶族文化的偏见。又如，赵元任《广西瑶歌记音》里看到了瑶族人身影，但这些瑶族人仅作为被调查对象出现，连名字都没有，只是被称为"瑶山先生"。

1949 年以后中国瑶学的"他文化研究"。

新中国成立后，国家实行民族平等政策，生活在中华大地上的各民族人民，共同成为国家真正的主人。在这种背景下，20 世纪 50 年代，政府在中国境内开展了民族大调查和民族识别工作。就云南而言，当时，由于瑶族知识分子还很稀缺，因而，对瑶族的调查，起主导作用的是汉族等兄弟民族的同志。20 世纪 80 年代，语言学、民族学等相关学科在有关高校恢复了教学和人才培养，但不可否认的是，迄今为止，这些学科所培养出来的人才，大多数是汉族等兄弟民族的人才，瑶族的人才还是很稀少。因而，迄今为止，在瑶学研究队伍中，汉族等兄弟民族的同志，其所占比例至今仍远远高于瑶族同志。

当然，与 1949 年以前研究瑶族的许多外族学者对瑶族充满着歧视和傲慢不同，1949 年以后研究瑶族的外族同志，已把瑶族当作自己的兄弟民族来看待。

2. 瑶学研究中的"己文化研究"

在 20 世纪 50 年代的民族大调查中，对于瑶族的调查研究，最能体现中华人民共和国建立所带来翻天覆地变化的，就是首次出现了一些瑶族同志的身影。当时参加了瑶族调查研究工作的黄钰、张有隽、盘承乾、邓方贵等瑶族同志，后来有的成长为广西瑶学界的中流砥柱，有的成长为北京有关高校培养新一代瑶学研究人才的导师。总之，20 世纪 50 年代的瑶族调查，虽然参加的瑶族同志还很少，但在他们的带动下，从此，中国瑶学呈现出一个崭新的格局。这个崭新的格局就是，除了有许多外族同志研究瑶族之外，也有一些瑶族同志研究瑶族。换言之，即从此，中国瑶学出现了"他文化研究"与"己文化研究"共存的局面。并且，尽管在中国瑶学研究的专业队伍中，瑶族同志所占比例一直较低，但从研究成果上看，他们却是中国瑶学的中坚力量之一。关于这一点，在云南瑶学界尤其有较明显的表现。

新中国成立后，中国普遍出现了本民族的人研究本民族文化的现象，这就从根本上改变了相关学科在以往较长时期里以"异文化"研究为主的传统，也改变了相关学科在以往较长时期里主要为殖民统治服务的传统。这种变化，是对相关学科进行"去殖民化"，也是对相关学科进行"本土化"，在很大程度上改变了学科的性质，对增强中华民族的文化自信、制度自信有着十分重要的作用，对中国的语言学、民族学等相关学科而言，是极其重要的。

二、云南瑶学研究的回顾

2010 年全国人口普查时，云南瑶族人口有 219973 人，瑶族人口仅次于广西、湖南和广东，排在第 4 位。而 2000 年全国人口普查时，云南瑶族人口排在广东之前，排在各省（区）的第 3 位。虽云南瑶族人口并不少，但或因云南少数民族众多之故，无论在哪个历史时期，云南瑶族都甚少受到外界关注。因而，云南瑶学的开创，仅缘于 20 世纪 50 年代中华人民共和国政府开展的民族大调查。

（一）1958 年至 20 世纪 70 年代：云南瑶学研究的开创期与沉寂期

在 20 世纪 50 年代的民族大调查中，1958 年以黄惠焜、宋恩常为主力的相关人员，在现今的河口瑶族自治县、金平苗族瑶族傣族自治县的很小区域内，开展了对云南瑶族的调查。这次调查，粗略掌握了云南瑶族的历史、社会、风俗习惯、经济、宗教等方面的总体状况，因而，可将 1958 年相关人员对云南瑶族的调查，视为云南瑶学的开创。

然而，云南瑶学刚刚开创，就迅速进入长达 20 年的沉寂期。在此期间，宋恩常等又对元阳、富宁、麻栗坡、勐腊等地的瑶族做了一些粗浅的调查。这样，汇集了 1958 年至 1978 年绝大多数云南瑶学成果的《云南苗族瑶族社会历史调查》一书，由云南民族出版社于 1982 年公开出版。

《云南苗族瑶族社会历史调查》的具体篇目为：黄惠焜《瑶族简介》；黄惠焜等《关于金平、屏边瑶族社会历史的综合调查》；宋恩常等《金平县一区太阳寨瑶族社会调查》；宋恩常等《金平县一区平安寨瑶族社会调查》；宋恩常等《金平县城关镇路黑浪（老街）瑶族道教调查》；宋恩常等《元阳县瑶族概况》；宋恩常等《云南瑶族习俗》。

《云南苗族瑶族社会历史调查》一书，是云南瑶学的开山之作，总体上值得肯定，但也存在不少问题。譬如，由于调查者缺乏语言学训练，因而，在瑶族的称谓上，几乎都是谬误，由此引发了云南瑶族称谓的混乱，遗患至今。再譬如，把瑶语的"做邪"[ai³³ðe²²]，误译为当地汉语的所谓"巫海"。如此等等。

（二）20 世纪 80 年代：云南瑶学研究的复苏期

以《云南苗族瑶族社会历史调查》一书的出版为标志，云南瑶学进入了一个缓慢复苏的时期。此一时期的研究成果主要有：白存德《江城县瑶家山大队瑶族情况调查》（《思茅地区民族理论研究学术论文集》，民族理论研究学会思茅分会编印，1982 年）；王世代《勐腊瑶族的恋爱》（《民族文化》1982 年第 1 期）；晏红兴《沙瑶男子的度戒》（《中南民族学院学报》1983 年第 3 期）；范一《墨江瑶族社会调查》（《中央民族学院学报》1985 年第 4 期）；宋恩常《云南瑶族道教概况》（《云南少数民族研究文集》，云南人民出版社 1986 年）；李贵恩等《云南瑶族丧葬礼仪述略》（《广西民族研究》1986 年第 2 期）；陈斌《瑶族山居刍议》（《思想战线》1987 年第 3 期）；赵廷光《试论盘古和盘瓠与瑶族的关系》（《中央民族大学学报》1989 年第 2 期）；宋恩常《富宁和麻栗坡两县瑶族支系情况》（《云南少数民族社会历史调查资料汇编〈五〉》，云南人民出版社 1989 年）；蛮夫《红河州瑶族文化教育今昔》（《民族工作》1989 年第 10 期）；邓玉民搜集《瑶族七星灯度戒文书》（《云南少数民族社会历史调查资料汇编〈五〉》，云南人民出版社 1989 年）；金少萍《富宁县团堡蓝靛瑶宗教调查》（《云南少数民族社会历史调查资料汇编〈五〉》，云南人民出版社 1989 年）；金少萍《富宁县团堡蓝靛瑶经济、文化综合调查》（《云南少数民族社会历史调查资料汇编〈五〉》，云南人民出版社 1989 年）；邓胜华《浅议瑶族道戒和师戒职能》（《红河民族研究》1989 年第 2 期）。

（三）20 世纪 90 年代至今：云南瑶学研究的发展期

20 世纪 80 年代中末期至 90 年代中期，得益于香港中文大学乔健教授和法国国家科学研究中心的雅克·勒穆瓦纳（李穆安）博士先后担任会长的"国际瑶族研究协会"的推动，更得益于赵廷光、张有隽等老一辈瑶族领导干部和瑶族学者以及各地方职能部门的推动，瑶学在中国和东南亚国家一度掀起了一股热潮，受此影响，从 20 世纪 90 年代开始，一直延续至今，云南瑶学获得了较好的发展。

1. 20 世纪 90 年代云南瑶学研究主要成果

（1）专著、编著

赵廷光《论瑶族传统文化》（云南民族出版社 1990 年）、陈斌《瑶族文化论》（云南人民出版社 1993 年）、郭大烈等编《瑶文化研究》（云南人民出版社 1994 年）、邓福昌《西双版纳瑶族》（云南民族出版社 1994 年）。

（2）论文、研究报告

赵廷光《论瑶族传统文化》（云南民族出版社 1990 年）的文集收录了赵廷光的如下文章：《瑶族度戒与道教的关系》《瑶族彩包》《论瑶族的传统道德观念及其演变》、赵廷光《论瑶族传统文化》《盘古、盘瓠考》《瑶、汉民族关系发展史研究》《瑶族〈寻亲信歌〉译文》《瑶族〈盘王遗训〉译文》。

郭大烈等编《瑶文化研究》（云南人民出版社 1994 年）的文集收录了如下文章：晏红兴《金平蓝靛瑶婚俗》、黄贵权《瑶族度戒意义的历史演变》、黄贵权《蓝靛瑶民歌浅述》、黄贵权《瑶族的书面语及其文字初探》、黄贵权《云南蓝靛瑶巫术初探》、黄贵权《云南蓝靛瑶的命名法研究》、黄贵权《云南蓝靛瑶民俗中的百越文化因素探析》、黄贵权《广南那烘村瑶族门话的语音系统》、盘金祥《云南瑶族勉话发展变化的特点》、李清毅《河口蓝靛瑶"坐歌堂"的形式及社会作用》、李永恩等《金平瑶族的宗教信仰及伦理道德》、盘金亮等《金平红头瑶婚俗——兼谈婚姻仪式的改革》、邓福昌《西双版纳蓝靛瑶传统道德规范》、曾跃明等《文山蓝靛瑶婚俗》。

其他散见于报刊图书的论文和研究报告有：赵廷光《云南蓝靛瑶婚俗》(《云南社会科学》, 1990年第1期)、蛮夫《红河瑶族地区农业经济发展探索》(《云南民族学院学报》1990年第2期)、晏红兴《金平蓝靛瑶的丧葬习俗》(《云南民族学院学报》1990年第2期)、蛮夫《对瑶族"渡戒"的认识》(红河州民族研究所编《红河民族研究文集〈第一辑〉》, 云南大学出版社1991年)、宋恩常《汉字在瑶族社会中的传播及其演变》(《云南民族学院学报》1991年第3期)、陈斌《瑶族宗教文化特征述略》(《云南民族学院学报》1991年第4期)、尹祖钧等《河口瑶族道教音乐调查》(《民族艺术研究》1992年第3期)、陈斌《瑶族神判法述论》(《东南文化》1993年第1期)、宋恩常《瑶族道教的特点》(《瑶学研究》第3辑, 广西民族出版社1993年)、郭武《道教在云南的传播和发展》(《云南社会科学》1993年第4期)、黄贵权等《瑶族度戒初探》(《瑶学研究》第3辑, 广西民族出版社1993年)、黄贵权等《"瑶族度戒是瑶族男性成年礼"说异议》(香港中文大学《新亚学术集刊》1994年第12期)、郭武《明清时期云南道教的发展》(《中国道教》1994年第2期)、黄贵权《瑶族〈开山歌〉与曲子词〈苏幕遮〉比较研究》(《广西民族学院学报》1995年第2期)、范冕《金平傣族、瑶族的民居建筑》(《云南民族学院学报(哲社版)》1996年第4期)、左停等《滇东南区村社林业管理》(吕星等编《中国云南村社林业管理现状》, 云南大学出版社1996年)、黄贵权《云南瑶族语言和文化变迁》(郭大烈主编《云南民族传统文化变迁研究》, 云南大学出版社1997年)、黄贵权《云南蓝靛瑶婚姻制度的演变》(张有隽主编《瑶学研究第4辑》, 广西民族出版社1997年)、黄贵权《蓝靛瑶度戒面具漫谈》(《广西民族研究》1998年第3期)、陈斌《瑶族盘瓠神话刍议》(《云南师范大学学报》1998年第1期)、赵廷光《合作化时期富宁瑶族退社问题研究》(《学术探索》1999年第6期)、黄贵权《瑶族对汉字和道教的吸收与改造》(何耀华主编《云南省社会科学院国际及港、澳、台地区学术交流文集》, 云南省社会科学院1999年)、黄贵权《瑶族》(郭净等编《云南少数民族概览》, 云南人民出版社1999年)、黄贵权等《瑶文》(云南省民族语文指导工作委员会编《云南少数民族文字概要》, 云南民族出版1999年)。

2. 21 世纪初期的云南瑶学

（1）专著、编著

徐祖祥《瑶族文化史》（云南民族出版社 2001 年）、刘德荣等主编《瑶族民间文学集》（云南美术出版社 2002 年）、赵廷光《瑶族祖先崇拜与瑶族文化》（中央民族大学出版社 2002 年）、黄贵权《靛村瑶族——那洪村蓝靛瑶文化的调查与研究》（云南民族出版社 2003 年）、徐祖祥《瑶族的宗教与社会——瑶族道教及其与云南瑶族关系研究》（云南人民出版社 2006 年）、黄贵权《瑶族志：香碗——云南瑶族文化与民族认同》（云南大学出版社 2009 年）、文山州瑶族研究学会编《文山瑶族研究文集》（内部资料 2008 年）。

（2）论文、研究报告类

陈文红《云南河口瑶族苗族非木材森林产品的采集》（《昆明植物所硕博研究生毕业学位论文》2000 年）、程春云《河口瑶族民歌的演唱形式与唱词规律》（《云南艺术学院学报》2001 年第 4 期）、黄贵权《谁是森林的破坏者——云南省广南县那洪村蓝靛瑶山地农林生态系统研究》（许建初等编《中国西南生物资源管理的社会文化研究》，云南科技出版社 2001 年）、王荔等《论瑶族文化的"汉化"特质与教育特征——以云南省广南县那洪村的蓝靛瑶为例》（《文山师范高等专科学校学报》2001 年第 2 期）、余鸣《云南瑶族宗教服饰的内涵》（《云南民族学院学报哲社版》2002 年第 3 期）、张鹤光等《中越边界（文山段）跨境民族调查报告》（《文山师范高等专科学校学报》2002 年第 2 期）、邓文云《中国瑶族和东南亚瑶族文化发展的历史、现状及特点》（《世界民族》2002 年第 3 期）、黄贵权《蓝靛瑶的"花""斗"人观——那洪村蓝靛瑶诞生、翁花、要斗和度师礼仪的调查与研究》（《文山师范高等专科学校学报》2003 年第 3-4 期）、黄贵权《中国云南省广南县革郎村蓝靛瑶的林地权属和森林资源管理》（许建初、［美］史蒂夫·迈克萨尔编著《多样性景观：东南亚大陆山地的传统知识、可持续生计和资源管理》，云南科技出版社 2003 年）、黄贵权《革郎村蓝靛瑶的传统知识与森林资源管理》（郑保华主编《谁是社区森林的管理主体》，民族出版社 2003 年）、黄贵权《蓝靛瑶的生态文化和村社可持续发展》（郭家骥主编《生态文化与可持续发展》，中国书籍出版社 2004 年）、黄贵权等《世界瑶族研究中的文山瑶族研究：回顾与展望》（《文山师范高等专科学校学报》2004 年第 3 期）、黄贵权《蓝靛瑶的游居与地权的变迁——云南省广南县坡来村、那洪村的研究》（尹绍亭、［日］秋道智弥主编《人类学生态环境史研究》，中国社会科学出版社 2006 年）、黄贵权《瑶族的"脱贫"观念与实践——以红河南岸矮山区两个温饱示范村为例》（张勇、［越］陈友山主编《红河流域社会发展国际论坛首届国际学术研讨会论文集》，云南大学出版社 2006 年）、黄贵权《论瑶族度戒仪式的功能》（《云南民族学文集》越文版，越南河内 2007 年）、黄贵权《最后一塘蓝靛——云南蓝靛瑶的制靛技术、蓝靛文化及其传承和保护》（张有隽主编《瑶学研究——非物质文化遗产保护与传承》第 7 辑，香港展望出版社 2008 年）、徐祖祥《云南瑶族聚落背景探析》（《云南民族学院学报〈哲社版〉》2002 年第 6 期）、徐祖祥《瑶传道教中的佛教与儒家因素》（《贵州民族研究》2002 年第 2 期）、徐祖祥《论瑶族道教的教派及其特点》（《中国道教》2003 年第 3 期）、徐祖祥《论过山瑶道教的科仪来源和教义特点》（《贵州民族研究》2003 年第 2 期）、徐祖祥《试析近代以来云南瑶族传统游耕经济和村社制度中的宗教因素》（《楚雄师范学院学报》2003 年第 5 期）、徐祖祥《瑶族道教神祇体系特点初探》（《云南民族大学学报〈哲社版〉》2003 年第 5 期）、徐祖祥《道教与云南瑶族神话的变异》（《楚雄师范学院学报》2004 年第 4 期）、徐祖祥《试论云南瑶族姓名中的瑶传道教因素》（《昆明师范高等专科学校学报》2005 年第 1 期）、徐祖祥《论瑶族道教的成仙信仰——从瑶族家先观念的道教化谈起》（《中国道教》2005 年第 5 期）、徐祖祥《瑶族还盘王愿活动中所见盘瓠崇拜的道教化》（《西南民族大学学报人文社科版》2005 年第 3 期）、徐祖祥《瑶、汉道教成仙信仰比较》（《西南民族大学学报〈人文社科版〉》2006 年第 9 期）、徐祖祥《瑶族挂灯与道教北斗七星信仰》（《云南民族大学学报〈哲社版〉》2006 年第 3 期）、张跃《云南河口瑶族社会发展态势分析》（《思想战线》2002 年第 3 期）、赵晓彪《西双版纳州各民族人口变化分析》（《西北人口》2003 年第 3 期）、盘金祥等《社会变迁中草果山村勉瑶的社区组织与村社管理》（许建初等主编《中国西南民族社区资源管理的变化动态》，云南科技出版社 2004 年）、盘金祥《谈云南红河方块瑶文古籍及其翻译》（《民族翻译》2009 年第 3 期）、柏天明《浅述瑶族男性成人礼仪的基本程序》（《文山师范高等专科学校学报》2004 年第 3 期）、杨甫旺《文山蓝靛瑶妇女传统文化与现代化》（《文山师范高等专科学校学报》2004 年第 2 期）、张靖琳等《蓝靛瑶的"度戒"及其社会意义——以云南省富宁县蓝靛瑶为例》（《文山师范高等专科学校学报》2005 年第 4 期）、邓桦《云南瑶族女童教育问题及对策探究——以文山州瑶族女童教育为例》（《昆明大学学报》2008 年第 3 期）、盘金贵《瑶族度戒宗教文化阐释》（《文山师范高等专科学校学报》2009 年第 2 期）、盘金贵《度戒仪式过程与功能——文化人类学视野下的猛硐乡蓝靛瑶度戒仪式》（《红河学院学报》2009 年第 3 期）、盘金贵《文化变迁视野下的仪式过程及功能——以云南边境老山地区蓝靛瑶跳挂仪式为例》（《文山师范高等专科学校学报》2009 年第 4 期）、刘华成等《边境瑶族地区经

济社会发展对策研究——基于云南省麻栗坡县猛硐瑶族乡调查研究》(《经济研究
导刊》2009 年第 22 期)、盘金贵等《加快边境瑶族地区经济社会发展研究——以云
南省麻栗坡县猛硐瑶族乡调查研究为例》(《广西社会主义学院学报》2009 年第 3
期)、盘金贵等《越南北部山区贫困程度及发展政策——越南河江省南明县南达屯、
南民屯瑶族村寨调查》(《红河学院学报》2009 年第 6 期)、宜农《延伸草果产业链
富了金平瑶族人》(《农产品加工》2009 年第 8 期)、杜事穗《富宁县十大措施扶持瑶
族山瑶支系发展》(《今日民族》2009 年第 2 期)。

3. 20 世纪初的云南瑶学

(1) 专著、编著类

文山州民族宗教委员会古籍办编《文山瑶族古籍文献典藏》(云南人民出版社
2011 年)、盘艳阳主编《当代云南瑶族简史》(云南人民出版社 2012 年)、金少萍
等《蓝靛瑶村寨调查——云南河口县老范寨乡斑鸠河小牛场村调查报告》(社会科
学文献出版社 2012 年)、赵廷光等《果布地区瑶族发展史》(云南人民出版社 2013
年)、杨永福主编《云南瑶族口传非物质文化遗产提要辑录》(天津古籍出版社 2013
年)、邓桦《仪式中的教育过程——云南文山蓝靛瑶"度戒"仪式的教育人类学分
析》(人民出版社 2014 年)、红河州瑶族学会编《红河瑶学研究文集(第一集)》(红河
州瑶族学会 2010 年)。

(2) 论文、研究报告类

陈斌《瑶族盟誓文化特点》(《云南师范大学学报 〈哲社版〉》 2010 年第 6 期)、
张黎明《仪式时空与表演——河口瑶族"度戒"仪式的人类学解读》(《云南农业
大学学报 〈社会科学版〉》 2010 年第 5 期)、詹林平《红河州河口县瑶族民歌音乐
特点》(《民族艺术研究》2010 年第 4 期)、詹林平等《云南河口瑶族音乐的文化语
境分析》(《北方音乐》2015 年第 2 期)、盘金祥等《红河州瑶族文字古籍》(李国文
编著《云南少数民族古籍文献调查与研究》,民族出版社 2010 年)、黄贵权《文山
州瑶族文字古籍》(李国文编著《云南少数民族古籍文献调查与研究》,民族出版
社 2010 年)、黄贵权《苗瑶族璊人的传统生态文化与村社可持续发展——以云南
省金平县金水河镇岩坡村为例》(玉时阶主编《瑶族文化生态保护研究——瑶族文
化生态保护学术研讨会论文集》,民族出版社 2014 年)、黄贵权《云南省河口县龙
冬村瑶族文化变迁研究》(云南省社会科学院民族学研究所编《来自田野的民族学
报告》,云南民族出版社 2015 年)、古文凤等《社会性别视角下苗、瑶少数民族传
统医药知识传承保护的实践》(云南省社会科学院民族学研究所编《来自田野的民
族学报告》,云南民族出版社 2015 年)、黄贵权《瑶族农村老年人生活状态调

查——云南省广南县那洪村的个案》（云南省社会科学院民族学研究所编《来自田野的民族学报告》，云南人民出版社 2016 年）、邓桦《云南蓝靛瑶 "度戒" 仪式中的教育过程》（《安徽文学〈下半月〉》2011 年第 10 期）、邓桦《云南文山蓝靛瑶 "度戒" 仪式教育过程的研究》（西南大学博士学位论文 2011 年）、邓桦《云南瑶族宗教仪式活动中的社会心理基础》（《云南社会主义学院学报》2014 年第 2 期）、王勇坚《云南红河瑶族民居的变迁——以云南省红河州金平县永平乡上寨瑶族村为例》（《文山学院学报》2010 年第 1 期）、黄禾雨《云南省瑶族非物质文化遗产保护的现状分析与对策研究》（《红河学院学报》2011 年第 6 期）、阮明德《蓝靛瑶族的文化认同——以中国云南省河口县瑶山乡水槽村与越南老街省芭莎县谷米村为例》（云南大学硕士研究生学位论文 2011 年）、何廷明《清代至民国时期文山地区苗族瑶族农业经济探析》（《曲靖师范学院学报》2011 年第 4 期）、谷家荣《滇越边民跨国流动与社会稳定研究——基于国家、地方与边民的视角》（《广西民族研究》2011 年第 2 期）、谷家荣《云南蓝靛瑶生计变迁 财富与危机并存》（《中国社会科学报》2012 年 6 月 25 日）、谷家荣《仪式叙事与隐喻转置——云南麻栗坡马嘿村蓝靛瑶 "度戒" 调查》（《中南民族大学学报〈人文社会科学版〉》2013 年第 2 期）、谷家荣《仪式结构与 "结构" 仪式——云南麻栗坡马嘿村蓝靛瑶 "度戒" 仪式调查》（《广西民族研究》2013 年第 1 期）、赵胜男《青松村 "尤勉" 宗教信仰与文化变迁状况调查》（《科技创新导报》2012 年第 29 期）、赵胜男《瑶族图腾崇拜与姓氏关系研究——以勐腊县尚勇镇青松村为个案》（《云南农业大学学报》2013 年第 1 期）、赵胜男《瑶族民间刺绣工艺的科技美学研究》（《科技中国人》2014 年第 5 期）、赵胜男等《美国瑶族身份认同的物化表达——以 "尤勉" 刺绣与服饰为例》（《民族论坛》2014 年第 8 期）、赵胜男等《瑶族地区农业科技创新状况研究——以云南省勐腊县瑶族聚居区为例》（《科技创新导报》2014 年第 29 期）、马毓彤等《尤勉刺绣文化的保护与传承》（《文教资料》2016 年第 30 期）、马军《瑶族传统文化中的生态知识与减灾》（《云南民族大学学报〈哲社版〉》2012 年第 2 期）、郭武《牛津大学图书馆藏瑶族道经考述》（《文献》2012 年第 4 期）、郭武《清代临安府瑶族宗教仪式中的汉地道教元素——以 S3451 号文本之 "关告科" 与 "开解科" 为例》（《四川大学学报〈哲社版〉》2017 年第 1 期）、杨柱标《蓝靛瑶民间歌谣开发初探》（《民族音乐》2012 年第 2 期）、刘艳辉《浅析少数民族传统技艺的消亡——以云南省蓝靛瑶传统印染技艺为例》（《社科纵横〈新理论版〉》2012 年第 1 期）、朱旭升等《中越边境基础教育政策的比较研究》（《农业教育研究》2012 年第 6 期）、胡小柳《瑶族度戒仪式中的 "重生" 寓意——以牛津大学图书馆藏瑶族道经为例》(《云南社会科学》2013 年第 5 期)、罗银伟等《论蓝靛瑶祭祀仪式舞蹈的保护与传承——以河口瑶族"非遗"传承交流会为例》(《红河学院学报》2013 年第 3 期)、罗银伟《云南河口蓝靛瑶祭祀仪式舞蹈调查研究》(云南艺术学院硕士研究生学位论文 2013 年)、李乐《论河口蓝靛瑶祭祀仪式舞蹈的艺术创作》(《大众文艺》2013 年第 5 期)、龙俸贵《试论滇越瑶族文献古籍主要内容及其保护与开发——兼论抢救保护瑶族"道公"祭司文化》(《红河学院学报》2012 年第 3 期)、龙俸贵《滇越瑶族"度戒"的文化内涵和社会功能》(《宗教学研究》2013 年第 1 期)、黄励《河口瑶族民歌音乐浅析》(《民族音乐》2013 年第 6 期)、李清毅《云南省瑶族经济社会发展现状调研》(《今日民族》2015 年第 10 期)、车彦云等《云南河口县瑶族医药传承和保护现状分析与对策研究》(《中国民族民间医药》2015 年第 23 期)、任富强《文山瑶族文化及宗教习俗探析》(《民族音乐》2015 年第 4 期)、林明辉等《云南文山地区壮族、瑶族等少数民族文化艺术的延续与发展研究》(《戏剧之家》2015 第 3 期下)、邓泽玉《中越边境非法跨国婚姻对少数民族地区发展与和谐稳定的影响分析——以云南红河河口瑶族自治县瑶山乡为例》(《魅力中国》2016 年第 30 期)、贺佳乐《跨越疆界：一个中老边境瑶族村落的边界实践》(云南民族大学硕士学位论文 2016 年)、萧霁虹《云南与东南亚的瑶族宗教文书》(《东南亚南亚研究》2016 年第 3 期)、李姗等《蓝靛瑶染布的民族植物学研究——以云南瑶区乡光明村调查为例》(2016 年 7 月 16 日呼和浩特《第八届中国民族植物学学术研讨会暨第七届亚太民族植物学论坛会议文集》)、李莉等《云南河口县瑶族口述医药文献调查分析》(《中国民族民间医药》2016 年第 14 期)。

三、云南瑶学评述

(一) 1958 年至 20 世纪 70 年代云南瑶学状况评述

从 1958 年云南瑶学的开创到 20 世纪 70 年代，云南瑶学研究队伍主要由黄惠焜、宋恩常等瑶族的兄弟民族学者主导。虽然，1958 年的调查，涉及人员除了黄惠焜、宋恩常、雷广正、李国发（彝族）等兄弟民族的同志之外，还有邓金元（瑶族）、邓信元（瑶族）、邓志平（瑶族）、黄开学（瑶族）等瑶族同志。但遗憾的是，这些 1958 年出现在人们视野中的瑶族同志，很快就从云南瑶学领域消失了。

从研究成果的内容来看，这个时期的云南瑶学研究，主要集中在经济状况、社会风习、宗教信仰等方面，其中，除了经济状况等方面描写得比较细致之外，其余方面，尤其是宗教信仰方面，描写都比较粗浅，而对于瑶族语言、文字的研究，则几乎没有涉及。

(二) 20 世纪 80 年代云南瑶学状况评述

从研究成果的内容来看，20 世纪 80 年代云南瑶学，基本仍停留在 20 世纪 70 年代以前的水平，几乎没有取得什么突破。但在 20 世纪 80 年代的云南瑶学成果中，出现了 3 个瑶族人的名字，那就是赵廷光、邓玉民、邓胜华。这标志着，瑶族人开始正式加入云南瑶学的研究队伍之中。

(三) 20 世纪 90 年代云南瑶学状况评述

在 20 世纪 90 年代的云南瑶学成果中，4 本专著、编著，就有 3 本是瑶族人写的，约 45 篇论文、研究报告，也只有 8 篇没有瑶族人的署名。可见，在这短短的 10 年里，瑶族人已经从以往较少参与瑶学研究的"旁观者"状态，变成了瑶学的中流砥柱。此期间，成果比较突出的学者，瑶族学者有赵廷光、黄贵权等，非瑶族学者有陈斌等。

从研究成果的内容上看，这个时期的云南瑶学，研究的面更广了，譬如说，出现了语言学、文字学、林业管理、瑶族音乐舞蹈等方面的研究。研究的深度也有所加强。

依托较为丰硕的瑶学研究成果，从这个时期起，云南瑶学在国际瑶学界受到了越来越多的关注，成为国际瑶学不可或缺的一个重要组成部分。

(四) 21 世纪初期云南瑶学状况评述

在 21 世纪初期的云南瑶学成果中，7 本专著、编著，有 4 本由瑶族人编写或著述；约 44 篇论文、研究报告当中，也只有 13 篇没有瑶族人的署名。可见，这个时期的云南瑶学队伍，瑶族人仍然是主力。而"异文化"研究者当中，20 世纪 80 年代至 90 年代在云南瑶学研究中活跃着的陈斌同志，已在这个时期有所淡出，取而代之的是徐祖祥同志，他在这个时期的成果相当突出。这个时期，取得较突出成果的瑶族学者有赵廷光、黄贵权、盘金贵等。

从研究成果的内容上看，这个时期的云南瑶学，研究的领域进一步扩展，譬如说，出现了有关瑶族生态文化、资源管理与利用、村社管理制度、村社发展、林地权属、瑶族医药等方面的研究。研究的深度也进一步加深，特别是在瑶传道教的研究方面，有黄贵权的 2 本专著、徐祖祥的 2 本专著和一系列论文、研究报告，在瑶族祖先崇拜方面也有赵廷光的 1 本专著。可以说，这个时期的云南瑶学，取得了比较大的突破。

（五）21 世纪初云南瑶学状况评述

21 世纪初的云南瑶学成果中，7 本编著、专著，有 4~5 本出自瑶族人之手，约 50 篇论文、研究报告中，15 篇以上有瑶族人署名。这说明，这个时期出现了 20 世纪 80 年代以前那种"异文化"研究者的瑶学论文、研究报告比例占优的情况，需要引起高度关注。其中一个很重要的原因，恐怕就是瑶族本民族的瑶学研究人才出现了青黄不接的情况。

虽如此，但总体上看，从 20 世纪 90 年代开始，瑶族本民族的学者一直是云南瑶学队伍的稳定器，是云南瑶学苦旅的坚守者。

很容易发现，由于瑶学并非显学，因而，很多"异文化"研究者在瑶学研究领域，都只是匆匆过客。的确，继陈斌同志在云南瑶学中逐渐淡出之后，21 世纪初期在云南瑶学研究中活跃着的徐祖祥同志，也在 20 世纪初逐渐淡出了瑶学领域。这就说明，要想发展瑶学，从而发扬瑶族优秀传统文化，增强瑶族的文化自信，促进瑶族的社会经济发展，除了需要国家的大力帮助，也需要依靠瑶族人民自身。这就像中华民族要增强中华民族的文化自信，不能依靠西方人，最终还是要依靠中华民族自身一样。

这个时期，成果较突出的瑶族学者有赵廷光、黄贵权、赵胜男等，非瑶族学者有谷家荣、郭武等。邓桦的成果较突出，但还不能确定她是否是"异文化"研究者。

从研究成果的内容上看，21 世纪初的云南瑶学，在研究领域上虽没有太大的拓展，但研究深度有进一步的增强。之前尚有一些研究者习惯于用文学创作的思维和文学的笔法来描述瑶族文化，特别是描述瑶族宗教文化，到这一时期，这样的文章已经极少看到了。另外，值得注意的是，瑶传道教的经典，在这个时期终于受到了较多关注，黄贵权、盘金祥、罗文福、萧霁虹在这方面发表了论文、研究报告，文山州民族宗教委员会编辑出版了《文山瑶族古籍文献典藏》，郭武等同志也从汉地道教的角度，对瑶传道教的经典进行了研究。

四、结语

20 世纪初期法国学者勃尼法苏、萨维纳等在越南开展瑶族语言文化的研究，开创了瑶学。1928 年中山大学辛树帜、石声汉到广东北部和广西大瑶山开展调查，开创了中国瑶学。1958 年黄惠焜、宋恩常等参加民族人调查，在今云南河口县、金平县的很小区域内开展对瑶族社会历史的调查，开创了云南瑶学。20 世纪 80 年代瑶族学者开始涉足瑶学领域，并从 20 世纪 90 年代开始，成为云南瑶学的中流砥柱和国际瑶学的一支十分重要的力量，是云南瑶学苦旅的坚守者、稳定器。云南瑶学研究成果迄今已相当丰富，在瑶族语言文字、瑶传道教等方面或已走在世界瑶学研究的前列，但绝大多数学者开展瑶学研究具有时段性，不能持之以恒，因而，需要通过开展更多的研究项目对人才进行培养，逐步解决云南瑶学研究人才青黄不接的问题，特别是急迫需要解决瑶族语言文字和瑶族古籍文献研究人员青黄不接的问题。因为，在瑶传道藏、瑶族歌谣文献、瑶族土俗字等方面，精通这方面知识的瑶族民间知识分子已越来越少，若无具备这些方面研究能力的研究人员及时开展研究，那么，这些文献和文字可能接连不断地变成"死书""死字"。

综合迄今为止云南瑶学研究状况，结合省外、国外瑶学研究的一些新动态、新趋势，并根据瑶族文化的特点，可以认为，云南瑶学未来可以研究的领域主要有云南瑶传道藏集注、云南瑶族歌谣文献集注、瑶族歌谣用语和宗教用语研究、瑶族土俗字（仿汉瑶字）研究、瑶传道教仪式研究、瑶传道教与瑶族伦理道德规范研究、新时期瑶传道教的传承与保护研究、瑶传道教音乐与舞蹈研究、新时期瑶族村治研究、瑶族服饰演变和改革研究、瑶族歌谣传承与保护研究、瑶族传统生态文化与瑶族村社生态文明建设研究、新时期瑶族生计方式和经济产业转型研究、瑶族传统渔猎技艺及特有生产生活技术研究、新时期瑶族农村婚姻家庭研究、山瑶扶贫研究等。对于个人而言，只要根据自身学术背景、特长，选择适合自己的研究方向，理应都能够为世界瑶学的繁荣发展作出重要贡献，理应都能为增进中华民族的文化自信作出应有贡献。

瑶族民间信仰事务管理引导路径探析

◎ 王施力　王明生

【摘要】在乡村振兴过程中管理好瑶族民间信仰事务，应当是当前和今后一段时间的重要议题。本文从思想引导、价值彰显、路径选择、模式创新四个方面进行探析。加强思想道德建设是发展社会主义文化的中心环节。各级地方政府对于民间信仰事务管理的政策法规必须尽快出台或完善。民间信仰活动场所要实行"县批、镇管、村负责"的管理体制。

【关键词】民间信仰；乡村振兴；模式创新

瑶族民间信仰是中国民间信仰的重要组成部分，历史渊源久远，社会基础深厚，现实影响较大，总体表现为场所多、活动多、神灵多、信众多。其显著特点有四：一是客观的存在性，它不完全依赖于经济发展和政治变革，它是相对独立的、自发发展的、不可遏制的，它也不会因人们认识能力的提高而很快消亡；二是广泛的群众性。它在瑶族民众之中传播广泛，盘王子孙都崇拜盘王、祭祀盘王、信仰盘王；三是特殊的复杂性。主要体现在信仰的神灵多样化、信仰目的功利性、管理上的松散性、活动方式的变化性；四是生存状态良莠同在。即价值彰显与陋俗复燃同时存在，其功能既包含了积极功能，也包含了消极功能。瑶族民间信仰作为一种瑶族的传统文化现象，客观地存在并影响着广大瑶族群众的生产生活。因此，如何在乡村振兴过程中管理好瑶族民间信仰事务，应当是当前和今后一段时间的重要议题。本文从思想引导、价值彰显、路径选择、模式创新四个方面进行探析。

一、思想引导——加强先进文化的引领作用

1. 从思想认识上引导

做好瑶族民间信仰的管理工作是推进精神文明建设的具体体现，是乡村振兴工作和维护社会稳定的需要，是各级党委政府及其职能部门的共同职责。一是要高度重视瑶族民间信仰的管理工作。瑶族民间信仰活动源远流长，民众基础深厚广泛，是一股非常强大的精神力量。为此，必须站在稳固执政基础，实现长治久安的战略高度，切实加强领导，研究对策，促进规范管理，正面引导，有序推进，使之成为乡村振兴和社会稳定的重要推手。二是要加强对相关干部的培训教育，特别是对乡镇党政主要领导的培训教育，提高对瑶族民间信仰重要性的认识，将其提到重要的议事日程，形成党政领导重视，具体工作有人抓，社会各界关心的良好局面。三是要加强社会宣传引导教育，要把做好瑶族民间信仰工作提高到乡村振兴和维护稳定的战略高度来宣传，引导群众正确理解宗教信仰自由政策，提高群众的是非意识和自我约束的能力。

2. 用先进文化米引导

先进文化是指面向现代化、面向世界、面向未来的，民族的科学的大众的社会主义文化。优秀的文化产品和积极的文化传播，能够极为有力、有效地促成社会主义核心价值观的培育和践行，进而在深化改革、加快发展、早日实现中华民族伟大复兴中国梦的历史进程中，发挥引擎和内驱作用。

加强思想道德建设是发展社会主义文化的中心环节。如何加强思想道德建设呢？一是法治与道德紧密结合，努力建立并全力实施社会主义道德体系。二是积极改造落后文化，努力防止和坚决抵制腐朽文化对人们的侵蚀。三是继承和弘扬一切优秀文化，充分体现时代精神和创新精神。

3. 从教育入手，科学引导

一要加强对瑶区基层干部和广大群众的教育引导，发挥基层组织的作用，大力宣传社会主义主流意识形态的价值观，引导他们树立科学的世界观和价值观，培养他们坚定的社会主义信仰。二要加强爱国主义和集体主义教育，坚决防范邪教及别有用心者对瑶族民间信仰信众的拉拢和渗透。三要占领思想宣传阵地。引导和组织群众开展积极、健康、向上的文化活动，丰富瑶族群众的业余生活。

二、价值彰显——深入挖掘瑶族民间信仰文化中的精华

民间信仰中有许多内容与中华民族精神相契合、与中华民族传统美德相一致，长期以来一直受到广大瑶族群众的珍视，已转化为良风美俗，经世传承。瑶族民间信仰是瑶族传统文化的重要组成部分，它为乡村振兴提供了可以利用的宝贵思想文化资源。从它的社会功能方面来看，可以从以下两个方面深入挖掘。

1. 规范行为方式、促进社会稳定功能

瑶族民间信仰中的很多内容为瑶族社区群众提供了一定的价值规范标准，进而规范瑶族群众的行为方式，协调人际关系，化解纠纷矛盾，和谐邻里关系，增强村民凝聚力，促进社会和谐稳定。

2. 传承文化、助推经济功能

实施乡村振兴战略，社会稳定是基础，农民增收是关键。如何实现农村稳定、农民富裕，优秀传统文化既是保障，又是抓手。瑶族民间信仰中所蕴含的人文精神、道德准则、行为规范既可以在教化群众、涵养乡风中发挥十分重要的作用，因此需要传承；同时，各种传承仪式的展演，又可丰富瑶族文化旅游内涵，创造当地文化旅游亮点，吸引大批外地游客，创造良好经济效益，助推经济持续发展，形成"以文化促经济，以经济养文化"的良性循环模式。此中值得关注的是瑶族师公，他们既是瑶族民间信仰仪式的主持人，客观上又兼具了瑶族文化传承人的角色，在瑶族群众中威信高、影响大。因此，我们必须要关心他们、引导他们、挖掘他们，充分发挥他们在乡村振兴和社会稳定中的积极作用。

三、路径选择——出台完善法律法规和政策体系

1. 从宏观层面来讲，国家要尽快出台关于民间信仰的法律法规

目前，我国宗教事务管理主要依据为《宗教事务条例》，其中多为原则性条款，缺乏具体事务依据。《条例》是针对制度性宗教而建立的，并不适用民间信仰事务管理，民间信仰没有"合法"身份。在过去的十来年中，民间信仰通过非物质文化遗产的途径得到一个新的生存空间，具有文化上的合理性，但其生存状况仍然暧昧——"合理而不合法"。这并不是民间信仰寻求发展策略的结果，也并不意味着民间信仰命运的彻底改观。民间信仰与非物质文化遗产有着血脉

关系，但又有很大不同。民间信仰往往表现为多种文化的有机体，不能被割裂。也就是说，如果民间信仰像中遗那样被拆散为歌曲、舞蹈、节日等项目，那就失去了原来的价值和意义，其效果也许与我们保护文化遗产的初衷相悖。当前对民间信仰事务的管理，全国大部分省市区都处于无所适从的状态。因此，国家出台可操作性强的民间信仰管理的法律法规是十分必要的。

2. 从中观层面来讲，地方政府也要出台或完善关于民间信仰事务管理的法规和政策

据了解，到现在为止全国只有 2 个省出台民间信仰管理法规和政策。2002年福建省委省府办公厅印发了《关于加强民间信仰活动管理的通知》，这是全国第一个将民间信仰管理纳入法制化轨道的省级政府规范性文件，意义重大深远。2009 年湖南省政府发布《湖南省民间信仰场所登记管理办法》，但此《办法》已发布十余年了，还有很多方面亟须完善。在这之后，全国有少数市级和县级政府也发布了一些关于民间信仰管理的法规和政策。如浙江的温州市和广西的大化瑶族自治县就出台了民间信仰管理方面的法规。此外，目前全国大部分地方政府的管理方式和态度基本上是延续了对制度性宗教的管理方式和态度，这是很不合适的。因此，各级地方政府对于民间信仰事务管理的政策法规必须尽快出台或完善。

3. 从微观层面来讲，要按照中央的"政策上要明确，体制上要理顺，加强管理和试点"的指示精神开展相关工作

笔者建议：县区级政府要由宗教部门牵头，协同有关部门和乡镇村以及具体管理组织，在全面调查的基础上，制定和完善民间信仰活动场所管理的规章制度，在条件成熟的乡镇先行试点，然后全面推开，分类处置。

四、模式创新——在规章制度上要有创新

1. 完善

要在法律法规和政策体系允许的范围内制定或完善。瑶族民间信仰活动场所管理制度的制定或完善必须遵守宪法、法律和法规，并结合本地实际和自身特点。其具体内容应包括以下四个方面：一是要提出信仰活动场所的基本要求，如登记备案、活动规模、严禁违法建筑、严禁违法活动等都要提出明确要求；二是要配备信仰活动场所专职兼职人员，并明确其工作职责和义务；三是要建立信仰活动场所的财产财务管理制度，并接受有关部门和民主自治组织的指导、

监督和审计；四是建立信仰活动场所的消防安全和卫生防疫制度，杜绝重大安全隐患事故的发生。

2. 创新

要在完善的过程中不断创新。一是管理体制要创新。民间信仰活动场所管理政策性强，情况既特殊又复杂，因为法律法规没有明确管理主体，关系不顺，许多单位能推则推，能拖则拖，任其泛滥。笔者建议：民间信仰活动场所要实行"县批、镇管、村负责"的管理体制。二是平台建设要创新。长期以来，民间信仰场所建设处于泛滥状态，未批先建者有之，违法改进者有之，筹资滥建者有之。这不仅破坏了美观和谐的环境，造成社会财富的浪费，而且还常常因用地问题产生纠纷，引发群体性事件。因此，笔者建议：由县级宗教部门牵头，国土、建设、规划部门参与，对民间信仰场所的拆除、恢复重建、合并建设进行调查登记，分类处置，镇村负责组织实施，具体的场所管理组织在县镇村三级的管理下开展日常工作，给民间信仰活动创造一个新的生存空间。三是信仰内涵要创新。就是要去其糟粕，取其精华，改造落后文化，弘扬优秀文化。

3. 求实

就是在建立和完善瑶族民间信仰活动场所的过程中要讲求实效。既要进行全面管理，不留任何漏洞，又要讲求实效，可操作性要强。

源流篇

传统的延续与身份的再造

——瑶族"盘王节"音乐文化身份研究

◎ 赵书峰

【摘要】"还盘王愿"是勉瑶以祭祀祖先盘王为主的一种传统民间祭祀仪式音乐。举办日期为每年农历十月十六日。自 1984 年以来，在官方、学者、民间等多方共同参与下，其逐渐成为湘、粤、桂、滇等区域内的，集盘王祭祀、传统与现代乐舞展演、学术论坛、商业项目合作与交流、地方旅游文化经济推广等为一体的大型节庆仪式音乐活动。"盘王节"的建构折射出"非遗"语境下的瑶族民俗活动，正在从"民间在场"走向集"国家在场""民间在场""专家在场"等多维一体的，以及传承与创新、传统与现代等综合元素的文化互文；"盘王节"节庆活动既是对勉瑶传统祭祀仪式的纵向传承（"濡化"），又是基于经济与文化全球化以及"申遗"语境中的身份重建（"涵化"），即勉瑶传统的延续与身份的再造；瑶族"盘王节"成功申报成为国家级"非遗"项目，这一事实既折射出"传统"的建构不是固定不变的，而且是可以持续性地发明与创造的。从"还盘王愿"到"盘王节"活动，既是勉瑶民俗节庆仪式音声结构的重构，又是其仪式象征与文化功能的变迁。因为，前者多是基于神圣性语境中的一种民间祭祀活动，后者则更多是带有舞台审美性质的现代民俗节庆展演。这种表演空间、表演文本、仪式象征与文化功能的显著变化，鲜明地彰显出"国家在场""民间在场""专家在场"等多种权力与话语的互动与实践。

【关键词】音乐文化；身份研究

在少数民族传统文化系统中，节庆仪式是其日常生活中最为重要的活动，是其彰显族群认同、文化认同重要的文化标签。本文研究的过山瑶"还盘王愿"

"盘王节"也不例外。目前，有关其研究主要集中在民族学、宗教学、人类学、音乐学等领域，研究内容多涉及"还盘王愿"的宗教特性、仪式音乐义本结构特点、仪式象征人类学的相关研究。首先，国内学者在瑶族"还盘王愿"仪式音乐方面的研究成果较多。如彭兆荣分别运用人类学仪式研究理论重点分析了"还盘王愿"仪式音乐的结构与叙事特征。①笔者主要针对瑶族"还盘王愿"仪式中的道教音乐与盘王大歌的本体结构与文化意义进行了深入的分析与解读。②邹宇灵结合文化边界理论审视瑶族"还盘王愿"仪式功能与象征符号的多维文化意义。③其次，瑶族"盘王节"的社会功能、文化认同等研究。如冯智明、甘金凤的研究。④遗憾的是上述两位作者在从"还盘王愿"到"盘王节"的音乐变迁与身份重建问题方面并没有进行深入考察研究，只有毛巧晖率先关注到"还盘王愿"与遗产化的"盘王节"之间在"文化展示""时间表述"问题上的区别。⑤目前，学界甚少从民俗节庆的表演文本、表演场域与仪式文化功能的变迁维度思考"还盘王愿"与"盘王节"之关系。通过笔者多年的瑶族"还盘王愿""盘王节"实地田野考察实践，笔者认为，有必要针对上述两种关系密切但性质有别的瑶族节庆活动，在表演文本构成、表演场域、文化功能变迁等问题方面展开深入思考。

一、瑶族"还盘王愿"与"盘王节"概述

（一）瑶族"还盘王愿"仪式音乐

"还盘王愿"（"还家愿"）仪式（图1），是说勉语的过山瑶与优勉瑶支系民间共同的一种祭祀祖先盘王神的传统仪式。它主要流播在中国湘、粤、桂、滇，东南亚的越、老、缅、泰以及美国、加拿大、法国、巴西等欧美国家。"还盘

① 彭兆荣.仪式叙事的原型结构——以瑶族"还盘王愿"仪式为例 [J] .广西民族大学学报（哲学社会科学版），2008（5）：53-58.
② 赵书峰.湖南瑶传道教音乐与梅山文化——以瑶族还家愿与梅山教仪式音乐的比较为例 [M] .北京：民族出版社，2013.
③ 邹宇灵.仪式艺术的文化边界与技艺传承——广西贺街镇瑶族还盘王愿个案 [J] .民族艺术，2018（5）：125-127.
④ 冯智明，甘金凤.社区参与、仪式庆典与村落整合——以广西恭城平地瑶盘王节为例 [J] .重庆文理学院学报（社会科学版），2018（1）：27-34.
⑤ 毛巧晖.文化展示与时间表述：基于湖南资兴瑶族"盘王节"遗产化的思考 [J] .民间文化论坛，2018（3）：5-11.

图1：湖南蓝山县汇源瑶族乡"还盘王愿"仪式
（2017年2月拍摄）

王愿"仪式为每年的农历十月十六日举行。"还盘王愿"是道教音乐与瑶族传统文化的合流，是以祈福还愿为主体的民间神圣性信仰仪式音乐。清代学者顾炎武撰《天下郡国利病书》对"还盘王愿"仪式乐舞场景有着比较清晰的描述："衡人赛盘瓠，……误祈许盘古。赛之日，巫者以木为鼓，圆径手一握，中小而两头大，如今之杖鼓，四尺者，谓之长鼓，二尺者谓之短鼓。圆径一斗余，中空两斗大。四尺者，谓之长鼓，二尺者，谓之短鼓。巫有练帛长二三尺，画自盘古而下三皇五帝，……是日，以帛画悬之长杆，鸣锣击鼓吹角，巫一人以长鼓绕身而舞；二人复以短鼓相向而舞。"①上述文献不但体现了仪式浓厚的道教色彩，而且对"还盘王愿"仪式乐舞给予了比较形象化的描绘。其次，民间举办"还盘王愿"主要是融合瑶传道教音乐与瑶族传统的祖先信仰为一体民间的祭祀活动，一般需要7天6晚，仪式与音乐结构庞大复杂。仪式的核心环节主要以《盘王大歌》为主。如民国雷飞鹏纂修《蓝山县图志·瑶俗》（卷十四）记载的瑶族"还盘王愿"仪式场景，即"瑶祭槃瓠，其祖堂在西庭左，祈福禳病则赛之，所谓赛槃瓠也，其赛祭，巫以练帛二三尺，画诸神，竿悬之用，用乐，以木为腰鼓二，长者四尺，段二尺，击鼓鸣铙，吹角，或吹横笛，一人持长鼓，绕身而舞，二人短鼓相向舞，随口歌呼，旋舞啗酒肉醉饱，连数日，费数十百金不遴。……按瑶歌词调不一，其音节，有瑶音，有五朝音，又皆有本音，有唱音，唱声靡曼动人。"②上述文献内容即描述了"还盘王愿"仪式场景，从仪式道教

① [清] 顾炎武.天下郡国利病书·湖广下（第59册）[M] .上海：上海古籍出版社，2012：203.
② 雷飞鹏.蓝山县图志·瑶俗（卷十四）[M] .台北：成文出版社，1970：1040-1042.

化的坛场布置到祭祀乐舞音乐的风格、形制特征与仪式音声特点等内容进行了细致的描述。同时看出，"还盘王愿"仪式是瑶族自古以来在民间流传的一种重要的以祭祀祖先盘王神为主体的祈福还愿仪式活动。

图 2：广东乳源"盘王节"中的"盘王祭祀"仪式

（2018 年 11 月拍摄）

（二）瑶族"盘王节"的由来

1984 年，广西壮族自治区民委召开会议，商讨成立"中国瑶族研究会"并在瑶族民族节日座谈会上确定"盘王节"为瑶族统一的民族节日。会上还成立了"一九八四年瑶族'盘王节'筹备委员会"，之后每年农历十月十六日，将轮流到各有关省、地、市举行"盘王节"活动。[①]

图 3：广东乳源"盘王节"中依据过山瑶音乐元素创作的原创音乐剧《过山"谣"》

（2018 年 12 月拍摄）

可以看出，与瑶族民间的"还盘王愿"略有不同，"盘王节"是对民间"还盘王愿"仪式音乐的传承与创新，是由政府策划和举办的，集盘王祭祀仪式、传统与现代、流行文化展、商业洽谈合作、旅游文化推广、学术研讨等为

[①] 潘启家.自治区民委召开商讨成立"中国瑶族研究会"和确定瑶族民族节日座谈会 [J] .广西民族学院学报（哲学社会科学版），1984 (3)：149.

一体的大型现代民俗节日活动。当下，以湖南江华，广东连南、乳源，广西的富川、金秀、恭城等瑶族县为代表（图 2），每年都要举办隆重的以政府为主导，以推动旅游文化经济与商业项目合作为主旨，以传承与发展、保护过山瑶传统文化为重点的过山瑶"盘王节"活动。比如笔者于 2018 年 11 月在广东乳源参加的"过山瑶文化起源与传承发展暨瑶族文化生态保护国际学术研讨会"活动，就是集瑶族传统文化田野考察、瑶族盘王祭祀活动、瑶族盘王节广场展演、过山瑶原创音乐剧《过山"谣"》（图 3）首演等活动。

二、"盘王节"：两种表演场域的互文

"盘王节"活动期间，通常有两种表演场域同时进行。即盛大的盘王祭祀活动，通常在政府修建的盘王庙中举办，更多地表现为文化展演特点，甚至是一种被观看、参观的民俗祭祀活动。其次，"盘王节"中的盘王祭祀仪式多处于一种集体性、开放性表演语境中，是地方政府策划的集体性的祈福禳灾仪式。然而，民间的"还盘王愿"多是一种民间自发的、封闭性的，以家庭或同一姓氏家族为单位的祈福还愿仪式，是一种严格遵从瑶族民俗禁忌为主的神圣性祭祀活动。这种民间的盘王祭祀仪式展演与"盘王节"活动中的广场大型舞台艺术展演的文化属性区别较大，多是集瑶族传统文化、当下流行文化等为一体的综合性舞台艺术展演。这种表演场域中的盘王祭祀展演并行发展，构成了"盘王节"活动两种主要的音声景观。盘王庙中的祭祀乐舞是一种神圣性的表演景观，且仪式主要选取民间的"还盘王愿"主体框架进行展演，比如瑶传道教仪式部分的"请圣""还圆盆愿""还催春愿""请五谷神"等，以及盘王祭祀仪式部分的诵唱《盘王大歌》环节，而广场上的由传统与流行文化拼贴而成的，是一种开放性、去世俗性、文化传播性质的声音景观。相对于民间的"还盘王愿"仪式，作为"遗产化"的"盘王节"的表演场域呈现出神圣性与世俗性并行发展的二维空间音声景观特征。

三、传统与当代音乐文化的互文

互文性研究强调不同文化像马赛克般地拼贴与重组（重建）。"盘王节"音乐就是瑶族传统音乐与当代流行音乐元素的多元互构形成的，是一种集传统的盘王祭祀，具瑶族文化元素的原创音乐、舞蹈、服饰等为一体的多元与再生性

节庆仪式文本。"盘王节"或者称之为"还盘王愿"仪式音乐的"承文本"（"派生文本"）。如法国后解构主义学者热拉尔·热奈特认为："'承文本性'是表示任何联结文本 B（称为承文本）与先前的另一文本 A（称为蓝本）的非评论性攀附关系，前者是在后者的基础上嫁接而成的。"①所以，这些具有现代与流行元素的文化展演，多是改变了其原初的音乐舞蹈语义之后，进入一种新的表演语境中，被赋予一种新的文化象征隐喻，进而构建成"盘王节"多维的舞台表演空间。即作为"非遗"文化符号的"盘王节"活动的主体框架，是打造在"还盘王愿"仪式基础上的传统与现代乐舞文化的交互文本。因为，当一种新的文化元素被镶嵌到某一表演文本之后，不但是表演空间的变迁，而且是表演隐喻的重建过程，即表演文本的语境变迁。"盘王节"表演的文化互文，不但是表演素材的文化交互，而且是表演语境与文化象征的多维构建过程。比如，广东乳源"盘王节"的原创音乐剧《过山"谣"》（图 3）、湖南江华音乐舞蹈史诗《盘王之女》的首演，不但主要呈现过山瑶的传统文化元素，而且吸纳了诸多流行文化元素（流行音乐、瑶族服饰秀等）。瑶族"盘王节"仪式表演文本既尊重过山瑶文化传统，又适合当代人审美受众的具有展演性质的舞台作品。在"盘王节"广场展演活动中，是一种集传统与现代、流行与时尚、多元文化的拼贴。包含过山瑶民俗仪式展示、现代版的过山瑶元素的歌曲、舞蹈展演、服装秀模特展演。仪式活动的核心内容是"盘王节"大型广场节目展演活动。比如，乳源"第十二届乳源瑶族'十月朝'文化旅游节"开幕式文艺汇演节目单：《盘王祭》、龙舞狮表演《龙飞狮跃》、舞蹈《瑶汉亲》、对唱《不忘初心》、瑶族舞蹈《山连山》、瑶族服饰走秀《古风今韵》、男女声二重唱《美丽的瑶乡》、瑶族舞蹈《走山的女儿》、舞蹈《相聚在这里》等。可以看出，瑶族"盘王节"活动是一种多元文化融合（传统与当代、民间与官方、时尚与流行化）的文化互文。

四、瑶族"盘王节"：被发明的"非遗"传统

瑶族"盘王节"自 1984 年被政府、学者、民间艺人等建构之后，在"非遗"运动的影响下，经过了 22 年的发展变迁，由广西壮族自治区贺州市、广东省韶关市联合申报，于 2006 年 5 月，被国务院批准列入首批国家级非物质文化

---

① [法] 热拉尔·热奈特，热奈特论文集 [M] . 史忠义，译 . 天津：百花文艺出版社，2000：74.

遗产名录。"盘王节"成为国家级"非遗"项目的现实进一步表明：传统是在长期的社会历史时段内不断地被持续性建构的事实，传统的传承需要很多新的元素和新鲜血液的注入，才能维持其传承、传播的能量。"盘王节"的历史建构是新时代"非遗"运动语境中的瑶族传统音乐文化的一种新的创造与发明。

其次，"盘王节"的构建是借以实现瑶族文化认同的多层级建构，即族群认同、区域认同、政治认同。因为，只有实现上述多层级文化认同，才能被政府与专家评审系统审定为"非遗"项目，才真正成为瑶族的一种新的文化传统。且进一步印证了传统的概念不是固定不变的，而是可以吸纳新的文化元素进行创造与发明的。正如有学者对"盘王节"的研究认为，"'盘王节'被重构与各地瑶族盘王节恢复的大环境有关。由传统的还盘王愿仪式发展为融合祭祀、庆贺、娱乐的'盘王节'庆典是较为晚近之事。20世纪80年代以前并无统一的十月十六盘王节，由于瑶族支系繁多，各地祭盘王的时间并不一致。1984年8月，广西民族事务委员会召开瑶族干部座谈会，来自桂、湘、粤三省的瑶族代表汇集南宁，大家一致赞成以'勉'支系的跳盘王、还盘王愿为基础发展为瑶族统一节日——盘王节，时间定为农历十月十六日。"① 所以，"传统是一个社会的文化遗产，是人类过去所创造的种种制度、信仰、价值观念和行为方式等构成的表意象征；它使代与代之间、一个历史阶段与另一个历史阶段之间保持了某种连续性和同一性，构成了一个社会创造与再创造自己的文化密码，并且给人类生存带来了秩序和意义。"② 所以，从"还盘王愿"到"盘王节"的建构，不但表现出表演文本、表演语境、文化功能的变迁，而且从"盘王节"被政府界定为国家级"非遗"项目这一事实看出，这种基于传统并保持历史连续性（"传承链"）基础上的，又加入很多现代元素（"变体链"）建构而成的民俗节庆活动，实际上已经成为瑶族传统文化系统中一种新的被"发明的传统"。因为"盘王节"从第一次举办到当下，其已经成为官方、民间、学界等公认的一种瑶族大型的民俗文化传统。

---

① 冯智明，甘金凤.社区参与、仪式庆典与村落整合——以广西恭城平地瑶盘王节为例 [J] .重庆文理学院学报（社会科学版），2018（1）：29.
② [美] 爱德华·希尔斯.论传统（译序）[M] .傅铿，吕乐，译.上海：世纪出版社，2009：2.

五、"还盘王愿"与"盘王节"：从作为生活的民俗走向文化与权力展演与消费的新民俗

（一）从作为生活的民俗走向文化与权力展演的新民俗

"还盘王愿"是勉瑶历史上流传下来的，通常是以家族（或村落）为单位、以集体为单位的祭祀祖先盘王神为主的大型还愿仪式。主要由两部分构成：瑶族道教仪式音乐和盘王祭祀仪式。前者为道教色彩的祈福还愿活动，后者以诵唱《盘王大歌》为主的盘王祭祀仪式，也是整个仪式的核心部分。这种民间流传下来的传统仪式活动，如今在中国湘、粤、桂、滇以及东南亚、欧美等地的勉瑶传统社区广泛流传，成为其寻求祖先认同、族群认同、文化认同的一种重要仪式表征。

"盘王节"是在国家大力提倡"非遗"旅游应用化语境下，由官方、民间、学者共同参与互构与重建的一种文化产物。它在继承"还盘王愿"仪式核心内容基础上，加入很多现代元素的文化展演，更强调节日的娱乐性、审美性、传播性、应用性，是民间话语表述系统与官方话语表述系统的音乐互文。"盘王节"折射出"非遗"语境下的瑶族民俗节日活动，正在走向从"民间在场"逐渐发展成为集"民间在场""国家在场""专家在场"为一体的民俗节日的文化互文。因为，整个"盘王节"活动大多是在官方与政府的指导下，联合地方旅游文化公司合办的，活动内容主题既呈现勉瑶的传统文化元素，又彰显全球化、现代化、城镇化语境中的瑶族经济、社会、文化生活的新时代风貌。整个活动内容安排与创意都是在政府、民间艺人、学者、经费赞助商等多方的互动、参与完成的。所以，从"还盘王愿"到"盘王节"的历史建构过程，实现了瑶族作为生活的民俗仪式走向作为现代生活的文化展演新民俗。随着历史的文化积淀，这种被建构的，创造的节日音乐成了一种新的传统，进而成为被官方与专家话语规约下的一种"非遗"产品。因为，"申遗"前多是"民间在场"的一种展演，而经过"非遗"审定之后，更多地加入了"国家在场"的一种文化展演，更多是传统与现代化、全球化语境中的一种被重建的仪式展演。瑶族从"民间在场"语境中的"还盘王愿"仪式到"国家在场"语境中的"盘王节"活动，不仅仅是其节日民俗仪式音声的一种身份变迁，同时也是其音乐语义与文化表征的一种重建过程。前者多是基于神圣性仪式语境中的一种文化展演，后者则更多的是传统与现代性相结合的舞台化展演性质的节庆仪式音乐文化的重

图4：湘南"盘王节"中的"坐歌堂"仪式展演与竞赛（2018年10月拍摄）

建产物。

"盘王节"将过山瑶传统乐舞文化与神圣性仪式展演融为一体，吸收、借鉴现代舞台流行化、时尚化的舞美语汇再现过山瑶的传统艺术与人文魅力。同时，"盘王节"也是"'民俗化'关注地方性艺术产品被加工为媒介化的文化展示的过程。"① 它作为地方传统音乐在多方话语与艺术实践权力的"共谋"互动作用下的一种"媒介化"的艺术展演，这种经过加工以后的"媒介化"艺术产品，不但是瑶族传统音乐文化的创新性表达，而且是操演音乐话语实践背后多种表演权力的博弈语境下的产物。从"还盘王愿"与"盘王节"同时也是地方传统文化的身份表达从封闭的自我保护与传承走向"高度媒介化"的现代民俗节庆的转型。因为，基于"还盘王愿"仪式基础上建构而成的"盘王节"活动，不但是为了传承与保护瑶族传统文化，而且更为重要的是带有"媒介化"推广与展示、可持续性的应用与开发研究。比如在"盘王节"活动期间，举办方通常在举行广场演出活动之外，还安排过山瑶婚嫁仪式展演或"坐歌堂"竞赛活动（图4）。毛巧晖《文化展示与时间表述：基于湖南资兴瑶族"盘王节"遗产化的思考》认为："遗产化的'盘王节'具有较强的公众展演性，但其神圣性渐趋消

---

① [美] 约翰·霍姆斯·麦克道尔（John H. McDowell）.在厄瓜多尔反思民俗化：表达接触地带中的多义性 [J].朱婧薇，译.民间文化论坛，2019（1）：16.

解，仪式时间亦被规范为'现代时间'表述"。① 当下的瑶族"盘王节"仪式既表征了瑶族传统文化的发展延续，同时又隐喻了瑶族传统文化在现代化、全球化、城镇化语境中发展变迁的现代结局。

（二）从作为生活的民俗走向消费的新民俗

当下，瑶族"盘王节"的发展宗旨不但是对于瑶族传统文化的保护与传承，更多的是靠这种重建的现代民俗节日拉动地方旅游文化经济消费，提高地方政府的经济增长点。美国民俗学与民族音乐学家约翰·霍姆斯·麦克道尔认为，"'使民俗化'（to folklorize）意味着将传统的表达性文化从生产的源点抽离出来，并且将其重新置于一种与之疏远的消费环境。"② 如 2018 年，云南河口县瑶族"盘王节"活动，当地政府甚至完全开放化举办，整个活动从音乐展演到地方文化旅游推广完全走向市场化。"盘王节"中的盘王祭祀仪式、民族文艺演出、参观瑶族文化传习馆、赏瑶族刺绣、千人盘王宴等活动是由地方某个旅游公司全程操办，参观其中的活动都要购买门票入场。又如湖南江华瑶族自治县"盘王节"活动已经发展成为该县每年一届的文化品牌，对于推广当地瑶族文化，拉动江华县地方旅游经济作出了重要贡献。所以，从"还盘王愿"到"盘王节"不但是一种传统的建构与发明，而且是传统"遗产化"的应用民族音乐学研究，同时也响应了国家制定的基于原生性保护前提下的"遗产"应用性研究策略。当然，目前来看，不单单是瑶族"盘王节"，很多少数民族节庆音乐都有上述经历。比如大理剑川白族"石宝山歌会"，也是基于白族传统对歌仪式基础上的文化重建，进而成为当地政府保护与传承白族传统文化，拉动地方民俗文化旅游经济的一个重要抓手。尤其是每年一届的这种节庆活动，由于参与人数众多，极大地刺激了当地民俗旅游经济的消费。所以，从"还盘王愿"到"盘王节"仪式的重建，是从作为生活的民俗走向了文化与权力展演的新民俗，以及"遗产化"的消费新民俗转变，从民俗的自我封闭式传承走向应用性的创新与发明的新民俗范式转变。

---

① 毛巧晖.文化展示与时间表述：基于湖南资兴瑶族"盘王节"遗产化的思考 [J].民间文化论坛，2018 (3)：5.
② ［美］约翰·霍姆斯·麦克道尔 (John H.McDowell).在厄瓜多尔反思民俗化：表达接触地带中的多义性 [J].朱婧薇，译.民间文化论坛，2019 (1)：16.

六、"还盘王愿"与"盘王节"：从"民俗"走向"去民俗化"

"还盘王愿"作为瑶族日常的一种传统仪式，具有较强的民俗特征。它是过山瑶支系实现祖先认同、族群认同、文化认同的一种重要仪式载体。受"欧洲文化中心论"思想的影响，与西方古典、现代与流行乐舞文化相比，以瑶族"还盘王愿"为代表的少数民族传统节庆音乐活动，不管其民间艺人的技术多么高超与精湛，在与古典、现代与流行乐舞文化的舞台角逐中往往处于下风。尤其"申遗"运动之前，"还盘王愿"通常是过山瑶民间艺人日常的民俗活动，很少与现在一样多次登上舞台进行展演。如今，在政府提倡文化"遗产"的应用性研究政策的支持下，这种瑶族传统的民俗仪式更加强调民俗的应用、民俗的"媒介化""展演性"，甚至发展成为瑶族民俗节庆的"去民俗化"现象。有学者认为，"去民俗化"（de-folklorizing）概念是指，民俗活动将会被清理。它将会重新穿上华丽的装束，然后重新设计出华美的舞姿。简言之，它将会被重新包装，以便它能够在舞台上与其他无论是古典的，还是精致的艺术形式一决高下。直到那时，民俗才最终得以"去边缘化"，在艺术殿堂中占据应有的位置，并得到社会各阶层的赞赏。所以，当下的瑶族"盘王节"仪式展演，则是集合了传统与现代、流行文化的集中展示，在这个多元化的舞台展演中，瑶族民间艺人、地方精英歌手、国家知名歌手、舞蹈演员等多种元素汇聚在一个舞台上，在仪式的表演语境中，没有等级观念（草根与精英）的区别，致使"盘王节"表演语境中瑶族民间艺人的"边缘化"色彩逐渐被淡忘。这说明，从民间语境中的"还盘王愿"音乐抽离出来重构的"盘王节"仪式表演文本，不但隐喻了民间艺人正在削弱的"边缘化"身份，而且寓意了上述两种节庆活动逐渐从"民俗"走向"去民俗化"的重建过程。

七、余论

从瑶族"还盘王愿"到"盘王节"仪式展演的建构过程，折射出瑶族传统文化从一个相对封闭式保护与传承走向开放、多元化特色的一种应用性推广"去民俗化""媒介化"的模式发展。其次，上述两种民俗节日之间的互文关系呈现出：瑶族传统民俗节日仪式音乐从作为生活的民俗走向传统与现代并置，集多种文化表演权力与音乐表演话语实践为一体的，以消费为主体的现代新民俗活动。即以瑶族"盘王节"民俗仪式展演为例，瑶族"盘王节"是在瑶族民间自发举办的民俗仪式——"还盘王愿"框架基础上的，由地方政府主办的，融瑶族传统与现代文化表演，集流行化与时尚化，以及地方旅游文化推广为一体的现代民俗仪式展演活动。这种表演空间与表演文本结构的根本变化，彰显出民间表演中的一种"民间在场""国家在场""专家在场"多种权力与话语实践的彰显。瑶族从"民间在场"语境中的"还盘王愿"仪式到"国家在场"语境中的"盘王节"活动，不仅仅是其节日民俗仪式音声的一种身份变迁，同时也是其音乐语义与文化表征（或者音乐表演文本与表演场域）的一种重建过程。前者多是基于神圣性仪式语境中的一种文化展演，后者则是更多带有舞台展演色彩的传统与现代性相结合的节庆仪式音乐文化的重建产物。同时，"还盘王愿""盘王节"两种节庆活动之间的身份关系折射出勉瑶传统民俗仪式音乐在音乐结构、表演文本、表演语境、民俗与文化功能的显著变迁。

瑶族语言保护和传承的思考

◎ 兰庆军

【摘要】语言是传递文化重要的形式与途径。众所周知，对于只有语言而没有文字的瑶族而言，大部分的口头文化、民间歌谣和民间故事等传统民族文化均通过口耳相传至今。提高对瑶族语言保护、传承和发展的力度，正体现我国各民族在政治、经济和文化上共同和谐发展，同时也体现习近平新时代中国特色社会主义核心价值观。鉴于此，本文主要论述瑶族语言的使用现状、浅简分析语言面临濒危的原因，并对瑶族语言的保护、传承与发展提出一些简要的建议。

【关键词】瑶族；传统文化；语言保护

我国属于多民族、多语言和多文字的国家，不同民族具有不同的语言形式和结构特征，除了回族使用汉语外，其他少数民族都有各自的语言系统，而同一个民族语言内部又分为不同的方言和土语，语言结构比较复杂。据专家学者对我国语言的统计，目前在我国境内存在 100 多种语言，而不同语言具有不同的形成、发展和传播路径。众所周知，语言不仅是人类最主要的交际工具，而且还是人类区别于其他动物的最重要特征。人类可以通过语言工具来传达思想、表达愿望、进行情感交流等一系列活动。瑶族语言是我国民族语言的重要组成部分，同时也是我国民族语言不可缺少的部分。瑶族语言结构比较复杂，按照华人语言学家李方桂先生于 1937 年出版的《英文中国年鉴》中的《中国的语言与方言》里提到，我国语言系属主要包括汉语、藏缅语、苗瑶语和壮侗语，而苗瑶语族分苗语支和瑶语支，这一观点得到我国学界诸多学者的认可和赞同。

瑶族使用的语言主要包括布努语、拉珈语、勉语以及汉语方言，布努语系属苗瑶语族的苗语支、拉珈语系属壮侗语族的侗水语支、勉语系属苗瑶语族的瑶语支。瑶族主要分布在我国境内的广西、贵州、湖南、云南、广东、江西六个省区，另外还有一部分分布在老挝、泰国、美国、加拿大等国家。语言形成和发展是一个民族社会的产物，同时是该民族文化的结晶与灵魂。语言不仅是民族识别的重要标志，还是民族传统文化传承和发展的重要载体。瑶族语言是瑶族文化重要的标志，重视瑶族语言保护和传承有助于我国民族文化和谐发展，并成为不断地向前发展的前提。然而，我国瑶族语言使用的现状显然不乐观。因此，积极探索瑶族语言保护与传承的对策对我国民族语言宝库的丰富具有重要价值和意义。

一、瑶族语言的使用现状

新中国成立以后，政府实施民族平等，民族语言文字政策平等，对少数民族地区的语言进行了系统调查，并帮助创制、改革和发展语言文字，从此，我国少数民族语言得到高度重视。1950 年，我国成立了中国科学院语言研究所，其主要任务是对我国少数民族语言进行收集、整理和研究。1956 年，我国制定少数民族语言研究 12 年规划蓝图，帮助我国少数民族创制和改进文字。在此基础上，国家组织和安排专家学者到我国各少数民族地区进行了全面语言调查、整理与研究。从此，瑶族语言研究也逐渐得到了重视，有一批学者不断研究我国瑶族语言并且写出诸多的论著和文章，如中国科学院少数民族语言研究所主编的《中国少数民族语言简志（苗瑶语族部分）》(1959)，[1]毛宗武、蒙朝吉、郑宗泽编著的《瑶族语言简志》(1982)，[2]周祖瑶主编的《瑶族布努语课本》(1988)，[3]戴庆厦主编的《二十世纪的中国少数民族语言研究》(1998)，[4]蒙朝吉、蒙风姣著的《瑶汉词典（布努语）》(2008)[5]等。虽然我国瑶族语言研究相关著作存在不少，但是关于瑶族语言使用现状依然存在诸多的问题。如何保护、传承和发展瑶族语言问题，是我国的政府以及专家学者，都亟待解决的问题。

① 中国科学院少数民族语言研究所.中国少数民族语言简志.苗瑶语族部 [M] .北京：科学出版社，1959.

② 毛宗武，蒙朝吉，郑宗泽.瑶族语言简志 [M] .北京：民族出版社，1982.

③ 周祖瑶.瑶族布努语课本 [M] .南宁：广西师范学院中文系（内部准印证 155 号），1988.

④ 戴庆厦.二十世纪的中国少数民族语言研究 [M] .太原：书海出版社，1998.

⑤ 蒙朝吉，蒙凤姣，孙宏开.瑶汉词典（布努语） [M] .北京：民族出版社，2008.

随着全球经济一体化、区域经济快速的发展、信息时代不断地更新以及互联网迅速地流通，瑶族与其他民族之间的接触与交流逐渐频繁，语言演变越来越凸显。然而，语言接触必然导致语言演变的问题，甚至有一部分地区的瑶族已经放弃本民族的母语而改为使用其他民族的语言，本族母语被汉语方言或者其他强势语言所替代。瑶族家长们为了适应我国社会发展的需要而开始重视汉语基础学习，进而忽视母语对本民族文化传承的重要性。重视汉语教育固然重要，但也不能忽视本民族的语言。目前，我国瑶族地区的语言受汉化程度极深，特别是杂居在壮族和汉族地区，其语言明显出现汉化或转用其他民族语言的现象。

我们到贵州省荔波县进行了三支瑶族语言调查发现，贵州荔波县的三支瑶族杂居于汉族、布依族、苗族等其他民族的地方，大部分瑶族人都会说布依族的语言和汉语方言，虽然目前该民族语言比较完整地保存和传承下来，但是语言词汇里全部借用和半借用布依语或汉语方言的数量明显增加。另外，广西壮族自治区的部分瑶族与壮族接触频繁，由于受到语言使用人口、语言环境等内外因素的影响，有些地方已经把壮语或者汉语方言视为本民族的母语，有些地方瑶族的母语已经面临濒危，甚至出现消失的现象。从瑶族语言使用现状来分析，我们不难看出瑶族语言所面临的巨大挑战。可见，我国瑶族的语言使用状况不容乐观，语言正处于被弱化趋势以及面临濒危的问题，而产生这些问题是多方面因素影响的结果。

二、瑶族语言面临濒危的原因

语言面临濒危的现象是我国目前需要解决的问题。国家的政治、经济、文化是相辅相成的，任何国家在发展经济的同时都离不开文化与政治共同的作用。我国是一个具有五千多年历史文化的国家，而文化由 56 个不同民族文化共同组成。瑶族是我国 55 个少数民族家庭成员之一，其文化的形成、发展和传播基本通过语言载体来实现。因此，我们要高度重视瑶族语言在我国文化发展和传播过程中的重要性。目前，对于我国瑶族语言保护和传承所面临濒危的原因，我们可以从以下五方面来进行粗浅的分析。

1. 缺乏保护瑶族语言的专门立法

对于语言保护，立法问题极为重要。《中华人民共和国宪法》和《中华人民共和国国家通用语言文字法》都有明确规定，"各民族都有使用和发展自己的语言文字自由"。另外,《中华人民共和国民族区域自治法》第10条也明确规定, "民族自治地方的自治机关保障本地各民族都有使用和发展自己的语言文字的自由,都有保持或改革自己的风俗习惯的自由"。无论是从我国的宪法、国家通用语言文字法,还是民族区域自治法,我们可以看出我国政府对少数民族语言使用的重视,然而目前在瑶族地区,还没有系统专门地对瑶族语言文字使用进行立法。虽然民族区域自治法的有关法律法规对少数民族语言进行了原则上阐述,但是缺乏一定可操作性,因此瑶族语言立法问题依然存在。

2. 瑶族语言处于弱势地位

我国瑶族大部分杂居在汉族与其他少数民族之间,有些聚居于汉族与壮族的包围圈里,而大部分瑶族居住在深山老林里过着刀耕火种的生活。由于受到自然条件的限制,经济发展和收入并不乐观。随着我国政府对少数民族经济发展的重视,瑶族人民逐渐从大山走出来,为了适应社会发展的需要而不断学习和使用汉语,以便在经济往来过程中进行交流。我国汉族的人口比较多,自古以来研究汉语历史文献丰富,而瑶族是只有语言而没文字的民族,其语言使用范围存在局限。随着通用语言传播力度的加强,一些弱势语言的交际功能由于不能够适应新形势的要求,它将陆续减弱,被强势语言所替代,最后濒临消亡。[①] 瑶族语言属于弱势语言,因此与汉语或其他民族语言(壮语)相比,语言交际能力必然很弱。据调查发现,目前散居在马山、都安和大化的部分瑶族已经转用壮语或西南官话为自己的母语,民族语言面临消失。

3. 民族地区教育体制问题

民族地区教育体制对我国少数民族语言保存与传承具有重要的作用,如果地区教育体制存在问题,那么我国少数民族语言即将走向濒危。在我国少数民族地区,国家和地区政府的相关部门应该根据自治法的有关规定来制定并实行双语教学制度,双语教育对我国语言发展起到巨大的作用。据调查,目前在我国境内还没有哪个瑶族自治县的地区出台针对瑶族子女实行双语教学的政策,而在贵州省民族地区早已进行了双语教学制度,特别是贵州苗族自治地区已经实行苗汉双语教学,并且取得较好的教学效果。

4. 媒体信息强势进入日常生活

随着科技技术快速发展,人民生活水平质量得到了提高。现在瑶族地区大部分家庭都使用电视、手机等科技产品,而电视、广播等媒体均使用汉语进行

---

① 孙宏开.中国濒危民族语言的抢救和保护 [J] .暨南学报,2006 (05) .

播报。另外，外出的瑶族青年工作者也比较多，在外地没有瑶族语言交流的环境，大部分都使用汉语进行沟通和交流。因此，媒体信息不断灌入，导致瑶族人民在日常生活中潜移默化地接受汉语，进而对本民族的母语逐渐忽视。

5. 瑶族对本民族语言重视程度不够

语言是一个民族区别于其他民族最基本的特征，是一个民族存在于这个社会的重要标志。目前，瑶族人对本民族母语认识程度不深，重视力度不够，不理解本民族语言对民族文化传播和发展的重要性。我们在黔桂瑶族地区调查发现，有些地方的瑶族人觉得说本民族语言是一件丢脸的事情，现在的年轻人上学接受汉语教育，汉语水平不断提高，许多年轻人在交流时不喜欢使用本民族语言。询问他们原因时，他们说，现在谁还用瑶族语言交流，用瑶族语言交流感觉很不自然、不习惯，所以他们宁愿使用汉语交流也不用母语交流。另外，瑶族地区的部分家长为了让孩子能够更好更快接受汉语知识，从孩子开始习得语言时，便对孩子进行了汉语教育，放弃使用母语与孩子们交流，孩子从小失去对母语的习得机会。有些孩子在日常生活中接受了汉语或其他民族语言，同时也接受本民族语言，在使用本民族语言过程中自然借用汉语或其他民族语言，进而导致本民族语言在语音、词汇和语法三方面出现演变现象。因此，瑶族对母语的认识不足和忽视已经成为我国瑶族语言面临濒危的重要原因，对此，我们在保护和传承瑶族语言的过程中是不可忽视的。

三、瑶族语言保护与传承的建议

随着全球经济文化的高速发展，少数民族语言丧失的情况日益严峻。我国政府也意识到保护民族语言的必要性，并且出台相关保护政策和措施，目的是确保我们民族语言的丰富性和多样性，维护各民族语言文化的共同和谐发展。为全面了解我国语言情况，加快普通话推广和语言文字信息化的建设，确保汉语方言和少数民族语言得到有效的抢救和保存，2008 年，国家语委启动了中国语言资源有声数据库工程，按照科学、统一方法调查汉语方言和少数民族语言。主要采用现代科技手段对不同地区民族语言点进行调查和录音，科学归纳、整理和加工，推动语言信息化处理。虽然我们相关工作已经有序开展，但如何使用所调查到的语言成为语言资源保护和传承的关键问题。瑶族语言是我国语言资源有声数据库必不可少的语料，如何保护和传承瑶族语言给我们带来巨大的挑战。下面我们从提高本民族语言使用意识、政府部门相关政策是关键和双语教学进入学校的必要性三方面简单提出建议。

1. 提高本民族语言使用意识

语言要得到有效保护、传承和发展，需要增强民族语言能力使用意识，提高语言使用活态。如何提高语言使用能力是关键，特别是在科技高速发展环境下，我们面临着许多困难和挑战。据考察，目前瑶族语言使用能力减弱，按照我们预测语言使用的活力分析，推断瑶族语言面临濒危，甚至存在消亡的可能性。语言是文化的载体，是一个民族的灵魂，特别是瑶族语言，其只有语言而没有文字，语言消失会导致该民族文化的流失。我们需要重视语言传承和发展的问题，特别是目前已出现语言濒危的问题。语言是什么？保护语言有什么作用？这些问题是我们调研时经常听到的。从这些疑问来分析，我们能看出本民族对语言认识和保护力度缺乏自主的意识。无论是语言科研者还是本民族的同胞，都有义务和责任对语言保护、传承和发展做出应有的贡献，确保我们国家的语言具有丰富性和多样性，以促进社会各民族语言文化共存、和谐发展。

2. 政府部门相关政策是关键

语言保护离不开国家政策，民族语言政策出台对语言保护至关重要。自治区、自治县等相关政府部门要大力支持学术界对语言的挖掘，配合语言研究者的调查，同时在当地做好语言宣传保护工作。众所周知，经济发展是离不开文化的，文化是一个地方的根基，是一个民族的命脉，我们需用科学创新方式，与文化融合，方能促进经济发展。我们调查广西巴马、大化、都安三个瑶族自治县的移民搬迁问题，并基本掌握了瑶族语言使用情况，目前摆在我们面前的是语言接触和融合的问题，许多瑶族搬到县城居住，人们生活水平得到有效改善，同时也给我们带来许多不可预测的问题。我们只结合相关语言问题作出一些思考，民族语言接触会导致语言演变，这是语言接触后的必然结果，然而，我们访谈发现，搬迁的瑶族都杂居于壮族、汉族之间，平时都以西南官话或普通话进行交流，本民族语言环境出现萎缩，这一系列问题自然使得母语使用能力下降，母语使用能力下降就会导致语言活力削弱。因此，保持和提高少数民族的母语能力是少数民族语言传承和活力保持的必要措施。①

3. 双语教学进入学校的必要性

语言保护必须要从教学抓起，教学能提高语言使用活力。我们考察民族地

---

① 黄行.少数民族语言文学使用情况调查述要 [J] .民族翻译，2013（03）.

区的幼稚园、中小学发现，大部分小孩都会说普通话，已选择放弃自己的母语，这是特别值得我们思考的问题。学习普通话是有必要的，但我们不能因为学好普通话而放弃本民族语言。因此，要结合教学需要，把双语带到课堂，保证民族语言有使用的环境。如何进行双语教学？首先，要不断加大对瑶族地区教学的人力和物力的投资，特别是教育资金投入，有足够资金才能确保教学的顺利开展，才能够保证瑶族语言教育得到有效的发展和传承。其次，要重视双语教学教师团队的培养，没有双语教学教师是无法开展双语教学的，只有充足的教师力量才能够真正提高瑶族语言在教学过程中的实施，开展双语教学是瑶族地区民族语言保护、传承和发展的关键。最后，要结合当下社会发展理念，加强对瑶族语言课程的开设，提高瑶族语言教学效率，以量化的方法来加强民族学生对瑶族语言的学习，促进学生对民族语言的兴趣，保证双语进入教学课题的长远开展。关于语言保护、传承和发展，我们需要作出全面的思考，以上只是个人一些简单的思考，不足为论。

四、结语

语言在人类发展过程中起到非常重要的作用，语言能够传递我们所要表达的信息，同时也是人类文化的重要载体。无论是哪个国家，哪个民族，都需要有意识地去保护语言。语言是一个国家的标志，是一个民族区别于其他民族的主要特征。语言多样性对我们人类发展也有着同样的作用，我们务必推行国家通用语言，但不能忽视民族语言的使用和发展。民族语言发展也会促进国家通用语的发展，任何物质独立存在是不可能长远的，语言也不例外，如果迫使语言单一化，会导致语言内部裂变的现象发生。瑶族语言是我国语言的重要组成部分，语言宝库离不开瑶族语言。瑶族语言在瑶族发展过程中占有极为重要的地位。众所周知，瑶族大部分的文化都通过语言传承至今，语言消失就意味着民族文化一定程度上消亡，这不仅对民族发展产生影响，同时也给我国文化发展带来制约。因此，我们要加强对瑶族语言保护、传承和发展，促进瑶族文化有效传承，同时促进我国民族语言和谐，确保我国56个民族共同和谐相处和发展。

民俗篇

乡村振兴背景下民间歌谣
助推少数民族语言文化的传承

——以瑶族民间歌谣为例

◎ 黄　潮　蓝城鑫

【摘要】党的十九大报告提出了乡村振兴战略。实施乡村振兴战略，就是要推动乡村产业振兴、乡村人才振兴、乡村文化振兴、乡村生态振兴、乡村组织振兴，其中，乡村文化振兴是乡村振兴战略的铸魂工程。乡村振兴战略如此重视文化建设，丰富多彩的少数民族文化自然是乡村文化振兴的主战场。在中华民族五千年的文化沃土上，我国少数民族有着独特的民族语言、民族歌谣和丰富的民族文化内容，其形式多样、内容丰富、地域特色浓郁，深化了中华文化的内涵，是华夏文明的重要组成部分。我国的民族众多和民族文化多元形式构筑了国内民族的多样性。发展少数民族文化是复兴中华文化的基础，因而在乡村振兴战略的时代背景下，应保护少数民族语言、民间歌谣，挖掘少数民族文化的精髓，将语言文化和民间歌谣转化为生产的动力，走民间歌谣助推语言文化传承的兴盛之路。

【关键词】乡村振兴；语言文化；民间歌谣；价值意义

乡村振兴战略是习近平总书记 2017 年 10 月 18 日在党的十九大报告中提出的。十九大报告指出，农业农村农民问题是关系国计民生的根本性问题，必须始终把解决好"三农"问题作为全党工作的重中之重，实施乡村振兴战略。乡村振兴，既要塑形，也要铸魂。在实施乡村振兴战略中，乡村文化振兴不仅是乡村振兴战略的应有之义，而且对于乡村组织振兴、生态振兴、产业振兴、人才振兴都具有重要引领和推动作用。

我国自古以来就是一个统一的多民族国家，其历史悠久，是世界文明古国之一，有着五千年的文明史。这个统一的多民族国家是经过长期历史发展而形成的，是中华各族人民共同缔造的结果。在这统一的多民族国家里，每个民族都有自己独特的语言文化。瑞士语言学家索绪尔曾说："一个民族的风俗习惯常会在它的语言中有所反映；另一方面，在很大程度上，构成民族的也正是语言。"可见，语言是反映人类文化的一面镜子，也是传承民族文化的重要载体，民族文化在这相当漫长的历史发展过程中，经过一年又一年的时光，一代又一代人的努力才积累起来，它是民族基因的表现，对人类的发展具有重大作用。少数民族文化造就了中华文化的多样性，而少数民族语言是传承中华文化的重要载体，为中华民族文化的发展提供了重要支持，同时少数民族语言本身也是少数民族文化中最鲜活、最具民族性、文化性的成分。在乡村振兴背景下应高度重视少数民族语言文化建设，避免让城乡一体化和经济发展冲淡了少数民族独特的语言文化。

少数民族语言文化具有多样性，其中，民间歌谣作为语言表现的一种民间文学符号，它不仅拥有纯美的音乐特点，保留了鲜明的地方特色，而且具有悠久的历史，是宝贵的非物质文化遗产，是少数民族语言文化研究的活化石，更是少数民族语言文化传承的助推器。《诗经·魏风·园有桃》云："心之忧矣，我歌且谣"，民间歌谣是对当地人民生活最真实的反映，因此本义以瑶族民间歌谣为例，敲开少数民族语言文化研究与传承的大门，探讨民间歌谣在乡村振兴助推下在少数民族语言文化传承中的重要价值。

一、语言现状的分析

我国境内已经识别和正在使用的语言涉及汉藏、阿尔泰、南岛、南亚、印欧5大语系，还有难以界定的语系、语族或语支及混合语等若干语种，分布于上述语系10余个语族的语言计130余种。无疑，我国是世界语言资源大国，每种语言都是一种独特的思维方式、文化内涵和世界观念的载体，但目前我国少数民族尤其是人口较少民族的语言文化在传承和保护上令人担忧。随着现代化进程的加快，一些少数民族语言正面临着萎缩乃至消亡的危险，不少少数民族正在逐渐丧失其语言遗产。没有了语言，就无从寻觅文明之源。语言学家开始认真估算世界上的语言流失率，如果按照目前语言消失的速度继续下去，大约6000种现代语言可能在一两个世纪内减少到几百种，这与保护濒危动植物一样，都是在与时间赛跑。从20世纪50年代开始，我国语言研究工作者陆续进行了多次语言调查，中国社会科学院教授、中国民族语言学会会长孙宏开主编的《中国的语言》记载，我国有少数民族语言 129 种，其中，117 种列入濒危或正在走向濒危（濒危的 21 种，正在迈入濒危的 64 种，临近濒危的 24 种，没有交际功能的 8 种），有的语言使用人数已不足万，甚至更少；使用人数在 1 万以下的语言约占语言总数的一半，1 千以下的有 20 余种。从孙宏开教授主编的《中国的语言》记载数据可见，我国语言专家学者在少数民族语言调查方面做了大量工作，但语言文化的有效保护依然是个难题。

譬如我国少数民族之一的瑶族，其民族语言系属汉藏语系苗瑶语族瑶语支、汉藏语系苗瑶语族苗语支、汉藏语系壮侗语族侗水语支，这三个语支都拥有自己的本民族语言，分别是勉语、布努语、拉珈语。勉语属于苗瑶语族瑶语支，以广西龙胜各族自治县江底乡建新村大坪江屯为例，其勉语声母有 79 个，韵母有 61 个，声调有 6 个舒声调，2 个促声调。布努语属于苗瑶语族苗语支，以广西都安瑶族自治县大兴乡梅珠村为例，布努语声母有 59 个，韵母有 36 个，声调有 11 个。布努语方言间的差别极大，因此方言间的交谈有一定困难。拉珈语属于壮侗语族侗水语支，以金秀拉珈语为例，声母有 35 个，韵母有 119 个，声调有 6 个舒声调，4 个促声调。拉珈语有自己的语言文化特点，该语支在归属问题上，学界看法有些分歧。每个地方的瑶族都将自己的母语作为日常主要交际工具，也有个别地区的瑶族（约占全国瑶族人口 5%）除一些老人还会说自己的语言外，大部分已直接使用汉语或壮语作为日常主要交际工具。从我国的民族分布状况来分析，广西西部和云南东部的瑶族会说壮语，一部分也会说汉语，贵州的瑶族会说汉语，一部分和侗族邻居的也会说侗语，广东、湖南和广西东部、中部、北部的瑶族都会说汉语。由此可见，瑶族人民兼通的汉语，除广东的瑶族说"客家话"外，其余都说属于西南官话系统的当地汉语。这样一来，汉语对瑶族日常所使用的语言自然会产生一定的影响。

瑶语中有许多汉语借词，其中勉语的汉语借词最多。中华人民共和国成立后，瑶族与汉族的交往增多，加之普及国民教育，由此瑶族语言直接借自汉语的词语越来越多。统计显示，瑶语的汉语借词中，"全借"的最多，"半借"次之，"加注借"较少，"同音假借"极少。勉语、布努语、拉珈语三种语言在汉语借来的新词术语里，几乎全部采用"全借"的方式。瑶族语言在不断吸收汉语借词的过程中，声母、韵母、音节等结构发生了很大变化，语法结构也随之变化。其实，汉语对瑶语的影响存在已久了，新中国成立后，瑶族人民和全国各族人民一道在中国共产党的领导下共同建设社会主义，交往日益频繁，团结更加紧密，瑶族人民能够接触并使用汉语的机会随之增多。由此汉语对瑶族语言的影响较之以前更大。在汉语文化的影响下，以及现代文明的冲击下，如今年轻一代的瑶族人中能讲瑶语或使用本母语吟唱瑶族民间歌谣的已经很少。随着时间的流逝，瑶语的使用率只会越来越低，瑶族民间歌谣的保存率和传唱率也只会越来越下降。众所周知，瑶语和瑶族民间歌谣这二者相辅相成、相生相依。可以想象，如果再不加以重视和保护，若干年后，凝结着瑶族文化结晶的瑶语会消失，那些曾生动记录着瑶族人民历史、文化、生活、情感的风格各异的瑶族民间歌谣也会无处寻觅。

二、民间歌谣的探索

文字与音乐在瑶族人的生活中紧密交织融合在一起，文字作品可以用音乐来演绎，音乐的旋律离不开文学的韵律。在瑶族生活的地区，歌谣响遍瑶族民间的各个场合，有山歌、长歌、古歌、风俗歌（酒歌、交游歌、恋歌、婚丧歌等）、劳动歌、儿歌、宗教音乐等种类。歌谣来源于民间故事，把民间故事与音乐结合成吟诵性强的长篇叙事歌，承载瑶族民间故事的古歌主要有《盘王大歌》《盘王古歌》《大路歌》《盘瑶祖歌》《密洛陀古歌》等。盘王歌以盘王的神话为核心，吸纳了盘古、伏羲兄妹的神话及鲁班、梁山伯与祝英台等传说。密洛陀古歌以密洛陀的神话为核心，造天地、造森林、造房子等创世史诗传说。还有反映劳动生产的《雷公歌》《放猎狗》，歌唱爱情的《歌花》《歌酒》，以及苦情歌、问答歌等，可谓集瑶歌之大成。如此繁杂的内容，得益于民间歌谣从最初的较为单纯的神话，不断吸收了本民族和其他民族的传说、故事、民歌等，不断发展扩充，最终具有较高的研究价值。查阅《盘王大歌》可知，各地盘王歌的内容大同小异，用汉文和少数汉字瑶音抄写成歌本，有"二十四路""三十二段"和"三十六段"等不同的抄本，都在 3000 行以上，篇幅长且内容繁杂，但能够传唱不息，代代相传。还有一种"挖地歌"在刀耕火种的生产方式中产生并发展，其传说、形式和内容都独具瑶味。以前过山瑶开山种地时，散居山上，一户挖地，多户来帮。当大群人在山岭间大面积耕种时，挖地歌的歌声、锣鼓声震动山野，劳动现场热火朝天。挖地歌不仅是歌，更是一种调动生产积极性、交流感情的活动，挖地歌活动交织着劳动的干劲、生活的激情、交流的热情，为瑶族人民提供了展示自我的舞台，也为瑶族语言和民族精神的传承提供了肥沃的土壤。

近年来，随着计算机网络的普及与飞速发展，瑶族本土音乐人抓住机会，不断发掘本民族丰富独特的音乐特点，将其与现代音乐糅合，把民间口头传唱的歌谣创作成了许多优秀的瑶族歌曲，这些加工后的民间歌谣经由网络平台迅速传播，走进千家万户，这无疑为少数民族语言的保护和少数民族文化的传承开辟出了新的道路，能够激发更多人学习瑶族语言、了解瑶族文化。民间歌谣讲述的故事具有娱乐性，可以在演唱者和观众之间分享从而产生共鸣，并且因其朗朗上口、具有诗歌性和韵律性而广为传播，这些民间歌谣确保了"讲授者"和"学习者"之间的融洽关系，使得民间歌谣成为语言保护和文化传承的有效途径。"无山不有瑶，无瑶不有歌"，在瑶乡，无时无刻都能听到瑶歌，朴实如脚下的大地，世世代代养育着土地上的人民。一方水土养育一方人，也只有这样朴实无华的土地才能滋生出如此动人的歌谣。湖南省永州市江华瑶族自治县更是被人们誉为"歌谣之乡"，在这里，无论男女老幼，人人都能唱上几首，唱歌已成为他们慰藉心灵、表达感情的重要方式和手段，不论时间、不管地点、不讲场合、不分男女老少，只要有人，就有歌声。由此可见，民间歌谣天然就是传承少数民族语言文化的重要工具，使其在交流、送往迎来和对歌斗智等过程中，不知不觉就灌输给了当地人民，为当地人民欣然接受。民间歌谣的听众大多是青壮年和孩子，他们全神贯注地听并模仿演唱，每隔一段时间，还有机会通过活动或节日（如盘王节）获得实践的机会，这种传承方式可谓润物细无声。

三、民间歌谣的作用

党的十九大报告提出乡村振兴战略后，各级党委政府积极响应党中央的战略部署，因地制宜，采取有效措施实施乡村振兴战略，在推动乡村文化振兴时及时考虑如何发挥民间歌谣对语言文化的传承作用。乡村振兴战略，是党的重大决策部署，是决胜全面建成小康社会、全面建设社会主义现代化强国的重大历史任务。2018年中央一号文件聚焦乡村振兴，描绘战略蓝图，抓好顶层设计，《乡村振兴战略规划（2018—2022年）》强化规划引领。毋庸置疑，文化建设、文化振兴是乡村全面振兴的题中之义，是实现乡村振兴的一个重要推动力。少数民族文化振兴，要从保护少数民族语言入手，对少数民族文化进行创造性转化，保持传统精神的同时重塑现代性，将少数民族语言文化自觉与习近平新时代中国特色社会主义文化相融合。乡村振兴，文化先行，少数民族语言作为少数民族文化的重要组成部分，少数民族歌谣作为少数民族文化的精髓符号，在乡村振兴战略中发挥着重要作用。以瑶族歌谣为例，在乡村振兴背景下如何发挥民间歌谣对语言文化的传承，可以从以下三方面着手。

(一) 调动民间歌谣与语言文化传承主体的积极性

加强青少年和社会团体的教育，做好"固本工程"。如今瑶族聚集地区的青少年及社会团体更多接触到的是流行歌曲，大部分对于本民族的歌谣是不重视的，传统的民间歌谣和瑶语正在被渐渐遗忘或消失，如果一直让自己本民族的歌谣处于边缘地带，青少年甚至社会团体接触民间歌谣的机会就会越来越少，能讲瑶话的机会也越来越少，这不仅更难引起他们对民间歌谣的兴趣，也有碍于瑶族语言文化的传承。如何激发青少年和社会团体对民间歌谣的兴趣，是做好"固本工程"的重要问题之一。教育机构应当根据党和政府关于乡村文化振兴的政策决策，以民间歌谣和语言文化的传承为主题，因地制宜采取瑶汉双语教学模式，狠抓落实，加强少数民族师资队伍力量，推广民间歌谣进入教育系列课堂，发挥民间歌谣的作用。在层层推进，步步落实，确保政策的适应性时，少数民族聚集的瑶族地区普及九年义务教育阶段的瑶汉双语教学课程，进行瑶汉双语文化同步教学传播，丰富和提高义务教育的教学质量；在高中、中专、大学等学校设立瑶语授课班，传授瑶族民间歌谣和瑶族语言文化知识、技艺，激发中青年学习瑶族文化的热情；在教育机关、培训机构等社会团体里加强普及儿童、社会中年、老年的瑶族语言和歌谣的学习，开设瑶语、歌谣培训班，进行一对一辅导和培训，组织开展公共场所的各类民间歌谣赛事活动，丰富人们的业余生活，有效促进乡村文化振兴的实施。通过广泛推广歌谣进入教育行列措施，提高学业人士和广大人民群众对民间歌谣的认识。开展双语教学特色发展道路，研发校内校外瑶汉双语结合教学，成立"固本工程"领导小组，大力宣传民间歌谣和瑶语进入校园课堂和社会课堂的系列措施，推行大型文艺活动，激发青少年、社会团体、广大人民群众对瑶族民间歌谣和瑶族语言文化的兴趣，使其自发、自觉地传承民族文化。

(二) 创造性丰富少数民族语言文化

民间歌谣是少数民族优秀特色文化的重要组成部分，它具有独特性、差异性、特殊性，在与城市文明和外来文化的碰撞、交流中，这些特色更容易引起社会的关注，激发人们的兴趣，为当地语言文化带来发展机遇，也为经济发展带来商机。加强民间歌谣的传承与保护，推动其合理适度的利用，支持鼓励地方文化管理部门与民间歌谣艺人合作，利用并保护民间歌谣的传统性，提高人们对民间歌谣的认识和保护，共同建设生态文化振兴的民族精神家园。正如江华瑶族自治县人民政府积极响应乡村振兴战略，另辟蹊径，在以民间歌谣为主题的节日中注入民族语言文化的深厚内涵，既提升歌谣的文化价值，发展了当地经济，又传承了瑶族的语言和优秀文化传统。2014 年 7 月 18 日，《盘王大歌》被录入第四批国家级非物质文化遗产名录，江华瑶族自治县文化馆获得"盘王大歌"保护单位资格。近几年，江华瑶族自治县均有举行瑶族盘王节活动，每年的农历十月十六成了当地的重要节日。盘王节活动通常包括公祭、对歌、盘王婚礼巡游、瑶族文化研讨会、瑶族服饰展、长鼓舞大赛、篝火晚会等多项内容。语言文化借着盘王节、《盘王大歌》搭上了节日的快车，在带动当地经济发展的同时，更能让瑶族人民自觉自愿地学习研究瑶族语言和文化，让瑶族语言文化和民间歌谣走入大众生活，从而更加有效地保护和传承民族文化，促进少数民族优秀文化资源与现代消费需求的有效对接，更能促进当地的经济发展。

（三）增强少数民族语言文化的活力

文化是一个国家、一个民族的灵魂，文化兴则国运兴，文化强则民族强。语言与文化相互依赖、相互影响，歌谣与文化相互依存、互相衬托。语言是文化的重要载体，歌谣是文化的传承方式。中华人民共和国成立后，党和国家以马克思主义民族观为指导，坚持各民族一律平等的基本原则，制定实施了民族区域自治，保障各少数民族使用和发展自己的语言文化。但随着经济的发展和社会的变革，少数民族语言文化的适应和发展也发生了巨大变化。在民族语言活力方面，除少数几种民族语言具有较强活力外，大多数少数民族语言由于使用人口少、范围窄而丧失活力，少数民族语言文化的传承面临困境。如果一个民族的语言文化缺乏活力，就会走向濒危甚至消失。为了促进少数民族地区的社会经济发展，提高少数民族群众的生活水平，国家高度重视少数民族语言文化的传承，出台一系列有利于少数民族语言文化发展的政策，执行部分地区双语教育，鼓励不同年龄阶层的人自由使用本民族语言，并鼓励大众积极创作民间歌谣，然后通过便捷的QQ、微信、社交媒体平台，让民间歌谣在各种交流软件、各大电视媒体、各家广播等都看得见、听得着，这是一种动态的传承。比如江华瑶族地区紧跟时代步伐，双管齐下两手抓，一方面抓好《盘王大歌》的传承，另一方面抓好《盘王大歌》的创新和推广。今天的《盘王大歌》加入了歌剧、歌舞剧、实景表演等现代元素，同时有了声、光、电、影、音等现代化技术手段的支持，受到了广大观众和各地游客的一致好评。由《盘王大歌》衍生的文化产品（手工乐器、玩偶等）也受到了市场的欢迎，很多产品一经推出便被抢购一空。当地对《盘王大歌》成功的开发与利用既获得了丰厚的经济回报，让当地人民过上了小康的生活，同时也让更多的人了解瑶族的语言文化，喜欢上瑶族的歌谣，这种动态的传承是乡村振兴战略下的乡村文化振兴有效实施结果，也能带来不可估量的社会效益。

四、结语

"长鼓声声传神话，瑶歌阵阵飘山崖。明月吊脚楼上挂，天堂怎比我瑶家。"瑶歌是瑶族人民集体智慧的结晶，江华《盘王大哥》的成功经验告诉我们，民间歌谣对少数民族语言文化的传承具有重要且深远的意义，为乡村振兴战略中的少数民族语言与优秀传统文化的传承提供了新机遇，但城镇化建设的快速发展和人口流动的加速，也给少数民族语言文化的传承带来了新挑战。少数民族语言使用人口萎缩，少数民族歌谣文化传承后继乏人，要避免少数民族语言灭绝和少数民族歌谣文化传承中断，少数民族地区既要谋求经济的发展，又要更好地保护属于自己独特的少数民族语言和文化，让富有民族特色的民间歌谣助推民族语言文化的传承，唱响文化主旋律，迎接乡村振兴最好的时代。

江华瑶族十八酿文化探讨

◎ 陈菊香

【摘要】十八酿既是江华瑶族的家常菜，更是瑶家饮食的重要名片。但目前品种略显陈旧、创新性不足，酿文化的根基比较薄弱。新时代需要我们进一步打造江华瑶族酿文化品牌。如做大做强水豆腐酿，让小豆腐酿做出大产业；创制出更多瑶家新的特色酿菜，既"一花耀眼"又"百花齐放"；挖掘江华酿文化根基，补齐短板；在江华县城打造浓浓的瑶族酿文化氛围等，为江华瑶族自治县的发展壮大作出新的贡献。

【关键词】江华瑶族；十八酿；新举措

一、岭南十八酿文化概况

所谓"酿菜"，就是将一种或若干种馅料，塞进另一种原料酿壳中而加以烹制的方法。其风味之佳美，构思之巧妙，充分体现了我国民族民间群众的智慧和创造。早在我国周代，就已经有类似酿菜的烹制方法，如号称"八珍"之一的"炮豚"，是把枣子酿入乳猪腹中，经过烧烤、油炸、隔水炖焖而成。但这里面的枣子是不吃的，只用来增加猪肉的美味。广泛流行于岭南地区的"十八酿"，是用十八种不同的原料作为酿壳，以肉、虾、蛋、木耳、韭菜等作馅料，采用包、填、酿、夹等手法经蒸、煮、煎、烫等方式烹作而成。笔者通过实地考察和查找相关资料了解到，酿菜系列比较著名的是广西桂林平乐的十八酿、广西贺州客家十八酿、湖南江华瑶家十八酿等。

广西桂林市平乐县十八酿包括：油豆腐酿、豆腐酿、蛋卷酿、香菇酿、辣椒酿、苦瓜酿、茄了酿、竹笋酿、螺蛳酿、南瓜花酿、冬瓜酿、柚皮酿、豆芽酿、大蒜酿、芋头酿、菜包酿、葫芦酿、萝卜酿等。平乐县的各种酿菜，口味独特鲜美，用料别致新颖，品种极多，给人的感觉就是几乎所有的食材到了平乐人的手里都可以"酿"。在当地，几乎家家户户都善制"酿菜"，荤素搭配、工艺精良、荤而不腻、醇香可口，是人们日常餐桌上的最爱。

以贺州为代表的客家十八酿包括：豆腐酿、腐皮酿、蛋卷酿、香菇酿、辣椒酿、苦瓜酿、茄子酿、竹笋酿、田螺酿、南瓜花酿、冬瓜酿、柚皮酿、豆芽酿、大蒜酿、香芋酿、菜包酿、莲藕酿、丝瓜酿等。传说酿菜与客家人从中原南迁饮食习惯改变有关。从中原迁徙至南方的客家人，因思念家乡美食，而迁移当地又没有包饺子用的面粉，只好就地取材，用不同原料、蔬菜等代替饺子皮包裹馅料，这就形成了多样的客家酿菜文化。客家酿菜做法独特，烹制手法也多样。通常酿菜的馅料以各人口味或家庭丰俭而定，一般采用五花猪肉，配上少许香菇、鱿鱼、虾仁等剁碎成馅泥。其实，客家的酿菜远不止十八种，而是达到了无菜不能酿的境界。

湖南江华瑶家十八酿包括：水豆腐酿、米豆腐酿、魔芋豆腐酿、油炸豆腐酿、牛耳菜酿、蛋皮酿、香菇酿、辣椒酿、苦瓜酿、茄子酿、竹笋酿、螺蛳酿、南瓜花酿、冬瓜酿、大蒜头酿、丝瓜酿、莲藕酿、萝卜酿等。瑶族人民古朴善良，热情好客，饮食文化十分丰富，风味饮食中除了瑶家腊味、荷叶粉蒸肉、瑶家野菜外，最有特色的便是"瑶家十八酿"的美食。瑶家十八酿，以江华瑶族自治县的最为出名。它既是瑶族同胞的家常菜，又是瑶家人饮食的重要名片。不论是在江华县城或是乡村，都最兴酿菜酿丸。学会做各色酿菜酿丸，也是江华民间普通的瑶家手艺。

此外，广西恭城、阳朔县等地的十八酿也深入人心。根据有关资料显示，这几个地方十八酿的菜名与平乐县基本一致。[①]

二、江华瑶族十八酿文化现状

湖南江华瑶族自治县位于湖南最南端，毗邻两广，是中国瑶族人口最多的自治县，被誉为"神州瑶都"。这里有气势恢宏的瑶族始祖盘王殿，有罕见的檵木林，还有最具特色的"瑶家十八酿"美食。江华瑶族十八酿以其天然生态、清爽

① 西安唯典陕西小吃培训中心.中国120大著名小吃 [OL].搜狐网，2017-11-23.

鲜嫩吸引了山外来客。① 其现状大致如下。

1. 江华瑶族十八酿，酿出美好新生活

十八酿已经走进江华寻常百姓家，不论是生活条件相对好的县城，还是边远乡村，到处盛行酿菜。你若来到江华，热情好客的瑶家人，一定会做上几个酿菜来待客。② 十八酿中最难做的是水豆腐酿。酿制水豆腐得精工细做，不可粗糙大意。做馅心时，把细嫩的精瘦肉或五花肉剁碎如泥，伴以切细的葱花、撒上精盐、味精拌匀，还可以拌入适量的生粉或调制一个或两个鸡蛋。酿制水豆腐时，先把水豆腐切成均匀的方块，再用竹筷在细嫩的豆腐块中心戳洞，将馅心料夹在上面轻轻塞进去。酿时既要讲究饱满，又要防止破损，自然就得精心对待。当地人介绍，小伙子到未婚妻家提亲，要经受未婚妻家长的考验：夹水豆腐酿要一次成功夹起，不能断开、不得掉下。如果断开或掉到桌上，就说明没有姻缘，婚事就此罢了。足见这水豆腐酿的威力之大！

2. 江华瑶家豆腐酿特色鲜明，堪称"一花独秀"

通过观察比较，不难发现江华瑶家十八酿大多数酿壳跟岭南其他地方的酿菜相同。比如蛋皮酿、香菇酿、辣椒酿、苦瓜酿、茄子酿、竹笋酿、螺蛳酿、南瓜花酿、冬瓜酿、大蒜头酿、丝瓜酿、莲藕酿、萝卜酿等，平乐、贺州等地方也有，其制作工艺基本大同小异。但是，江华瑶家的水豆腐酿、米豆腐酿、魔芋豆腐酿等比较独特。最独特最受欢迎的是水豆腐酿，江华瑶山水豆腐以码市、沱江两地最为出名，那里的水豆腐做工精巧，皆以上好的山泉水或井水把上好的山里黄豆磨制出来。这水豆腐特别细嫩润滑，放在手心上给人一种吹弹即破、如玉凝脂般的感受。

3. 江华瑶族酿菜仍缺少酿文化的根基

有关江华瑶族十八酿的传说资料几乎查不到。广西平乐的十八酿就有一个美丽的传说：从前，十八罗汉云游来到平乐，在尝过桂江鱼、品过石崖茶后，看到平乐的桂江沿岸山岭、农家和圩镇到处是鲜嫩的蔬菜，他们一时兴起，各显神通，做出了十八道酿菜，并将这菜谱留给了当地人。平乐当地有童谣唱道："高罗汉做了个竹笋酿，矮罗汉做了个螺蛳酿。肥罗汉做了个冬瓜酿，瘦罗汉做了个柚皮酿。哭罗汉做了个辣椒酿，笑罗汉做了个豆腐酿。美罗汉做了个茄子酿，丑罗汉做了个苦瓜酿。长眉罗汉做了个葫芦酿，大胡子罗汉做了个豆芽酿。降龙罗

① 湘江浯溪.舌尖上的永州——江华瑶家"十八酿" [OL].永州市人民政府门户网站，2017-07-10.
② 张帮俊.瑶族十八酿酿出好生活 [J].乡镇论坛，2019 (30)：37.

汉做了个萝卜酿，伏虎罗汉做了个芋头酿。大嘴罗汉做了个南瓜花酿，高鼻罗汉做了个蛋卷酿。巨手罗汉做了个大蒜酿，三眼罗汉做了个香菇酿。天聋罗汉做了个油豆腐酿，地哑罗汉做了个菜包酿。"

客家酿菜也有各种传说。客家人认为酿豆芽才是所有酿菜中的最精华部分。传说在清朝年间，慈禧太后的御厨中来了个客家大厨，把所有能酿的都酿了一遍之后，老佛爷出了道难题：能酿出豆芽才是真本事。果然就给酿出来了，所酿之馅儿当然属于山珍海味一类，老佛爷一一尝了之后赞不绝口，从此爱上这道菜。酿豆腐，属于客家菜的一种，传说有位兴宁人和一位五华人是好朋友，秉性耿直执着，结成同年。一天，他们相邀去饭馆吃饭。点菜时，兴宁人说吃豆腐，五华人说吃猪肉。两人互不相让，各执己见，争吵起来。店老板怕他们闹翻了脸，便想出了一条妙计：把猪肉剁碎，拌上佐料，酿进一块块豆腐里，先炸后煮，又香又鲜。两人一吃，连声叫好，都觉得比单吃一种菜要好得多。房学嘉在《客家民俗》中说道，"盐焗鸡、酿豆腐、扣肉、肉丸等，都是久负盛名、别具客家风味的传统食品。"湛江师范学院人文学院张应斌认为，从"酿豆腐"一词的语源上，可以感觉到其深厚的历史文化根基，客家酿豆腐的拌和意，乃是上古语汇在客家口语中的遗存，它是在客家话中保留的上古语言的活化石。[1]

三、江华瑶族十八酿文化发展新举措

1. 做大做强水豆腐酿，让小豆腐酿出大产业

作者巴陵撰文写道："到江华，有两样东西让人难以忘怀，一是每餐吃饭，都要先上一碗冰冻冬梨子茶，俗称大叶茶，赤红色，清香凉爽，可以防暑降压；一是酿豆腐，柔嫩细滑，特别爽口，回味无穷。2008年夏天，我到瑶都江华考察旅游，游玩了十余天，吃尽江华美食，但记忆深刻的还是那道水豆腐丸，又名水豆腐酿。"[2]2020年9月，笔者到广西恭城瑶族自治县参加30周年县庆活动，遇上从湖南江永来的唐德雄和蒋建辉两位瑶族专家，他们也向笔者介绍了江华瑶家水豆腐酿的做法吃法，并讲述了当地小伙子到亲家提亲夹水豆腐酿的有关习俗故事，引起了笔者对水豆腐酿的极大兴趣，决意今后一定要到江华品尝水豆腐酿的真实味道。从以上例子可以看出，不论是外地游客还是本地人，都对水豆腐酿

① 张应斌.从酿豆腐的起源看客家文化的根基 [J] .客家研究辑刊，2012 (1) .
② 巴陵.江华豆腐酿 [J] .饮食科学，2009 (12)：56.

情有独钟，说明它真的有独特的魅力，只要传承并发扬光大，相信小豆腐也有大作为，小豆腐酿可以做出红红火火的大产业来！具体措施有：举办江华瑶家水豆腐酿比赛，选出优胜者；召开水豆腐酿研讨论会，邀请领导、专家、获奖者、媒体、艺术工作者、普通百姓等各方人士参加，虚心听取大家的意见建议，以便整改，进一步提升水豆腐酿的品质，让水豆腐酿能进中南海，能成为中国美食的高端品牌；举办培训班，要求本地开餐饮店的都要派人参加培训，学习做水豆腐酿真本领，把水豆腐酿作为招牌菜，向来客隆重推荐；加大宣传力度，通过文艺表演、媒体广告宣传、口口相传等，让水豆腐酿深入人心，育新机开新局，实现社会效益和经济效益双丰收。

2. 创制出更多瑶家新的特色酿菜，既"一花耀眼"又"百花齐放"

瑶家腊肉酿。瑶家腊肉是江华的特产，其腊肉精肉鲜红、肥肉透亮，入口香脆、肥而不腻，口感极佳，是瑶族同胞日常享用和宴客时最上乘的佳肴美食。如果做成一道瑶家腊肉酿，外包装可以选用当地特色食物叶子，配上精美的造型，漂亮的色彩，相信一定会吸引食客。瑶家腊肉酿寓意人们生活"香美财旺"。

瑶家野蕨酿。蕨是野生植物，蕨芽如大蒜蕊，筷子大小，撕去皮毛，切成寸长，加调料煎炒，鲜甜嫩滑。江华瑶山生产野蕨，瑶家野蕨酿可参考野蕨糍的做法，注重造型和色彩的搭配，完全可以打造成一道本地特色酿。蕨菜在瑶族民间又称为"如意菜"。由此，瑶家野蕨酿寓意人们生活"万事如意"或"丰衣足食、啥都不缺"。

瑶家炕肉酿。炕猪肉亦称烤火肉，这是瑶家最常见的菜色。春节前夕杀猪宰牛，家家都制作烤火肉。其用料除猪肉外，还有牛肉、山羊肉等。制作方法：把肉等切成长条形用生盐腌两三天，用温水洗过，再用竹篾或藤串起一端，挂在烧过水做过饭的余炭烘热的灶腔内，将铁锅反盖在灶上，如此烤上六七个晚上，烤肉变得干爽，然后包裹好，挂在火炉塘上方的烟棚熏烟，又称熏肉，肉质长年不变，肥肉爽而不腻，瘦肉则越嚼越鲜、甜香可口。炕肉制作成一道酿，想必也是会受到欢迎。瑶家炕肉酿寓意人们生活"香甜美满、有滋有味"。

瑶家猪红酿。猪红香肠用猪血、粉肠、盐、葱花等。制作方法：将鲜猪血搅拌，渗入少许米浆，调以食盐、葱花及瑶山特有的香草等配料，而后灌入猪粉肠内，每隔一尺长用细绳将头尾系紧，放入锅内用文火煮即成，滑而不腻，风味独特。可以把猪红香肠改进成一道特色酿菜。瑶家猪红酿寓意人们生活"红红火火"。

瑶家竹筒酿。这原是瑶家人野外耕作或伐木时的午饭。用料：大米、酸咸菜、烤肉等。制作：用刚砍来的新竹，截成一端留节作底的竹筒，用水洗净，然后把充分浸泡的大米和咸菜烤肉等，放入竹筒内，以竹叶或树叶相隔，湿泥封口，放进明火堆煨饭至熟，取出竹筒，劈开，饭软清香，还略带新竹的芬芳。可以升级改造成一道秀色可餐的酿菜。瑶家竹筒酿寓意人们生活"同心同德、节节高升"。

增加以上几道特色酿，再加上原来的传统特色酿，一共有二十多道特色酿菜了。再从中选择外地客人比较喜欢的特色品种，固定成一套新的"十八酿"。另外，茶油腐乳、瑶山雪梨、苦茶等是江华特产，凡是上齐十八酿全席的，再配上这几样特产，妥妥的"标配"，霸气十足。一花独放不是春，百花齐放春满园。需要我们进一步改革创新以酿菜为主打品牌的瑶族饮食文化。

3. 挖掘江华酿文化根基，补齐短板

本文前面提到，广西平乐的十八酿有一个美丽的传说，客家酿菜也有各种传说。江华瑶族十八酿虽然名声在外，但对酿文化根基的挖掘探究却少之又少，大多数酿菜的传说故事和内涵寓意仍然空白。这方面与岭南其他地方相比，显得薄弱，也与江华瑶族十八酿的名声不相称。挖掘江华瑶族酿文化的根基意义重大，也迫在眉睫！一方面可以通过查找古籍、地方志，进行相关摘要记录；一方面可访寻江华瑶族民间美食高手、寿星、文艺家等，进行细致采风询问，以补充完善有关江华瑶族十八酿背后的美好传说和酿菜中所蕴含的民间吉祥寓意，把江华瑶族酿文化的根基筑牢，为江华瑶族自治县的发展壮大作出新的贡献！

4. 在县城打造浓浓的瑶族酿文化氛围

比如在江华县城入口处悬挂大幅十八酿照片，突出水豆腐酿，先入为主，让到江华的客人有想吃的冲动；各酒楼饭店也摆放醒目的宣传十八酿照片；在县城张贴宣传口号，比如"瑶家十八酿，酿出新生活"等。把水豆腐酿的故事改编成剧本，排练节目，供人欣赏，加深印象，寓教于乐。

四、结语

瑶家十八酿，是江华瑶族人的品性，蕴含了瑶家人的独特气质和情怀，就像瑶歌一样充盈在心灵，有着闲适和悠远的情致。请山外的朋友来吧，走进江华瑶寨，当地瑶胞会跳着长鼓舞迎接你，端水请你洗去红尘，再递上瑶家的水酒，用真诚的瑶歌敬献朋友，你完全可以沉浸在瑶家的餐桌上品尝到瑶家十八酿的美味，感受瑶家人浓郁的民族盛宴。期待江华以新思路育酿文化新机，开酿文化新局，相信江华的明天会更美好！

生态博物馆与乡村振兴

——误读·正解·作为

◎ 郑　慧

【摘要】20世纪80年代，生态博物馆理念被引入我国，在全国各地开花。不少人认为生态博物馆本就是一个文化项目，其职能是保护与传承地域特色文化，不应承担其他责任。这是对生态博物馆的误读。实际上，在乡村振兴中，生态博物馆在保护文化留住记忆的同时，也要担负起脱贫奔小康发展经济的责任。其要完成以下工作：对传统村寨进行全面摸底调查，对各种遗产登记在册，分别保护；动静结合做好非遗项目的展示和推送；做好传统村寨保护与城镇化的相互补充；发挥人在传统村寨保护中的重要作用。

【关键词】生态博物馆；乡村振兴；传统村寨

一、生态博物馆理念的由来

1971年，国际博物馆协会第九届代表大会（ICOM）在法国隆重召开，法国人雨果·戴瓦兰（Hugues de Varine）首次推出"生态博物馆"这个概念。大会主席乔治·亨利·里维埃（Georges Henriy Riviere）在此基础上进一步发展了生态博物馆理论，并指出："生态博物馆"是一个旨在推动社会发展的博物馆化的部门，它融汇了对该区所保有的文化和自然遗产的保护、展示和解说功能，并体现某特定范围中一种活态的不断运转之中的人文和自然环境，同时进行与此有关的科学研究。生态博物馆理念诞生于欧洲后工业化时代，这个理念的产生和实践是建立在当时经济积累之上的，是对工业化发展过程中产生的一系列社会问题和环境状况的反思。因此，生态博物馆理念强调地域文化、生活传承的一面，而刻意"淡化"地域经济发展的另一面。

生态博物馆（Eco museum）一词的原意是"栖息地""居住地"，可解释为"社会环境均衡系统"，它重点关注的是居住地与居民。

以日本三岛町地域振兴过程为例，战后的三岛町是一个人口过疏，产业衰败的农山村，在寻求解决对策过程中发现，单纯的企业引进或借助第三方的乡村开发，所获利益几乎无法返还当地。因此决定靠自己的力量探索乡村振兴方案，并以"新娘愿意嫁来的村落"为目标，通过五个既相对独立，又相互关联的运动逐步展开方案：首先，提出"乡村运动"也就是"农家乐"，让城市人到农村来感受田园之美和质朴人情为地域振兴的起始；二是"生活工艺运动"，利用当地特产桐木、藤蔓资源发展家具与藤编等手工艺产业；三是在前两项的基础上推出"有机农业运动"，目的是培养以乡村为基地的生态农业本土带头人，这是十分关键而又必要的过程；四是开展"地区自豪运动"，从历史、风土、生活等方面重新认识家园，唤醒居民的自豪感；最后以"健康呵护运动"鼓励全体居民参与其中。如此，三岛町乡村发展的过程，就成为全体居民参与并找回自我追求的过程，也是村民成为乡村发展各个侧面主体力量的过程。[①]

二、生态博物馆在中国的实施

20世纪80年代，生态博物馆理念被介绍到我国。在40余年的实践中，生态博物馆以村落为载体，充分利用乡村文化、生态资源与生产生活场景，对传统村寨实行原地保护、开放保护、活态保护等创新发展方式，借助居民参与并使其受益的内源性产业发展方式，有效促进乡村生产生活、传统文化和生态环境的全面均衡发展。[②]

中国第一个实体生态博物馆是中国和挪威两国领导人联合签署的文化项目——中国贵州梭嘎生态博物馆，1998年10月31日正式开馆。它不仅是贵州省首个生态博物馆，也是中国首个生态博物馆。贵州梭嘎生态博物馆坐落在贵州六枝特区的梭嘎乡里，平均海拔2000米，在邻近的12个村寨中，生活着苗族的

---

① 潘梦琳.乡村振兴视野下的社区（生态）博物馆本土化研究——从文化保护到地域发展 [J].小城镇建设，2019（1）：113-118.

② 潘梦琳.生态博物馆理念下传统村落保护发展的对策——以江西省为例 [J].中国名城，2019（3）：81-89.

"箐苗"（也称作"长角苗"）支系，古老而神秘。他们居土墙茅屋，纺纱画蜡，民风古朴淳厚。这个文化合作项目得到了各级地方政府大量人力、财力的帮助，使这个深藏大山之中的村寨满足了建设社区博物馆的前期要求，并在该地区通路、通电、通水及修建小学。①

广西民族博物馆是广西生态博物馆群落建设的重要中坚力量。2011 年，"1+10"生态博物馆群落全部落成开放。所谓"1"，即广西民族博物馆新馆，是广西民族文化遗产保护和传承的核心工程。所谓"10"，就是 10 个市县级的少数民族生态博物馆。

浙江安吉生态博物馆群落实行"1+12+26"模式，即 1 个中心馆+12 个生态馆+26 个村落展室，从 2008 年 10 月立项到 2012 年建成开馆，将畲民文化、茶文化、扇文化、竹文化、孝文化、蚕文化和书画艺术一起打包进行建设，成为完美展示安吉物质文化遗产和非物质文化遗产的最佳窗口和平台。浙江安吉社区博物馆本土化实践中就形成一套调查民意、汇集民意、尊重民意、采纳民意的机制，将乡村振兴工作立足于农民群众基本需求，使得政府有关决策和部署都能有效地转化为村寨居民主动建设家园的行动，把村寨的特色资源转变为经济发展的要素，提高居民生活质量，将村寨营建成一个生态、富裕和有乡土味的故乡。②

西江千户苗寨注重民族文化资源挖掘与活态保护传承，保持传统村落的原真性。一是成立民族文化交流中心、西江苗族博物馆、雷山县苗学会等，做好村落活态文化、传统工艺、建筑风貌等的抢救和传承发展；二是建成鼓藏头、活路头、银饰、刺绣、蜡染、烤酒等家庭博物馆，组建西江艺术团、古歌演唱队、拦门酒队伍等，目前在景区从事民族文化展示活动群众达到 560 余人；三是举办苗年、吃新节、爬坡节、跳芦笙比赛、苗族情歌对唱比赛、姑妈回娘家等活动，活态文化习俗得到了较好的保护和传承；四是人与自然和谐共生，崇尚自然、生态文明的"天人合一"理念深入人心，家家户户有生命树，风景林、守寨树成片，燕子窝都建在房子堂屋；五是不断提高民族工艺品制作质量，锻造游客喜爱的银饰、刺绣品牌。据初步了解，目前在西江村专门做刺绣的大概有 200 人，从事银饰加工、销售的，有 50 到 60 人左右。③

① 章代伦.生态博物馆：民族文化遗产保护传承、研究利用的最佳模式选择——以贵州、广西生态博物馆群落为主要案例 [J] .贵州文史丛刊, 2020 (3)：94-104.
② 翁鸣.社会主义新农村建设实践和创新的典范——"湖州·中国美丽乡村建设（湖州模式）研讨会"综述 [J] .中国农村经济, 2011 (2)：93-96.
③ 胡良友.利用民族文化资源优势实现乡村振兴的"西江实践" [J] .区域治理, 2019 (30)：169-171.

三、世人对生态博物馆的误读

生态博物馆一直被理解为"保存生活记忆，传承文化精神，服务地域居民"为主旨的一种社会文化工具。不少人认为生态博物馆本就是一个文化项目，其职能是保护与传承地域特色文化，不应承担其他责任。

笔者曾于 2014 年 7 月前往广西南丹县里湖乡怀里村白裤瑶生态博物馆调研，该馆由中国民族博物馆南丹白裤瑶馆和蛮降、化图、化桥 3 个瑶寨两个部分组成。

展示中心即中国民族博物馆南丹白裤瑶馆，其布置比较简单，用图片介绍了生态博物馆的情况，常年开放的南丹白裤瑶文化展，介绍了白裤瑶神秘与悠远的历史、铜鼓与"开牛送葬"、岩洞葬。实物包括房屋建筑如谷仓；生活用具如纺纱机、织布机、棉花篮、石磨、舂碓；生产工具如捕鸟工具；宗教用具如鬼师施法用具；国家级非遗瑶族服饰。

当我走出博物馆，一个可爱的当地小姑娘主动带我前往蛮降屯她家里看看。沿着石块铺就的小路，远远地就能看到她家。那是一幢石头盖的房子，登上高高的石阶走进她家，一户保留了白裤瑶原始风貌的人家呈现在我眼前，简直可以用家徒四壁来形容。房间不大，光线昏暗，一位中年母亲在纺纱，父亲外出干活去了，灶屋里木地板上只有一口黑乎乎的锅。旁边的卧室狭小，只有蚊帐、薄被子等简单而陈旧的卧具。走到里间，也是同样的卧室，仿佛是从崖壁上掏出来似的（因为是石头盖的），没有多余的转身之处。母亲和孩子们穿着简单陈旧，可以看出来日子过得很一般甚至有点艰苦。而离她们家不远处，有一户人家新盖的房子非常抢眼，现代化的装修，门前还停着摩托车。我还看到平地上这一块那一块不大的田地里种着玉米和红薯，耸立的谷仓，满地乱跑的香猪，还有远方崖壁上的悬棺。

当时我和大多数人的想法一样，都认为生态博物馆就应该保持村里居民最真实的生活生产面貌，就应该守护民族文化，那些后起的房屋都是外来物种，都是对生态博物馆的破坏。然而，事实上，我错了，如果生态博物馆只是起到保存原貌的作用，毫无发展，那它的宿命只有不断地被风雨侵蚀，乃至消亡。如果一个民族停滞不前，等待它的也不是光明的未来。生态博物馆应该是保存过去、根植于现在、着眼于未来，是沟通过去与现在的桥梁，是有发展前景的鲜活机构。尤其是在当前国家乡村振兴的重大战略下，生态博物馆更应该突破人们的误解，助力乡村文化和经济平衡发展。

四、乡村振兴视角下生态博物馆的正解

乡村振兴是一项包含地域经济、社会民生、历史文化、生态环境的综合性工程。生态博物馆的设立，承载了国家、地区和民族的希望，是乡村振兴的重要依托。在生态博物馆中，时间（历史文化）、空间（地域格局）和人间（居民生活）三者合而为一。因此，生态博物馆在乡村振兴中的作用也是复合型的，它在保护文化留住记忆的同时，也要担负起脱贫奔小康发展经济的责任。生态博物馆绝不意味着对农村贫穷与落后的保护，也不是完全停留在刀耕火种的农村时代，而是从农村生长的地方寻求乡土文化的根源，探索如何迎接未来的路径，向越来越高度的物质文明、越来越高质的生活环境挑战。

目前，生态博物馆的模式大概有 4 种：一是原地保护——不仅保护传统村落，还要保护村落周边环境；二是开放保护——用开放的眼光保护，"传统"并不意味着"守旧"；三是生态保护——"传统村落保护"与"城镇化"相互协调；四是活态保护——体现人在传统村落保护中的重要价值。不管是哪种模式，都是在推动乡村振兴的步伐，兼顾文化守护与经济发展。

令人欣喜的是，近几年来，全国各地的生态博物馆慢慢转变角色，积极融入乡村振兴，在履行文化保护责任的同时，也承担起推动乡村经济腾飞的重任。

2016 年,南丹生态博物馆民族村落展示区内的蛮降屯入选中国传统村落名录。南丹县以此为契机，加快推进了生态博物馆所在村的基础设施建设和脱贫工作。2017 年，《里湖瑶族乡怀里村蛮降屯国家传统村落保护项目》设计方案通过批复，此次保护改造工程包含对白裤瑶传统民居的修缮、乡村道路的改造、公共场馆和设施的建设、古迹古树的保护等内容，对进一步推进便民基础建设，不断改良乡村宜居环境，提升村民的生活水平起到良好的作用。

贵州镇山布依族生态博物馆，坐落在贵阳市附近花溪风景区和天河潭风景区中间，适合发展文化旅游。现在他们的旅游接待能力已经是每天约 10 人次，最多的时候一天有 350 人。随着旅游的深入开展，全村的经济生活有了飞跃，人均年收入由以前的 250 元猛增到现在的 2500—2700 元，短短几年时间，收入增长了 10 倍。[①] 社区村民充分开发镇山布依族生态博物馆的地理区位资源与自身的

---

① 杨俪俪.生态博物馆——经济与文化的思考 [J] .中国博物馆，2001 (3)：15.

历史文化档案资料，设计文化旅游项目，促成经济收入的增长。

五、乡村振兴视角下生态博物馆的作为

乡村振兴视角下生态博物馆如何协调与旅游业发展的矛盾，一直是令人头疼的大难题。目前的模式基本是旅游企业与生态博物馆合作，包括如下几种方式：一是生态博物馆的原有居民全部迁出，留下一个无人村接待游客的参观，在附近开辟一个集中的旅游商品销售点；二是生态博物馆的民居和居民全部保留原生态样貌，自家住宅可以经营餐饮和商品销售，游客可以充分接触；三是保留部分完好的古民居，拆除破损古民居，另外新建部分商铺，由原住民经营，新旧屋舍错落分布在村寨里；四是由生态博物馆负责文化保护和宣传项目，旅游公司主持旅游开发和经营，两条腿走路。

不管是哪一种模式，都需要生态博物馆做好如下四项工作：一是对传统村寨进行全面摸底调查，对文化遗产和自然遗产、物质文化遗产和非物质文化遗产、可移动文化遗产和不可移动文化遗产进行登记造册，分别进行保护。二是动静结合做好保护，在静止的古民居里设置真人展示当地的非物质文化遗产项目，既有观赏性，也会产生经济效益。比如打油茶、打银饰、织锦、刺绣等。在村寨的广场，还可以表演壮剧、彩调、黄泥鼓舞等节目。三是做好传统村寨保护与城镇化的相互补充，让人们看到古老的村寨也在朝着欣欣向荣的前景发展，吸引外出务工的青壮年回到家乡守护和建设自己的家园。四是发挥人在传统村寨保护中的重要作用，包括加入非遗传承队伍留住古老文化，组成巡防队伍保护村寨生态，引入致富项目发展村寨经济，协调精神文明与物质文明的关系等。

瑶族地区特色村寨保护与发展研究

◎ 陈同翠

【摘要】特色村寨形成的原因主要有三：一是湘南有独特的山水地形与自给自足的小农经济，造就永州瑶族地区众多的特色村寨古民居村落。二是依山傍水自然环境与喀斯特地貌，为瑶族地区古民居建造提供了就地取材的便利条件（木材多、石材多）。三是一些官宦商贾之士在功成名就之后，往往带着一生的积蓄回到故里，选择风水宝地，精心打造府邸院落，以荣宗耀祖，因此，特色村寨古民居就形成了靓丽景观。古民居反映了人与自然之间的关系，而且反映了人与社会之间、人与人之间的关系，并与气候环境协调发展。

【关键词】特色村寨；瑶族；保护与发展

一、全市瑶族地区特色村寨的基本情况

永州进入中国特色村寨名录共计7个：有江永千家峒瑶族乡刘家庄村、江永兰溪瑶族乡勾蓝瑶寨、江华湘江乡桐冲口村、江华大圩镇宝镜村、江华码市镇田沟村、道县横岭瑶族乡民族村、江华大石桥乡井头湾村。永州市进入省特色村寨名录共计37个，有江华河路口镇牛路村、江永源口瑶族乡黄土坳村、江永源口瑶族乡清溪村、道县洪塘营瑶族乡大洞田村等37个特色村寨列入省"十二五"规划保护，永州列入中国少数民族特色村寨名录有7个，其中有3个列入国家"十二五"规划保护。

以上这些特色村寨形成的原因主要有三：一是湘南有独特的山水地形与自给自足的小农经济，造就永州瑶族地区众多的特色村寨古民居村落。二是依山傍水自然环境与喀斯特地貌，为瑶族地区古民居建造提供了就地取材的便利条件（木

材多、石材多）。三是一些官宦商贾之士在功成名就之后，往往带着一生的积蓄回到故里，选择风水宝地，精心打造府邸院落，以荣宗耀祖。因此，特色村寨占民居就形成了靓丽景观。

二、瑶族地区特色村寨中存在的问题

一是外来强势文化的影响，从社会文化的角度分析，多年以来我们瑶族地区的群众对于社会主义现代化的描述是花园洋房、楼上楼下、电灯电话，这都是先进的西方国家模式、城里人模式，而没有对自己本民族的社会主义现代化蓝图进行描绘，没有形成瑶族特有的标准模式。瑶族地区群众很多人心目中的富裕就是所有生活必须像西方人和城里人一样，由于这种想法，导致瑶族地区群众生活方式的西方化、城市化和汉化。所以造成原来交通不便、信息不通的村寨都很难保持传统风俗和文化，加速了民族文化的遗失。二是相关部门对瑶族地区特色村寨缺乏长远的规划和规划控制，致使城市文明对瑶族文化的加速侵袭和渗透来得非常之快，瑶族地区特色村寨周边和村内建立了很多洋楼房。三是土地缺乏，瑶族地区群众选择占地较少的建筑形式，古民居通常是半房、四合院，占地较多，而现代化的花园洋房或楼房占地较少。但这样现代化的民居建筑，虽然它依托的是瑶族地区绿色生态环境，却基本没有体现出瑶族传统文化风貌，它展示的主要是瑶族地区群众的城市现代化和富裕，绿色生态的环境里矗立着一栋一栋钢筋水泥洋楼房，这与瑶族地区古民居特色村寨不相配。四是特色村寨古民居房屋破坏、损毁严重。表现在拆旧建新水泥房，有些卖掉古民居给城里人，拆掉木板房。拿到城里装修民俗酒店，导致古旧屋崩塌，得不到应有的保护。

三、如何保护瑶族地区特色村寨

瑶族地区特色村寨的民居建筑，体现了居住的科学性，民族地区地理环境不同，气候条件差异较大，对建筑外形与内部特征有明显影响。传统建筑是地方性实用技艺精华的最高典范，给后代留下了宝贵的物质财富与精神财富，因此要保护好。传统建筑体现了伦理和宗教的含义。古民居不仅反映了人与自然的关系，而且反映了人与社会、人与人的关系，并与气候环境协调发展。

1. 进行统一规划、平衡考虑

做到各方面创意协调发展。首先要解决好保护特色村寨的认识问题。各级党政领导、规划者和管理者要树立保护特色村寨的观念。其次，对特色村寨要结合各村的实际，科学制定本村高标准的保护和创意发展规划。做到规划与古朴文化、生态保护、经济发展、优美环境统一协调。

2. 做好特色村寨现存建筑、古迹的保护

从保护好现有古建筑文化、文物古迹等物质文化开始。如对于古民居房屋建筑、公共建筑、纪念物、吊脚楼、城墙、街、巷、桥、祠堂、亭、柱、塔、阁、碑林、庙等要进行保护和维修，做到修旧如旧。要加强被破坏的古建筑房屋的维修和保护。各级政府要加大投入和保护力度，保护传统的营造方式和建造技艺，保护传统建筑，保护与自然相协调，民族文化、生态相适应的村寨风貌。按照文物和非物质文化遗产保护的要求，加大对具有历史文化价值的古建筑和非物质文化遗产相关场所的保护力度，对未按照古建筑方式建的洋楼房，可采取"穿衣戴帽"等方式进行改造，与古民居周围环境相协调。加强特色村寨古民居保护理论研究，提高传承特色村寨古民居风貌保护水平。加强对特色村寨古民居保护与修缮的技术指导与管理，注重在建筑形式、细化内部构造、室内外装饰等方面延续瑶族特色，体现传统民居建筑的原始性。

3. 结合特色村寨的地理文化特点，突出特色

不仅要做好原有的特色村寨古民居的保护，也要提高新建特色村寨的建设工作。要用当地传统建筑风格，来塑造新特色村寨，使其鲜明的瑶族特点得以继承发扬。多建一些特色建筑民居、传统楼阁和公共场所，用民族工艺、民族雕刻、绘画等方式。对村内巷子进行个性化装饰；要考虑一些传统节日、宗教信仰、活动庆典的需要，进行场地规划建设等，使新建的特色村寨更有魅力、更有鲜明个性和文化内涵。

4. 以群众为主体，惠及民生

坚持以民生为本，充分调动群众的积极性、主动性和创造性，让群众参与特色村寨的保护和建设项目决策、规划、实施、监督的全过程，尊重群众意愿，做到公开、公平、公正。优先实施基础设施、民居保护改造、民族文化保护传承，生态保护、产业发展、环境卫生等项目要惠及广大群众，改善群众生活条件，增强自我发展能力。

5. 组织若干班子，按照规划落实

如古民居维修班子，美术设计雕刻班子，饮食文化班子，传承瑶文化班子，民俗展览班子，文艺队伍班子等，总之，要组织人员抓总规落实。只有这样，特色村寨才能保护好、发展好。

开发篇

浅析水利水电工程移民安置
在脱贫攻坚中的作用

——涔天河水库扩建工程移民安置创新的实践与启示

◎ 黄志坚

【摘要】 根据国家现行水库移民管理体制，江华县委、县政府是移民安置工作的工作主体、实施主体和责任主体，建设征地和移民安置任务十分繁重，责任十分重大。移民安置成效得到了各级领导专家的肯定和称赞。正确选择和创新移民安置模式，为库区移民脱贫致富奠定坚实基础。移民由以土从农生产安置为主转变为以长效实物补偿生产安置为主。移民搬迁安置后的房屋全部为砖混结构或框架结构，移民住房的安全质量全面提高。新建的 5 个移民安置点内幼儿园、学校、医院配套齐全，进点移民及其子女可在家门口方便就医就学。

【关键词】 涔天河；移民安置；脱贫攻坚

水库移民是水利水电资源开发利用的必然结果，既是水利水电工程建设的难点问题，也是一个重大的民生问题；既是一个经济问题，也是一个社会问题，历来被称之为世界性难题。受历史条件的限制，在过去特定的历史时期，水利水电工程建设中普遍存在"重工程、轻移民，重搬迁、轻安置"现象，加上前期补偿低，后期扶持不到位，尊重移民意愿不够，安置方式千篇一律，水库移民遗留问题多、贫困面大、贫困程度深，在当地经济社会发展中处于边缘化状态。随着经济社会的发展，特别是进入二十一世纪以来，党和国家高度重视水库移民，各地在移民安置实践中不断深化对移民安置工作规律的认识，积极探索创新水库移民安置模式，水库移民"因移而贫"的问题逐步得到解决，积累了可复制、可推广的移民搬迁安置经验，可供当今决战决胜脱贫攻坚工作借鉴参考。本文试图通过涔天河水库扩建工程移民安置创新实践，浅析水利水电工程移民安置在库区移民脱贫攻坚中的推动作用。

一、涔天河水库扩建工程项目基本情况

涔天河水库位于湖南省永州市江华瑶族自治县（以下简称江华县）境内，地处湘江一级支流潇水上游峡谷出口，是湖南省人民政府《潇水流域规划报告》规划开发的第一个梯级龙头水库。1958 年，最初建设方案按 312 米高坝设计，1960 年动工修建时，考虑到当时的财力、物力和江华县城（水口镇）搬迁等因素，改为低坝方案（黄海高程 254.26 米）并于 1970 年建成蓄水（总库容 1.05 亿立方米）。随着时间的推移和经济社会的发展，低坝方案实施存在的问题和弊端逐步显现，水库库容小，调节能力低，丰富的水资源得不到有效利用，涔天河水库长期处于"大材小用"的尴尬境地，永州市人民要求扩建的愿望日益强烈，先后列入了湖南省"八五""九五""十五"和"十一五"规划，后因多种原因被搁置下来。

2006 年，永州市重新启动涔天河水库扩建工程前期工作，列入了国家"十一五"水利发展规划和全国大型水库建设规划。2010 年 8 月，国家发改委核准立项，2012 年 6 月，批复可行性研究报告，2013 年 9 月，水利部批复初步设计报告，2014 年 5 月，列入国务院加快推进节水供水重大水利工程项目。扩建工程拟在原坝下 180 米处兴建钢筋混凝土面板堆石坝，最大坝高 114 米，正常蓄水位 313 米，总库容 15.1 亿立方米，调节库容 9.92 亿立方米；水电装机 20 万千瓦；设计灌溉面积 111.46 万亩（其中，新开垦荒地 18.4 万亩），是集灌溉、防洪、下游补水和发电于一体的大型水利枢纽工程。批复工程概算 600068 万元（中央预算内投资定额补助 202100 万元，利用银行贷款 151005 万元，湖南省负责安排 246963 万元），其中移民和环境部分投资 432372 万元。

湖南省人民政府委托永州市人民政府组建项目法人负责枢纽工程建设。根据国家发改委、水利部和湖南省人民政府批复的工程建设计划，项目施工总工期为 46 个月。2012 年 8 月，工程前期项目开工，2014 年 11 月，主体大坝施工建设，2016 年 11 月，水库下闸蓄水。目前，枢纽工程蓄水运行，初步实现"灌溉、防洪、发电"功能目标。

二、涔天河水库扩建工程移民安置概述

(一) 移民安置任务

工程实施搬迁安置移民 6666 户 28431 人（其中，农村移民 5768 户 22629 人，集镇移民 898 户 3258 人，机关单位及江华国有林场移民 2544 人），生产安置农村移民 21579 人；迁建集镇 5 个，迁建或补偿工业和工商企业 56 家；复改建库区公路 134.86 千米、桥梁 4138.12 米，处置淹没影响小水电站 33 处，搬迁改造水文站 2 个，整体发掘文物点 2 处，库区防护抬填 4 片 1154 亩，防浸处理 3 片 225 亩，复建库区部分电力、通信和库周交通等专项设施。根据国家现行水库移民管理体制，江华县委、县政府是移民安置工作的工作主体、实施主体和责任主体，建设征地和移民安置任务十分繁重，责任十分重大。

(二) 移民安置方式

搬迁安置方式。涔天河水库扩建工程移民全部在江华一个县内进行安置，实行城镇化集中为主、自主分散安置为辅。5 个城镇安置点安置移民 6454 户 27627 人，后靠分散安置移民 197 户 771 人，外迁分散安置移民 15 户 33 人。实行县内城镇化集中安置，契合国家新型城镇化政策方向，有利于改善移民生产生活条件，拓展就业、创业、增收途径，共享城镇高速发展成果。

生产安置方式。农村移民以长效实物补偿安置为主、一次性货币补偿安置为辅。长效实物补偿安置 21263 人；将水库淹没影响的所有农村集体经济组织的 6165.69 亩水田、2967.35 亩旱地、375.72 亩园地、25097.4 亩林地、225.24 亩其他草地、174.82 亩坑塘水面和 24.59 亩设施农用地，按照湘政发〔2012〕46 号文件规定的系数（旱地、园地 0.8，林地、其他草地 0.5，坑塘水面、设施农用地 1.0）折算成标准水田面积 21700.95 亩，按每亩标准水田每年 500 千克稻谷的标准和兑现年度国家公布的中晚籼稻收购保护价折算成货币逐年补偿给权属村组，由村组分配到户。自谋职业安置 241 人，投靠亲属赡（抚、扶）养安置 3 人。对水库淹没影响的所有农村集体经济组织的土地实行长效实物补偿，特别是将 73% 的林地和草地纳入长效实物补偿范围后，农村移民的农林地年纯收入比搬迁前还要多，这样不仅使农村移民有稳定的基本生活来源，还可以摆脱土地束缚，腾出更多的人力、时间、精力进行就业创业增收。

安置房建设方式。一是政府为移民代建基本用房。根据移民中绝大多数青壮

年劳动力外出务工，自主建房需要请长假或辞工回家分配宅基地、采购建筑材料、监督施工，移民将会失去现有工作岗位、损失务工收入的实际情况，大多移民提出了由政府或移民建房理事会统建、代建安置房的要求。江华县委、政府积极回应移民诉求，在县城四联安置点为进点移民代建安置楼房，在水口、东田、小圩、码市 4 个集镇安置点为进点移民代建一层基本住房并按三层房屋构造基础，大幅度降低了移民建房的劳务和资金成本。二是支持进点移民委托建房理事会按规划设计一次性建好二、三层安置房。由移民建房理事会联系确定建设施工队伍、洽谈确定建造单价、签订房屋施工合同，负责安全质量和建房资金管理。三是移民建房理事会全程参与安置房建设的监督管理。以安置点为单位成立移民建房理事会，深度参与安置房户型施工图审查、建筑材料价格咨询、施工队伍考察、建房资金使用管理、房屋分配方案制定，对安置房的建设进度和施工质量进行监督，构建起政府监管、专业监理、移民监督"三位一体"的质量安全监督管理机制。四是对在规定时间、按规划设计要求一次性建好安置房的，县政府负责其房屋外立面及屋顶特色风貌的装修施工及其费用，减免权证办理费用。五是协调江华农村商业银行提供移民安置建房专项优惠贷款。移民根据建房需要，自愿申请贷款额度，并与县农商行签订贷款合同协议。

（三）移民安置成效

涔天河水库扩建工程移民安置得到了移民群众的衷心拥护与支持，得到了各级领导专家的肯定和称赞。

确保了水库按国家批复时间节点要求下闸蓄水。江华县委、政府坚持把涔天河水库扩建作为全县的头等大事来抓，作为压倒一切的中心工作来抓，举全县之力支持和服务工程建设大局，按照国家和省市部署要求，依法依规依程序做好移民安置工作；广大移民群众识大体，顾大局，积极参与、全力支持移民工作，主动按时搬迁，确保了枢纽大坝顺利施工建设，确保了水库按照国家批复的时间节点要求下闸蓄水运行。水利部移民局原巡视员黄凯同志根据国务院安排，专门对涔天河水库扩建工程移民安置进行检查后表示："像涔天河水库集中安置点这么好的规划设计、这么大的建设规模、这么快的建设速度，在全国还是第一次见到；地方党委政府这么敢于担当，竭尽全力做好移民安置工作来支持促进水库枢纽工程建设，并与项目法人保持高度一致，在全国是独一无二的。"

得到了各级领导专家的肯定和称赞。水利部在组织枢纽工程下闸蓄水阶段验收时认为，涔天河水库扩建工程是"近五年来最好的水库移民安置方式"。2017

年 5 月，湖南省委书记杜家毫现场考察四联安置点后，对江华县移民安置"三结合"方式和移民群众能安居乐业表示满意，对县委、政府创新移民安置方式、确保移民稳定工作表示充分肯定。湖南省发改委政府投资项目评审中心组织专家组对移民安置点建设和库区道路复建对口支援项目规划设计方案进行现场调研后认为："新农村建设、小城镇建设、民族风情旅游相结合安置移民的模式，为创立全省乃至全国示范性移民安置模式奠定了坚实基础。"

移民中的 16694 名贫困人口全部实现脱贫。

移民安置模式在全国形成了积极正面影响。2018 年 7 月和 2019 年 10 月，江华县连续两年在水利部举办的全国重大水利工程移民安置管理工作培训班上介绍了移民安置工作的做法和经验；2019 年 6 月，江华县在全国水库移民脱贫攻坚工作会议作了"创新移民安置扶持方式，促进移民脱贫攻坚"的典型发言；2020 年 9 月，湖南省在全国水库移民工作会上重点介绍了涔天河水库扩建工程移民安置的经验；水利部开展《大中型水利水电工程建设征地补偿和移民安置条例》修订前期工作调研过程中，组织专家学者对涔天河水库扩建工程移民安置理念和方式进行了典型解剖分析，认为涔天河水库扩建工程移民安置成效令人震撼，是全国水库移民安置最成功的典范。近几年来，永州市内的蓝山县、零陵区、江永县、东安县、祁阳县，湖南省内的长沙市、常德市、岳阳市、益阳市、郴州市、邵阳市、湘西州，广东、广西、福建、河南、河北、山东、辽宁等省区均组团派人到我县考察水库移民安置经验。

三、从涔天河水库扩建工程看水库移民安置在脱贫攻坚中的作用

水利水电工程建设征地，为库区移民脱贫致富提供历史机遇。涔天河库区是以瑶族为主体的少数民族聚居区，也是中国南方重点林区，还是贫困人口聚居区和扶贫攻坚的主战场。由于山高岭陡，基础设施落后，产业结构单一，加上库区林地林木划为生态公益林、补偿收入少，群众上不好学、看不起病、住土坯房的现象比较普遍，江华历届县委、政府为改变库区落后面貌想了很多办法、采取了许多措施，但库区面貌未能得到根本改观，库区群众与库区外群众的生产生活条件及经济社会发展水平差距越来越大，返贫情况仍然不断加剧，生态环境保护困难重重。经精准识别，22107 名库区农村移民中有建档立卡贫困人口 16694 人，占库区农村移民总数的 75.52%，约为江华县贫困人口的五分之一，成为当地党委、政府的一块心病，涔天河水库扩建工程批复上马后，库区群众期盼搬出大

山、要求进城镇安置、改善生产生活条件的愿望非常强烈。江华县委、政府把水库扩建和移民安置作为打造江华核心竞争力、加快新型城镇化建设进程和库区人民脱贫致富步伐的历史性机遇来抓，把水库移民搬迁安置、扶贫攻坚目标任务、新型城镇化建设、产业培育发展有机结合起来，统筹移民"搬得出、稳得住、好起来"目标任务，以改革创新精神统领、谋划、部署、实施移民搬迁安置工作，闯出了水库移民搬迁安置的新路子，开启了库区移民脱贫致富的新征程。

正确选择和创新移民安置模式，为库区移民脱贫致富奠定坚实基础。移民安置成败的关键在于各地根据自然条件、社会经济状况、劳动力素质以及移民意愿，正确选择和创新移民安置模式。涔天河水库扩建工程移民安置规划经历了四个阶段，即项目建议书阶段、可行性研究阶段、初步设计阶段和实施规划阶段。从项目建议书阶段到初步设计阶段，建设征地移民坚持有土从农安置的基本思路，通过调剂熟地和开垦耕地的方式安置农村移民，由于江华耕地资源偏紧，落实这个方案，需要从毗邻的工程受益的道县、江永县、回龙圩管理区调剂耕地安置移民，由此产生了三方面的问题。一是农村移民必须安排到 142 个农村居民点实行大分散、小集中安置，其中 12379 名农村移民必须外迁出县安置。由于移民不愿出县安置、不愿分散安置、不愿以土从农安置，移民工作一度陷入僵局。二是必须在 142 个农村居民点同时开展移民生产生活用地征收工作，必然挤占安置地居民的生存发展空间，移民安置区群众心理不情愿、不高兴，舍不得拿出好田好土安置水库移民，移民对此颇有异议。三是编制、评审、批复项目建议书、可行性研究报告、初步设计报告的时间跨度较长，省政府调整提高征地补偿标准，如果按照移民安置规划明确的补偿标准征地，同地不同价，群众不愿意接受，征地工作无法开展；如果执行湖南省人民政府公布的征地补偿标准，工程建设征地和移民安置征地将出现 2.89 亿元资金缺口，建设征地面临两难选择。2013 年 1 月，县区组织 1000 多名干部进村入户，动员移民按规划要求签订安置去向确认协议，直至 2013 年 4 月底，规划县外安置移民的去向协议完成还不到 1%。为了破解移民工作难题，江华县委、县政府深入库区乡镇、村组和移民户中开展调研，认真倾听移民意愿和诉求，全面分析移民不愿签订安置意向书和搬迁安置补偿协议的原因。认为现行移民安置规划坚持的以土从农、大分散、小集中安置方案与社会经济发展前进方向和新型城镇化潮流不合拍，与移民搬迁安置意愿、生产生活习惯相脱节，与搬得出、稳得住、逐步能致富的移民工作目标有偏差，传统的移民安置思路及办法在涔天河难以实施。提出了进一步优化调整移民安置点、增加淹多少补多少的长效实物补偿生产安置方式供移民自主选择的建议，得到了省市和国家相关部委的支持。优化完善后的移民安置方案得到了移民群众的衷心拥护与支持，经移民自主选择确认，涔天河水库扩建工程移民全部选择在江华县内安置，27627 名移民选择在江华县规划的 5 个城镇安置点进行安置，占搬迁安置总人数 28431 人的 97.17%，移民由"三县一区"大分散、小集中安置转变为县内城镇化集中安置；21263 名农村移民选择长效实物补偿生产安置，占生产安置总人数 21579 人的 98.54%，移民由以土从农生产安置为主转变为以长效实物补偿生产安置为主。

城镇化集中安置和长效实物补偿安置为库区移民脱贫奠定了坚实基础。主要体现在三方面：一是移民基本生活更有保障。库区移民搬迁前的家庭收入主要来源于经营管理林地林木、外出务工和自主创业三方面。移民搬迁安置后的家庭收入来源比搬迁安置前新增了淹没土地长效实物补偿收入、水库移民后期扶持直补到户收入和水库移民后期项目扶持收入。二是移民生产生活条件得到根本改善。从移民住房方面看，搬迁安置前人均住房面积 39.21 平方米，搬迁安置后人均住房面积达到 52.08 平方米，比搬迁安置前增加 12.87 平方米；在水库淹没影响的移民正房中，砖木结房、木结构房和土坯房面积占 76.43%，移民搬迁安置后的房屋全部为砖混结构或框架结构，移民住房的安全质量全面提高。从就学就医方面看，涔天河库区移民搬迁前生病住院，必须从大山深处送往中心集镇或县城医院救治，大部分移民子女只能在村里的教学点和乡镇中心校就近完成小学阶段学业，在中心集镇和县城的初级中学、高级中学完成中学阶段学业，路途遥远，如遇下雪落雨，家长担心子女安全；部分移民家庭将子女送到城镇学校就读，家长租房陪读照顾日常生活，不仅误时误工，还增加家庭支出。新建的 5 个移民安置点内幼儿园、学校、医院配套齐全，进点移民及其子女可在家门口方便就医就学。从就业增收方面看，县城四联安置点毗邻江华经济开发区、省级高新区，东田、水口、码市安置点标准化厂房交付使用，企业租赁入住，用工需求量大，移民可以在家门口上岗就业，增加收入，全县有就业意愿的水库移民都实现了就业增收，做到孝敬父母、教育小孩、就业增收三不误。三是移民家庭财产实现保值增值。涔天河库区移民搬迁前建房宅基地大部分为农村集体用地和国有划拨用地性质，不具备流通价值。5 个安置点建设用地性质转变为国有划拨用地，江华县委、政府制定出台全额奖补政策，支持进点移民按规定履行土地出让手续，将宅基地免费转性为国有出让地性质，在二级房地产市场上进行交易流通。鉴于集镇安置点均在涔天河核心景区内，并且是所在乡镇的政治、经济、文化中心，移民建房宅基地及安置房的增值空间较大，无形中为移民储备了一笔可观财富，从而实现移民家庭财产的保值增值。

高起点高标准规划建设安置点，为库区移民脱贫致富搭建奋斗平台。安置点是移民未来生存发展的空间平台和精神家园。涔天河库区集镇、村落、房屋以及基础设施兴建于 20 世纪六七十年代，建设规模小、标准低，基础设施和公共服务管理设施简陋，从 1990 年涔天河水库扩建项目列入国家"八五"水利发展规划算起，库区已停建、缓建 20 多年没有发展，按照原规模、原标准或者恢复原功能的原则进行补偿、规划迁建，必然存在标准低、资金少、困难大、不符合现行国家行业规划建设标准等问题，挫伤移民搬迁的信心和热情。实施阶段移民安置方案进一步优化完善后，移民由分散安置转变为城镇化集中安置，移民安置补偿概算资金没有相应增加，5 个城镇安置点基础设施和移民安置房屋只能按农村居民点的规划建设标准概算投资，与移民安置有紧密关系的新建学校、医院、污水处理厂等项目只计列了 300 元/人的文教卫增容费，安置点规划建设举步维艰。但涔天河水库扩建后将形成 70 多平方千米的湖泊、形成 200 多个岛屿和半岛，是江华旅游未来发展的核心竞争力和核心景区，规划的移民安置点坐落在全县旅游发展总体规划区内，分布在涔天河库区周边，自然生态环境优美，旅游资源丰富，具有较高的开发价值，是移民脱贫致富奔小康希望所在。江华县委、政府着眼移民长远发展，始终把让移民有尊严地融入新环境、有平台培养好子孙后代、有门路过上好日子作为安置好移民的初心，整合使用政策性项目资金，聘请国内知名公司高起点、高标准、高要求规划好移民安置点，把移民安置点建设与瑶族文化旅游景区、瑶族特色乡镇、旅游服务区建设紧密结合起来，努力把移民安置点建设成为特色鲜明、产业发展、独具魅力的风情小镇，打造成为移民可以在自己家门口就业创业、增收发展的致富平台。目前，各安置点移民安置房建筑风格、层数、楼高及立面装饰基本统一，为打造安置点特色风貌奠定了坚实基础；点内幼儿园、学校、医院等基础设施和公共服务管理设施基本配套，进点移民及其子女实现了在家门口方便就医就学；点内道路、照明、绿化、市场、广场、污水处理和标准化厂房等市政设施功能齐全，移民的生产生活环境和发展基础有了新起点、上了新台阶。

研究制定、精准落实后期帮扶政策，为库区移民脱贫致富开辟康庄大道。移民从库区大山搬入城镇，生产生活空间环境发生了根本性的变化，面临新旧观念的碰撞、心态情绪的调整、生产生活方式的改变。帮助移民群众在生产、生活、情感上尽快更好地融入新环境，切身感受到有组织，有依靠；有服务，有管理；有事做，有收入；有娱乐，有寄托，不断增强自信心和归属感，是江华县委、政府面临的当务之急。一是江华县委、政府将县涔天河水库扩建工程指挥部转为移民后续服务管理工作领导小组，统一组织、协调、实施移民后续服务管理工作。二是对 5 个集镇安置点进点移民实行"乡镇、单位包楼栋、干部包移民户"责任制，建立健全移民户服务管理台账和常态化联系走访工作制度，开展结对帮扶，并纳入年度绩效考核内容。针对移民户籍地、库区剩余资源与安置生活地相分离的实际情况，明确移民后续服务管理和稳定发展以移民安置地乡镇为主、迁出地乡镇为辅，规范工作职责任务，构建移民迁出地和安置地分工明确、运转协调、良性互动的工作机制，方便移民群众就地就近办理日常社会事务。三是在 5 个移民安置点依法组建了 7 个移民安置社区，配齐配强了社区干部，配套完善了社区办公服务设施，充分发挥社区管理服务职能。四是研究开发公益性岗位 160 个，在移民安置社区街道、楼栋、驻区单位设立片区长、居民小组长、楼栋长，组建卫生环境、治安巡逻、文明劝导队伍，实行网格化管理、精准化服务。五是相关部门和乡镇社区举办培训班 38 期，培训移民 2460 人；鼓励 774 名移民通过异地培训取得相应职业资格证书。六是整合相关部门政策项目资金，在移民安置点规划建设 12000 平方米标准化厂房，引进 18 家劳动密集型企业入驻发展，招用移民 2000 多人上岗就业。七是动员支持移民立足安置点资源和自身能力特点创业。充分利用安置房门店（车间）资源优势，创办联办来料装配、来样加工、来件装配和补偿贸易企业基地，创办小微企业 153 家；组织相关部门研究开发保洁、保安、交通协管员等公益性岗位 300 多个，解决年龄较大移民在家门口就业增收问题。八是组织移民部门研究制定移民就业创业奖补政策。鼓励县内工业园区、城镇街道、安置点内及周边企业招收移民上岗就业；扶持移民成立各种种养殖加工专业经济合作社 15 个，开发山苍子基地 2000 亩、油茶基地 1000 亩、金钱柳种植基地 500 亩、茶叶种植基地 2000 亩，建成年产 250 万袋的食用菌培植基地、年出栏 20000 头的生猪养殖基地。九是结合脱贫攻坚、乡村振兴战略，部署要求移民安置点所在地乡镇深度谋划培植新产业、新业态。招商开发建设的水口移民安置点水街旅游项目一期工程和 1000 亩瑶族古部落花海项目基本建成开放，2019 年"十一"黄金周接待各地游客 10 余万人。2019 年 9 月，水口移民安置点成功举办第十届环中国国际公路自行车赛第二阶段赛事，2020 年 7 月被评为湖南省十大特色文旅小镇。

全面建成小康社会乡村振兴的高寨村样本

◎ 盘福东

【摘要】广西壮族自治区桂林市兴安县华江瑶族乡高寨村，从过度索取到与山共美全面建成小康社会。走上可持续发展之路的实践证明，绿水青山变成金山银山，需要合作化、集体化。高寨村合作化、集体化实践雄辩证明：合则兴，合则旺，合则发，合则富，有"合"，就有绿水青山。高寨村结合漓江和湘江源头村的自然条件，因地制宜，坚守生态，化风成俗，转型发展，走绿水青山变金山银山的可持续发展之路，走出一条保护生态资源型康养旅游度假新业态发展之路。高寨村人实实在在"共同致富有劲头"，所以成为脱贫攻坚、全面建成小康社会、乡村振兴的样本。

【关键词】高寨村；全面建成小康社会；乡村振兴样本

因写作"百城千县万村"在广西的典型县、村之需，2020 年 8 月到 9 月，笔者随调研组考察脱贫攻坚、全面建成小康社会、乡村振兴以及瑶族非物质文化遗产传承保护与创新发展、瑶族传统文化助推文旅融合发展等方面的好做法、好举措。高寨村从过度索取到与山共美全面建成小康社会，绿水青山变成金山银山，合作社集体化共同脱贫致富。高寨村之所以成为全面建成小康社会、乡村振兴样本，是因为有合则兴、合则旺、合则发、合则富的乡村振兴可持续发展的好做法、好举措。

一、坚守生态，借"势"建村，转型发展

高寨村，是广西壮族自治区桂林市兴安县华江瑶族乡的一个行政村，地处华南第一峰——猫儿山脚下，是漓江源头第一村，也是湘江源头之一的第一村。高寨村由 10 个自然村组成，居住瑶、侗、苗、汉等民族 349 户，总人口 1258 人。高寨村"两委"认真学习贯彻习近平总书记关于脱贫攻坚工作的重要指示精神，自觉落实上级脱贫攻坚相关决策部署，从过度索取基本温饱到追逐梦想，借脱贫攻坚精准扶贫之势建村，绿水青山变成了金山银山，高寨村年人均可支配收入 21000 元。入选"全国特色景观旅游名镇名村名录"，高寨村委所辖潘家寨村入选第二批"广西传统村落名录"。

因为有猫儿山这座青山，有漓江和湘江源头之绿水，所以就有高寨村发展的金山银山！位于漓江和湘江源头的高寨村结合漓江和湘江源头村的自然条件，因地制宜，坚守生态，化风成俗，转型发展，走绿水青山变金山银山的可持续发展之路。

（一）营造"滴水成溪汇江流"

山场分到户的高寨村，年砍伐毛竹量 40 万条。毛竹单价每根 13.14 元，砍工运输费基本价 3 元，特殊情况时砍工运输费 8 元。林木竹子都已经包干到户，个体单干力不从心，砍伐毛竹都是请外地人来打工，各行其是，乱砍滥伐竹木，"各家为各富"对山林资源掠夺式的索取，导致山林资源透支，植被破坏，好端端的水源山变成"林衰山败水渐枯"，毛竹加工厂排废，严重污染漓江源头。为了保护漓江和湘江源头生态林，政府有关部门动员源头的毛竹加工厂都关停后，盲目"杀鸡取卵"的高寨村陷入了"空心村"的窘境。

尽管陷入"空心村"窘境了，村民还是对绿水青山变成金山银山认识不到位，固执地认为"山场分到户，各户自顾自己保自己不饿肚""村'两委'作不了主，劝阻'杀鸡取卵'的话算不了数"。显然个体单干不适合高寨村脱贫，个体单干"各人自扫门前雪，哪管他人瓦上霜"，个体单干不利于村与村之间的团结和谐，个体单干不利于振兴乡村，个体单干没有可持续发展前途。高寨村"两委"成员分别到各自然村给村民讲合则兴、合则旺、合则发、合则富的道理。高寨村"两委"召开村民大会，宣讲保护漓江和湘江源头森林资源、禁止乱砍滥伐，立村规民约。村头公示墙上晓之以"在林区内严禁乱砍滥伐林木，违者按林

种、株数和大小，处以 50 至 500 元罚款"，并义务为村民播放环保宣教电影；河道内严禁采石、采砂、采矿，违者坚决依法查扣其违法采砂工具，没收非法所得，并按规定给予处罚，情节严重的追究刑事责任。"两委"综合施策，造保护漓江和湘江源头生态林之势，"掠夺式"转型"保护式"大势所趋，村民踊跃加入合作社。高寨村人实实在在看到了"滴水成溪汇成流，共同致富方成就"。

（二）激发"共同致富有劲头"

高寨村遵照习近平总书记"进一步落实好长效机制，搞好漓江的生态保护和建设"①的要求，坚决、切实地执行漓江和湘江源头生态环境保护条例；强有力地实施漓江和湘江源头生态环境保护条例。高寨村人人都学懂源头生态环境保护条例，不抓野生动物，还敢抓敢管进山狩猎野生动物者。2012 年起，高寨村党总支"重心下移"做村民合作集体发展思想工作，"组织下延"成立合作社，个体单干转型集体化"保护式"，成立了合作社，走集体化道路，高寨村由传统的毛竹加工产业向新兴的乡村旅游业转型，由单一的风景观光游向休闲康养、文化体验和生态观光等联动并重的综合型度假游转变。这两个转型促使高寨村集体化，合作共赢，协调发展，创新发展，绿色发展，淘汰了资源浪费型的竹木加工业，因地制宜走生态文化旅游融合发展合作共赢之路，走出一条保护生态资源型康养旅游度假新业态发展之路。高寨村人由衷地说："共同致富有劲头，可持续发展不用愁。"

（三）确信"合作集体持续发"

"靠山吃山"，这是漓江和湘江源头的高寨人祖祖辈辈的传统思维，个体单干，自由散漫，"只顾自家这点点小利益，不晓得脱贫致富靠集体"，"集体所有空壳，各家钱袋虚空"。高寨村党总支认识到问题的症结，制定《源头生态环境保护村规民约》，迅雷剑劈去个体单干导致的无序滥伐竹林的"病毒性心肌炎"，滥伐竹林得到遏制，自然林水源山真正成禁区。无序滥伐竹林杀鸡取卵的"靠山吃山落空"，部分村民矛盾心结解不开，因此产生了个体单干与合作集体发展矛盾。高寨村"两委"不是回避矛盾，而是主动化解矛盾，创新举措，按照生态绿色、历史红色、瑶乡原色"三色"描绘高寨村发展蓝图，坚持一本蓝图绘到底，带领群众走可持续发展的道路，"党建+旅游"集体发展，"掠夺式"转型为

---

① 谢振华.层层压实责任跟进监督检查 [OL].人民网，2019-6-20.

"保护式"，开通高寨村致富门路，直面国家政策调整和市场变化，精准扶贫，帮助贫困村子脱贫攻坚。村委主任潘奇权首先创办"漓源瀑布山庄"，优先采购贫困户的农副产品；旅游旺季，优先聘请贫困村子的贫困户务工。吸纳了 8 户贫困户 10 人在"漓源瀑布山庄"务工。高寨村 52 家"农家乐"雨后春笋般冒出来，高寨村 52 家"农家乐"达成共识，为全村贫困群众提供一个自食其力脱贫致富的良好环境。合作发展，水到渠成，高寨村瑶族同胞确信"众手浇开幸福花，合作集体持续发"。

（四）党建"心连心"，致富竖标杆

高寨村党总支制定了党建"心连心"帮扶实施细则及考评办法，党员每人联系帮扶一名困难村民。高寨东岭村共产党员蒋秦生，家庭人口 4 人，2015 年被精准识别为贫困户。蒋秦生说："作为党员，这顶贫困户'帽子'戴着让人难受。"蒋秦生利用小额信用贴息贷款养殖清水鱼和"竹林鸡"，2016 年东岭村人均收入达到 3880 元，成为高寨村第一批脱贫摘帽的贫困村，贫困户彻底脱贫。2019 年，高寨村合作开办"兴安县山下有人家农家乐"，全村旅游行业共安排或带动贫困户 280 人就业，每人每月纯收入 6 千多元。高寨村竖立脱贫致富标杆，成为广西乃至中国特色旅游名村、华江瑶族乡和兴安县"党建+旅游"脱贫致富的标杆。

（五）创新发展，相得益彰

高寨村"两委"遵照习近平总书记"建设壮美广西"和田园综合体建设要求，突出"注重乡土味道，保留乡村风貌，留得住青山绿水，记得住乡愁"，彰显瑶族"茅草屋、吊脚楼、原木色调"民居文化，因地制宜搞休闲康养。高寨瑶族依托红色文化，开发"红色旅游+生态休闲""红色旅游+研学实践"等合作项目，构建精品线路，用好红色财富，搞红色教育，因人成事做民俗民宿。浓郁的瑶族风情、良好的生态环境、丰富的红色文化给高寨村注入了无限的生机。梁家寨依托红军过寨的红色文化优势，将"百千"工程建设与发展休闲康养产业紧密结合，实践采用"协会+公司"管理模式，统一对民居室内外提升改造成室外古朴、室内精致、自然和谐舒适的民宿空间，小溪、宅居、廊亭、竹林、顽石以及特有的植物点缀，戏台、文化小广场，喇叭声声悦耳；山寨木楼，交相辉映，自然风光与红色文化相得益彰，讲好红军过高寨的故事，红色文化旅游资源焕发光彩，慕名而来者重温红军长征途经梁家寨翻越老山界的历史。高寨村人与自然

和谐共生的秀美画卷，生态文化旅游融合惠发展，良好环境相得益彰聚客源。高寨村迈上可持续发展的康庄人道。

（六）扬瑶族挑绣之长，补六垌茶加工之短

华江瑶族刺绣、瑶族歌舞、盘王节庆等瑶族民俗文化气息浓郁，华江瑶族刺绣被列入广西壮族自治区第三批非物质文化遗产名录。非遗部门每年都在高寨村举办瑶族刺绣及传统竹工艺品培训班，培训传承人数 450 人次，其中，贫困群众 50 人次。野生六垌茶采摘下来的生茶收购价达 30 元一斤，制成的野生茶可销售 400-500 元一斤，野生六垌茶从单一的种植加工转型为茶文化体验和商铺销售等，游客在高寨村欣赏绿水青山的同时参与采茶、制茶、品茶文化实践。六垌茶成为瑶族增收致富的支柱产业之一，因而带动一二三产业的融合发展。高寨村梁家寨、塘坊边、青殿"古韵·瑶寨"成为瑶族文化的旅游景区。

这些成就的取得，是高寨村"两委"牢记 2010 年 3 月，习近平总书记在全国"两会"广西代表团全体会议上强调"漓江的生态建设与科学保护，兹体事大""漓江不仅属于桂林人民，属于广西人民和全国人民，也是属于世界的，是全世界人民共同拥有的财富，我们都要很好地去呵护它"的重要指示，以生态立村为根本，积极践行"创新、协调、绿色、开放、共享"新发展理念，把以漓江和湘江源头生态环境保护为核心的生态文明建设放在优先位置。实现了高寨村人持之以恒的绿色坚守，保护好漓江和湘江源头生态环境，走出了一条保护源头生态环境、合作改善生态、集体发展经济、既保生态又惠民生的可持续发展之路。

二、"绿水青山就是金山银山"的全面小康社会完美版

党的十八大以来，高寨村实践"绿水青山就是金山银山"的理念，担起保护漓江和湘江源头的重担，物质文明与精神文明取得实效，成为"绿水青山就是金山银山"全面建成小康社会的完美版。

（一）红色文化"打卡村寨"

1934 年，中央红军长征湘江战役突破敌人的围堵，红八军团一部奉命经高寨村的梁家寨、潘家村，从梯子岭上到白石头、老山口、火烧坪、庵塘坪，经越城岭主峰猫儿山北翻越老山界，瑶民护送红军翻越老山界。陆定一的《老山界》让

高寨村遐迩闻名。高寨村依托红色文化资源成功开发"红色旅游+生态休闲""红色旅游+研学实践"等，成为桂北地区最大的红色文化"打卡村寨"。

（二）旅游合作社小康寨

高寨村民自觉防火护林，增绿育林，将"百千"工程建设与发展休闲康养产业紧密结合，采用协会+公司管理模式，一方面，瑶寨民居室提升改造与自然环境和谐统一，奠定生态文化融合发展坚实的基础。另一方面，以红军长征途经梁家寨翻越老山界在一座民房墙上描绘的巨型画卷为彩点，有"红军过华江红色壁画群"及入党宣誓宣传载体，还有红军过高寨村入党宣誓台，系列文化设施可持续传承弘扬红军长征精神。人民崇敬红军长征，到红军长征路线读长征是播种机、长征是宣传队、长征是战斗队的英雄史诗，高寨村每日接待慕名而来游客20批次以上，用餐人数达300余人，24处民宿居宅全部爆满。瑶胞们争先恐后将自家宅屋入股梁家寨旅游合作社，每月增收3500余元。旅游合作社让高寨农民走上集体化可持续发展之路。

（三）民宿产业综合体

守住漓江和湘江源头活水。高寨村现有山林面积1.9万多亩，其中，毛竹面积1.1万亩，林下培育野生茶1万亩，种植白七、培育野生灵芝中药年产1万多斤，发展养殖高寨村竹林鸡2万多只，清水鱼养殖2000平方米，旅游企业2家，上规模的农家乐30家，2019年村民人均纯收入2万多元。民宿成为高寨村汩汩长流的经济源泉。

（四）智慧发展现代化

瑶家风情竹（木）楼与自然环境和谐统一；高寨有停车场、公共厕所、垃圾处理场等基础设施，村村通电、通公路、通有线电视，程控电话、移动、联通、电信信号覆盖；休闲康养，天然浴池、山居文化展示体验区、红军长征文化展示区、民俗和红军歌舞体验等。高寨村每个自然村成为过山瑶博物馆，一栋栋三层小楼，折射中央红军长征过瑶山、过山瑶文化变迁、过山瑶服饰文化，助兴生态文化旅游融合发展经济。

（五）户户有车辆，月月有分配

高寨村扬长避短，创新发展为广西壮族自治区桂林市兴安县"百千"工程建设与发展休闲康养产业紧密结合的亮点村。高寨村合作发展旅游业，成立了高寨村村民合作社，合作社组织经营，村民入股，统一安排，风险共担，定期结算，集体资金管理到位、资源经营规范。由村民组成的休闲旅游康养合作社经济，成为全村村民都有别墅的建设资金，资金齿轮链接，高寨村有大型汽车10辆、轿车68辆，摩托车320多辆，户户有车辆，发展村级集体经济，壮大村级集体经济实力，每户每月可分配收入5000多元。集体经济基础牢固了，家家户户有钱用了。

高寨村农民走上持续发展的幸福之路，是在党的十八大以来，奋力破解发展与保护的矛盾，变单干为合作，变个体为集体，人心齐，困难除，根治了污水直排漓江和湘江源头的弊害，高寨村所有10个自然村走积极、智慧的"靠山吃山"路，绿色发展的"靠山吃山"，既不失耕山文明与山共美传统，还培植"绿水青山就是金山银山"的造血功能，提升瑶族文化旅游品牌形象和高寨村品位，从根本上改善了漓江和湘江源头的生态，山青水碧，和谐共生，生态文化旅游融合可持续发展，让高寨村人民群众成为生态文明红利的第一分享人。

三、合则兴、合则旺、合则发、合则富

高寨村从过度索取到与山共美实现可持续发展，全面建成小康社会的实践说明合则兴、合则旺、合则发、合则富。

（一）合则兴

高寨村广大党员形成合力，党总支不忘初心、牢记使命，自觉践行党的宗旨，充分发挥基层党组织的战斗堡垒作用，广大党员发挥先锋模范带头作用，自觉担当、敢于担当，高寨村党组织有凝聚力、号召力、牵引力，合作化集体力量推进了高寨村从过度索取到与山共美实现可持续发展，高寨村的巨变生动说明瑶乡合作化集体化的"合则兴"潜力。

（二）合则旺

高寨村人民群众紧紧团结在党的旗帜下，保护和利用好高寨村资源优势，"合"起来搞转型发展，生态文化旅游融合发展势头越来越旺，越来越旺的生态文化旅游融合发展势头，给高寨村人民群众带来了"合则旺"的红利。

（三）合则发

高寨村民从村干"要我合"到自信"我要合"，单干变走合作化集体化，合作化道路造就了"合则发"的优越性。带来了坚守生态底线的自觉性，奠定"合则发"的可持续发展韧性，让高寨村人民群众享受到"合则发"的共赢。

（四）合则富

高寨村合作化集体化由传统的毛竹加工产业向新兴的乡村合作旅游业转型，单一的观光游向文化体验和生态观光等联动，生态资源实现可持续发展才产生"合则富"的能量。

四、结束语

高寨村人把自己的梦想融入奋斗之中，把"高寨村"的名字写在脱贫攻坚、全面建成小康社会、乡村振兴"百城千县万村"的光荣史册之上。

从过度索取到与山共美全面建成小康社会，高寨村走上可持续发展之路的实践证明，绿水青山变成金山银山，需要合作化、集体化。高寨村合作化、集体化实践再次雄辩证明合则兴、合则旺、合则发、合则富，有"合"，绿水青山才变成金山银山。高寨村崇德向善、和谐宜居，高寨村人民群众获得实实在在的幸福感、安全感。

高寨村"两委"牢记使命，自觉担当，敢于担当，善于担当，引导推动高寨村人投入到脱贫攻坚、全面建成小康社会、乡村振兴上来，提升村民文明素质、文明程度、文化品位和群众生活质量。无疑是脱贫攻坚、全面建成小康社会、乡村振兴的好典型、好样本。

民族地区巩固脱贫攻坚成果的几点思考

——以江华瑶族自治县为例

◎ 唐晓君

【摘要】贫困是一个世界性难题，反贫困是人类共同的任务。党的十八大以来，以习近平同志为核心的党中央把脱贫攻坚作为关乎党和国家政治方向、根本制度和发展道路的大事，把扶贫开发作为实现第一个百年奋斗目标的重点工作，大力实施精准扶贫、精准脱贫，不断开创扶贫开发事业新局面。在全党全社会的共同努力下，脱贫攻坚取得显著成绩。按十九大报告部署，到 2020 年要打赢脱贫攻坚战，如期实现全面脱贫；到 2050 年实现乡村全面振兴，也就是完成短期脱贫与长期振兴的任务。而乡村全面振兴的首要任务是怎么巩固当前的脱贫攻坚成果，真正实现"稳定脱贫，长期致富"的目标，实现可持续发展。

本文以湖南省江华瑶族自治县为例，全面阐述了民族地区脱贫攻坚取得的成果，客观分析了在巩固脱贫攻坚成果中存在的主要问题，科学地提出了巩固脱贫攻坚成果的对策及建议。

【关键词】脱贫攻坚；乡村振兴；民族地区；江华

2020 年是脱贫攻坚与乡村振兴的交汇之年。如何做好从脱贫攻坚过渡到乡村振兴、如何从脱贫攻坚成功迈向乡村振兴道路是完成脱贫任务后面临的新挑战、新课题。

由于脱贫时间短，达到乡村振兴"产业兴旺、生态宜居、治理有效、乡风文明"的总要求仍有一定距离，仅靠单一的政策机制显然不够。要完成"长期振兴"这一艰巨任务，巩固好脱贫攻坚成果，则是关键中的关键。需要促使脱贫攻坚与乡村振兴有机衔接，以巩固脱贫攻坚成果作为乡村振兴基石，依托乡村振兴战略持续巩固脱贫成效，实现脱贫攻坚与乡村振兴"同频共振"。总体来说，就是要将脱贫攻坚成果与乡村振兴战略推进有机融合，制定可持续性发展政策，以助推乡村全面振兴，长期振兴。

江华瑶族自治县是一个集老、少、边、穷、库于一体的县。"老"，即革命老区县。该县人杰地灵，有深厚的革命传统，孕育了中国共产党两名早期党员李启汉、陈为人及江华（最高人民法院原院长）等老一辈无产阶级革命家。邓小平率领的红七军、长征时的中央红军都曾在这里浴血奋战过。2008 年被省人民政府认定为革命老区县。"少"，即少数民族自治县。该县总人口 54 万，其中瑶族人口 37.5 万，1955 年成立瑶族自治县，是全国瑶族自治县中瑶族人口最多的县，被授予中国瑶族文化传承研究中心。"边"，即省际边界县。该县位于湘、粤、桂三省（区）结合部，分别与广东、广西各三个县（市、区）相邻。"穷"，即国家扶贫开发工作重点县。该县 2001 年、2011 年都被确定为国家扶贫开发工作重点县。全县有建档立卡贫困人口 28148 户 113158 人、贫困村 112 个。截至 2019 年底，已脱贫 27394 户 111409 人，112 个贫困村全部出列，综合贫困发生率下降到 0.38%。2019 年 4 月 16 日，湖南省政府批复同意江华脱贫摘帽。2015—2019 年脱贫攻坚考核连续 5 年位居湖南省先进县区行列，先后多次承办国家级和省级脱贫攻坚现场会。"库"，即库区移民县。该县是二十一世纪湖南省水利一号工程——涔天河水库扩建工程所在地。工程建设需搬迁移民 6666 户 28431 人，其中，贫困人口 4345 户 16694 人。

一、民族地区脱贫攻坚取得的成果

（一）抓产业扶贫，不断筑牢"致富根本"

民族地区始终把发展产业作为贫困群众脱贫致富的"根本模式"，坚持"短、中、长"产业结合，深入实施"产业开发"行动，引导贫困户发展中草药材、旅游、水果、茶叶、蔬菜、油茶和养殖等优势主导产业，实现贫困农户均有一项以上产业覆盖。同时，坚持把发展产业和促进就业作为提高脱贫质量的"重中之重"来抓，基本实现了有劳动能力的贫困户要么有产业，要么有就业，没有劳动力的贫困户有兜底的目标，为贫困群众稳定脱贫提供了有力支撑。如江华实施"规模企业进园区、小微企业进乡村、农业产业建基地、旅游产业谋全域"的产业就业扶贫模式。全县大力招商引资，创建省级高新技术产业园区，引进规模工业企业 105 家，现有产业工人 1.4 万余人，其中，贫困人口 3560 人。

该县出台优惠政策，支持规模企业和小微企业进乡村开设"扶贫车间"，全县小微企业达 486 家，其中，省里认定就业扶贫车间 247 家，吸纳 1.3 万个留守劳动力在家门口务工，其中，贫困人口 3724 人。全县新增流转土地 20 万亩，建立农业产业基地 183 个，安排 7000 多个年龄偏大的贫困对象和留守贫困劳动力务工。建成三 A 级景点景区 6 处，有三星以上标准酒店 8 家、农家乐、民宿酒店等客房 6750 余间，可同时接待 1.1 万人住宿，带动 6000 个贫困人口增收。2020 年初，新冠肺炎疫情发生后，该县在保障贫困群众基本生产生活的基础上，全力扩岗稳岗，优先安排贫困劳动力就业，共增设疫情防控值守员、科普宣传员、卫生保洁、治安协管、孤寡老人和儿童看户等公益岗位 3000 多个。该县还对发展野生动物产业的 38 户贫困户给予退出补偿，并通过防贫返贫责任险予以理赔，及时帮助转产转业。目前，全县 5.7 万个贫困劳动力中，约 3.3 万人到县外务工，1.8 万人在县内务工（其中，高新区就业 0.36 万人，小微企业和扶贫车间 0.4 万人，从事第三产业 0.8 万人，其他灵活就业 0.24 万人），0.6 万人从事农业生产，均可稳定超过人均年收入 4000 元的脱贫标准。

（二）抓教育扶贫，阻止贫困"代际传递"

民族地区除认真落实贫困家庭子女十五年免费教育、"雨露计划"扶贫培训、"两免一补"、营养改善计划等教育扶贫政策外，每年还有预算交通补助、特困生生活补助和民族学生补助，设立教育基金，全面落实"三帮一"劝返复学措施，有效地防止学生因贫辍学，对因身体原因无法随班就读的贫困家庭义务教育阶段残疾学生全部落实送教上门，确保义务教育巩固率为百分之百。如江华自 2014 年以来共发放贫困家庭学生各项教育补贴 19500 万元，免除贫困家庭学生学杂费 4420 万元。还设立县级深度贫困家庭子女入学资助专项基金，对深度贫困家庭子女实行"零负担"精准资助。

（三）抓健康扶贫，确保群众"病有所医"

民族地区大力实施医疗惠民项目，贫困人口 100% 参加城乡居民医疗保险，落实建档立卡贫困户县域内"先诊疗后付费"、家庭医生全面签约服务政策，全面夯实贫困人口基本医保、大病保险、民政医疗救助、商业医疗保险、政府兜底五重医疗保障线，创新推出"3+2+1"医联体模式，极大地缓解了群众看病贵、看病难的压力，确保群众不会出现因病返贫现象。江华自 2018 年以来就落实健康扶贫"一站式"结算 2.16 万人次，减免医疗费用 2786 万元，贫困人口县域内实际住院费用报账比例达到 85% 以上。新建和改造村级卫生室 43 个，全县 312 个行政村、社区村级卫生室服务能力全部达标。

（四）抓住房保障，推进实现"住有安居"

民族地区普遍山多地少，大多作为重点生态功能区，工业企业少，"一方水土养不活一方人"，普遍存在地质灾害安全隐患。根据这一现状，在积极支持改造老旧危房的同时，实行易地扶贫搬迁的方式推进"住有所居"。江华自 2014 年以来，改造贫困户危房 6476 户。从 2016 年开始将贫困户危房改造补助标准提高到 4.5 万元/户。2020 年安排资金 350 万元按照 1700 元/户的标准，支持 2000 余户危改户、五保户对房屋进行修缮。2017 年以来共搬迁安置 2406 户 10126 个贫困人口，现已全部入住。通过涔天河水库扩建工程，搬迁安置 4345 户 16694 个贫困人口。同时，在集中搬迁安置点引进小微企业吸纳搬迁群众务工，实现"楼上居家，楼下就业""进屋安居，出门就业"。

（五）抓基层组织，发挥党的"堡垒"作用

民族地区围绕脱贫攻坚、乡村振兴等中心工作，坚持"群众的需求在哪里、党组织就建在哪里、党员干部的先锋模范作用就发挥在哪里"的理念，不断夯实"支部+"基础，创新探索"支部+"模式，充分发挥"支部+""党员带"和"人才带"的作用。各地把脱贫攻坚作为各级党组织书记抓党建工作的必述必测必考内容，抓党建、强支部、提素质、增内力，引领贫困村、贫困群众脱贫发展。着力抓好班子配备、队伍建设、组织建设和活动场所建设，把贫困村基层党组织建设成为脱贫攻坚的战斗堡垒。按照"党务部门驻弱村、经济部门驻穷村、政法部门驻乱村、专业部门驻难村"的工作思路，把结对帮扶贫困村基层组织建设纳入驻村帮扶后盾单位考核内容，推动驻村扶贫后盾单位党组织与贫困村互帮互助，互促共建。各村、社区干部队伍结构进一步优化，组织力、战斗力和凝聚力进一步增强。江华自 2014 年以来整顿 58 个软弱涣散贫困村党组织，调整 95 个贫困村支书、村主任，推选 368 名党性强、作风好、奉献精神强的农村致富带头人、外出返乡经商人员、复退军人进入"村两委"班子。同时安排驻村扶贫后盾单位开展驻村帮扶，选派 112 名懂扶贫、通民情、接地气、善实干的机关干部担任贫困村"第一书记"和驻村扶贫工作队长。全县投入资金 1.4 亿元，新建、改造农村综合服务平台 304 个，逐年加大对村级的经费投入，村级组织运转经费每村均 17.9 万元。该县组织各级扶贫干部开展脱贫攻坚

业务培训 67 期次，受训 2.3 万人次；选送 2913 名村组干部、农村党员到省市高校和职业院校学习培训。定向村干招录国家公职人员 26 名，其中，从村干部中选拔直接进入乡镇领导班子 9 名。

(六) 抓社会扶贫，广泛动员各方力量

民族地区广泛动员民营企业、民间组织、爱心人士等社会力量参与脱贫攻坚，引导全社会和广大群众关注扶贫、支持扶贫、参与扶贫，着力构建"大扶贫"工作格局。大力宣传开展"户帮户亲帮亲，互助脱贫奔小康""万企帮扶万村"精准帮扶行动及"扶贫日"活动。积极引导和发动非公经济组织参与脱贫攻坚，采取产业帮扶、就业帮扶、公益帮扶、技能帮扶等方式结对帮扶贫困村和贫困户。通过举办脱贫攻坚文艺专场演出、扶贫工作电视讲话、开展扶贫公益募捐、评选表彰脱贫攻坚先进典型等形式，宣传脱贫攻坚工作，宣传先进典型，不断扩大脱贫攻坚的社会影响，积极营造浓厚的工作氛围。同时，组织工会、妇联、科协、团委等群团组织开展捐资助学、志愿服务、送医送诊、科技文化下乡等扶贫济困活动。如江华抢抓被列为"中国社会扶贫网"试点县机会，全县贫困户注册率达 100%，爱心人士注册 3 万人，发起贫困需求 2.37 万余条，成功对接 1.49 万余条，对接成功率 63%；爱心捐赠 6038 个，成功对接 3645 个，对接成功率 60%。通过线上线下对接，共筹集各类爱心资金 8000 万元、爱心物资 5000 万元、为贫困群众提供 4500 余个就业岗位，得到帮扶的贫困群众达 2 万人次。动员扶贫后盾单位机关干部、社会力量和爱心人士走访慰问贫困对象中的兜底保障人口、老年人、残疾人、大病重病患者、贫困学生等特殊困难群体 6000 余人次，帮助帮扶对象实现"微心愿"5754 个，开展陪护照看、心理健康、环境卫生、医疗等服务帮扶 19755 次，捐款 102 万元、捐物 3890 件。该县自 2014 年以来组织 89 家非公企业在 116 个村实施产业帮扶项目 83 个，就业帮扶项目 49 个，公益帮扶项目 73 个、技能帮扶项目 48 个、其他帮扶项目 86 个，惠及贫困群众 1.3 万人。实施"泛海助学"行动，资助贫困学生 342 人次 171 万元。

(七) 抓基础工作，全面夯实帮扶措施

民族地区紧紧围绕巩固提升"三率一度"，全面做实做细做深各项基础工作。坚持精准识别、动态管理，提升建档立卡质量，完善档案资料。对所有建档立卡贫困户的各项表册资料进行全面排查，对填写不规范、存在逻辑错误等

逐户逐个进行纠正、补全，对档案资料实行专柜保存、专人负责、定期更新。建立致贫返贫监测机制，防范化解扶贫领域风险。建立扶贫小额信贷调度监管机制，着力防范和化解逾期贷款、不良贷款。畅通群众信访渠道，设立扶贫举报电话，建立跟踪回访机制和部门信息共享机制，组建涉贫信访问题处置专抓班子，明确专人负责。坚持主动作为、抓早抓小，耐心细致做好接访、处访、稳控工作，着力把问题和矛盾化解在萌芽状态，严防"小概率"事件。江华自2014年以来，纳入"五类人员"31728人，清理"四类对象"17293人。贫困人口自然增加8439人、自然减少12164人。2020年出台《关于建立防止返贫致贫监测和帮扶机制具体实施办法》，开展了边缘户和脱贫监测户监测摸底，对1006户边缘户逐一落实针对性强的帮扶措施、对520户脱贫监测户逐一制订巩固提升帮扶措施。所有的边缘户、脱贫监测户和未脱贫户均落实防贫返贫责任险。对因病、因残、因灾和因产业失败、就业不稳导致损失较大、生活陷入困境的56户227个贫困户和非贫困户给予救助。

二、民族地区巩固脱贫攻坚成果存在的主要问题

（一）产业增收存在不稳定性

民族地区依靠产业脱贫是贫困户增强"造血"机能、实现稳定增收的关键。在贫困户发展产业上，受到土地、资金、技术、项目、信息和自我发展能力不足等方面的条件制约。要么没有产业，要么产业规模小，产业覆盖面窄，群众满意度也不高，没有发展前景。再说，农产品很容易受市场价格、天气以及大环境影响，产量和收入存在较大的不稳定性、不确定性。大部分贫困户或帮扶干部在产业项目选择上比较盲目或跟风，不考虑自身实际情况，只看当下，不考虑长远，只顾眼前效益高，不考虑抗风险，只考虑产业，不考虑龙头带动，只考虑生产，不考虑精深加工、加大营销、延长产业链、做好品牌、提升附加值等方面工作。产业选择上没有长短结合，没有培育特色，没有防范风险能力，从而导致脱贫户增收缺乏稳定性。

（二）人才流失导致人才短缺

人力资源是第一资源。民族地区往往出现本地人才留不住、外地人才不愿来的尴尬局面，出现这种情况不外乎当地人才观念淡薄，政策机制不完善，工资待遇低，生活条件艰苦，工作环境差，城镇化和工业化进程缓慢等因素。乡

镇基础设施和公共服务配套相对欠缺，无法吸引人才"安居乐业"。人才在当地没有引起足够重视和关注，没有形成爱惜人才、尊重人才的良好氛围。虽然各地都制定了人才引进办法，但大多数都是"依葫芦画瓢"，没有自己的特殊优势，很难落地见效。缺乏能够满足人才需求的激励机制，对人才关心重视不够，生活没有归属感，工作没有成就感，情感容易缺失。民族地区的人才尤其是教育医疗等人才短缺，影响了当地教育保障和医疗保障水平，影响"人人都有学上"的教育扶贫和"病有所医"的健康扶贫事业。

（三）农村青壮年劳力严重缺乏

目前，民族地区大部分村组常住人口以老人、留守妇女及儿童、残疾人、鳏寡孤独等群体为主，他们大多身患大病或慢性病，医疗费用支出大，容易因病致贫、返贫。而且属于无业可扶、无业可就，只能靠社会保障兜底。由于农业生产效益低下，农村基础设施严重滞后，大多年轻人初中毕业以后，便离开家乡，进城务工，造成农村劳动力大量流失，留守青壮年严重不足，导致农村劳动力年龄结构加速老化，整体素质下降，农田抛荒，农事荒废，农村经济日益凋敝，农业发展很难保证，农村生活一派"死气沉沉"。据统计，有知识、有劳力的青壮年占常年留在农村人员不到百分之十。

（四）亟须不断寻求增收"新路"

民族地区大都是重点生态功能区，根据国家林业保护政策，保护区内严禁砍伐天然林、公益林、水源林等生态林，对生活在自然保护区、生态功能区的贫困林农获取生产资料有一定的影响，而且目前国家生态林补偿标准仅为每年每亩 14.7 元，补助标准偏低，贫困林农靠生态林生产经营的收入大幅减少，需积极探寻其他可持续的致富和发展路径。传统的种植养殖及加工业等第一、二产业受环境保护、野生动物保护等政策限制，难以发展壮大，产生效益。而民族地区以"农家乐"为主的生态绿色旅游业，普遍存在规模小、特色不鲜明、交通不方便、配套设施欠缺、宣传力度不够等因素，开始人们图一时"新鲜"，久而久之便逐渐冷落倒闭。

（五）后续发展缺乏长效管理和科学手段

贫困户发展产业，受到土地、资金、技术等方面的条件制约，产业规模小，造成农村公共资源承载能力和产业就业吸纳能力极为有限，很难解决自主发展产业面临的土地、资金、技术、管理以及市场风险等方面难题。农村产业应有的基础和潜力与贫困劳动力的人力资本没有一定的契合度，群众参与产业发展的信心和积极性不强，不能有效破解产业覆盖面小和群众满意度低的难题。因土地、科技、管理等存在短板，推进农业供给侧结构性改革难，农业产业转型升级遇到较大压力。目前，农村长效管理机制不健全，对如何全面加强乡村治理缺乏系统化、现代化的科学管理手段，没能构建共建、共治、共享的乡村治理格局。

（六）城乡发展不平衡

发展不平衡现象根源在于城镇要素加速集聚，乡村发展要素不断流失。在实际工作中，存在着"城镇是城镇，乡村是乡村"的片面认识，没有真正认识二者之间的内在统一，甚至对二者之间的政策存在认识的误区，导致在城乡要素配置上没有做到统筹考虑，在政府决策引导上没有做到通盘施策，在实际操作方面出现"头痛医头、脚痛医脚"的现象。由于受土地、户籍、公共服务等方面的限制，城乡融合发展的规划难以编制和实施，缺乏统一规划。因建设用地指标少、宅基地存量少等问题，建设规划难度大。受到一些政策因素的制约，城乡要素的流动有较大难度，城乡资源也难以实现均等化配置。在推进城乡一体化建设进程中，村民环保意识差，农村环境污染还未彻底根除，治理难度大。相当一部分农民曾一度处于被动状态，误认为农民做好"农活"就行了。

三、民族地区巩固脱贫攻坚成果的对策及建议

（一）进一步做好"人才引进+培育"文章

在乡村教师、医生队伍建设方面，切实做好"引"和"留"的文章，进一步完善教师、医生队伍发展规划，加强优秀教师、医生培养，继续实施公招、特招、定向培养相结合的引进人才机制，及时补充教师和医生。继续采取特殊政策吸引教师、医生到民族地区从教、从医，对高考上一本线就读师范、卫生类的大学毕业生到民族地区任教、从医的，给予一次性安家费的优惠政策。加大优秀人才关爱力度，从工作上、生活上和思想上关照和帮助他们，使他们安心工作、潜心科研，进一步稳定和壮大乡村教师和医生队伍。

(二）进一步做好"预警+特殊关爱"文章

在民族地区探索建立脱贫质量预警监测机制，强化动态管理。定期开展返贫预警级别评定，根据脱贫后家庭综合情况、是否存在返贫风险，进行红、黄、绿三色标识。将红色标识户纳入重点监测对象，对照"两不愁三保障"标准着力补齐短板；对黄色标识户，在产业项目、金融扶贫上予以帮扶，稳定增加收入；对绿色标识户，在扶智、扶志方面加强引导，提升"造血"功能。各级各部门出台特殊群体专项扶持政策。比如，针对贫困老人、妇女、留守儿童、残疾人、因病致贫返贫等特殊群体，出台特殊扶持政策及措施，进行更精准、更有效、更有力的持续帮扶，集中力量持续攻坚。

(三）进一步做好"生态产业+补偿"文章

民族地区要努力发展生态产业。按照"龙头企业带动，村级组织助力，群众种养，共同分配收益"的发展理念，采取"公司+基地+农户"的模式，发展生态产业，确保贫困户实现生态产业全覆盖，有稳定收入，实现稳定脱贫。积极向国家建议，提高生态补偿标准，加大对国家级自然保护区资金投入的力度，通过生态补偿转移支付等手段，支持帮助所在民族地区解决脱贫后持续发展等问题。

(四）进一步做好"订单农业+引导"文章

规划设计起点高，建设质量有保证，技术指导有支撑，资金投入有保障，面积连片可稳定，新增经济有来源，示范引领有样板。因地制宜组建专业合作社，鼓励合作社对农户由收购改为订单模式，增大农户与市场的黏性和敏感度，从而引导农户进一步增强农产品质量的意识，保障农产品的质量，提升其品牌的市场竞争力，以期产生最大经济效益。

(五）进一步做好"质量+乡村振兴"文章

加快发展贫困村集体经济发展是脱贫攻坚的一项重要任务，是乡村振兴的基础工作。要因村施策，充分考虑各村的经济基础、资源禀赋和区位条件等因素，科学确定发展模式，不断拓宽村集体经济收入渠道。要进一步完善村民合作社制度，确保村集体经济运营规范。不断整合资金加大投入，在乡村振兴上发力，将产业振兴、人才振兴、文化振兴、生态振兴、组织振兴与脱贫攻坚成果巩固深度融合起来，全面提升脱贫质量，确保户户有增收项目，人人有脱贫门路，村村有发展前景，实现农民富、农业强、农村美。

（六）进一步做好"扶贫项目+引领"文章

要破解脱贫户后续产业发展增收难题，首先是解决了脱贫户自主发展产业面临的土地、资金、技术、管理以及市场风险等方面难题，才能引领和带动群众参与产业发展的信心和积极性，有效破解产业覆盖面小和群众满意度低难题。真正达到规模化、产业化，大大提升群众的满意度，有效破解基层党组织组织力、凝聚力不强问题。构建"产业引领、农旅带动、就业增收"格局，实现企业增效、农户增收、财政增长的多赢目标。

（七）进一步做好"城乡统筹+融合发展"文章

随着新形势、新时代的到来，巩固脱贫攻坚成果，促进城乡统筹融合发展，助力实施乡村振兴战略，是我们面前的一大课题。采取政府引导、统筹规划、产城互动、共融联通等有效举措，推动城乡融合发展，是实现乡村振兴的重要途径。城市品质化、新型城镇化、乡村振兴战略的着力点和重点内容不尽相同，但三者之间的实现路径、最终目的有高度的一致性，只有实现城乡高规格高质量的融合发展，推动城乡要素良性循环流动，才能构建新型城乡关系，推动一、二、三产业更加全面地发展。同时在融合发展中要找准定位，突出特色，做到以特色文化彰显乡村建设发展的生命力和持久力。抓好"对内"发展产业、"对外"转移就业两个重点，增加贫困群众的稳定收入，千方百计增强发展能力和后劲，才能实现贫困人口稳定脱贫。贫困既是物质上的贫困，也是文化精神的贫困。从根本上解决贫困，必须对贫困的内涵有新的认识，把单一的经济扶贫转变为文化、教育、卫生等与经济配套的综合扶贫。习近平总书记强调，要优化生产力布局，统筹城乡发展，扶贫开发要同做好农业、农村、农民工作结合起来，同发展基本公共服务结合起来，同保护生态环境结合起来，同落实农村义务教育结合起来，向增强农业综合生产力和整体素质要效益。

四、结语

行百里者半九十。"小康路上一个都不能掉队！"习近平总书记在参加全国人大会议审议时指出，防止返贫和脱贫攻坚同样重要，已经摘帽的贫困县、贫困村、贫困户，要继续巩固，增强"造血"功能，建立健全稳定脱贫长效机制，坚决制止扶贫工作中的形式主义。站在新的历史起点上，我们要在以习近平同志为核心的党中央坚强领导下，努力写好脱贫攻坚的历史答卷，巩固好脱贫攻坚成果，如期实现乡村振兴。

习近平扶贫思想在瑶族地区
脱贫攻坚中的实践

——以湖南江华瑶族自治县高香启村为例

◎ 李荣喜

【摘要】习近平扶贫思想博大精深，内涵丰富、思想深邃，具有马克思主义和新时代中国特色社会主义思想的理论特质，充分体现了人民性、科学性、创新性和国际性，是新时代中国特色社会主义思想的重要组成部分，为世界反贫困进程的发展提供了中国智慧和中国方案。七年来，驻高香启村扶贫工作队始终用习近平扶贫思想武装头脑，指导实践，凝心聚力，攻坚克难，尽锐出战。以党建引领脱贫攻坚，关注民生福祉，大力改善基础设施；大力发展产业，千方百计拓宽就业增收渠道；因户施策，精准发力，脱贫攻坚取得了显著成效，2018 年整村脱贫出列；2019 年通过了省第三方实地评估和危房改造专项检查；2020 年高质量通过了国家脱贫攻坚普查。

【关键词】习近平扶贫思想；瑶族地区；脱贫攻坚；实践；启示

2020 年是决战决胜脱贫攻坚和全面建成小康社会的收官之年。习近平总书记指出："到 2020 年现行标准下的农村贫困人口全部脱贫，是党中央向全国人民作出的郑重承诺，必须如期实现，没有任何退路和弹性。这是一场硬仗，越到最后越要紧绷这根弦，不能停顿、不能大意、不能放松"。①

驻村扶贫工作队认真学习、深入领会习近平总书记关于扶贫工作的系列重要

---

① 习近平.在决战决胜脱贫攻坚座谈会上的讲话 [OL] .新华网，2020–3–6.

论述，始终把习近平扶贫思想贯穿于扶贫工作的全过程，以"让人民过上好日了，是我们一切工作的出发点和落脚点"①为目标，求真务实，取得成效。

一、习近平扶贫思想概述

党的十八大以来，习近平总书记站在全面建成小康社会、实现中华民族伟大复兴中国梦的战略高度，把脱贫攻坚摆在治国理政突出位置，作为实现第一个百年奋斗目标的重点任务。作出一系列重大部署和安排。他30余次到全国各地考察，一半以上涉及扶贫开发问题，数十次就扶贫问题发表重要讲话，其中，2015年以来，就打赢脱贫攻坚战召开了7个专题会议，提出了一系列新思想新观点，作出了一系列新决策新部署，形成了自己的扶贫思想。

2013年11月，总书记在湖南湘西的十八洞村考察时，首次提出"精准扶贫"：扶贫要实事求是，因地制宜。要精准扶贫，切忌喊口号，也不要定好高骛远的目标。2014年10月在首个"扶贫日"之际作出重要批示时，第一次提出了扶贫应"注重精准发力"。2015年6月在贵州提出，扶贫工作要做到"切实落实领导责任、切实做到精准扶贫、切实强化社会合力、切实加强基层组织"，并将精准扶贫思想概括为"扶贫对象精准、项目安排精准、资金使用精准、措施到户精准、因村派人精准、脱贫成效精准"。在这之后，总书记进行了一系列深入的调查研究，就精准扶贫问题发表了一系列重要论述，不断丰富和完善其扶贫思想的内涵，持续扩展其外延，形成了一个集历史性、时代性和实践性于一体的科学思想体系。

笔者认为，习近平扶贫思想博大精深、内涵十分丰富。主要体现在：以人民为中心，始终把人民的利益放到最高位置；坚持党政一把手负总责，发挥社会主义政治优势和制度优势；消除贫困、改善民生、实现共同富裕，是中国特色社会主义的本质要求；农村贫困人口脱贫、贫困县全部摘帽、解决区域性整体贫困，是全面建成小康社会的底线任务；实施精准扶贫精准脱贫，变"大水漫灌"为"精准滴灌"；扶贫与扶志、扶智结合，变"输血"为"造血"；扶贫开发要与生态环境保护相结合；构建大扶贫格局，形成脱贫攻坚的强大合力；防止形式主义，扶真贫、真扶贫；共建一个没有贫困、共同发展的人类命运共同体。

---

① 中共中央党史和文献研究院.习近平扶贫论述摘编 [M] .北京:中央文献出版社，2018.

二、习近平扶贫思想在高香启村的实践

江华是全国瑶族人口最多的瑶族自治县，也是国家级贫困县，而大路铺镇高香启村是江华112个瑶族贫困村之一。

该村由原香山营行政村、启家田行政村和高家湾行政村于2017年合并而成。共有12个自然村14个村民小组，602户2384人，其中贫困户145户624人，低保户28户33人，五保户18户18人。全村位于湖南省最南端，西与广西壮族自治区富川瑶族自治县石家乡接壤，西北与江永县松柏乡毗邻，是典型的南方喀斯特地貌区，主要以种植玉米、花生、红薯、水稻等五谷杂粮维持基本生活，地理位置偏远，交通不便，水系不发达，村民受教育程度较低，严重制约了全村经济社会的发展，是江华瑶族自治县典型的山旮旯、穷山窝。

近几年来，县委办、县委党史研究室、县档案局驻村扶贫工作队，大路铺镇驻村干部，"村两委"干部和结对帮扶责任人凝心聚力，撸起袖子加油干，攻坚克难，尽锐出战，精准施策，不断从胜利走向胜利。县自主验收取得达标巩固类第一名；市复核检查顺利过关；2018年整村脱贫出列；2019年1月，顺利通过了省第三方实地评估和危房改造专项检查，2020年8月，高质量通过了国家脱贫攻坚普查，10月份，全村145户2384人全部脱贫。2018年、2019年，高香启村被大路铺镇党委、政府评为基层党建工作先进单位、脱贫攻坚工作先进单位、烤烟生产先进单位。我们以苦干实干换取了群众的认可度，以真情付出提升了群众的幸福指数。

（一）加强基层党建，引领脱贫攻坚

我们是2017年初正式组建驻村扶贫工作队的，其中队长1名、队员2名，分别由县委办、县委党史研究室、县档案局各选派1人。走进了高香启村，我们深感任务艰巨，责任重大，使命光荣。

驻村后，我们主动与村民交朋友、"接地气"，把驻村帮扶当成一场走亲访友的"亲情之旅"，当成"不忘初心、牢记使命"主题教育的生动实践。把贫困户当亲戚，吃农家饭，交农民友，做农村活。进村入户访民情，田间地头问民生，尽己所能为民做好事，办实事，解难题。通过走访调查，发现该村党组织相对软弱涣散。因为是合并村，"村两委"干部来自不同的自然村，各自为政的思想比较严重，存在两委班子不团结、凝聚力战斗力差、各项基础工作差等问题，导致村里干群关系紧张，老百姓对村干部和先前的扶贫工作意见较大。面对这些

困难，我们感受到肩上有沉甸甸的担子，身后有群众期盼的目光。我们把脱贫攻坚作为最大的政治责任、历史责任，职责所系、群众所盼，不能有丝毫退却，必须迎难而上，打赢脱贫攻坚战。

"农村要发展，农民要致富，关键靠支部。"[1]农村基层党组织是引领群众脱贫致富的坚强堡垒，脱贫攻坚任务能否完成，关键在人，关键在"村两委"干部和广大党员，基层党组织是党的"神经末梢"和力量之源。于是，我们重点抓党支部的建设，着力解决党建工作中的薄弱环节和突出问题，抓班子、带队伍。深入学习习近平总书记关于脱贫攻坚的重要论述，每月开展一次主题党日活动、组织生活会和党性教育。每周星期一召开一次工作例会，工作队和两委干部逐一促膝谈心对话，春风化雨，润物无声。功夫不负有心人，他们的思想很快有了较大的转变，行动上也跟上了时代的步伐，基层党组织的战斗堡垒作用和党员先锋模范作用得到了充分发挥，党员干部冲在前面、干在难处，形成支部高举"一面旗"领着干、干部拧成"一股绳"带着干、党员怀揣"一颗心"带头干的干事氛围。

（二）关注民生福祉，大力改善基础设施

民生是最大的政治。我们严格按照"项目安排精准、资金使用精准"的要求，对标贫困村"一个确保，两个完善"出列标准，以水、路、电、讯、网为重点，不断加大投入支持力度，全面改善贫困村基础设施，提升公共服务水平，着力夯实贫困人口脱贫发展基础。

近年以来，高香启村通过争取上级支持，先后实施了近 20 个基础设施项目。投入 85.108 万元，大路铺镇通往高香启的 9 千米山路由 3.5 米加宽、硬化至 5 米，并安装了防护栏。投入 70 万元，从高家湾通往江永县，连接广西富川瑶族自治县的 2 千米道路进行了硬化，极大地方便了两地群众的生产生活和安全出行。对村道进行了加宽和硬化，实现了村村通水泥路。村巷道建设 6204 平方米，家家户户门前都是水泥路。人畜饮水及五小水利工程（水渠清淤、水井维修、防洪渠、三面光砼水渠、水库加固）共投入资金 1166656 元，家家户户通自来水。

投入资金 500 万元，对农网进行了升级改造，实现网络全覆盖，手机随时随地可以上网，家家户户可以收看网络电视，人民群众生产生活条件明显改善，群众看在眼里，乐在心中。

---

[1] 中共中央党史和文献研究院.习近平扶贫论述摘编 [M].北京：中央文献出版社，2018.

（三）因户施策，结对帮扶精准发力

精准扶贫重在精准，精准识别、精准施策。驻村后，我们对照贫困村"一个确保，两个完善"退出标准，进行了一次全面深入的排查摸底，逐项摸清出列差距。督促帮扶责任人对照"一超过，两不愁，三保障"的退出标准，逐项找出每户贫困户差距。要求帮扶责任人每月走访贫困户 2 次以上，宣传扶贫政策，解决力所能及的实际问题。

扶贫工作队员利用早、中、晚时间对全村 145 户贫困户和大部分非贫困户进行了多次入户走访，并且重点走访了危房改造户、深度贫困户和边缘户，了解他们的生产生活情况和目前存在的困难，认真听取他们对扶贫工作的批评、意见、建议，及时改进工作，解决问题，赢得了他们对扶贫工作的支持和理解。

我们认真组织了专人负责村级台账、一户一册档案的清查完善工作，建立村级台账 39 本，做到一户一本台账、一户一个脱贫计划、一户一套帮扶措施，力保资料不出问题。要求帮扶责任人完善帮扶手册，加大扶贫政策的宣传力度。

对照贫困人口"一超过、两不愁、三保障"脱贫标准，围绕"五个一批"，按照"扶持对象精准、措施到户精准、脱贫成效精准"的要求，贫困群众要稳定脱贫，只有想方设法帮助其增加收入。为此，我们坚持因地制宜，因户制宜，因人制宜，精准施策，确保贫困群众稳定增收、稳定脱贫。

一方面，实行帮扶全覆盖。建立领导包村、单位帮村、干部驻村、党员干部联户、分类帮扶机制，43 名帮扶责任人，分别对全村 145 户贫困户进行结对帮扶，制定帮扶计划。一个干部帮扶 4 户至 5 户。另一方面，因户施策，对"症"下"药"。对于不能通过发展产业和就业实现稳定脱贫的老弱病残等贫困群体，我们严格甄别，对照标准进行政策兜底和低保提标，确保贫困户中最困难的群体解决"两不愁"问题。2017 年至 2019 年，我们引导 43 名"老弱病残"贫困人口参与 10000 元"兜底贷"资产收益扶贫项目（即 20 万头生猪生态养殖精准扶贫项目，前三年固定受益 300 元，后 17 年固定受益 1080 元），确保了兜底贫困人口有稳定收入，实现了贫困人口"零负担、纯收益"。

2017 年，我们为 95 名 60 岁以下有劳动能力，留守在家，自身创业、就业难的贫困妇女申请了扶贫妇女小额贷款各 1 万元，贷款投入到具有稳定收益的扶贫产业重点项目，由扶贫经济组织统一管理、统一使用。前 3 年，每人每年分红 300 元，2021 年至 2038 年，每人每年可分红 1080 元，全部款项由政府贴息，从源头帮助贫困妇女脱贫实行健康扶贫"一站式"结算机制，贫困人口患病先住院治疗，出院时，在医院结算，不用再跑腿。贫困人口新农合参合率 100%（贫困

人口缴费政府补贴50%）。家庭医生签约服务率达100%、大病保险补偿起付线降低50%、大病补偿标准提高5%、报销比例提高10%，确保贫困人口县内住院实际报账比例90%以上。我们为所有贫困户办理了扶贫"特惠保"（贫困人口每年每人只需缴费6元，政府补贴54元）。对于部分享受了健康扶贫政策，自负医疗费用仍然较多的大病重病贫困患者，由县级健康扶贫基金对其进行精准资助，进一步减轻其就医负担。教育保障方面，所有贫困人口，在学前教育阶段给予每生每学期500元的生活补助费。义务教育阶段的学生，学杂费、教科书费全免，营养餐费每生每天4元，每生每学期享受250元至625元不等的贫困生生活补助，入学巩固率100%。在普通高中就读的学生，除了杂费、教科书费和教辅资料费全免以外，还享受每生每期1500元的国家助学金。在中等职业技术学校就读的建档立卡学生，免收每生每期1200元的学费，还享受每生每期1000元的国家助学金和1500元的雨露计划。对于部分享受了教育扶贫政策，上学仍存在困难的深度贫困家庭子女，启用深度贫困学生资助专项资金解决，确保了就学"零负担"。高香启村2018年至2019年共发放教育助学、雨露计划等各项补助642人次328535元。对全村28户低保户实行兜底保障，所有农户享受地力补贴及生态补偿，并结合实际开展"户帮户亲帮亲"活动。对2014年以来，住房不达标的45户实施了危房改造项目。

（四）大力发展产业，拓宽就业增收渠道

发展产业和解决就业，是带动贫困人口脱贫致富最有效的途径。高香启村始终把加快经济发展，尤其是产业发展作为精准扶贫的重要抓手，坚持资金跟着穷人走，穷人跟着能人走，能人跟着项目走，产业项目跟着市场走。积极探索政策扶持与"龙头企业+专业合作社+致富带头人+贫困群众"扶贫模式，"输血"与"造血"并举，增强贫困群众脱贫的内生动力，实现脱贫增收。

高香启村是典型的南方喀斯特地貌区，气候适宜，具备生产优质烟叶的自然条件，多年来，该村把种植烤烟作为发展经济、脱贫致富奔小康的支柱产业。

一是成立瑶民烤烟专业合作社。以专业合作社为平台，制定产业发展补偿政策，大力发展烤烟种植。"村两委"干部带头种烟。2019年，村支部书记钟产明种植20多亩，村主任欧仲己种植30多亩。在他们的带动下，全村共62户烟农，种植烤烟1051亩，生产烟叶2800多担。引导21户贫困户通过小额信贷或股权量化等方式承包种植341亩，同时与合作社签订固定帮扶保底分红协议，确保每户每年平均可分得红利20000元。合作社还为贫困户提供就业岗位2000个，

人均月工资在 2500 元左右，有效带动贫困户脱贫增收致富。贫困户唐德忠 2016 年入股合作社，承包种植 20 亩烤烟，每年稳定增收 6 万元以上，如今，他不仅脱了贫，而且成为全村烤烟种植大户和脱贫致富领头人。2020 年，尝到甜头的村民，种植烟叶的积极性更加高涨，在尊重农民意愿的基础上，通过依法、有偿的方式推进土地流转，鼓励有实力、有能力的烟农联系农户包片种植，有力整合土地资源，扩大烟叶生产。全村 64 户，种植烤烟 1311 亩，最多的一户欧仲武种了 70 多亩，最少的种了 6 亩，可增加收入 900 多万元。

二是成立乡乐生态种植合作社。先后发展 191 户农户种植脐橙 658 亩，引导 65 户贫困户种植 210 亩。2016 年至 2018 年，产业发展 89 户，奖补资金 606000 元。村集体经济效益达到 10 万元以上，贫困人口人均稳定收入达 8000 元以上。

高香启村 2014 年至 2019 年，产业发展（种植烤烟、柑橘、梨子、蔬菜，饲养猪、牛、羊等）一次性奖补 54 户，享受 3000 元至 10500 元不等的奖补金（每人 1500 元），共计 348000 元。

"一人就业，全家脱贫，增加就业是最有效最直接的脱贫方式。"我们在工作中发现，一些留守贫困劳动力因需照顾老人小孩，又有一定空余时间，但就业无门、增收无路。针对这一问题，我们支持和引导小微企业进乡村开设工厂，吸纳留守贫困劳动力就业务工。小微企业进驻乡村开设扶贫车间，将产品设计，复杂产品的生产放在总部，将操作简单、方便易学、用工灵活的生产环节转移至乡村工厂。村里先后办起了纸制品厂和皮具厂，可吸纳 200 多名留守贫困劳动力在家门口就业，每人每月增收 2700 元以上。通过工厂进乡村，既满足了留守贫困劳动力挣钱顾家两不误的需求，又有效解决了企业"融资难、招工难、用工贵"的困难，降低了运营成本。

驻村工作队组织开展就业培训，鼓励和引导贫困户创业和外出务工。建档立卡贫困户外出务工人员，按照省外 400 元/人、省内市外 200 元/人、市内县外 100 元/人的标准一次性发放交通补贴。2018 年至 2020 年，该村享受交通补贴 285 人次，补贴资金共 114000 元。

（五）注重扶贫实效，做好脱贫质量"回头看"问题清零

习近平总书记反复强调：脱贫攻坚最终要交出实实在在的脱贫账，要经得起历史和人民的检验。

2020 年 4 月份以来，我们按照省委、市委和县委的统一部署，开展了为期近 3 个月的脱贫质量"回头看"大排查、大整改。在此期间，我们开展了"冲刺问题清零，决战脱贫攻坚"重点帮扶行动。所有参与帮扶人员自带铺盖、行李和生活用品，吃住在村，时间不少于两天两晚。

驻村工作队安排帮扶责任人、"村两委"干部入户开展收入测算和核实，把建档立卡户的收入账算细算实算清楚。引导贫困劳动力到县高新区、小微企业、农业基地务工。对"回流"的群体想办法让他们就地就近就业。因地制宜、因人制宜增设公益性岗位，优先吸纳贫困劳动力就近就业，千方百计增加贫困户收入。加大扶贫小额信贷力度，用好边缘户享受扶贫小额信贷的新政策，充分挖掘建档立卡贫困对象放贷潜力，确保应贷尽贷、应贷能贷。加大消费扶贫力度，发动和鼓励单位或个人优先采购贫困村、贫困户的农产品。对标对表解决"一超过、两不愁、三保障"方面的问题，对照国家和省制定的标准和整改要求，用好县里安排的"两不愁、三保障"补短板资金，既不拔高标准，也不降低标准，扎实推进"两不愁三保障"问题清零。全面落实各项扶贫政策，进一步查找政策落实的差距，补短板强弱项，多措并举巩固脱贫攻坚成果，防止脱贫人口返贫和边缘人口致贫。

同时，我们组织开展了扶贫手册大比武、住房安全大整治、脱贫攻坚问题大排查、邻村（社区）交叉大检查等专项行动，对发现的所有问题严格按照《湖南省脱贫质量"回头看"问题整改工作指导意见》的要求，彻底整改到位，确保脱贫攻坚突出问题"村清零、户清零、事清零"。

我们严格按照标准，做好配合国家脱贫攻坚普查相关工作，组织人员通过入户、电话等方式摸清贫困户的基本情况和分布状况，核实并填报《建档立卡户摸底表》，确保普查对象不重不漏，信息准确无误。科学制定配合普查工作方案，建立和完善村级各项资料台账 16 本，准备"一超过两不愁三保障"关键指标佐证材料。功夫不负有心人，7 月 31 日，高香启村高质量通过国家脱贫攻坚普查。

（六）整治人居环境，提升群众幸福指数

过去村民环境保护意识差，家庭生活垃圾、畜禽粪便乱堆乱放，污水横溢，臭气弥漫，改善村容村貌成了难题。

近年来，高香启村把人居环境整治作为工作重点，着力打造空气清新、文明和谐、生态宜居的乡村新环境。党员干部带头，群众自发组成志愿服务队开展环境整治行动。村干部包自然村、组长包组、党员包户。建立村卫生室、配备村医。制定"门前三包"等村级卫生长效保洁制度，每个自然村聘请一名保洁员，负责日常卫生保洁。全村统一配置垃圾车，户户门前有垃圾桶，村组建有垃圾池，实现生活垃圾日日清。

与此同时，大力推进"厕所革命"和空心房整治工作，拆除空心房、危房和旱厕 200 多座（间），新建了一批卫生厕所。加强村级文明建设，制定村规民约，成立了红白理事会，红白喜事一律从简，移风易俗的良好风气在高香启村蔚然成风。深入开展平安创建和"星级文明户"申报评比活动。争取上级政策支持资金，新建便民服务中心、村民文化广场和农家书屋。广播村村响。安装 215 盏太阳能路灯，每到夜幕降临，路灯自动亮光，吃过晚饭的村民纷纷走出家门，在广场周边散步、聊天。柔和的灯光，照着人们幸福的笑脸。人民群众的获得感、幸福感、安全感不断增强，村庄"颜值"全面提升，老百姓的精神面貌焕然一新，三五成群聚在一起酗酒、打牌的现象少了，过年过节大家在一起耍龙舞狮。闲暇时，很多中老年人在村文化广场跳广场舞，唱瑶歌……在农家书屋读书、看报，给自己充电，为幸福生活加油。老百姓的钱包鼓了，不少贫困户盖起了三四层的楼房，小轿车也进入寻常百姓家，享受到城里人一样的惬意生活。更可喜的是不少小伙子娶回了漂亮的"外来妹"，日子过得像蜜一样甜。更值得庆贺的是，曾经的贫困户、低保户李某某，60 岁生日的那天娶回了外省媳妇，真是双喜临门。

（七）注重对外宣传，讲好扶贫故事

"脱贫攻坚不仅要做得好，而且要讲得好。"近年来，我们重点宣传党中央关于脱贫攻坚的决策部署，宣传党的扶贫政策，宣传脱贫攻坚工作的新举措、好办法，宣传当地扶贫干部的典型事迹和人民群众艰苦奋斗的感人故事，对外发声，踊跃向媒体投稿。本人执笔的《扶贫队长三拒"红牛"》《"你们真是老百姓的贴心人！"》《情暖高香启》《小微企业助力群众脱贫增收》《烤烟种出致富路》《喜看烟叶千重绿》《家庭医生签约高香启》《贫困户圆梦"微心愿"》《干部守初心，火灾见真情》《高香启村乡村振兴战略稳步推进》《一份靓丽的成绩单》等 20 多篇文章分别在《湖南日报》《湖南科技报》《湖南三农网》《永州日报》《永州党建》等报刊上发表，对提高高香启村的知名度，助力脱贫攻坚起到了积极作用，得到了有关单位和领导点赞。

三、结语

实践证明，习近平扶贫思想是中国特色社会主义思想的重要组成部分；是马克思主义反贫困理论中国化的最新理论成果；是我们打赢脱贫攻坚战的重要理论武器。对解决深度贫困问题，如期实现全面建成小康社会的奋斗目标，对世界反贫困进程的发展都具有重要的理论价值和重大的实践意义。

文旅深度融合时代瑶族文化传承的困境与出路

——以湖南省江华瑶族自治县为例

◎ 张华兵

【摘要】在全域旅游和文旅融合的新时代背景下，瑶族地区如何实现民族文化传承与发展、守正与创新的双赢？本文通过对湖南省江华瑶族自治县的个案剖析，解读文旅深度融合发展中蕴含的机遇与挑战、困境与出路，提出瑶族地区文化经济健康协调可持续发展的对策与建议。

【关键词】文旅融合；瑶族文化；传承发展；江华瑶族自治县

文化是旅游的灵魂，旅游是文化的载体。瑶族人口大多集中居住在中国南方山区，其独特的民俗风情和优良的自然生态，是不可复制、不可替代、不可多得的优质旅游资源。近年来，随着全域旅游和文旅融合从理论走向实践，"文化+""旅游+"产业开发促进了瑶族地区发展和民族文化复兴。在文旅融合互促发展的同时，也存在一些发展中的问题和困难。本文通过湖南省江华瑶族自治县的个案剖析，探寻瑶族地区文化旅游深度融合和瑶族文化传承的可持续发展之路。

一、个案调研

(一) 江华瑶族自治县

湖南省江华瑶族自治县位于湘、粤、桂三省（区）结合部，全县总人口54万，其中，瑶族人口37.5万，占世界瑶族人口总数的八分之一，是湖南省唯一、全国瑶族人口最多、瑶族聚居区居中的瑶族自治县，有"神州瑶都"之称。由于历史和自然因素影响，江华在2001年、2011年都被确定为国家扶贫开发工作重点县。2011

年以来，江华确立了"生态立县，民营活县、开放兴县，产业强县"发展战略，探索了"规模工业进园区、小微企业进乡村、农业产业建基地、旅游产业谋全域"产业发展模式，全力打造瑶族生态旅游胜地、新兴工业县、绿色农业基地、边贸物流中心、文明幸福之乡，推动县域经济高质量发展。在文旅融合发展方面，现已建成香草源、秦岩等 3A 级景区 6 个，三星级以上酒店 8 家，开发瑶族歌舞、医药、饮食、织锦、服饰等文化旅游产品，形成了千年瑶寨桐冲口村、中国爱情小镇水口镇等乡村旅游集群片区发展新格局。全县 26 个贫困村列入全国乡村旅游扶贫重点村；庙子源、牛路、桐冲口等村落被评为湖南省少数民族特色村寨；水东、宝镜、井头湾入选"中国传统村落名录"；香草源（庙子源村）、井头湾村等旅游扶贫重点村为目的地的"瑶家古风"旅游扶贫线路成为湖南省 13 个精品主题线路之一。2019 年接待游客达 800 万人次，瑶族文化旅游产品销售额累计达 10 亿元以上，文旅收入达 35 亿元。截至 2019 年底，全县 112 个贫困村全部出列，综合贫困发生率下降到0.38%，经省政府批复、国务院扶贫办第三方评估，江华整县脱贫摘帽。

（二）水口镇

1955—1985 年的 30 年间，水口镇是江华瑶族自治县县城所在地。2012 年，涔天河水库扩建工程启动后，水口集镇属淹没区，于 2015—2017 年整体搬迁至小圩镇浮海村附近。2018 年，水口、小圩、未竹口、湘江等乡镇 539 户 2117 人易地扶贫搬迁户选择在水口安置点居住。新水口集镇总人口 2.8 万，占地 2700亩，成为全县最大的水库移民安置和易地扶贫安置乡镇。水口移民新镇规划之初，县里超前谋划，明确通过旅游产业带动移民致富的发展思路，将水口建设成为"移民安置区、旅游景区和旅游服务区"三位一体的区域性特色集镇。以当地民族特色为依托，将所有 2657 套移民安置房全部按过山瑶建筑风格设计，并在水口新镇规划核心区域，预留旅游景区发展用地。2014 年 7 月，省委书记杜家毫到江华水口调研时提出：要将水口建设成具有瑶族文化特色的文旅小镇。移民搬迁以来，新水口镇组织了"复兴水口"文化周、元宵喜乐会、"520 为爱奔跑"迷你马拉松赛、2019 年环中国国际自行车赛江华站、帐篷音乐节、《笑满三湘》湖南省文艺志愿者演出活动等一系列文旅主题活动，形成了"爱情周、民俗月、文明季、幸福年"的常态化文化氛围。同时结合水口水街营销宣传，开展瑶族坐歌堂、敬酒歌、长鼓舞、瑶族婚嫁演出等文化活动，复兴瑶族盘王节以及三月三、四月八等传统节日，大力推行"穿瑶服、讲瑶话、唱瑶歌、跳瑶舞、喝瑶酒、知瑶礼"活动，使传承原生态的瑶族习俗、瑶族文化成了一种生活常态。在学校，普遍开展学唱瑶歌、跳长鼓舞活动，将长鼓操作为课间操，扩大青少年参与瑶族文化体验范围。在民间，以社区、村或楼栋为单位成立长鼓舞、瑶族服饰、龙狮等表演队，鼓励民间艺人、能人牵头参与。既丰富了水口群众的精神文化生活，提升了水口居民的归属感、幸福感，又扩大了水口镇旅游知名度，促进了当地旅游经济发展。2017 年，水口镇通过招商引资，引入桂林天元旅游投资开发有限公司投资 5 亿元，兴建水口核心景区——全长约 3 千米，占地约 165 亩，国内第一家以"瑶族风情"和"青年爱情"相结合的主题文化旅游区——瑶都水街·爱情小镇景区。2019 年 10 月开门营业以来，不到一年时间就接待了游客近 20 万人次，被评为国家 AAA 级旅游景区，有效带动了整个镇域经济的发展。全镇居民体验到旅游带来的经济效应，积极主动开展餐饮、宾馆、旅游商品服务，融入旅游产业发展中来。在旅游商品开发上，形成瑶族勾织、瑶家工坊、长鼓、蜂蜜口红等系列旅游产品。带动居民从事餐饮、酒店、旅游商品销售近百家。目前有 300 余家商铺开店经营，民俗宾馆（酒店）30 余家，从事旅游商贸相关产业人员达 2000 余人。2020 年 7 月，湖南省文旅厅、省民宗委正式命名江华水口镇为永州市唯一的"湖南省特色文旅小镇"。

（三）桐冲口村

湘江乡桐冲口村位于江华瑶族自治县九江之一的麻江河，全村共有 8 个村民小组 170 户 640 人，瑶族人口占 99%，是过山瑶聚居历史久远的村寨，是国家级非物质文化遗产——瑶族《盘王大歌》、长鼓舞传承基地，素有"千年瑶寨"之称。2015 年 4 月起，湖南广电扶贫工作队驻村帮扶三年，带领群众走"传承保护瑶族文化+建设文艺创作基地+发展生态乡村旅游"的路子，并先后实施了易地搬迁、瑶韵商业街、夷勉堂（瑶韵活动广场）、风雨文化长廊、漂流码头、滚水坝、景观亭、房屋立面改造等十余个项目，为发展打下了扎实的基础，使该村于 2017 年实现整村脱贫出列，圆了千年小康梦。围绕江华县委县政府建设"瑶族生态旅游胜地"的战略目标，2016 年，扶贫后盾单位聘请华南理工大学专家进行全方位、专业的旅游规划设计，在空间布局上，将全村规划为小坳梯田观光区、水库旅游区、滨江风光带、垂钓休闲区、村民居住区、民俗体验区、采摘游乐区、入口服务区八个功能分区和"一心一轴一带四节点"的空间构架。在旅游核心景区的建设上，扶贫工作队将易地扶贫搬迁和旅游发展相结合，通过搬迁户入股及公司出资的方式，所有迁建新房依照瑶族吊脚楼的风格，按两层设计建设，第一层用于自住，第二层改造成民宿，纳入千年瑶寨旅游公司统一化管理和经营，公司和搬迁户按 3:7 分成。村民住上新房后，将原木板房、春墙屋交给千年瑶寨旅游公司，改造成民宿、餐馆和特色陈列展示馆。2018 年以来，江华县委、县政府安排民族文化旅游部门对口帮扶，切实加大旅游基础设施投入，深入挖掘瑶族民俗文化资源，助推生态文化旅游融合发展，使古老的千年瑶寨焕发出勃勃生机。为把"千年瑶寨"做成一个更好吃、更好喝、更好看、更好玩、更好睡的地方，县民族文旅局积极推动"旅游+"产业融合发展，先后扶持村民种植了江华苦茶、火龙果、百香果、山楂、向日葵等特色旅游产品，开展了瑶山探秘和采摘的体验旅游，开发了瑶山药浴、竹笋加工等新的旅游产品。多次组织国家级非遗传承人、文艺专业人员、厨师、酒店宾馆的主管等专业人才到村里开展各种技能培训班。指导村民排演节目 18 个，创作了《千年瑶寨》《过山瑶过山谣》两首寨歌，开展了瑶族民俗表演、竹筏泛舟、瑶家特色餐饮等旅游服务项目。2018 年，桐冲口村已有农家旅馆客房 124 间床位 187 个，接待来自全国各地的旅游团体近百个，全年共接待游客 3 万余人次，实现旅游收入 200 余万元，分红最多的一户贫困户达到 9800 元。截至 2020 年，桐冲口村已成功创建为全国文明村、国家 AAA 级景区、湖南省美丽乡村示范点和湖南省最美少数民族特色村寨，并被中组部列为党建+旅游+扶贫示范点典型，被省文旅厅推荐申报国家文旅部"异地搬迁+旅游+扶贫示范点"典型案例。

二、传承与发展

（一）旅游市场促进瑶族文化的复兴

长期以来，民族地区普遍经济欠发达的现状，导致在文化事业上政府投入不足、民间人才流失、传统文化日趋式微等现象的出现。作为一个文化创意产业，近年来江华旅游业的培育和发展壮大，直接培育了对个性特色文化产品的市场需求，逆转了瑶族文化逐渐走向衰亡的颓势。围绕"瑶族节庆在江华"主题，江华突出打造了以瑶族盘王节为核心的节庆活动，赶鸟节、尝新节、火烧龙狮闹元宵等瑶族传统民俗活动得以复苏，瑶医瑶药节、茶文化节等以区域优势资源为依托举办的新"旅游+"节庆活动层出不穷。经挖掘整理，列入各级非遗保护名录的非物质文化遗产项目达 108 项之多；各热门景区的瑶服、瑶歌、瑶舞广受欢迎，《盘王之女》《客姑妹》《咔嚓嗦》等演艺节目在传承中创新，县瑶歌协会、长鼓舞协会、瑶服协会、民间文艺家协会等纷纷成立，在日常群众文体活动中把长鼓舞元素融入广场舞、课间操之中，瑶族文化传承的群众基础面越来越大。

（二）旅游宣传推介打造瑶族文化品牌

近年来，江华瑶族盘王节成为湖南省少数民族四人节庆品牌；盘王大歌、瑶族长鼓舞列入国家级非物质文化遗产名录；江华瑶族斗龙民俗入选 2020 中华体育文化优秀项目；阳华岩摩崖石刻、潇贺古道江华段、宝镜何家大院相继被国务院公布为全国重点文物保护单位；江华先后获得中国民间文化艺术之乡、中国观赏石之乡、湖南省非遗保护十强县、湖南省旅游精品线路重点县、省全域旅游示范县等荣誉，中国瑶族文化传承研究中心挂牌江华。这既是瑶族民俗体验游的优势文化资源和潜力所在，以文化品牌打造旅游品牌；也是江华旅游产业发展之后带来的品牌效应所致，以旅游推介促文化推广，文旅融合，相得益彰。在旅游推广活动中，瑶族文化往往是唱主角的。如 2016 年春节期间湖南卫视《湖南新闻联播》"新春走基层"特别节目《直播香草源》连续 5 天黄金时段播出，全面展示江华的瑶歌瑶舞、瑶药瑶浴、瑶山美食、瑶家婚俗、山货电商扶贫等，通过电视和网络在全球广泛传播，CCTV-4、新华社、湖南日报等主流媒体第一时间报道，使香草源成了当年最红火的"网红景点"。

（三）旅游产业催生瑶族文化创意产品

除瑶歌、长鼓舞、瑶服秀等常规化传统文化产品投放旅游市场外，为适应旅游市场的个性化需求和品牌形象打造，在硬件建设上，江华先后建设了"天下瑶族第一殿"盘王殿、世界最大的瑶族图腾坊、世界最大的瑶族铜铸长鼓，以及湖南省唯一的县级民族歌舞团和民族艺术学校。在软件建设上，推出了旅游主题曲《歌里江华》及旅游宣传片《盘王的后裔》，创作设计江华旅游形象 LOGO 和吉祥物"瑶嘟嘟"，举办了多期瑶歌、长鼓舞、瑶族织锦培训班，培养大批来自基层的瑶族文化创意人才，夯实瑶族文化传承和传播的群众基础。如为传承和弘扬省级非遗瑶族织锦，江华职业中专建立了瑶族织锦基地，开展瑶族织锦、瑶族刺绣、瑶族挑花、瑶族衍纸等传统工艺技术培训；大石桥乡井头湾村打造"中国瑶族织锦第一村"；非遗传承人黄翠兰创办古瑶工艺品有限公司，其团队开发了如香包、挂件、手袋、挂画、瑶族婚礼"四件套"、家居装饰物等一系列融入瑶锦元素的旅游工艺品，深受人们喜爱。

三、变异与危机

（一）过度消费对瑶族文化环境的破坏

笔者在田野调查中发现，由于文化保护规划滞后、旅游开发者急功近利、村民保护意识不强等因素影响，一些传统村落的格局和传统文化在旅游开发中遭到不同程度的破坏，有些是不可逆的伤害，令人扼腕叹息。如将传统建筑粉刷一新、传统村落大拆大建、弃原汁原味的瑶族吊脚楼而追求小洋房"穿衣戴帽"伪装木楼民居、用水泥路覆盖石板路、用市场化的节庆程式改造传统民俗节日等，比比皆是。

（二）商业化包装产生的伪民俗文化

在"文化搭台、旅游唱戏"的口号下，为吸引游客眼球，迎合游客口味，一些地方和景区从功利性出发，无中生有地创造出一些"伪民俗"，从外地引进竹竿舞、火把节、"高山流水"酒等，穿上瑶服就包装成了"瑶族文化"。有见多识广的游客就产生了疑惑：南方各少数民族的风俗好像大同小异，怎么都是这"三板斧"？如果长久发展下去，这些在市场上吃得开的"伪民俗"或许有朝一日会取代真正的民族传统文化，劣币驱逐良币，李鬼打败李逵也未可知。

（三）旅游产业发展目标与文化传承保护的冲突

旅游与文化是相辅相成的一对 CP，但主要目标不尽一致，一个是追求经济效益最大化，一个是追求社会效益最大化。一旦两个目标出现冲突，在平衡取舍的决策中，往往会文化为旅游让路，导致在开发的过程中难以兼顾保护。如各景区五花八门、真假难辨的瑶族服饰着装，打乱了瑶族服饰的传承谱系；为营造旅游引爆点，对瑶族民间传说故事进行加工改造乃至生拼硬凑；在一些文物保护单位开发旅游，只注重旅游投入和产出，不注重文物保护和修缮，甚至为旅游接待需要而进行破坏性改造，等等。表面上看增加了文化建设资金投入，促进了瑶族文化繁荣，实际上是对民族文化传承发展的扭曲和损伤。

四、对策与思考

（一）加强瑶文化基础研究和普及

充分运用好中国瑶族文化传承研究中心的学术平台和智库功能，整合协调江华瑶学会、瑶医药研究所、瑶歌协会、长鼓舞协会、瑶服协会、民间文艺家协会等力量，立足现实需求，围绕瑶族地区小康建设和瑶族文化创新发展的主题，一手抓田野调查，一手抓学术研究，分阶段有重点地推出一批接地气、有深度、能转化的研究成果，夯实文旅深度融合的基础。在出成果的同时，特别要注意的是，不能把整理出来的优秀瑶族传统文化"藏之名山、束之高阁"，而要以普及推广应用为目的，策划系列文化活动，继续推动"瑶文化进校园""瑶文化进机关""瑶文化进社区"，把论文写在瑶乡大地上。只有走向民间，走向大众，让文化遗产活起来，民族文化才有生生不息传承下去的生命力。

（二）基于特色文化拓展全域旅游

旅游目的地对外地游客的最大吸引力来源于其鲜明的个性特色，实践证明，移植外来"酷玩"项目也许能给本地游客带来一时的新鲜感，但最终行之不远。江华发展旅游的最大优势资源，就是瑶族人民扎根大瑶山千百年来积淀形成的瑶文化。我们要增强文化自信，坚定不移地打响"神州瑶都"品牌，以本土瑶文化为基础，根据民俗旅游市场特点提炼文旅元素亮点，为这一文旅品牌注入灵魂，打造精品项目和旅游产品。譬如江华丰富多彩的节庆文化，可以开发整理出来一个"人无我有、人有我异"的节庆系列，形成一年四季节日不断的旅游市场，通过节庆营销推广江华"神州瑶都"旅游品牌形象和"瑶家古风"精品主题旅游线路。对江华丰富的古村落、少数民族特色村寨，在充分发掘各自特色文化内涵的基础上，打造差异化、个性化旅游目的地形象，避免同质化竞争。

（三）新时代背景下的传承与创新

毋庸讳言，不是所有的瑶族传统文化都适合参与文化旅游项目建设的。同时，瑶文化的形成不是一蹴而就的，瑶文化的传承也不是一成不变的，在不同的时代背景下，只有不断进行自我扬弃和新陈代谢，适应性创新，才能持续走下去并步入新高地。我们应在"不忘本来、吸收外来、面向未来"的原则下，对瑶文化进行创造性转化、创新性发展，在传承的基础上发展，在守正的前提下创新。这不仅仅是文旅融合发展的需要，也是瑶族文化自我革新的需要，与时俱进的需要。一方面是内容的创新，在城市建设、乡村振兴、生活消费等领域找准瑶文化的切入点，通过创意孵化新的瑶文化产品"上新""打榜"，让传统的成为时尚的，让民族的成为世界的。另一方面是形式的创新，充分运用5G、AI、VR等新科技手段，文化和科技融合，让物联网、人工智能、云技术为瑶文化的传承和传播赋能，为瑶都文旅打造爆款新品，在大时代的洪流中产生更广泛的影响力。

各省脱贫攻坚方案对瑶族地区的启示

——基于《人民日报》省委书记专栏文章

◎ 任国征　赵琴琴

【摘要】要深入实施乡村振兴战略，最重要的一点就是要推进精准扶贫。精准扶贫作为"三农"工作的重点，近些年国家大力推进。随着精准扶贫政策的落实，扶贫力度的加大，近年来，中国的贫困人口相对量和绝对量不断下降。当前，扶贫对象手段识别单一、缺乏特色扶贫模式、贫困群体的发展能力培养难度较大。提高贫困地区生产力发展水平，为精准扶贫提供物质层面的保障。探索贫困地区特色发展模式，为精准扶贫提供路径保障。提升贫困群体个人发展素质，为精准扶贫提供可持续保障。

【关键词】省委书记；精准扶贫；乡村振兴

一、引言

2013 年 11 月，习近平总书记在湖南湘西考察时，首次提出了"精准扶贫"这一概念：扶贫要实事求是，因地制宜。要精准扶贫，切忌喊口号，也不要定好高骛远的目标。随之，中共中央办公厅印发《关于创新机制扎实推进农村扶贫开发工作的意见的通知》，国务院出台《关于印发〈建立精准扶贫工作机制实施方案〉的通知》等，对精准扶贫工作模式的顶层设计、总体布局和工作机制等方面都做了详尽规制。2018 年 6 月 11 日新华社受权发布中共中央总书记习近平对脱贫攻坚工作作出重要指示强调，各级党委和政府要以更加昂扬的精神状态、更加扎实的工作作风，团结带领广大干部群众坚定信心、顽强奋斗，万众一心夺取脱贫攻坚战全面胜利。各级党委和政府要把打赢脱贫攻坚战作为重大政治任务，强化中央统筹、省负总责、市县抓落实的管理体制，强化党政一把手负总责的领导责任制，明确责任、尽锐出战、狠抓实效。这里，均强调了党委对于精准扶贫的重要责任。中共中央国务院印发《乡村振兴战略规划（2018—2022 年）》，规划中第十章对精准扶贫进行的专门论述，提出"把打好精准脱贫攻坚战作为实施乡村振兴战略的优先任务，推动脱贫攻坚与乡村振兴有机结合相互促进，确保到 2020 年我国现行标准下农村贫困人口实现脱贫，贫困县全部摘帽，解决区域性整体贫困"。全面建成小康社会、实现第一个百年奋斗目标，农村贫困人口全部脱贫是一个标志性指标。全面小康目标能否如期实现，关键取决于脱贫攻坚战能否打赢。党的十八大以来，以习近平同志为核心的党中央，把扶贫开发工作摆在治国理政的突出位置，全面打响脱贫攻坚战，脱贫攻坚力度之大、规模之广、影响之深，前所未有，取得了决定性进展，谱写了人类反贫困历史新篇章。[①] 党的十九大报告第五大部分"贯彻新发展理念，建设现代化经济体系"中明确提出"实施乡村振兴战略"。在具体的实践中，到底该如何推进乡村振兴，仁者见仁、智者见智。

自 2018 年 1 月 11 日开始，《人民日报》连续刊载"省委书记谈乡村振兴"的 17 篇系列专栏文章，浙江、山东、福建、四川、湖北、黑龙江、甘肃、海南、宁夏、陕西、河北、辽宁、湖南、安徽、内蒙古、吉林、云南共十七位省委书记分别结合各自省份的实际发展情况，详细阐述了乡村振兴的战略举措。要深入实施乡村振兴战略，最重要的一点就是要推进精准扶贫。十九大之后，最重要的是将精准扶贫融入乡村振兴战略之中。所以，在狠抓乡村振兴战略的过程中，如何更加系统化地带动精准扶贫，将精准扶贫作为乡村振兴的重要任务，使精准扶贫因为乡村振兴战略得到有力的保障就显得非常重要。因此，本文着重从精准扶贫的角度来看如何推进乡村振兴。

二、十七位省委书记推进脱贫攻坚的梳理

农业农村农民问题是关系国计民生的根本性问题。一直以来，"三农"工作中的精准扶贫等工作都是由各省省长主抓。党的十九大以来，从中央到地方都高度重视"三农"工作。为坚持农业农村优先发展，统筹实施乡村振兴战略，推动

---

① 闻言. 深入实施乡村振兴战略，书写好中华民族伟大复兴的"三农"先篇章——学习《习近平关于"三农"工作论述摘编》[N]. 人民日报，2019-07-09（6）.

农业全面升级、农村全面进步、农民全面发展，加快实现农业农村现代化，《国务院机构改革方案》提出，将农业部的职责，以及国家发展和改革委员会、财政部、国土资源部、水利部的有关农业投资项目管理职责整合，组建农业农村部，作为国务院组成部门。精准扶贫作为"三农"工作的重点，近些年国家大力推进。2018 年 5 月 21 日，由国务院副总理胡春华担任国务院扶贫开发领导小组组长，更进一步体现出国家对精准扶贫工作的重视。

从十七位省委书记谈乡村振兴中，一个最突出的共同点是第一次由省委书记主抓乡村振兴，精准扶贫，这体现了党对精准扶贫的高度重视。全面实施乡村振兴，推进精准扶贫，党的领导是根本保证。在推进精准扶贫过程中，要建立健全全面统一领导、政府负责、党委农村工作部门统筹协调的农村工作领导体制机制。贯彻落实习近平总书记提出的"坚决把解决好农业农村农民的问题作为全党工作的重中之重"。坚持在研究重大政策、审议重大项目、重大工作等过程中充分发挥党委农村工作小组的作用。强化党委农村工作综合部门在调查研究、决策参谋等方面的职能。狠抓乡村振兴，推进精准扶贫，在各地的具体实践中，坚持省负总责，市县抓落实的工作机制，建立并严格落实党政一把手第一责任人制度。尤其是对贫困地区而言，继续加强市、县党政领导干部和领导班子在推进精准扶贫中的考核制度，将考核结果作为衡量干部实绩的重要依据。另外要注重加强"三农"领域科技人才培养，在精准扶贫过程中更应该注重扶智和扶志，按照懂农业、爱农村、爱农民的要求，在培养、配备、使用上着力，全面提升"三农"科技人才的服务能力和水平。

本文运用对比分析方法，分别对省委书记谈乡村振兴的文章进行梳理。在省委书记谈乡村振兴系列文章中，除了浙江、辽宁、内蒙古没有提到精准扶贫外，其他十四个省、自治区都有提及。

山东省委书记刘家义提出，三年内将投入 280 亿元完成黄河滩区 60 万人迁建安居，以脱贫攻坚为底线，在脱贫的基础上五年内将 2000 个省扶贫的重点村建设成美丽乡村。①

福建省比较注重科技扶贫，省委书记于伟国提出在全省已有上万名科技特派员活跃农业农村第一线的基础上，每年再选派 1000 名科技人员到农村开展科技扶贫，精准脱贫。②

---

① 刘家义. 深入贯彻落实十九大精神 全力推动乡村振兴 [N] . 人民日报. 2018-01-12 （10） .
② 于伟国. 发展特色现代农业 加快乡村振兴步伐 [N] . 人民日报， 2018-01-15 （10） .

四川省委书记王东明提出，要继续实施扶贫解困、产业提升、旧村改造、环境整治、文化传承"五人行动"。①

湖北省委书记蒋超良提出，把推进"市民下乡、能人回乡、企业兴乡"（简称"三乡"）与精准扶贫等结合起来，引导"市民、能人、企业"等主体创新创业，并鼓励"三乡"主体与村集体合作经营村庄，打造一批特色村庄。②

黑龙江注重产业扶贫，省委书记张庆伟提出要以产业引领贫困户收入持续增加，坚持因地制宜，一户一业，大产业小产业相结合，确实提高贫困人口产业参与度和收益率。③

甘肃作为国家的重点扶贫地区，省委书记林铎非常重视甘肃省的脱贫工作，提出要根据甘肃的实际情况，因地制宜构建特色鲜明的优势产业体系，着力推进电商扶贫等。④

海南省委书记刘赐贵提出，2018 年是实现海南"三年脱贫攻坚"的最后一年，海南省将继续实施精准脱贫，并重点抓好深度贫困村和贫困群体的脱贫，开展扶贫领域的腐败和作风问题的专项治理，积极引导贫困群众依靠勤劳和科技脱贫致富，力争今年完成贫困人口减少 9 万人，5 个贫困县摘帽、83 个贫困村整村推进提升以及 2 个村生态扶贫搬迁的脱贫任务。⑤

宁夏回族自治区区委书记石泰峰提出，要着力推进脱贫富民，让农民获得感幸福感更充盈更实在。乡村振兴，既要脱贫，更要富民。⑥

陕西省委书记胡和平提出，要打好精准脱贫攻坚战，落实"八个一批"举措，完善国企帮扶"合力团"、校地帮扶"双百工程"。同时要多渠道增加农民收入，提升农村公共服务保障水平。⑦

河北省委书记王东峰提出，一是将扶贫与扶志、扶智相结合，对于有劳动能力的贫困人口实行产业扶贫、科技扶贫以及就业扶贫等，对于没有劳动能力的特殊贫困人口实行保障性扶贫。二是聚焦 10 个深度贫困县和 206 个深度贫困村，通过政策倾斜或资源整合，实施基础设施和基本公共服务等有效攻克脱贫。三是

① 王东明.大力实施乡村振兴战略 开创新时代"三农"工作新局面 [N] .人民日报，2018-01-16 (10) .

② 蒋超良.创新举措 增添动能 谱写乡村振兴新篇章.人民日报 [N] .2018-01-17 (10) .

③ 张庆伟.大力实施乡村振兴战略 加快推进农业农村现代化 [N] .人民日报.2018-01-18 (10) .

④ 林铎.突出重点 突破难点 举全省之力加快振兴陇原乡村 [N] .人民日报.2018-01-19 (10) .

⑤ 刘赐贵.扎实推进乡村振兴战略 加快建设美好新海南 [N] .人民日报.2018-03-26 (10) .

⑥ 石泰峰.肩负乡村振兴使命 开创新时代"三农"工作新局面 [N] .人民日报.2018-03-27 (10) .

⑦ 胡和平.实施乡村振兴战略 为推动新时代追赶超越提供有力支撑 [N] .人民日报，2018-03-28 (11) .

完善省市县乡村五级建档立卡，对于贫困人口以及脱贫人员进行动态管理。同时，集中开展腐败和作风问题专项治理，严格督查考核问责，使脱贫成效真正经得起检验。①

湖南省委书记杜家毫提出，将精准脱贫与实施乡村振兴战略结合起来，在乡村振兴过程中，让群众参与、检验与受益，将打赢脱贫攻坚战作为乡村振兴的底线任务。②

安徽省委书记李锦斌提出，将提高脱贫质量放在首位，坚持推广园区带动、龙头企业带动、农民合作社带动、经营大户带动和贫困群众自主发展产业的"四带一自"的产业扶贫模式。同时，注重贫困人口健康托盘，引导贫困群众用自己的双手创造幸福美好生活。③

吉林省委书记巴音朝鲁提出，坚决打好脱贫攻坚战。以深度贫困地区脱贫攻坚为重点，坚持开发式与保障式扶贫并重，在 2020 年前打赢脱贫攻坚战。④

云南省委书记陈豪提出，云南实施乡村振兴战略，摆脱贫困是前提，必须坚决打好打赢精准脱贫攻坚战，确保全面建成小康社会，一个不能少；共同富裕路上，一个不能掉队。⑤

三、当前脱贫攻坚的现状分析

2013 年,习近平总书记在湖南湘西考察时首次提出"实事求是、因地制宜、分类指导、精准扶贫"的重要指示，这也是习近平总书记"精准扶贫"思想的最初来源，这也标志着我国从粗放式扶贫向精准扶贫转变，由救济式扶贫向开发式扶贫转变。2014 年，中央办公厅详细对精准扶贫的工作模式进行了顶层设计，印发了《关于创新机制扎实推进农村扶贫开发工作的意见》，紧接着，国务院扶贫办制定了《建立精准扶贫工作机制实施方案》，这些举措都有力推动了"精准扶贫"思想的落地。2015 年 11 月，习近平总书记在 2015 减贫与发展高层论坛上的主旨演讲中明确提出，为了打赢这场攻坚战，我们将把扶贫开发作为经济社会发展

---

① 王东峰.学习贯彻习近平总书记"三农"思想 谱写燕赵乡村振兴新篇章 [N] .人民日报， 2018-03-30 (10) .

② 杜家毫.奋力谱写新时代乡村振兴湖南新篇章 [N] .人民日报， 2018-04-03 (10) .

③ 李锦斌.贯彻习近平总书记"三农"思想 奋力推动安徽乡村振兴 [N] .人民日报， 2018-04-04 (10) .

④ 巴音朝鲁.谱写新时代乡村振兴的吉林篇章 [N] .人民日报， 2018-04-10 (16) .

⑤ 陈豪.走中国特色社会主义乡村振兴道路 谱写云南新篇章 [N] .人民日报， 2018-04-11 (11) .

规划的主要内容，大幅度增加扶贫投入，出台更多惠及贫困地区、贫困人口的政策措施，提高市场机制的益贫性，推进经济社会的包容性发展。①

随着精准扶贫政策的落实，扶贫力度的加大，近些年,中国的贫困人口相对量和绝对量不断下降。根据世界银行提供的数据，中国贫困人口比例由 2010 年的 17.2% 下降到 2017 年的 3.1%。根据中科院发布的《扶贫蓝皮书：中国扶贫开发报告（2017）》，2013 年以来，中国在经济增长速度大幅度降低、增长对减贫的自动拉动作用显著减弱、低收入人群平均收入有所下降的条件下，贫困人口每年减少 1309 万人，这表明中国在国家层面进行的精准扶贫实践取得了初步的成功。② 在前不久举办的全球减贫伙伴研讨会上，国务院扶贫办副主任欧青平说到，中国贫困人口由 2012 年的 9899 万人，减少到 2017 年的 3046 万人，贫困发生率从 10.2% 下降到 3.1%。可以看出经过五年的努力，中国脱贫攻坚取得了实质性的进展。自改革开放至今，中国有 7 亿多人摆脱了贫困，这可以说是谱写了人类减贫历史的新篇章。

党的十九大报告明确提出，要坚决打赢脱贫攻坚战。习近平总书记提出，让贫困人口和贫困地区同全国一道进入全面小康社会是我们党的庄严承诺。要动员全党全国全社会力量，坚持精准扶贫、精准脱贫，坚持中央统筹、省负总责、市县抓落实的工作机制，强化党政一把手负总责的责任制，坚持大扶贫格局，注重扶贫同扶志、扶智相结合，深入实施东西部扶贫协作，重点攻克深度贫困地区脱贫任务，确保到 2020 年我国现行标准下的农村贫困人口实现脱贫，贫困县全部摘帽，解决区域性整体贫困，做到脱真贫、真脱贫。这充分说明了在推进精准扶贫过程中，中国领导人的决心和毅力。

狠抓乡村振兴，深入推进精准扶贫不仅是党在新时期的执政理念，更是中国特色社会主义建设的伟大实践，这一切都需要切实可行的政策措施来保障。随着精准扶贫思想内涵不断成熟，国家层面关于精准扶贫的制度与政策也逐渐清晰。特别是自 2015 年之后，中央和地方陆续出台精准扶贫的政策文件，有长期规划，也有短期的具体措施，对象涵盖残疾人、低收入者、特殊困难群众等；就地区来看，有少数民族地区，也有革命老区等；从领域来看，涵盖经济、社会等方面；从文件的具体内容来看，形成了一个多维全覆盖的政策体系，任务明确、进度精细、制度完善。为了确保在 2020 年农村贫困人口实现全部脱贫，各级政府都按

---

① 2015 年习近平总书记在减贫与发展高层论坛主旨演讲上发表了《携手消除贫困　促进共同发展》。
② 刘解龙.精准扶贫精准脱贫中期阶段的理论思考 [J] .湖南社会科学，2018（1）：49-55.

照中央要求改进工作、切实尽职尽责，确保打赢脱贫攻坚战。但是在精准扶贫的具体实践中，还是存在不少这样或者那样的问题急需解决，这些困难主要体现在以下方面。

(一) 扶贫对象手段识别单一

根据新华社发布的《中国出台考核办法推进扶贫开发工作》，当前中国14个集中连片特殊困难地区、592个国家扶贫开发工作重点县、12.8万个贫困村全部集中在中西部地区，贫困人口超过500万的省份，比如贵州、云南、河南、广西、湖南、四川等，也无一例外属于中西部地区。因此，可以看出当前中国的贫困地区主要集中在中西部地区。由于扶贫资源有限，因此目前扶贫资源大多采用逐级指标分配法。同时，当前针对以家庭收入总量识别贫困人口的手段单一，然而由于贫困地区的差异、贫困程度的不同以及引发贫困原因的复杂多样，在对贫困对象进行精准识别的过程中都需要考虑到。

(二) 缺乏特色扶贫模式

中国地域广阔，贫困地区分布在不同的区域，每个区域的贫困情况又各不相同。这就要求我们根据不同贫困地区、贫困人口的情况，制定出差异化的扶贫模式。少数民族地区是我国扶贫的重点区域之一。各个少数民族地区都有自己不同的民族文化、民族传统以及民族习俗，正是因为这些差异才使得不同的历史文化得以传承。很多少数民族地区地理位置偏远，导致经济比较落后，贫困程度深，脱贫难度较大，其有独有的少数民族文化资源优势，恰恰又是其走出贫困的重要载体。从目前来看，精准扶贫政策在提高少数民族生活水平方面正在有效发挥作用，在开发利用民族特色文化资源方面还需加以引导。

(三) 贫困群体的发展能力培养难度较大

实施精准扶贫不仅仅是对贫困群众给予经济的关怀与救助，更重要的是对贫困群体进行扶志与扶智。换句话说，在实施精准扶贫过程中，我们不仅仅要关注短期的经济效益或经济利益，更要从长远考虑如何让贫困群众永远摆脱贫困。因为建立在短期经济效益或经济利益方面的"短视"扶贫，很有可能会使已经脱贫人口重新"返贫"，从而在一定程度上抑制贫困家庭后代子女发展能力的提升，形成贫困的代际固化。所以，精准扶贫除了要精准识别贫困群体之外，更应该针对不同贫困对象的发展能力，制定不同的帮扶举措，从而使其走出贫困，避免再次陷入贫困。然而现实情况是，贫困地区所占有的资源极其有限，贫困地区在教育、基础设施、公共服务等相关服务上欠缺，这从一定程度上也限制了贫困群体发展能力的培养。

四、瑶族地区脱贫攻坚的对策建议

瑶族地区精准扶贫是实现"共同富裕"和全面决胜小康社会的重要途径，而要最终实现这一目标，良好的制度保障是关键。在中国现有的扶贫经验基础上，总结提炼出精准扶贫应该坚持的三个基本原则，也就是有利于贫困地区生产力的发展，有利于贫困地区文化的传承，有利于贫困个体发展能力的提升。当前中国的扶贫开发已经进入关键冲刺期，同时中国也进入决胜全面建设小康社会的关键期。面对当前精准扶贫中的重点难点问题，在深刻领会十九大报告精神的基础上，结合《人民日报》刊载的十七位省委书记谈乡村振兴的思路，打好脱贫攻坚战，让贫困地区和贫困人口同全国人民一起进入全面小康。瑶族地区脱贫攻坚应从以下几方面着力推进。

(一) 提高瑶族贫困地区生产力发展水平，为精准扶贫提供物质层面的保障

提高贫困地区生产力发展水平是解决贫困问题的关键。在推进精准扶贫过程中，在注重经济发展不同阶段的地区采取不同的措施，在经济发展的初期阶段，可以鼓励那些经济发展条件较好的地区优先发展，以期获得更高的投入回报率，并通过辐射带动作用促进周边贫困地区的发展。当经济发展到一定水平后，为避免因为过大收入差距而产生的累积效应，此时政策应该重点向经济发展落后地区倾斜。所以，贫困地区的发展离不开生产力水平的提升，在推进贫困地区生产力发展的过程中，仅仅依靠市场的力量是不够的，政府在其中也要发挥应有的作用。政府作为看得见的手，在提升贫困地区生产力发展中，要注重通过政策倾斜、项目支持等提高贫困地区自身的"造血"功能。另外，要借助东部地区劳动密集型产业转移的机会，通过产业项目转移等途径为贫困地区经济增长提供新的增长点，聚集贫困地区劳动、资本、技术等生产要素，推进贫困地区生产力的提高。

(二) 探索瑶族贫困地区特色发展模式，为精准扶贫提供路径保障

在实施乡村振兴、推进精准扶贫过程中，探索贫困地区特色化的发展模式非常关键。比如在十七位省委书记谈乡村振兴中，福建省委书记提出根据当地的农

业特色，发展特色现代农业，甘肃省委书记根据甘肃地区发展的情况，提出举全省之力加快振兴陇原乡村。除此之外，随着经济的发展和人民生活水平的提高，文化资源的经济价值日益受到重视。所以，贫困地区的健康发展应该建立在传承传统文化的基础上，形成独具特色的文化资源优势。这一点对于少数民族贫困地区体现得尤其明显。少数民族的文化是中华传统文化的重要组成部分，不仅应该给予有效保护，而且要在扬长避短的基础上予以发扬。

（三）提升瑶族贫困群体个人发展素质，为精准扶贫提供可持续保障

精准扶贫是一项系统工程，不仅体现在贫困群体生活水平的提高上，而且体现在贫困群体个人发展能力的提升。要实现贫困群体整体个人发展能力的提升，就需要在基本公共服务、社会保障等方面给予支持。一方面对缺少接受教育的贫困群体的子女后代给予必要的扶志与扶智支持。不断增强贫困子女后代的知识本领、提高子女后代个人素质，增强子女后代在劳动力市场的竞争力。另一方面对具有一定劳动能力、生产技能的贫困群体进行再教育、再培训，使其获得参与市场竞争的基本技能，促使其就业能力与社会发展相适应，不断增强其在劳动力市场的竞争力。因此，要不断提升贫困群体的个人发展能力，保障贫困群体可持续脱贫。

五、结论

从安徽小岗村拉开中国改革大幕，到 2019 年，整整走过 41 年的历程。经过41 年的发展，中国农村发生了翻天覆地的变化。习近平总书记强调实施乡村振兴战略，首先要按规律办事；要科学把握乡村的差异性，因地制宜、精准施策；坚持尽力而为、量力而行，不能超越发展阶段，不能提脱离实际的目标，更不能搞形式主义和"形象工程"；一件事情接着一件事情办，一年接着一年干，建设好生态宜居的美丽乡村，让广大农民在乡村振兴中有更多获得感、幸福感。[①] 我们坚信在习总书记的领导下，在中央精准扶贫的深入推进下，2020 年的全面小康一定能实现，瑶族地区乡村振兴的蓝图也将变成现实。

---

① 韩长赋.做好新时代"三农"工作的行动指南（深入学习贯彻习近平新时代中国特色社会主义思想）[N].
人民日报，2019-07-16（9）.

贵州荔波瑶族地区脱贫攻坚
成效与巩固策略探析

◎ 江兴龙

【摘要】瑶族是贵州荔波世居最早的土著民族，由于所处自然环境恶劣，居住这里的瑶族长期处于深度贫困之中，在党和政府光辉民族政策的照耀下，特别是 2015 年实施精准脱贫攻坚以来，荔波瑶族地区的经济社会发展与人居环境发生了翻天覆地的变化。文章在总结、分析荔波精准帮扶瑶族脱贫攻坚举措、成效、经验及挑战的基础上，就如何巩固脱贫成效从政策延续、内生动力、就业渠道、组织引领、帮扶热度五个方面进行了策略性探讨。

【关键词】脱贫攻坚；成效巩固；策略探析；瑶族地区；贵州荔波

瑶族是贵州荔波这块沃土上繁衍生息最早的民族。史料记载，殷商时长衫瑶族就在此开耕垦土，明朝前青瑶（青衣瑶）先民已在今县城时来居住，并过着"无官无府"的化外生活。民间传说，很久以前，大地普降暴雨，贵州地方洪水泛滥，瑶族都居住在高山、无受水灾，大水退以后，其他民族才随后迁徙而来，故有"先有瑶、后有朝"的民间古语。历朝历代皇帝都规定瑶族人免征、免役、不收过路钱，见了官府也不下跪。荔波境内其他民族至今仍称呼瑶族为"瑶大爷"或"老大哥"。因荔波瑶族是一个长期避居深山、刀耕火种、狩猎游耕、游离迁居频繁的族群，故经济文化发展比较落后。纵向比较，仍相对原始，幸福指数要求不高；横向比较，相对其他化民族发展来说严重滞后，处于绝对落后状态。新中国成立以来，得到了党和政府的长期关怀，瑶族从原始社会一步跨入了社会主义社会大家庭，有了耕牛，学会了农耕。特别是 2015 年实施精准脱贫以来，瑶族地区与其他民族地区一样，经过各级干群的艰苦努力，脱贫攻坚取得重大进展，所有贫困户在"六个精准"和"五个一批"中相继脱贫摘帽，与全国一道步入了小康生活。但由于荔波县瑶族地区自然环境相对恶劣，瑶族群体的整体文化素质偏低，产业发展基础薄弱，一些农户无骨干增收项目、无固定经济收入、无技术明白人，仍存在着较大的返贫风险，在后续实施的乡村振兴战略中，还需要采取多措并举的方式来帮助瑶族地区及瑶族农户发展生产、拓宽就业，以此巩固来之不易的脱贫攻坚成果。

一、荔波瑶族地区的基本概况

荔波县是一个集"老、少、边、山、穷"为一体的国家重点扶持县，经济文化与基础设施发展长期处于落后状态。荔波境内世居有三支瑶族，总人口6351人，其中，白裤瑶人口3713人、青瑶1627人、长衫瑶973人。主要分布在瑶山、茂兰、黎明关、玉屏街道等2乡1镇1街的5个集镇中心38个自然村寨。其瑶族居住特点是大分散、小集中，聚族而居、以姓成寨，以支系而居，以姓氏聚合。三支瑶族都是各居一方，相隔较远，语言差异大。荔波瑶族全部居住于喀斯特山谷丛林中，交通闭塞，地少干旱，在精准脱贫攻坚前，生活主要靠国家救济维系，是贫困程度较深的荔波土著民族。如何促进瑶族地区的经济发展，帮助瑶族群众实现脱贫，成了若干届党政领导关注的焦点、难点、重点，党的十八大以后出台的精准脱贫攻坚政策，撬开了困扰瑶族和瑶族地区脱贫的拦路虎，破解了困扰中国农村几千年贫困挣扎中的路径问题。

二、荔波瑶族精准脱贫的举措

（一）提高精准脱贫攻坚的认识

2015年国家启动精准扶贫工作以来，荔波县聚焦"五个一批"，精准施策、精准发力，用好用活用足各类政策，强化与各挂钩帮扶单位的沟通对接，加大资金争取及融资贷款力度，实行时间倒排、目标倒逼、责任倒追、对象锁定、分类施策、挂图作战，全面推进脱贫攻坚各项措施的落实。

（二）严把瑶族精准脱贫的质量

2019年，通过第三方实地抽检、核查、评估，包括瑶族同胞在内的所有贫困户及贫困人口达到脱贫标准。为了确保"脱真贫"和"真脱贫"，荔波县经请示贵州省扶贫办同意后，将人均经济收入不足 5000 元或人均经济收入虽超过 5000 元，但家庭成员中有患人病的对象户作为收入不稳定户暂缓脱贫，直到 2020 年 7 月国家开展脱贫攻坚大普查中，核查暂缓脱贫户的人均收入突破 7000 元以上后，才分别给予脱贫出列。

（三）夯实瑶族精准脱贫的做法

1. 围绕"一个目标"抓脱贫

荔波县紧紧围绕 2020 年实现全面建成小康社会的目标，提出了"三年集中攻坚、两年巩固提升"的五年脱贫攻坚行动计划。按照"一达标、两不愁、三保障"的要求，紧扣"脱贫、摘帽、增收" 3 个主要目标，以"精准扶贫、精准脱贫"为统领，以贫困户和贫困人口为施策"靶向"，确保了 2019 年荔波的顺利脱贫摘帽，2020 年瑶族迈入了同步小康社会的梦想目标。

2. 紧盯"四项指标"抓脱贫

荔波县根据省州脱贫退出机制实施意见，及时制定贫困退出机制实施方案，明确贫困人口、贫困村、贫困乡镇和贫困县退出标准和程序。并围绕"69115"脱贫退出量化指标，以到户政策措施、群众满意度等为重点，按照补齐短板、全面达标的要求和摸排标准、程序、时限"三统一"原则，采取县、乡、村、组、户"五级联动"的方式，对年度脱贫的乡镇、村委会、贫困人口进行自检自查，确保年度脱贫工作顺利通过第三方评估、圆满完成脱贫任务。

3. 聚焦"五个一批"抓脱贫

（1）突出产业发展"改穷业"：根据"一户一法一产业"的理念，立足贫困村的资源禀赋，进一步培育壮大花生、水果、蔬菜、特种养殖等地方特色优势产业，探索推广短、平、快的食用菌产业，吸纳贫困劳动力就业，带动和扶持贫困户稳定增收，增强贫困户的"造血"功能，提高贫困群众脱贫致富能力，形成产业发展带动群众脱贫增收模式，确保了多数瑶族贫困人口通过产业发展实现减贫、脱贫。

（2）强推易地搬迁"挪穷窝"：针对"一方水土养育不了一方人"的问题，把易地扶贫搬迁作为治本之策，按照"三年任务、两年完成"的要求，做好统筹规划、合理布局、突出特色和产业规划，采取集中安置、进城进集镇安置和就近分散安置三个模式，将瑶山乡的立书、岜平、弄翁、瑶沙、英盘、拉槽，玉屏街道的吉洞，黎明关的洞福，茂兰镇的油干、洞闷等瑶寨进行搬迁安置。截至 2019 年 9 月，除瑶山拉槽 3 户因不愿拆除老房返回原住地外（当地政府仍在做动员引导工作），1152 户瑶族家庭完成了搬迁安置，解决了"三保障"中的第一大问题。

（3）狠抓教育脱贫"拔穷根"：把教育作为脱贫的关键，全力推进贫困乡村校舍建设，大力改善贫困地区教育教学条件。围绕技能培训和素质教育两个重点，制定了《荔波县劳动技能和劳动力转换就业培训精准扶贫实施方案》《荔波县"发展教育脱贫一批"工作方案》，加大建档立卡贫困人口各类职业教育培训，并按照"就业一人、脱贫一户"的要求，在认真落实"两免一补""营养餐改善计划"等教育惠民政策的同时，县级财政每年投入 300 万元，实施贫困生县级助学金政策，对"建档立卡"户在读子女实行全程帮扶，确保瑶族贫困人口通过教育扶贫实现脱贫。

（4）注重生态补偿"换穷貌"：把生态补偿作为新的脱贫路径，向上积极争取各类生态补偿政策，继续实施退耕还林、石漠化人工造林（珠江防护林体系工程建设项目和九万大山林业专项扶贫项目）等生态保护修复工程。据统计，瑶族贫困户共有 519 人被聘为生态护林员。同时，认真落实林业贴息贷款，增加就业收入，确保瑶族贫困人口 6351 人通过生态政策实现减贫、脱贫。

（5）强化保障兜底"脱穷境"：把社会保障作为兜底举措，制定下发《荔波县社会保障兜底一批工作方案》，把符合兜底条件的五保、重度残疾和因病致贫对象的 169 个建档立卡贫困户纳入了社会保障政策兜底与大病救助范围，做到瑶族农村低保标准与扶贫标准的"两线合一"。

4. 坚持"六个精准"抓脱贫

（1）确保"扶持对象精准"：在扶持对象识别上下功夫，严格按照"五看五不录六优先"和"七步三公示"的识别标准及程序，扎实开展多轮"回头看"工作，确保了瑶族扶贫对象精准。

（2）确保"项目安排精准"：在扶贫项目决策上下功夫，以易地扶贫搬迁安置点为重点，根据资源优势，把产业项目与农民意愿相结合，"造血式"扶贫与"输血式"救济相结合，实施短期、中期、长期项目相配套，达到了以短促中、用中养长，长短结合的项目安排与布局，确保"项目安排精准"。

（3）确保"资金使用精准"：在扶贫资金管理上下功夫，按照"项目跟着资金走，监督跟着项目走"的原则，建立完善扶贫项目立项、审批、实施、验收、评估等管理制度。瑶族地区每投放一个项目，都经过县政府的严格审查及批复。项目推进实施中严格执行项目公开制、管理责任制、考核奖惩制，做到项目审批有实施方案和资金使用预算，项目实施有技术指导、规定标准和工程进度报表，项目竣工有质量验收登记和后续管理措施，做到资金安全、规范运行，确保"资金使用精准"。

（4）确保"措施到户精准"：在落实帮扶措施上下功夫，重点落实结对帮扶措施，要求帮扶干部对照精准扶贫工作手册，认真完善户主和帮扶责任人联系电话、贫困现状、贫困原因、帮扶措施、帮扶成效等，做到户有卡、村有册、乡有簿、县有档。

（5）确保"因村派人精准"：在选派贫困村第一书记上下功夫，建立中央、省、州、县、乡"五级定点挂钩"工作机制，实现每个瑶族贫困村至少有 1 名处级领导挂钩、有 1 个部门挂包，每户贫困户都有 1 名干部帮扶。整合驻村扶贫工作队、帮户干部、大学生村官等扶贫力量，选派 5 名村第一书记到 5 个瑶族贫困村任职，做到贫困村第一书记全覆盖，确保"因村派人精准"。

（6）确保"脱贫成效精准"：在落实"扶贫对象退出机制"上下功夫，通过建立贫困退出工作机制，严格退出程序和标准，对扶贫对象进行动态管理，做到贫困户人口流动出入明晰。对瑶族贫困乡村实行"摘帽不摘政策"和贫困户脱贫不脱政策，同时建好脱贫资料档案，坚决杜绝数据上假脱贫，做到脱贫信息真实有效，确保"脱贫成效精准"。

5. 夯实"五网一房"抓脱贫

（1）路网方面：贵南高铁正在架桥铺轨，荔波高铁站正在如火如荼中建设，南下两广的金茂铁路塌方段已经修复；国道 G312 已经完成拓宽提质改造、国道 G552 已经完成西北段提质改造、东北段正在实施；省道 S508 和 S312 已经完成提级改造、省道 S205 正在快速推进；县道 X947、X919、X920、X921、X923、X948、X918、X948、X922、X925 等已经完成改造；行政村进村进组进寨道路全部实现硬化，3 户以上自然村进村道路全部硬化。由此，荔波瑶族地区内联外通的交通网络已经全部组网完成。

（2）水网方面：大土水库、杨柳水库已经建成下闸蓄水，完成管网铺设；水庆水库、水条水库送水渠道已经完成改造；洪江水库、界排水库已经完成加固及清淤。上述水库及管网的建设，巩固提升了荔波瑶族地区群众的饮用水安全。

（3）互联网方面：新建通信基站 27 个，改造提质通信基站 807 个，架铺设通信光缆 9603 千米。包括瑶族地区在内的 91 个行政村、1300 余个自然寨都通手机信号、宽带网络实现全覆盖。

（4）能源网方面：中缅油气管道荔波段全面建成并完成检测；荔波至南丹 500 千伏直流输变电工程、麻尾至荔波 110 千伏直流输变电工程建设完成；城市管道天然气项目全面启动城区入户安装，完成农网升级改造5963户。

（5）航空网方面：荔波机场目前已开通航线5条，通往贵阳、海口、南宁、广州、昆明、长沙6座城市。荔波机场的升级扩容正在有条不紊地进行。水瑶新村—威闷瑶寨距离荔波机场不到1千米的航线下，实现了白天眺机飞，夜晚听机鸣。

三、瑶族精准脱贫取得的成效

（一）瑶族精准脱贫成效情况

1. 收入达标方面

我国现行脱贫标准是农民年人均纯收入按2010年不变价计算为2300元，2014年现价脱贫标准为2800元。按每年6%的增长率调整测算，2020年全国脱贫标准约为人均纯收入4000元。经过5年的生产扶持和引导就业，荔波三支瑶族贫困户的人均经济收入有了大幅提高，详见《贵州省荔波县三支瑶族精准脱贫人均纯收入与国标省标脱贫线对照表（元）》。建档立卡贫困户2020年脱贫年度人均纯收入达到12780元，分别为现行国标4000元与省标4380元经济收入脱贫线的319.50%和291.78%，详见《贵州省荔波县三支瑶族2020年精准脱贫年度人均纯收入与国标省标脱贫线对照表（元）》。

贵州省荔波县三支瑶族2020年精准脱贫年度人均纯收入与国标省标脱贫线对照表（元）						
瑶族支系	旅游收入	农牧收入	务工收入	转移支付	合　计	国标脱贫线	省标脱贫线
白裤瑶	7074	779	5310	760	13923	4000	4380
青衣瑶	1147	2813	6513	1840	12313	4000	4380
长衫瑶	1082	2287	6259	1475	11103	4000	4380
合　计	9303	6879	18082	4075	38339	4000	4380
平　均	3101	2293	6009	1358	12780	4000	4380

2. 住房保障方面

移民搬迁安置分三批共1152户，危房改造分三批共880户，人均安全稳固住房面积大于或等于25平方米，实现了户户有安全住房的居安保障。

贵州荔波三支瑶族 2020 年脱贫年度人均收入与国标省标脱贫线对照图(元)

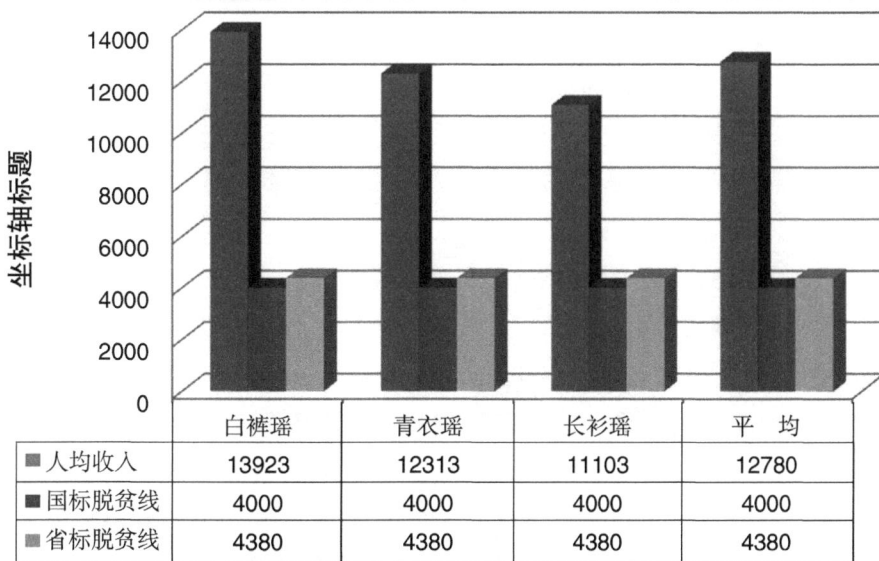

	白裤瑶	青衣瑶	长衫瑶	平　均
■人均收入	13923	12313	11103	12780
■国标脱贫线	4000	4000	4000	4000
■省标脱贫线	4380	4380	4380	4380

坐标轴标题（纵轴刻度：0、2000、4000、6000、8000、10000、12000、14000）

3. 政策兜底方面

低保政策兜底一批共 169 户。每人每年保障性收入达到 4380 元，超过同期国家扶贫标准，有效维持基本生活性开支，实现了脱贫攻坚不漏 1 人的承诺。

4. 医疗保障方面

瑶族农户新型农村合作医疗参合率达到 98%，其中，建档立卡户参合率达 100%；贫困户就医报销比例达 95% 以上；贫困户大病保险起付线有效降低、大病保险报销比例有效提高；加大医疗救助力度，提高医疗救助标准；贫困人口享有更加均等的公共卫生和基本医疗服务。

5. 教育保障方面

在教育保障方面，做到资助与就业培训一起抓。其中，适龄儿童全部接受 9 年义务教育及零辍学；非义务教育（含幼儿）学生均获得相应资助；有意愿参加技能提高培训（16—60 岁）劳动力，均安排并接受了技能培训。

6. 饮水安全方面

水历来是白裤瑶地区的难题，在 5 年的精准脱贫攻坚中，包括白裤瑶在内的瑶族农户实现了户户通自来水。其中，自来水入户通达率 98%，剩余 2% 的农户自来水接到屋前，集中供水的提挑水距离均在 50 米以内。经省直相关部门对水质检测，荔波瑶族地区饮用水安全率均达 100%。

7. 公共服务方面

通过 5 年的精准扶贫，荔波瑶族地区公共服务发生了翻天覆地的变化。主要表现在：实现了组组、寨寨通简易硬化公路，户户通串户硬化便道，道路硬化通达率达 100%，出行极为方便；所有农户均参加了宅院"三改"，建有有水冲式卫生间或简易卫生厕所；瑶族地区都有安全的农村电网，有移动通信设备，有线广播电视入户，能接通互联网，开展相关电商服务。

（二）三支瑶的脱贫成效分析

1. 白裤瑶的精准脱贫成效

荔波白裤瑶农户贫困面大，贫困户占农业人口总户数的 95.72%。在白裤瑶 5 年的精准脱贫成效中，最有分量和贡献率最高的是住房保障和文旅开发扶贫，其次是产业发展带动。据统计，参加易地移民和危房改造的农户占白裤瑶建档立卡贫困户的 100%，占白裤瑶农户总数的 95.72%。在 1079 户移民户中，移民县城兴旺社区 255 户、移民梦柳集镇 217 户、移民捞村集镇 127 户、移民拉片古寨 480 户，另有 559 户农户参加折旧建新危改造；所有白裤瑶贫困户户均获得 2 个以上产业支撑项目扶持；有 178 人参加荔波瑶山古寨开发有限责任公司长年旅游服务，提高了旅游服务收入。此外，白裤瑶贫困户参加合作医疗率达 100%，政府补覆盖率达 100%；教育保障资助率应资助学生的比率达 100%；民政兜底求助 133 户，占贫困户的 12.33%。据相关部门核查，2020 年，白裤瑶人均收入达 13923 元，其中，旅游服务收入的比重超过了 50% 以上，形成了一个新兴致富产业。按我国现行脱贫标准，2020 年白裤瑶农户实现了全员脱贫。

2. 青衣瑶的精准脱贫成效

荔波青衣瑶农户贫困面大，共有贫困户 281 户，占总农户 498 户数的 56.37%。在青瑶专区最有分量和贡献率最高的脱贫措施是住房保障和产业发展带动，其次是文旅开发扶贫。据统计，参加易地移民的农户为 58 户（其中，50 户移民瑶麓大寨，8 户移民县城兴旺社区），全为贫困农户；参加危房改造的农户为 358 户，占总农户的 71.89%，建档立卡贫困户为 223 户，占危改户的 62.29%；所有青瑶贫困户均获得 2 个以上产业支撑项目扶持，特别是瑶麓花生大田推广项目，人均实现增收 2000 元，产品供不应求，后续发展潜力大；有 5 户从事青瑶古寨风情旅游经营服务，开始尝到了文旅融合发展的甜头；有 28 户与荔波古镇旅游公司签订瑶绣产品订单生产协议，年人均实现增收 1000 元，既展示了才艺，又实现了增收。此外，青瑶贫困户参加合作医疗率达 100%，政府补覆盖率达 100%；教育保障资助率应资助学生的比率达 100%；民政兜底求助 23 户，占贫困户的 8.19%。根据 2020 年脱贫攻坚普查数据显示，青瑶人均收入达 12313 元，其中，外出务工收入的比重超过了 50% 以上，按我国现行脱贫标准，2020 年青衣瑶全员出列贫困户，实现脱贫。

3. 长衫瑶的精准脱贫成效

长衫瑶分布于茂兰镇和黎明关水族乡，其中，茂兰 4 个自然寨，黎明关 2 个自然寨，在 145 户农户中，就有 113 户为贫困户。5 年的精准扶贫主要是项目扶持和引导就业务工。据统计，长衫瑶共有 98 户（均为贫困户）参加危房改造，占贫困户的 86.73%；有 15 户参加易地移民，占贫困户的 13.27%。每户贫困户都至少获得 2 个产业项目支撑，至少有 1 个劳动力外出务工，为家庭稳定收入提供了保障。此外，长衫瑶贫困户的参加合作医疗率达 100%，政府补覆盖率达 100%；教育保障资助率应资助学生的比率达 100%；民政兜底求助 13 户，占贫困户的 11.50%。根据 2020 年脱贫攻坚普查数据显示，长衫瑶人均收入达 11033 元，其中，外出务工收入的比重超过了 50% 以上，按我国现行脱贫标准，2020 年已经全员出列贫困户，实现了同步小康。

四、荔波瑶族精准脱贫的经验

（一）龙头产业引领促脱贫攻坚

荔波县把产业作为扶贫攻坚和巩固提升的根本，发挥好产业带贫利益联结机制，以就地就业、带动产业、技术指导等形式带动贫困户增收。例如，白裤瑶以发展文旅产业和发展水果产业为主；青瑶以发展独特的花生产业和文旅融合产业为主；长衫瑶则以土地租赁给龙头企业发展蔬菜，并在蔬菜基地就地打工挣钱为主。对预脱贫户，采取挂图作战的方式，精准施策，将政策落实到位。对已经脱贫的农户，扎实推进"两不愁三保障"回头看，适时监测引导，巩固脱贫成果、扩大战果。同时还加强对特殊困难群体的关爱帮扶，真正做到脱贫致富路上不漏一人。

（二）劳动就业技能促脱贫攻坚

为进一步增强劳动就业技能，激发脱贫致富内生动力，促进脱贫和持续巩固脱贫成效，荔波县人社局、民政局、民宗局、林业局、县妇联、县瑶学会等分别联合相关职业培训学校在瑶山乡、茂兰镇、黎明关乡、玉屏街道等地开展瑶族易地扶贫搬迁安置小区职业车间技能培训、电工修理培训、电商培训、农作物种植技能培训、农作物检疫与病虫害防治培训、家政服务培训、养蜂技术培训、护林员防火培训、瑶族传统刺绣培训、瑶族创意服饰培训等。同时还开展猴鼓舞传承培训、打猎舞传承培训、喇叭吹奏传承培训、独弦胡拉奏传承培训、瑶族古籍抢救收集整理培训、瑶族古歌抢救收集整理培训等，加强宣传引导，注重扶智、扶志相结合，激发搬迁群众内生动力，营造劳动最光荣、幸福靠奋斗的良好氛围。特别是瑶族易地扶贫搬迁就业车间培训、家政服务培训、电工修理培训扩大了瑶族的就业渠道，确保了一户至少有一人就业，实现了收入的稳定。

（三）民族团结工作促脱贫攻坚

荔波县牢牢把握"共同团结奋斗、共同繁荣发展"的民族工作主题，认真贯彻党的民族工作方针政策，在全县广泛开展了一系列内容丰富、形式多样的民族团结进步创建活动，特别是将民族团结进步创建工作与少数民族地区基础设施建设、精准脱贫攻坚相结合，将少数民族发展资金项目列入专项扶贫资金基础设施建设工作，把资金、政策向脱贫攻坚倾斜，着力解决行路难、饮水难、产业发展难等问题，推动少数民族地区脱贫攻坚工作迈稳步伐，为瑶族地区实现脱贫摘帽目标提供了强劲动力。通过少数民族项目建设以及推进产业发展，逐步改善了少数民族地区群众的生产、生活条件，有效推进了荔波瑶族地区与瑶族农户的精准脱贫攻坚进程。

（四）因地制宜抓旅游促脱贫

荔波县山奇水秀，生态环境优良，全县森林覆盖率达 69.4%，被誉为"地球绿宝石，世界遗产地"和西南生物基因库。荔波县世居有白裤瑶、青瑶、长衫瑶三支土著瑶族，瑶族原生态文化丰富多彩。且荔波县是青瑶、长衫瑶的唯一分布区。荔波县依托得天独厚的自然优势和瑶族文化底蕴，因地制宜围绕自然生态、瑶族文化、养生健康三大旅游品牌打造"白裤瑶古寨 AAAA 级文旅融合景区""中国青瑶第一寨瑶麓 AAA 级文旅融合景区"，推出了"洞塘瑶寨"和"立化瑶寨"两个民族文化景点。持续深入推进瑶族传统文化与旅游产业的深度融合发展，助推了景区景点瑶族农户的精准扶贫工作。

五、瑶族脱贫成果面临的挑战

（一）扶贫工作标本兼治力度有差距

在开展扶贫工作的过程中不同程度地存在重数量而轻质量的情况，即注重脱贫人数的数量而疏于质量的提升，容易将重点放在如何快速脱贫，而很少关注如何长远脱贫，这是速度与质量之间的权衡。在精准扶贫的过程中，政府为统计贫困人口，并制定相应的政策措施而划定了贫困线。贫困线可以说是一个最低标准，但在实际执行的过程中，贫困线变成了扶贫开发的最高标准。为达到这一标准，采取以钱养贫的方法，将贫困人口全部纳入社会救助范围，一劳永逸地解决脱贫贫困生存问题。部分乡村为了在短期内实现预定的脱贫目标，用贫困户名额给企业无息贷款并参与入股分红三年，在三年里获得企业给予贫困户的固定收入，使贫困户的收入很快达到或超过贫困线，但实则不然，三年届满或一旦遇到外力、天灾人祸，很快又返贫了，且这种消耗前期各种资源的投入，还会严重挫伤脱贫户的自信心。

（二）扶贫工作中农户的内生动力不强

扶贫工作是扶贫工作人员与贫困户共同参与的过程。扶贫工作人员既不能以"他者"的眼光或居高临下的方式看待贫困户，也不能对贫困户实现脱贫的事务进行大包大揽。对于前者，他们通常以一个管理者或领导的姿态去要求贫困户按照自己的旨意行事，不愿听取贫困户的诉求。对于后者，他们尽可能满足前者对贫困户的要求。再加上精准扶贫工作中对扶贫人员一票否决制的存在，促使很多扶贫工作者投入大量的人力物力和财力，倾其所有为了不被一票否决。这样反倒促成一批"等、靠、要"的脱贫户，没有从根本上提升脱贫户的自我巩固和致富能力。

（三）脱贫农户防止因病返贫能力弱

从贫困户自身角度分析，返贫原因主要显示在脱贫户户主的文化程度、脱贫户的劳动力数量、劳动力健康状况，生病就诊情况、家庭赡养负担人数及子女教育负担等，这些因素都是导致脱贫户返贫的原因。其中，生病就诊是返贫原因的主导因素，各种疑难杂症得到解决的同时，医疗费用也呈现出稳中有升的状态。对于大多数农村家庭来说是一种巨大的压力，从而也流传出了"辛辛苦苦三十年，一病回到解放前"等话语，患者有限的经济能力，致使瑶族地区多数农民因病致贫和因病返贫的风险加大。

六、夯实瑶族脱贫成效的策略

（一）确保帮扶政策相对稳定

脱贫以后，瑶族地区的帮扶政策不能立马就取消，要预留脱贫巩固过渡期。在短时间内，必须坚持"脱贫不脱政策"，做到在一定时期内保持现有扶贫政策的稳定性，精心做到把贫困户"扶上马后，再送一程"的促稳措施。特别是要保持医疗保险政策，防止贫困户因病返贫。与此同时，还要逐步推动扶贫政策由精准"滴灌式"少数特惠制向覆盖全体农村的"漫灌式"的均等普惠转变。

（二）激发贫困主体内生动力

脱贫的主体是贫困户自己，要大力宣传精准扶贫政策下涌现出来的先进人物和创业典型事迹，营造勤劳致富、创业光荣的浓厚氛围，充分激发贫困主体摆脱贫困的内生动力和主观能动性。在思想上要摒弃"等靠要"的依赖思想，变"要我脱贫"为"我要致富"；在实效上要脱真贫，真脱贫，脱贫户要有收入的渠道，通过自己的劳动，而不是别人替他干出来的，不是送钱送出来的，这个很重要。因此，注重扶贫与扶志、扶智相结合，要加大农村实用技术培训，让每户贫困户都有一门实用技术和一个技术明白人，进而提振和保持贫困群众的精气神，激发群众的内生动力，确保贫困户能用自己的辛勤劳动实现真正意义的脱贫致富。

（三）拓宽贫困户就创业渠道

依托乡村振兴、美丽乡村建设、村级基础设施等工程建设，因地制宜积极引导瑶族贫困乡村立足于新产品、新技术和新业态，大力发展特色种植养殖业，培育特色农产品品牌，发展壮大增收骨干产业，确保贫困户能就近就业，致富增收。同时，开发好和利用好生态护林员、公益岗位、爱心扶贫岗等公益性岗位，引导脱贫户用活用好小额扶贫信贷政策，对符合贴息扶持政策创业人员提供创业担保贷款贴息，扩大支持就业创业力度。

（四）发挥基层组织引领作用

健全瑶族地区农村基层党的组织，夯实基层干部队伍建设，选优配强瑶族地区贫困村"第一书记"、党支部书记，建强村支两委班子，充分发挥基层党组织及党员干部在巩固脱贫成效与实施乡村振兴战略中的战斗堡垒作用和先锋模范作用。着力推进农村生活垃圾治理、厕所改造、村容村貌提升，开展农户房前屋后绿化、美化、亮化，建设"美丽庭院"；着力增强农家书屋和农村大祠堂在丰富村民文化生活方面的实际应用效果，要让农村充满精气神；着力突出抓好易地扶贫搬迁工程拆旧复垦、后续产业配套、基础设施和公共服务完善等工作。特别是要多种渠道积极回引本地在外务工成功人士反哺家乡、建设家乡，培育和鼓励当地创业致富带头人继续带领瑶族脱贫群众发展生产、增加收入。

（五）确保帮扶力度热度不减

帮扶工作不能搞急刹车，各帮扶单位与帮扶干部要延续既有的帮扶体系及帮扶机制，要集中财力、物力、时间、精力，在"再送一程"上加把劲，继续加大对瑶族脱贫摘帽的建档立卡户予以持久的帮扶力度。特别是强化资金支持和发展特色优势产业，保证脱贫农户有持续稳定的收入来源，这是巩固脱贫成果的长远之策。因此，要全面落实各项惠农强农政策，着力围绕"5+2"特色产业，由党员、村干部、种养大户带头强产业，积极鼓励和支持贫困户发展自身产业，推进电商集聚指导帮扶。通过增加群众收入，彻底消除返贫风险，确保瑶族地区脱贫攻坚成效的壮大丰实与巩固提升。

浅谈江华瑶族自治县精准脱贫攻坚的经验及启示

◎ 廖家益

【摘要】江华瑶族自治县是全国瑶族人口最多、湖南省唯一的瑶族自治县，近年来其抓住精准扶贫和全面建成小康社会的历史机遇，立足产业谋发展，实干担当促赶超，开创了民族团结、经济发展、社会进步的良好局面。2019 年，省政府批复同意江华脱贫摘帽。本文剖析了精准脱贫攻坚的江华经验及启示，对少数民族地区脱贫攻坚工作具有一定的借鉴意义。

【关键词】江华瑶族自治县；精准脱贫；产业脱贫

江华瑶族自治县地处湘、粤、桂三省（区）结合部，面积 3248 平方千米，总人口 54 万，有瑶、汉、壮、苗等 24 个民族，其中，瑶族人口 37.5 万，是全国瑶族人口最多、湖南省唯一的瑶族自治县，被誉为"神州瑶都"。同时，江华也是国家扶贫开发工作重点县、库区移民县、县域大县、革命老区县和经济发展快县。

近年来，江华县委、县政府认真学习贯彻习近平总书记重要论述，牢牢把握"共同团结奋斗、共同繁荣发展"的民族工作主题，紧紧抓住精准扶贫和全面建成小康社会的历史机遇，立足产业谋发展，实干担当促赶超，开创了民族团结、经济发展、社会进步的良好局面。截至 2019 年底，全县 28148 户 113158 名贫困人口已脱贫 27394 户 111409 人，112 个贫困村全部出列，综合贫困发生率由 2014 年的 24.1% 下降到 0.38%，错退率为 0、漏评率为 0、群众满意度为 95.26%。2019 年 4 月 16 日，省政府批复同意江华脱贫摘帽。2019 年 7 月 11—17 日，接受了国务院扶贫办第三方评估，评估组认为江华脱贫质量较高、群众满意度较高。2015—2019 年脱贫攻坚考核连续 5 年位居全省先进县区行列，其中，2016 年、2017 年连续两年排全省第一，先后多次承办国家级和省级脱贫攻坚现场会；全面小康实现程度达到 99%；主要经济指标增幅排在全省前列；先后获得全国民族团结进步示范县、全国文明县城、全国社会管理综合治理先进县、全国法治先进县、国家生态文明建设示范县、国家园林县城等国家级荣誉40 余项；获得省县域经济发展快县、省全面小康推进工作十快进县、省全面小康推进工作前十位县等省级荣誉 80 余项。2018 年 6 月，成功举办了湖南省优化发展环境现场推进会，"江华速度""江华精神"被湖南省委书记杜家毫肯定，"江华速度"写入湖南省十三届人大二次会议政府工作报告，向全省推介。

一、精准脱贫攻坚的江华经验

地方贫困，理念不能"贫困"，志气不能"贫困"。民族后发地区要发展，必须开拓视野、转变观念、科学谋划，激发跨越发展、赶超崛起的内生动力。必须上下一心，克难攻坚。一是强化"别人能做到的江华也能做到"的信心决心。用习近平新时代中国特色社会主义思想武装头脑，以"创新引领开放崛起"战略指导全县工作，从强化干部的理想信念、担当作为入手，激发干部不甘落后、敢为人先、勤政务实、创先争优的责任感、使命感；激发全县上下"为江华的尊严和光荣而奋斗"的精气神；激发"欠发达地区一样可以发展产业园区，一样可以赶超崛起"的坚定信心；激发"事在人为，别人能做到的江华也能做到"的奋进决心。二是强化"生态立县、产业强县、开放兴县、民营活县"的发展战略。坚持和践行绿色发展理念，把绿色生态作为核心竞争力来打造，把做强产业作为脱贫摘帽、全面建成小康社会的根本支撑，牢固树立"没有不开放的领域，没有不开放的行业，大开放才能大发展""以市场主体为中心""项目的成功就是江华的成功，企业的做大做强就是江华的做大做强"的理念，以科学的发展战略加快推进高质量发展。三是强化"以实绩论英雄定奖惩用干部"的鲜明导向。出台了招商引资、重点项目建设、创先争优等一系列目标管理考核办法。把"两个维护""四个意识"强、敢抓敢管、担当有为的"狮子型""推土机式"干部用在关键岗位，树立"实干者实惠、吃苦者吃香、有为者有位"的用人导向。创新、开放，等不起、慢不得，埋头干、拼命干，辛苦着并快乐着成为新时代全县上下的工作常态，以干部的辛苦度换来经济发展的高质量、高速度。

（一）产业为基，项目为王，筑牢实体经济支撑全面小康建设的坚实根基

打赢打好脱贫攻坚战、全面建成小康社会的基础是产业、支撑在项目。为此，我们提出了"园区是第一载体、招商是第一菜单、项目是第一抓手、产业是第一支撑、创优环境是第一工作"的工作思路，做大做强实体经济。一是以园区引领县域经济发展。坚持"大开发区"的理念，举全县之力来谋划园区发展，把经开区定位为全县经济发展的引擎、增长极、主战场和实验区，要求全县各级各部门要支持、帮助经开区，服务于、服从于经开区的工作，在全县上下形成了"大办园区、办大园区"的思想共识。投入资金 20 亿元，完成水电路讯等基础设施面积 8 平方千米，规划园区面积 18 平方千米，建成标准厂房 140 万平方米。2018 年成功转型升级为"省级高新技术产业开发区"，2019 年实现规模工业总产值 178.8 亿元，其中，高新技术产值占比超过 65%。现有规模企业 105 家，其中，国家高新技术企业 38 家，设立博士工作站 3 个。先后被评为省真抓实干成效明显园区、省发展开放型经济优秀园区、省级新型工业化产业示范基地、省级同心园区、省平安园区，连续五年获得永州市推进新型工业化工作先进园区称号，在全省 139 个省级以上园区综合评价中排名第 14 位。二是强化领导招商、以商招商、产业链招商、创造优势招商。利用一切可以利用的资源、调动一切可以调动的因素招商引资，在全社会形成"重商、亲商、安商"的浓厚氛围。凡有转移意向的企业，县"四大班子"主要领导都带队登门拜访，把常委会、常务会搬到招商现场，第一时间研究、拍板，提高招商效率。制定招商中介奖励办法，引进东莞天宇上市企业孵化园、深圳渠成资本、东莞证券公司等打造专业招商平台；与各种商会组织合作，发挥他们的信息、人脉、专业等优势，让他们成为我们招商的"红娘"。用好用活湘南湘西承接产业转移示范区、"135"工程升级版等政策，设立扶持企业挂牌上市专项引导基金，采用股权投资、定向增发、代建厂房、生产设备补贴等方式来扶持项目发展，吸引优质企业落户。近年来，共引进项目 200 多个，内联引资 200 多亿元。三是建链补链延链强链打造主导产业。认真分析产业基础和资源禀赋，落实"两图两库两池两报告"制度（每个产业链建立全景图和现状图、建立客商库和项目库、建立产业项目资金池和人才池、每个月编制产业链分析报告和招商报告），加快建链补链延链强链，初步形成了生物医药及农产品精深加工、电子信息、先进装备制造、轻纺制鞋、军民融合及新材料、能源电力、现代金融、现代物流和文化旅游 9 大产业链。提出打造"马达之城、小家电之乡"，全县马达、小电器企业达到 52 家，其中，规模以上企业 26 家，预计今年产值 50 亿元以上，年税收 1 亿元，出口 1.6 亿美元。四是提供积极主动无私的"母亲式"服务。县委常委会、县政府常务会一事一议迅速研究决定招商合同，明确项目指挥长，组建项目指挥部，实行一套人马、包干到底。在规划许可、用地审批、环评审批等关键环节落实"最简程序"和"全程代办"制度，让企业一门心思搞发展，"足不出园"办好事。积极创新群众监督评价机制，将过去的"由上评价"改变为"上下共评"，由企业主、项目业主等对重点项目指挥部和各重点服务部门开展常态化评议，将测评结果与单位评先评优、干部任用直接挂钩，倒逼机关单位和干部积极主动想事干事、搞好服务。九恒条码创造了从厂房开工建设到第一单产品下线只要 120 天的"江华速度"；贵德集团创造了从签约到投产只要 150 天的"江华速度"。

（二）产业进村，送岗上门，夯实高质量打胜打好脱贫攻坚战的有力支撑

我们根据不同群体的创业就业需求，探索实施"规模工业进园区、小微企业进乡村、农业产业建基地、旅游产业谋全域"的产业发展模式，让每一个劳动力要么有产业，要么有就业，稳定增收。一是规模企业进园区。以县高新区为依托，提供就业岗位 1.5 万多个，现有产业工人 1.4 万余人，其中，贫困人口 3560 个，年人均工资 4 万元以上，帮助群众实现了稳定就业和增收。二是小微企业进乡村。根据湖南省委省政府《关于支持贫困地区发展产业扩大就业的若干政策》精神，出台了减免税费、给予厂房建设补贴、用工补助、培训、金融支持等优惠政策，支持和引导小微企业下乡进村开设工厂（车间），既满足了留守群众挣钱顾家两不误的需求，又帮助企业解决了"融资难、招工难、用工贵"问题，还可以村里通过收取企业租赁土地、厂房的租金发展村级集体收入，从而实现群众增收、企业盈利、农村产业发展互利共赢。目前，全县小微企业现已达到 486 家（其中，省里认定就业扶贫车间 247 家，占全省十二分之一），吸纳 1.3 万个留守劳动力在家门口务工，其中，贫困人口 3724 人，人均年增收 2.4 万元以上。三是农业产业建基地。要求每个村每年流转山地 300 亩以上，帮助、引导、鼓励农户与企业、专业合作社、能人大户等经济组织建立利益联结机制。每流转一亩山地可获得 150—300 元/年的流转收入；每流转一亩山地又衍生 10 个工，每个工 70—80 元/天，又可为村内 50 岁以上、文化程度低、务工技能低的贫困劳动力带来 700 元/亩的务工收入。目前，新增流转土地 20 万亩，建立农业产业基地 183 个，安排 7000 多个年龄偏大的贫困对象和留守贫困劳动力务工。四是旅游产业谋全域。出台了《江华瑶族自治县旅游产业扶贫实施意见》等文件，按照"景区带村、能人带户、公司+农户、合作社+农户"模式探索和推进"旅游+精准扶贫"。

目前，有 20 个贫困村列入全国乡村旅游扶贫重点村，建成瑶族文化园、香草源、井头湾、秦岩、宝镜、桐冲口、水口爱情小镇 7 个国家 3A 级景区，有酒店（三星以上标准酒店 8 家）、农家乐、民宿酒店等客房 6750 余间，可同时接待 1.1 万人住宿，带动 6000 个贫困人口增收。

（三）以人为本，增进团结，凝聚共建共治共享文明幸福之乡的发展合力

江华县坚持各族人民共享事业发展的成果，不断增强少数民族群众的幸福感、自豪感和"主人翁"意识。一是着力改善民本民生。每年的民生支出占财政总支出的 75% 以上。突出抓好民族教育，投入 20.32 亿元，新建学位 39150 个，义务教育均衡发展差异系数在全省最优，先后被评为全国民族教育先进县、全国义务教育发展基本均衡县、教育强县，2018 年，被省人民政府授予"真抓实干奖"。医保覆盖率达到 99% 以上，乡镇卫生院和村卫生室标准化建设实现全覆盖，县域内住院就诊率达到 90% 以上，被评为全国妇幼健康优质服务示范县、全国基层中医药工作先进单位。深入推进厕所革命、垃圾革命、污水革命、村容革命，卫生厕所入户率达到 90% 以上，垃圾无害化处理率 100%，农村污水处理率达到 75%，拆除"空心房"350 万平方米，验收确认复垦面积 6813.15 亩，交易结余指标 1789.52 亩，交易收入近 4 亿元。财政投入 8000 万元，带动村里和村民投资 1.2 亿元，完成巷道建设 750 千米，基本实现了农村户户通水泥路。二是创新水库移民方式。涔天河水库扩建工程是新世纪湖南省水利一号工程，需搬迁安置移民 28431 人。我们立足社会发展规律和移民意愿，建议将"大分散、小集中，有土从农"的安置方式调整为"县内城镇化集中安置和长效实物补偿"的安置方式，得到上级和移民群众的认可、支持，为顺利推进水库扩建奠定了基础。全县共规划建设移民安置点 5 个，建成安置房 131 万平方米，配套建设幼儿园 4 所、中小学校 4 所、县级医院 2 个、乡镇卫生院 2 个。2017 年初，28431 名移民全部完成搬迁安置。2018 年，涔天河水库扩建工程移民安置方式被水利部评价为"近五年来最好的水库移民安置方式"。三是弘扬瑶族文化。江华深挖瑶族文化精神内涵，加强传承和创新，不断树立民族文化自信。按照"周周有演出、月月有活动、季季有节庆、年年出精品"的目标，举办火烧龙狮节、六月六尝新节、盘王节和瑶家民俗龙灯会等民族节庆活动，让瑶服、瑶话、瑶歌、瑶舞等传统文化走近群众生活。加大古民居修缮改造，成功将香草源瑶寨、井头湾古民居等打造成为全县民俗文化特色旅游的新景点、新亮点。积极开展瑶文化生态保护（实验）区创建工作，成功创建了一批中国少数民族特色村寨、全国一村一

品示范村等，被评为湖南省非物质文化遗产保护十强县，获得"中国民间文化艺术之乡"称号。

二、精准脱贫攻坚的江华启示

（一）加强党的领导，是打赢脱贫攻坚战的根本保证

县委县政府始终把脱贫攻坚作为最大政治任务，建立健全"书记抓、抓书记"工作机制，压实各级各部门主体责任，督促党政"一把手"强化政治担当，靠前指挥，形成"党委主责，政府主抓，干部主帮，乡镇主推，社会参与"的全社会扶贫格局。唱响了一曲同心共建的脱贫攻坚战歌。党的领导成为脱贫攻坚第一线的核心力量。我县脱贫攻坚的实践，再次证明只有坚持和强化中国共产党的领导，才能激发出万众一心、排山倒海的磅礴力量和不怕牺牲、勇往直前的伟大精神，才能取得脱贫攻坚的伟大胜利。

（二）发挥制度优势，是打赢脱贫攻坚战的基础保障

江华县委县政府全面履行"县落实"的基本要求，出台并形成了若干扶贫政策体系，充分发挥"集中力量办大事"的制度优势。江华县脱贫攻坚实践证明，只有发挥中国特色社会主义制度的优势，才能广泛动员全社会力量合力攻坚；才能更好地有效整合多种资源，解决贫困群众最关心、最直接、最现实的问题；才能更加优化产业体系，加快产业发展，从而为打赢脱贫攻坚战提供基础保障。

（三）张扬江华精神，是打赢脱贫攻坚战的无穷力量

江华在脱贫攻坚实践中，激发了"不甘落后，敢为人先，为江华的尊严和光荣而奋斗"的雄心壮志，铸就了"坚持精准，不落一人，咬定目标，上下同心，自强不息，开拓创新，尽锐出战，奋勇争先"的脱贫攻坚精神，以真抓的实劲、敢抓的狠劲、善抓的巧劲，把党中央国务院的决策部署和省委省政府、市委市政府的指示要求落到实处，见到实效。全县广大党员干部用自己的"辛苦指数"换取群众的"幸福指数"，贫困群众面对困境，"苦干不苦熬"，积极投身脱贫攻坚实践，生动地谱写一曲曲瑶乡人民的幸福之歌。

瑶族地区脱贫攻坚与乡村振兴路径探析

——以江华瑶族自治县为例

◎ 车玉钦

【摘要】2020 年是决战决胜脱贫攻坚、全面建成小康社会之年。近年来，江华瑶族自治县抢抓发展机遇，坚持新发展理念，以脱贫攻坚统揽经济社会发展大局，积极探索脱贫攻坚与乡村振兴的新模式、新路径，着力推动高质量发展，千里瑶山发生了翻天覆地的历史巨变。江华作为湖南脱贫攻坚的主战场之一，其在脱贫攻坚工作中的一些具体做法，对推进乡村振兴、建设民族经济强县等具有较好的参考借鉴意义。

【关键词】瑶族地区；脱贫攻坚；乡村振兴

打赢脱贫攻坚战，是民族地区同步迈入全面小康的关键一役，也是当前极为紧迫的重要任务。民族地区的致贫原因复杂、脱贫基础薄弱，是脱贫攻坚的重点和难点，受到党中央特别是习近平总书记的高度重视和格外关心。江华位于湘粤桂三省（区）结合部，全县总人口 54 万，其中，瑶族人口 37.5 万，是湖南省唯一的瑶族自治县，是瑶族人口最多的县。2014 年，全县贫困村 112 个、建档立卡贫困人口 113090 人、贫困发生率 24.1%，脱贫攻坚任务十分艰巨。坚决打赢打好脱贫攻坚战，让贫困人口同全国一道进入全面小康社会，是江华各级各部门义不容辞的政治责任和光荣使命。

一、江华瑶族自治县脱贫攻坚与乡村振兴的实践与探索

近年来，江华瑶族自治县坚持以习近平新时代中国特色社会主义思想为指导，深学笃用习近平总书记关于扶贫工作重要论述，坚持以脱贫攻坚统领全县经济社会全局，举全县之力尽锐出战、攻坚克难，脱贫攻坚取得了决定性胜利，乡村振兴迈出了关键

步伐。2018 年，江华整县脱贫摘帽，2020 年 8 月高质量通过国家脱贫攻坚普查。2019 年，全县主要经济指标增幅排名省市前列，脱贫攻坚考核连续 5 年位居全省"先进县区"行列，产业扶贫、易地搬迁、抓党建促脱贫攻坚、金融扶贫、教育扶贫、社会扶贫等工作走在全省乃至全国前列，多次承办国家级和省级、市级脱贫攻坚现场会。

（一）坚持扶志先行，激发脱贫攻坚动力

习近平总书记在十九大报告中指出："坚决打赢脱贫攻坚战。注重扶贫同扶志、扶智相结合。"江华瑶族自治县坚持用习近平总书记扶贫开发战略思想武装党员干部头脑，推进"扶志""扶贫"同步、"脑袋""口袋"同富。针对部分干部畏难情绪严重的问题，从解放思想入手，开展"决胜脱贫攻坚，我怎么看怎么干"大讨论，认真审视江华的基础、优势和潜力，发出了"为江华的尊严和光荣而奋斗"的号召，在全县上下形成了"江华要脱贫摘帽，关键在自力更生、奋发图强"的共识。针对贫困群众"等靠要"思想严重的问题，全县各级组建宣讲小分队，深入贫困村宣讲党和国家的扶贫政策，宣讲群众身边的脱贫致富典型，每名党员干部每月到联系贫困户访谈，让群众搞清楚"谁来扶、扶什么、怎么扶"，切实增强自主脱贫的内生动力。

（二）坚持精准方略，夯实脱贫攻坚根基

以"三走遍三签字""千名干部下基层、精准帮扶解难题"活动为契机，进一步走访摸排、精准识别，彻底摸清贫困村、贫困户底子。聚焦"一超过两不愁三保障"，科学制定"一村一策""一户一策"，把发展目标落实到村、帮扶措施落实到户。全面落实国家助学政策，建立县级深度贫困家庭子女入学资助专项基金，县财政每年安排 700 万元对深度贫困家庭子女实行"零负担"精准资助；发放贫困家庭学生各项教育补贴 2.5 亿元，免除贫困家庭学生学杂费 4420 万元。建立县级健康扶贫基金，对享受健康扶贫政策后自付医疗费用仍然有较大难度的大病重病贫困患者，予以救助救济。将贫困户危房改造补助标准提高到 4.5 万元/户，2014 年以来共改造贫困户危房 6476 户。在易地扶贫搬迁方面，2016 年以来共搬迁贫困人口 10126 人，同时，还结合涔天河水库扩建工程搬迁安置贫困人口 16694 人。针对没有劳动能力的贫困群众，严格落实各项兜底政策，创新推出"兜底贷""贫困妇女贷"，打造扶贫项目，确保这类贫困群体收入稳定。2014 年以来，全县整合投入资金 51.875 亿元，大力改善贫困村和贫困群众的生产生活条件，支持农村发展，确保巩固脱贫攻坚基础。

（三）坚持产业优先，强化脱贫攻坚支撑

把加快发展作为解决贫困问题的根本办法，出台《"四个三"产业扶贫的实施意见》等政策文件，优先发展产业，积极促进就业，探索形成了"规模企业进园区、小微企业进乡村、农业产业建基地、旅游产业谋全域"的产业脱贫模式，帮助8.5万个贫困人口稳定脱贫，基本实现了有劳动力的贫困户要么有产业要么有就业，确保脱贫成果经得起历史和实践的检验。大力招商引资，创建省级高新技术产业园区，引进规模工业企业105家，提供就业岗位16000多个，年人均工资2万元以上，帮助群众实现了就近就业。出台优惠政策，支持规模企业和小微企业进乡村开设"扶贫车间"，全县小微企业现已达到486家，吸纳1.3万个留守劳动力在家门口务工。引导经济组织、能人大户与贫困户建立土地流转、入股分红、劳务就业、承包经营等多种利益联结机制，大力发展"优质水果8万亩、食用菌5000万袋、茶叶3万亩、生猪年出栏65万头"四大扶贫产业，带动1.6万名贫困户稳定增收。同时在中国社会扶贫网等平台上架农副产品189个、供应商22家，在长沙设立消费扶贫县域生活馆，采取"县长直播带货""以购代捐""以买代帮"等方式采购贫困村、贫困户农特产品近1亿元。按照"神州瑶都、生态江华"目标定位，立足深厚的瑶族文化底蕴和良好的自然生态环境，打造了千年瑶寨、香草源、秦岩、宝镜等3A级景区6个，三星级以上酒店8家，建成了涔渡、牛路、水东等10多个乡村旅游示范点，带动贫困户开办农家乐和民俗酒店100余家，参与旅游就业服务2000多人，带动5000余人实现脱贫。

（四）坚持党建引领，凝聚脱贫攻坚合力

建立脱贫攻坚六级责任清单，实行"县级领导挂点、后盾单位包村、工作队员驻村、党员干部联户"帮扶机制和脱贫攻坚"三集中"（集中领导、集中时间、集中精力）工作模式，倒逼各级干部转作风、抓落实。充分发挥基层党组织的战斗堡垒作用，选派112名机关干部到贫困村任职"第一书记"，实行三级联考联评、不合格"召回"、选派问责等工作机制，打造了一支"永不走的工作队"。强化机制保障，坚决落实好"四个不摘"，探索建立脱帽不脱政策、执行力考评、容错纠错、脱贫攻坚专项表彰等机制，并把脱贫攻坚工作成效与干部的评先评优、提拔使用和年度考核等次挂钩，引导党员干部下沉一线"结穷亲、解穷困、拔穷根"，进一步激发了干事热情。始终坚持党委领导、政府主导、多元参与、群众主体的原则，充分发挥中南大学、湖南广电等上级单位对口帮扶优势，

动员社会各方面力量共同参与脱贫攻坚，构建起了专项扶贫、行业扶贫、社会扶贫"三位一体"的"人扶贫"工作格局。

二、当前脱贫攻坚与乡村振兴存在的主要问题

（一）"等靠要"思想和畏难情绪依然存在

长期以来，受江华区域环境影响，部分群众不思进取、自甘落后，依然存在"等靠要"思想和畏难情绪，满足于自给自足、解决温饱问题。在走访时发现，有的内心深处安于现状，参与脱贫攻坚、乡村振兴的主动性和积极性不够，片面认为那是政府的单方责任，依赖于政府的帮扶；有的接受新事物、新知识的能力差，自我发展能力不强，缺乏致富本领和发展门路；有的畏难情绪严重，遇到问题就打退堂鼓，不敢闯不敢试不敢冲，等等。"精神贫困"成为脱贫攻坚与乡村振兴路上的"拦路虎"。

（二）党建引领作用发挥不够充分

有的党支部功能弱化，班子结构不合理，贯彻执行党的路线方针政策不坚决、不到位，带领群众发家致富意愿不强烈、工作不主动、办法不够多，凝聚力创造力战斗力不强；有的不会不愿做群众工作，总把希望寄托在上级扶持上，带领群众发展的意愿不强烈、工作不主动、办法不够多；有的专业人才和管理人才匮乏，不熟悉现代科技手段运用，没有创新精神，引领发展的后劲不足；有的基础设施和公共服务设施不完善，村级集体经济薄弱，村干部待遇不高，基层基础保障有待进一步加强。

（三）有的驻村帮扶成效不够明显

有的后盾单位对帮扶工作缺乏深入研究和谋划，"输血"多、"造血"少，物质帮扶多、精神帮扶少，不了解基层真正需要，以致帮扶工作成效不明显、选派的干部优势特长发挥不出来。有的单位领导对基层干部关爱不够，忽视干部承压能力，提工作要求多、心理疏导少，容易导致驻村工作队员、农村干部产生疲劳和厌战情绪。有的工作队员缺乏农村工作经历和农村生活经验，不善于调查研究，工作仅停留在具体事务上，对如何建设美丽乡村、促进群众增收、全面实现小康方面思路不清晰。

（四）文旅融合助推乡村振兴不够给力

江华是瑶族的发祥地、大本营和中转站，积淀形成了内涵丰富、颇具特色的瑶族文化。目前，非物质文化遗产保护名录已有 80 余项，其中，瑶族长鼓舞、

"盘王大歌""瑶族医药·药浴疗法"已被列为国家级非物质文化遗产,瑶族盘王节被省里确定为四大民族节庆品牌之一。尽管我县历史文化资源十分丰富,但文旅融合利用率不高,旅游景点比较分散,配套设施不健全,旅游产品缺乏深度挖掘和开发,"神州瑶都"的品牌打得不够响亮,旅游业拉动经济增长作用未凸显。

三、对策和建议

(一)突出思想引领,激发群众干事热情

治穷先治愚,扶贫先扶志。要注重发挥群众的主体性作用,激发干事的内生动力,注重在精神引领、教育培训方面下功夫,引导群众改变被动、观望、依赖的心理,克服"等靠要"思想,通过鲜活的事例点燃群众参与的热情,增强群众发家致富的信心,让群众变"被动参与"为"主动参与"。加强党的惠民富民政策教育,在解决好群众"富口袋"的同时解决好"富脑袋"的问题。加强脱贫攻坚与乡村振兴先进典型事例的宣传力度,开展先进典型评选活动,引导所有群众树立"宁愿苦干、不愿苦熬"的观念,最大限度凝聚正能量。

(二)突出体制改革,建立现代农业体系

深化农村集体产权制度改革,健全耕地保护和补偿制度,积极推进城乡用地增减挂钩的深入探索,想方设法壮大村级集体经济,健全农业社会化服务体系,引导和支持合作社发展。贯彻新发展理念,优化农村发展环境,以农业供给侧结构性改革为出发点,以延长产业链、提升价值链为着力点,以扩大绿色、有机、无公害农产品供给为重点,着力构建"村村有特色产业、户户有增收项目、人人有致富门路"的发展格局。大力培育乡土人才,引进农业科技创新团队,推进传统农业转型升级,引导更多的小微企业、"扶贫车间"进乡村,推进农村一二三产业融合发展、城乡经济一体发展。同时要着眼乡村产业未来发展,建设高标准农田、标准化农业基地,不断提升基础设施水平,打牢现代农业发展的基础。

(三)突出绿色发展,提高生态文明水平

注重加强顶层设计,围绕"美丽乡村,生态宜居"乡村发展目标,认真学习浙江"千村示范、万村整治"经验,完善生态补偿政策机制,扎实推进美丽乡村示范点建设和农村人居环境整治工程。完善乡镇总体规划和村庄规划,通过宣传教育、以奖代补等方式,深入推进农村"垃圾革命""污水革命""厕所革命"

及"村容村貌革命",统筹山水林田保护建设,改善水电路讯等基础设施,实施农村垃圾无害化处理工程,倡导节俭、绿色、生态、循环生活方式,把农村建设成生态宜居的美丽家园,不断提升广大群众的获得感、幸福感。

(四) 突出党建引领,推进乡村治理创新

强化农村基层党组织在乡村治理中的领导核心作用,做强做大"党建+"工程,建立党委领导、政府负责、社会协同、公众参与、法治保障的现代乡村社会治理机制,健全自治、法治、德治相结合的乡村治理体系。要进一步优化基层队伍,稳步有序推进村党支部书记、村委会主任"一肩挑"和村"两委"换届工作,选优配强"领头雁",充分发挥基层党组织的战斗堡垒和党员干部的先锋模范作用。进一步夯实基层基础,通过发展产业增强"造血"功能,加快"最多跑一次"改革在乡镇层面推广,不断拓展服务功能和服务水平,着力打造"一门式"服务品牌。推进法治乡村建设,完善村民自治制度,将道德规划融入乡规民约,开展"平安乡村"和"文明村镇""文明家庭"创建活动,大力移风易俗,努力消除农村的陈规陋习和黄赌毒等丑恶现象。同时要建立实施乡村振兴战略领导责任机制和干部考核机制,继续推行党员干部驻村帮扶和结对帮扶,继续加大对"三农"的支持和引导力度,推进脱贫攻坚与乡村振兴有效衔接。

(五) 突出文旅融合,助推农村经济发展

旅游的竞争说到底就是文化的竞争,瑶族优秀文化遗产正是开发江华文化旅游、全域旅游的最有价值、最有吸引力的资本。围绕"神州瑶都、生态江华"目标定位,发挥中国爱情小镇、湖南省特色文旅小镇——水口镇和湖南文艺家创作基地、湖南文学创作示范基地——"千年瑶寨"桐冲口村的吸引力和辐射带动力,进一步打响盘王节、长鼓舞、盘王大歌、瑶医瑶药等瑶文化品牌,着力打造赶鸟节、茶文化节、尝新节等节庆品牌,深入开发瑶家织锦、瑶家香包、瑶家腊味等特色商品,构建瑶族历史文化旅游带,吸引更多外地游客前来观光体验。围绕全域旅游发展要求,通过"景区带村""能人带户""公司+农户""合作社+农户"等创新形式,充分发挥生态资源和红色资源优势,结合乡村历史文化和生态文明建设,加快推进生态休闲旅游业转型升级,为游客打造"看得见绿水青山、记得住乡愁"的田园美景。同时要创新乡村旅游开发模式、投融资模式、运营模式等,积极搭建乡村旅游产业电子商务化推广平台,培养乡村旅游产业服务专业人才,走出一条高质量的乡村旅游发展路子。

发展瑶浴产业　助力脱贫攻坚

——以贵州省从江县高华村为例

◎　盘祖湘

【摘要】位于贵州省从江县翠里瑶族壮族乡与广西壮族自治区融水苗族自治县杆洞乡相邻的高华村，宛如巨人在历史的长河中一路走来，在历经千年的迁徙与朝代更替后，高华村瑶族同胞不仅创造了一种独特的洗浴方式——瑶浴，而且世代相传，延续至今。如今，游客在高华村洗瑶浴时，不仅惬意地享受着药浴所带来的快乐，还给瑶族同胞带来比较可观的经济收入，助力脱贫攻坚，实现同步小康。

【关键词】贵州省；从江县；高华村；瑶浴产业；脱贫攻坚

一、高华村：一个珍藏在大山深处的神秘瑶族小山寨

笔者曾多次去高华瑶寨，考察高华瑶寨这支赵姓瑶族同胞的迁徙历史和古朴厚重的民族文化。

当快要进入高华瑶寨时，远远望去，只见整个村庄被竹林包围着，竹海飘绿扮靓了山头的景色，整个村庄犹如绿海中一颗璀璨的明珠，是一个养身、休闲、旅游和度假的理想之地。

高华村距离翠里瑶族壮族乡人民政府驻地 13 千米，距从江县城 35 千米。全村辖 2 个村民小组，94 户 425 人。国土面积 4.1 平方千米，森林覆盖率高达 86%。[1]

---

[1] 贵州省从江县地方志编纂委员会.从江县志（1991—2008）[M].北京：方志出版社，2010.

　　高华村，是一个赵姓瑶族聚居的传统村落。根据高华村瑶族还"盘王愿"传承人（省级）赵进堂老人的介绍，现居住在高华村的这支赵姓瑶族，是在明末清初由广东，经过广西，迁徙到贵州的，全村居民几乎都姓赵，俗称"三赵"（大赵、中赵、小赵），但是，他们同姓不同宗，在还"盘王愿"时也有所不同。大赵敬盘王（许"盘王愿"），谢盘王（还"盘王愿"），同时，还要度戒。而中赵只敬盘王（许"盘王愿"），谢盘王（还"盘王愿"），但是，不度戒。同样，小赵也得敬盘王（许"盘王愿"），谢盘王（还"盘王愿"）。

　　居住在这里的瑶族同胞，他们自称"尤棉"，意为"瑶人"；因崇拜盘王，又被称为"盘瑶"；因在历史上经常迁徙，又被称为"过山瑶"。过去，因妇女头饰是用杉木皮或薄杉木板衬成角状帽，又被称之为"板瑶"或"顶板瑶"。

　　在高华村，除了比较好地保护、传承瑶族还"盘王愿"、跳瑶族"长鼓舞"和瑶族"传统造纸工艺"外，"瑶族药浴"更是美名远扬，被誉为国家级非物质文化遗产"瑶族药浴"之乡。

　　根据民国《从江志概况》记载："板瑶好清洁，家必备一浴桶，工作回家必药浴一次。因处深菁，又好清洁，故长寿者多。""上医治未病之病，中医治欲病之病，下医治已病之病"。在高华村，煮药洗浴已成为"约定俗成"，家家都有一口或几口煮药水的大锅，瑶族同胞干一天活，回到家里一定要泡大半个小时的药浴，然后，喝着用竹笕从山上接到屋里的泉水或一两碗油茶。茶天天喝，药浴也天天要洗，这种良好习惯一直延续至今，瑶族药浴贯穿着高华村瑶族同胞生活的始终。

　　"黔地无闲草，处处有灵药"，原生态、纯天然、无污染的野生植物，成为瑶族保健养身的医药宝藏，代代相传，人人喜爱。

二、高华村大力发展以瑶族瑶浴为主导产业的乡村旅游，助力脱贫攻坚，同步实现小康

　　近年来，高华村结合实际，因地制宜，大力发展瑶浴产业，成功地走出了一条通过发展乡村旅游，增加瑶族同胞经济收入，助力脱贫攻坚，实现同步小康的发展路径。

（一）发展的路径

1. 科学规划是基础

为促进高华村旅游业健康、协调、可持续发展，从江县旅游部门早在2013年

就聘请具有旅游规划甲级资质的规划设计单位,为高华村编制了《高华瑶浴休闲度假旅游区修建性详细规划》,明确了景区发展定位和规划布局。在建设过程中,高华村注重发挥旅游规划的引领和指导作用,规范村寨建筑风貌、完善公共服务设施、优化游览线路组织,确保了基础设施与旅游景观有效融合、相得益彰。

2. 完善设施强支撑

近年来,从江县累计投入 2000 多万元完善高华村基础设施和旅游接待设施,建成了旅游接待中心、停车场、旅游公厕、青石板步道和路灯等设施,实施了危房改造、厕灶改造、洗浴间改造和药材种植等项目。目前,高华村开办有乡村旅舍 12 家,旅游接待床位共计 100 余铺,全村完成瑶浴洗浴间规范化改造 150 多间。如今,一个旅游服务基本配套的乡村旅游点逐渐形成。

3. 上级支持是保障

从江县委、县政府将高华村作为从江县发展乡村旅游的样板,从政策支持、项目安排和资金扶持等方面,给予高华村大力的支持帮助。从江县政府的多个工作部门各司其职,给予高华发展瑶族瑶浴产业特殊的扶持帮助。县交通运输部门帮助高华村修建通村公路,是翠里瑶族壮族乡最早通车的村之一。县住建、扶贫和文化旅游等部门,帮助高华村实施危房改造、村寨道路硬化、美化和亮化工程,建设旅游接待中心,不断完善高华村旅游接待设施。县农业农村和科技等部门投入资金,安排人工种植瑶浴药材项目,技术方面给予指导帮助。

4. 抱团发展聚合力

为破解瑶浴经营户散户经营、单打独斗,接待容量小、发展能力弱的问题,高华村成立了瑶族药浴服务农民专业合作社,采取"村支两委+合作社+农户"模式,由村"两委"负责实施村寨管理、项目建设、产业发展等公共事务,合作社负责处理旅游预订、游客分配、接待组织等经营业务,建立完善乡村旅游利益联结机制,实现了旅游经营集约化和利润分配均衡化。

5. 文旅融合增魅力

高华村瑶族文化底蕴深厚,除盛行瑶族药浴外,还保存有瑶族服饰、瑶族长鼓舞、瑶族"盘王节"、瑶族传统造纸等众多瑶族传统文化和技艺。高华村充分发挥传统文化优势,利用省、州、县各类文化旅游活动及"五一"、国庆等旅游节假日时机,推出瑶族药浴体验、长鼓舞展演、还瑶族"盘王愿"度戒等一系列文化旅游项目,彰显了高华瑶寨文化魅力,促进了文化资源向旅游产品转化。

6. 宣传推广树品牌

高华村借助各种节会平台和宣传媒体大力开展宣传推广,努力扩大"瑶浴之乡"旅游品牌知名度和影响力。央视大型纪录片《传承·水篇》《走遍中国——泡在木桶里的村庄》等节日均对高华村瑶族药浴进行了采访报道。通过多年来的努力打造和加大对外宣传的力度，高华村先后被评为"贵州省民族特色村寨"、第二批"中国传统村落"[①]和"瑶浴非物质文化遗产生产性保护示范基地"[②]等。

（二）取得的成效

由于中共从江县委、从江县人民政府的高度重视，从江县人民政府多个工作部门的大力支持，近年来，高华村通过发展以瑶族瑶浴为产业的乡村旅游，全村已有 62 户农户开展了旅游接待服务，带动就业 100 余人，覆盖受益人口近 400 人，2016 年高华村人均可支配收入达到 6718 元，实现了贫困村脱贫出列，建档立卡贫困人口也从 2014 年的 127 人，贫困发生率 30.97%，下降到 2017 年的 11 人，贫困发生率 2.59%，脱贫攻坚工作取得显著成效，2017 年高华村已实现了整村出列，实现了产业脱贫精准到户、扶贫措施精准到户、利益联结精准到户，全村农民收入稳步增长，农民生活状况持续改善，村容村貌变得更加美丽，瑶族传统文化得到较好的传承、保护和发展，高华村在外的知名度、美誉度不断得到提高。

三、高华村要大力推进乡村产业和文化振兴，使瑶族同胞过上更加幸福美满的生活

不可否认，高华村在发展以瑶族药浴为主导产业的乡村旅游中，也还存在着一些不足和问题。

（一）高华村在发展乡村旅游中存在的不足和问题

高华村在发展乡村旅游中存在的不足和问题，归纳起来，主要有：一是基础设施还不够完善，接待能力有待不断提高。二是瑶族传统文化还没有得到很好传承、保护和发展。三是瑶族药浴文化的内涵还有待进一步拓展。四是发展乡村旅

[①] 住房城乡建设部、文化部和财政部《关于公布第二批列入中国传统村落名录的村落名单的通知》（建村〔2013〕124 号），2013 年 8 月 26 日。

[②] 贵州省文化厅，《关于公布第二批省级非物质文化遗产生产性保护示范基地名单的通知》（黔文发〔2013〕115 号），2013 年 12 月 17 日。

游相关配套的产业还没有很好发展起来。五是瑶族药浴产业的可持续发展问题有待深入研究。

（二）大力推进乡村产业和文化振兴，向幸福美满的生活迈进

实现小康，只是迈向幸福生活的第一步，是新生活、新奋斗的起点。高华村要在全面建成小康社会的基础上，大力推进乡村振兴，尤其是产业和文化的振兴，使高华村的瑶族同胞过上更加幸福美满的生活。

为了更好地保护传承高华村的瑶族传统文化，促进以瑶族药浴产业为主的乡村旅游健康发展，提出以下几点建议。

1. 完善基础设施建设，助力乡村旅游发展

在各级党委、政府的关心重视和上级有关部门的大力支持帮助下，高华村基础设施和旅游接待设施虽然已经有了很大的改善，基本满足目前发展乡村旅游的需要。但是，发展乡村旅游产业的基础设施还有待进一步提高，比如，通村公路还没有达到乡村旅游公路的建设标准，路基达不到规定的宽度，弯道较多，坡度较大，公路两旁的安全防护需要加固。旅游接待设施也需要不断完善，由于旅游接待中心建设标准较低，满足不了中、高端游客的需要。由于受到地理条件的限制，停车场的车位满足不了高峰时停车的需要。尽管多数农户都实施了危房、厨灶和洗浴间的改造工程，但是，也只能达到基本的洗浴条件，采光、通风和安全等设施还有待进一步完善。由于大量的采伐，野生药材生长缓慢，人工种植的药材，由于管理的原因，还满足不了大量洗浴的需要。为此，还要继续争取上级交通运输、扶贫、文化和旅游等部门的支持，不断完善高华村基础设施和旅游接待设施，以满足乡村旅游发展的需要。同时，高华村村民的旅游接待知识和接待能力也还需要进一步提高。

2. 大力发展乡村旅游，重视民族文化保护

近年来，高华村充分利用独特的瑶浴资源来发展乡村旅游，不断提高村民的经济收入，走出了一条独特的乡村旅游发展之路。然而，在发展乡村旅游的过程中，由于对外开放力度的加大，高华村瑶族传统的文化在与外来文化的碰撞中也面临着衰退的危机，在瑶族传统文化的保护传承方面存在一定的问题。不可否认，乡村旅游开发离不开村民的积极参与，对传统文化的拥有是村民获得经济收入的重要保证，因此，在开展乡村旅游开发的同时，尤其是要注重对民族传统文化的保护，要通过多种途径和手段加强对村民的教育培训，不断提高村民对瑶族传统文化价值的认识和文化内涵的理解，提高传统民族文化保护的自觉意识，增

强传统民族文化保护的责任感，主动成为传统民族文化的保护者和传承者。

3. 讲述瑶族药浴的历史，更要重视瑶族药浴的礼仪文化

根据调查了解，高华村瑶族同胞在安排游客洗瑶浴时，更多的是向游客介绍瑶浴的药用价值，而很少向游客讲述瑶族药浴的历史，尤其是介绍瑶族药浴的礼仪。根据高华村的老人们介绍，现在居住在高华村的这支赵姓瑶族，在历史上，一直都是居无定所，每到一地居住最多三五代人，少的三五年就搬走，因长途跋涉奔波，不少人病倒了。有兄弟俩，一叫赵进瑞，一叫赵进隆，本是族内瑶医，及时用瑶药救治，可是，不见好转。于是，兄弟两人商量，使用多种药味煮水给病人洗浴。不料奇迹出现了，一夜之间，所有洗过药浴的族人，身体全都康复。从此，这支赵姓族人沿袭晚晚洗药浴的习俗。虽然游耕生活居无定所，跋山涉水，寒气、瘴气侵袭，瑶民体质却格外健康。这样，瑶族药浴成了这支赵姓瑶人一生中不可缺少的生活习惯，一代代口传心授，沿袭流传至今。在高华村，这支赵姓族人在洗药浴时也有很多礼仪，一般是请客人先洗，待客人洗完后，再按先男后女、先老后幼的次序逐一洗浴。每当有客人进入高华瑶寨，瑶族人都会用油茶和药浴热情款待远方的客人，这是高华村这支赵姓瑶族人民接待嘉宾的最高礼仪。为此，建议高华村瑶族同胞在安排游客洗瑶浴时，除了向游客介绍瑶浴的药用价值外，还要向游客讲述瑶族药浴的历史，尤其是向游客介绍瑶族药浴的礼仪文化。此外，在节假日、双休日，尤其是游客较多的时候，还要为游客表演瑶族长鼓舞，展示瑶族古法造纸技艺，多一些向游客介绍高华村古朴浓郁的瑶族传统文化。

4. "从江瑶浴"作为一项知识产权，应受到国家法律的严格保护

长期以来，在高华瑶寨，洗瑶浴已经不仅仅是一种民族习惯，而逐渐演变成为一种风俗，是高华村瑶族同胞生活中不可缺少的一部分。但凡上山劳动回到家中，瑶族同胞都要洗瑶浴。根据高华村瑶族药浴传承人（国家级）赵有辉的介绍，一次瑶浴所使用的药草，少则几十种，多则上百种。而日常用来洗浴的二十多种草药，有草本，也有灌木枝叶，高华村的人都能识别。瑶族药浴以多种植物药配方，经过烧煮成药水，用药水放入杉木桶，人坐桶内熏浴浸泡，让药液渗透五脏六腑、全身经络，达到祛风除湿、活血化瘀、排汗排毒、提神养颜的功效。对防治风湿、妇科、皮肤和伤风感冒等疾病尤为有效。不同体质特征的人要配上不同的药方，而这些配方自古只能族内自传，不为外界所知。2006 年 2 月，以高华村为代表的"从江瑶浴"，已经取得中国原地标记注册认证。2013 年 12 月，高华村被贵州省文化厅命名为"瑶浴非物质文化遗产生产性保护示范基地"。以

高华村为代表的"从江瑶浴"，属于高华村瑶族同胞的一项知识产权，必须受到国家法律的严格保护。

5. 盘活高华村撂荒土地，大力发展多种经营

为推进乡村产业振兴，尤其是瑶族瑶浴产业的健康发展，建议高华村要把多年来撂荒的土地（水田）全部都耕种起来，加大以稻谷为主的粮食作物生产力度。同时，积极探索"稻—鱼—鸭"发展的路子，在稻田养鱼、养鸭，这样，不仅较大幅度地提高粮食产量，还可以增加村民的经济收入。使游客到高华村洗瑶浴时，吃到不施化肥、不打农药的原生态农家产品。此外，还要把高华村多年来荒芜的荒山荒坡充分利用起来，及时开发出来，发展林下经济，除了种草养殖牛、羊外，还要留出一定面积进行瑶族药浴药材人工种植，以满足瑶浴产业日益发展的需要，实现瑶族药浴药材的永续利用。

6. 防止过度商业开发，促进乡村旅游可持续发展

乡村旅游具有独特的活动对象，比如古朴的村庄作坊，原始的劳作形态，真实的民风民俗，土生的农副产品。这种在特定地域所形成的"古、始、真、土"的特点，具有城镇无可比拟的贴近自然，为游客回归自然、返璞归真提供了优越的条件。可是，近年来，由于在国内的一些乡村旅游景区、景点过度进行商业开发，把客栈的房价提得很高，尤其是土特食品价格更是高得离奇，游客遭到坑骗，怨声载道。高华村在大力发展以瑶族瑶浴为主导产业的乡村旅游时，要切实处理好民族文化保护和旅游开发的关系，继续保持纯朴的民风民俗，保护传承好古朴浓厚的瑶族文化，诚信经营，热情接待，合理收费，使游客到高华村旅游时，洗得舒心，吃得放心，游得开心，高兴而去，满意而归。

在脱贫攻坚与乡村振兴的有效衔接中
坚定不移走生态优先、绿色发展的江华路子

◎ 金锦云

【摘要】 习近平总书记于 2020 年 9 月考察湖南，作出了系列重要指示和讲话，湖南省委认真学习宣传贯彻落实。本文以习总书记的重要指示和讲话精神、湖南省委相关落实情况为指导，分析江华实际，从脱贫攻坚的经验总结和乡村振兴工作衔接出发，提出把脱贫攻坚的经验系统化、制度化，提出在乡村振兴过程中大力发展规模农业、乡村旅游、瑶族文化传承、健康产业等，做了些局部思考。

【关键词】 脱贫攻坚经验制度化；生态优先；规模农业；美丽乡村建设探索

2020 年 9 月 16 日至 18 日，在决胜全面小康、决战脱贫攻坚、开启全面建设社会主义现代化国家新征程的关键时刻，在收官"十三五"、谋划"十四五"的重要节点，习近平总书记亲临湖南考察，发表重要讲话，作出重要指示，寄予殷切期望。习近平总书记的重要讲话以及重要指示，精辟阐述了关系湖南全局和长远发展的系列方向性、根本性问题，为做好湖南工作指明了方向。同样也为瑶族地区的经济社会发展指明了方向。习近平总书记讲话中强调的五项重点任务，与党的十八大以来习近平总书记对湖南提出的"精准扶贫""一带一路""三个着力""守护好一江碧水""弘扬老一辈革命家的崇高风范"等重要要求既一脉相承又与时俱进，切合湖南发展的实际。其中的"精准扶贫""守护好一江碧水"等更与江华瑶族地区息息相关。习近平总书记勉励湖南着力打造国家重要先进制造业、具有核心竞争力的科技创新、内陆地区改革开放的高地；在推动高质量发展上闯出新路子，在构建新发展格局中展现新作为、在推动中部地区崛起和长江经济带发展中彰显新担当，奋力谱写新时代坚持和发展中国特色社会主义湖

南新篇章。催人奋进，令人鼓舞，在江华广大人民群众中引起强烈反响！在新的历史时期，在做好规模工业发展的同时，江华如何把握机遇，顺势而行，促进乡村振兴飞跃发展，值得我们深入研究。

一、精准识别，科学决策、找准脱贫攻坚与乡村振兴有效衔接的江华路子

近年来，江华作为湖南南部地区一颗闪亮的明珠，在胜利完成脱贫攻坚任务之后，如何落实好习近平总书记视察湖南的重要讲话和重要指示精神，巩固脱贫攻坚战役的成果，率领 54 万全县各族人民齐心协力振兴乡村，积极探索和实践脱贫攻坚与乡村振兴的有效衔接，首要任务就是要找到一条在新的历史机遇下，适合江华经济社会更高质量发展、蓬勃发展的好路子。早在 2011 年 4 月，中共江华瑶族自治县委就明确提出了生态立县、民营活县、产业强县、开放兴县战略，其中，"生态立县"战略在当时全国上下以项目论英雄的工业发展大潮下率先提出，彰显了江华县委、县政府一班人的眼光和气魄。2012 年，党的十八大正式提出"五位一体"总体布局，正式把生态文明建设列为国家战略！十年之后，在生态立县战略的指引下，江华生态文明建设取得了一系列可喜成绩，先后获得全国文明县城、国家生态文明建设示范县、国家园林县城、全国社会管理综合治理先进县、全国法治先进县、全国民族团结进步示范县等国家级荣誉 40 余项。探索了"规模工业进园区、小微企业进乡村、农业产业建基地、旅游产业谋全域"产业发展模式，全力打造瑶族生态旅游胜地、新兴工业县、绿色农业基地、边贸物流中心、文明幸福之乡，推动了江华县域经济日新月异的高质量发展。

笔者认为，面对当前江华欣欣向荣的发展态势，立足江华发展的县情，在"十四五"期间，在推动江华高质量发展上闯出新路子，在构建江华新发展格局中展现新作为，必须要认真分析研判，找出江华的特点、经济增长点，既要与前面发展成功的经验一脉相承，也要与未来的高质量发展与时俱进！江华的特点和经济增长点在哪儿呢？首先，民族特点。江华瑶族自治县总面积 3248 平方千米，是全省县域面积排 12 位的县，是湖南省唯一的瑶族自治县，是全国 10 个瑶族自治县、3 个瑶族联合自治县中瑶族人口最多的县；其次，发展特点。是全国瑶族自治县中经济发展水平排第一的县。近年来特别是党的十八大以来，获得省县域经济发展快县、省全面小康推进工作十快进县、省全面小康推进工作前十位县、省工业发展真抓实干先进县、省安全生产示范县、省金融安全区等荣誉；其三，

政策特点。江华瑶族自治县是国家扶贫开发工作重点县，有贫困村 112 个，建档立卡贫困人口 28000 多户 110000 余人。截至 2019 年底，112 个贫困村全部出列，综合贫困发生率下降到 0.38%，已脱贫 27394 户 111409 人。其四，资源特色县。江华自然资源比较丰富，天上有风能、地下有矿产，江华矿产资源丰富，尤其是稀土矿，在全国名列第三、钨锡矿储量居全省三强，还有铀矿、铁矿等。江华风力资源丰富，全县风能可开发量 60 万千瓦以上，已开发 35 万千瓦以上。江华位于湘江源头，坐拥湖南一号水利枢纽工程涔天河水库，水库蓄水量 15.1 亿立方米。装机 20 万千瓦时，属湘江一级支流；水能已开发量 40 万千瓦。其五，林业大县。江华森林资源丰富，全县森林覆盖率 78.78%，是全国南方重点林业县、湖南省林业十强县。杉木"江华条子"蜚声海内！沿湘江，入洞庭，进长江，抵大江南北！最后，生态环境优良县。是国家生态文明建设示范县、国家生态主体功能示范区。区内水质常年在二类水以上，空气质量优良。负氧离子最高达十万以上，有"华南氧吧"之称。在如此好的资源禀赋条件下，正当大家集思广益，为江华的"十四五"殚精竭虑的时候，习近平总书记的重要讲话重要指示为我们指明了方向，那就是积极探索和实践脱贫攻坚与乡村振兴的有效衔接，坚定不移走生态优先、绿色发展的路子！

　　生态优先、绿色发展是高质量发展的重要内核，习近平总书记指出：高质量发展是新时代发展主题，生态文明既是鲜明底线，又是不懈追求，要牢固树立绿水青山就是金山银山的理念，坚定不移走生态优先、绿色发展的路子。统筹山水林田湖草生命共同体。走出一条创新引领、开放崛起，生态优先、绿色发展，区域协调、共建共享的路子。对照这个路子，笔者认为，这个路子适合江华的县情、适合江华的发展现状，全县各族人民应该充分理解，深刻认识，统一思想，把它转化为推动江华高质量发展的内生动力！走出一条生态优先、绿色发展的江华路子！

二、精准发力，立足实际，补短板，强弱项，全面推动江华经济高质量发展

　　一是高质量完成脱贫攻坚目标任务，形成长期的系统的行之有效的制度措施并一以贯之。首先是严格落实"四个不摘"，保持扶贫政策和工作政策的稳定，持续推动"两不愁三保障"问题动态清零，防范脱贫户返贫风险。2019 年 4 月 16 日下午，习近平主持召开解决"两不愁三保障"突出问题座谈会并发表重要

讲话，详细阐述了贫困县摘帽后的"四个不摘"。贫困县党政正职要保持稳定，做到摘帽不摘责任；脱贫攻坚主要政策要继续执行，做到摘帽不摘政策；扶贫工作队不能撤，做到摘帽不摘帮扶；要把防止返贫放在重要位置，做到摘帽不摘监管。这一论述为精准脱贫后的扶贫工作指明了方向。在江华县来说，水库移民和易地扶贫搬迁户的后续帮扶工作更为重要，他们离开了祖祖辈辈赖以生存的山水农田，离开了自给自足的自然经济，突然融入富有竞争机制的市场经济，可以说有很多的措手不及！米要钱，菜要钱，电要钱，连喝水都要钱了，而这些钱对于居住在山里的瑶族同胞来说，原来是门前有田地、山谷有小水电、山后有清清山泉，都是不花钱的，现在都要花钱了，开支增加了，收入一下子没增加，生活习惯也发生了很大改变，用老百姓的话说，"吐个口沫都不方便了"，手足无措是可以理解的。江华县委、县政府调查研究，解剖麻雀，即时提出了"搬得出、稳得住、逐步能致富"的战略方针和目标，强化服务管理，以移民就业增收、安居乐业为工作主线，各乡镇、县直各单位各显神通、各司其职，把单位工作特点与扶贫工作需要相结合。县委县政府重视发挥人才关键作用，引导各类人才投身"三乡工程"，机关干部下乡、经济能人回乡、小微企业兴乡，积极培育市场主体，发展实体经济，大力建设社会扶贫网，打造流通平台，盘活各类资源，延伸产业链和价值链，把"田间变车间、产品变商品、村民变股民、资源变资本、资金变股金，务工当工头"的理念宣传到千家万户，千方百计增加农民收入，助力脱贫攻坚。农业部门实施农业产业扶贫，菜篮子、米袋子、"企业+基地+农户"等模式推陈出新；人力资源和社会保障部门与移民部门共同为移民开展针对性的技术培训服务；科工局、商粮局等积极招商引资，把劳动密集型小微企业招到社区、村里，让移民在社区、在村里就业；医疗卫生部门送医下乡，医生联系到户，大力开展防病治病上门服务，减少因病返贫隐患；文旅部门开展全域旅游，增加农民收入，丰富人民精神生活；保险部门开发扶贫产品，开展防返贫保险等。全民动手、全社会动员、全方位打响、打赢扶贫攻坚战。效果是显著的。笔者认为，其后续工作在于，认真梳理和总结，围绕巩固脱贫成果目标，总结脱贫攻坚战役中的经验措施，归纳总结，成条成块，形成长期的系统的有效的制度并一以贯之！二是要准确把握高质量发展的内涵，优化产业结构，不断夯实高质量发展的产业根基，探索切合实际的乡村振兴路子。湖南省委强调，全面落实"产业兴旺、生态宜居、乡风文明、治理有效、生活富裕"总要求，统筹推进乡村振兴战略实施。在乡村振兴框架下建立健全农村低收入人口和欠发达地区帮扶机制。夯实农村水电路气通讯物流等基础设施，逐步实现城乡基本公共服务均等化。科学规划乡村建设，突出湖湘特色、地域特点和传统保护，推进美丽乡村建设扩面提质。加强科学普及，着力培养和留住一批有现代素质的农民。持续推进文明村镇创建活动。完善乡村振兴实绩考核制度。湖南省这个指导思想同样对江华乡村如何振兴规划出了纲要。仔细分析，江华立足县情，核心就是产业，就是突出江华特色的产业发展！就是立足本地资源特色，整合优势产业，形成规模效益！规模才是江华产业要破解的难题！

江华有哪些项目可以成为产业呢？

首先，大力发展规模农业。自给自足的小农经济，优美宁静的原始自然风光，种养皆宜的自然条件，品质优良的蔬菜瓜果，毗邻粤港澳大湾区的地理条件，给江华发展规模农业提供了重要基础。如何深化农业供给侧结构性改革？2016年，湖南省就开始了打造农业"百千万"工程和"六大强农"行动升级版行动，在此中我们如何打造江华的农业品牌？我们先来了解一下三个"百千万"工程、"六大强农"行动，三个"百千万"工程即"百企千社万户"现代农业发展工程、"百片千园万名"科技兴农工程、"百城千镇万村"新农村建设工程；"六大强农行动"即品牌强农、特色强农、质量强农、产业融合强农、科技强农、开放强农。从上面看，江华的基础在用好三个"百千万"工程政策，关键在于"六大强农行动"。"六大强农行动"的重点又应当在"品牌强农、特色强农、科技强农"，通过"六大强农行动"提升农业产业化、规模化、机械化、科技化水平。因地制宜发展特色产业，落实"一县一特""一特一片、一片一群、一群一策"工作思路，一是推进勾挂岭以西，县城周边和207国道沿线的现代农业产业园建设。二是结合涔天河灌区通水后灌溉面积增加的实际，加大政府宏观调控力度，科学合理布局，优化产业布局，助力打通生产与市场的联系，提高政府服务质量，摒弃目前各乡镇、各农业企业各自为战、单打独斗的缺点，形成合力。甚至可以形成松散的合作联盟，形成品牌效应。三是加强科技兴农。完善农产品质量安全可追溯和"身份证"管理体系，打造更多知名"江华瑶家"品牌。四是线上线下相结合，实施信息进村入户工程，提高农村电商覆盖面。五是培育壮大农业产业化龙头企业，加强农产品仓储保鲜、冷链物流设施配套服务。总之，要死死抓住市场需求和规模生产两个基本点，完善好品牌、特色、科技、冷链、物流等服务，江华的农业强县、农业富民才能迈出坚实的步伐。

其次，结合瑶族文化传承做好乡村旅游。第一要打好蓝天、碧水、净土保卫战，让绿水青山就是金山银山成为现实。加强湘江流域的保护和治理。一是坚决执行习近平总书记长江十年禁渔指示精神，恢复河流生态环境。二是加强东、西河河岸修复、治理，建设河岸生态景观长廊，绿树成荫，花开四季。三是加强湘江流域水质安全保障、水资源保护、水生态修复和水污染防治。四是深入实施"河长制"工程，杜绝非法挖沙采沙等破坏河道的行为。五是推进湿地保护和修复工作，着力建设全流域生态涵养带。第二要建设好美丽乡村，智慧乡村。一是加强基层组织建设。强化政治建设，切实增强"四个意识"，做到"两个维护"，深入推进抓党建促脱贫攻坚、促乡村振兴，健全党组织领导下的自治、法治、德治相结合的基层社会治理体系。二是大力弘扬社会主义核心价值观。深化群众性精神文明创建活动，广泛开展时代楷模、道德模范、劳动模范、身边好人等先进典型的学习宣传，提高广大人民群众的道德水准和文明层次。三是多措并举，加快城乡义务教育一体化均衡发展，让农村孩子得到与城市孩子一样的教育。让更多更高素质的老师安心农村、扎根农村。四是全面完善基础设施建设，硬件、软件齐备，建设智能化乡村。使乡村干净整洁，智慧科学。第三要突出瑶族文化的传承和发展，大力发展乡村旅游。一是培植瑶族人民对本民族文化的深厚感情和文化根基。自己的文化自己爱，树立民族的文化自信。广泛开展瑶族文化进校园、进课堂活动，发掘、保护和发展瑶族村落民间习俗文化。二是加强对物质文化遗产和非物质文化遗产的挖掘、申报、保护和利用。三是加快瑶族博物馆、民间博物馆、民族民俗馆的建设，加强瑶族文化文创产品的研究和开发。四是建好瑶族古镇、水口爱情小镇、涔天河乡愁小镇、河路口边情小镇等民族特色镇，打造香草园、桐冲口千年瑶寨，带动休闲农业和乡村旅游深度融合发展。五是着力招商引资建设涔天河水库风景区，成为湘粤桂三省边区新兴旅游胜地。第四要加强红色资源的保护、开发和利用。建好用好红色教育基地，大力传承和弘扬红色基因，深入挖掘和利用好江华红色资源，讲好江华的红色故事，大力弘扬"四盏马灯"的优秀传统和艰苦奋斗精神，引导广大党员干部传承红色基因。推动红色旅游。第五要大力发展健康产业。随着国内老年人口的增加，交通条件的改善，在江华大力发展康养结合、医养结合、专业疗养有了广阔的市场空间。一是要做好瑶医瑶药的归纳总结和推广。二是要申报打造"长寿之乡"，挖掘江华长寿文化、养身文化。三是建立完善普惠性养老服务制度，加快建设居家社区机构相协调、医养康养相结合的养老服务体系。四是加强县级医院综合能力建设，加强标准化村卫生室和城市社区卫生机构建设，健全公共卫生和疾病预防控制体系。五是大力开展爱国卫生运动、体育运动，建设宜居生态环境，开展各种赛事和盛会，让人民的幸福感、获得感与时俱进、与日俱增。

推进瑶医药特色产业建设
巩固江华林区扶贫成果

◎ 李　彬

【摘要】特色产业，是本区域内独具特色的产业，相较于其他产业而言，更具有历史积淀性、文化传承性和资源独享性。瑶医药是瑶族居住区人民数千年以来征服自然改造自然、确保本民族繁衍生息的智慧结晶，具有显明的民族特色，因其具有深厚的历史文化积淀和深厚的群众基础，并且与林区自然资源紧密结合，是林区发展特色产业、消除返贫风险、逐步消除相对贫困的首选项目。

【关键词】特色产业；瑶族医药；消除贫困；长效措施

特色产业，是本区域内独具特色的产业，相较于其他产业而言，更具有历史积淀性、文化传承性和资源独享性。特色产业的显著优势突出于一个"特"字，长期的历史文化积淀，赋予特色产业以强大的生命力，因其资源的独享，特色产业具有深厚的生存和发展土壤。特色产业发展到一定程度可以转化为优势产业和支柱产业。瑶医药是瑶族居住区人民数千年以来征服自然改造自然、确保本民族繁衍生息的智慧结晶，具有鲜明的民族特色。发展瑶医药特色产业，是瑶族居住区经济社会发展，巩固扶贫成果的必然选择。

一、建设瑶医药特色产业是消除相对贫困的长效措施

党的十九届四中全会明确指出，要"坚决打赢脱贫攻坚战，巩固脱贫攻坚成果，建立解决相对贫困的长效机制"。所谓"相对贫困"，是相对于"缺衣少食"的绝对贫困而言的。"相对贫困，是指在特定的社会生产方式下，依靠

个人或家庭的劳动所得或其他合法收入虽能维持其食物保障，但无法满足在当地条件下被认为是最基本的其他生活需求的状态"（《社会学辞典》）。巩固脱贫成果，减少和消除返贫风险，逐步消除相对贫困，是今后较长时期内扶贫工作的核心内容。

脱贫攻坚终结了贫困农户"缺吃少穿"的绝对贫困状态，林区道路、通讯、电力、饮用水源等基础设施得到了明显的改善，但返贫的风险还比较严重地存在。一是从脱贫收入结构情况看，贫困户外出务工收入占有绝对的比重，其他经营性收入和生产性收入占比较小，"一人打工全家脱贫"的现象，普遍地存在着，这对于后续可持续发展，摆脱相对贫困状态是极为不利的。长期外出务工人员，一方面随着年龄的增长，适应劳动强度的能力越来越弱，另一方面因为长期在一个单一的岗位工作，得到的培训机会有限，能适应的工作岗位越来越少，遇有市场萎缩或经济低迷时，存在很大的失业风险，所谓"一人打工全家脱贫"，对抗返贫风险的能力较弱。二是林区人民赖以增收的长效机制没有完全建立起来。2015 年 3 月，中央政治局把"坚持绿水青山就是金山银山"这一重要理念正式写入中央文件，有"江华条子"美誉的杉木用材作为商品已逐渐退出市场，江华林区杉木支柱产业已基本完成了它的历史使命，而新的产业还在探索中，还没有得到有效的培育，江华林区"守着金山银山要饭"的现状，必须引起高度关注。三是囿于瑶族地区长期以来形成的自给自足的自我封闭意识和"小心使得万年船"的憷惧融于市场社会的思想观念，严重阻碍了林区资源资本化进程。林区土地和山场流转滞后，种植业和养殖业规模化滞后，大部分原因即在于思想观念的转变滞后问题。

（一）建设瑶医药特色产业，是林区实施资源资本化的首选项目

对林区来说，实施资源资本化，建立风险最小化利益最大化的长效机制是消除相对贫困，增强抗风险能力的有效措施。江华林区山峻谷深，林木丰茂，森林资源丰富，其生态价值不可估量，是森林康养业、旅游业发展的资源优势。林下植被多样，野生药材品类多、药效好，是江华道地药材培育的原生地，也是江华瑶医药得以长期传承和发展的重要资源支撑。林区发展康养业、旅游业，如果注入瑶医药文化内涵，将会起到更为独具特色的效果。打造瑶医药特色产业，在林区林下规模培育和种植药材，除具备很好的群众基础优势外，基本未改变瑶族群众的生产生活方式，未改变林区森林植被和林种结构，群众易于接受。以瑶医药特色产业发展为引导，对实现林区林地流转，实施资源资本化，是极为有利的。

因此，瑶医药特色产业是打造林区新产业的首选项目。

(二) 建设瑶医药特色产业，是提升林区内生动力和整体素质的有力引擎

发展瑶医药特色产业，必然对当地群众思想观念转变和整体素质提升产生新的影响。这种影响是积极的潜移默化的。首先，林区群众以参与者和主人翁的心态参与瑶医药特色产业建设，对产业的建设和发展将有全新的认知，并可能发挥其潜能和创造力。其次，以参与者和主人翁的心态参与瑶医药特色产业建设，将主动深入和全面认识瑶医药，对瑶医药的挖掘和传承大有裨益。再次，人的整体素质提升表现为专注于一项事业并能全身心投入。如果一项事业既能为其带来可观的经济收益又能打开其心扉，倾注其心血，其内生动力和整体素质必将有一个质的改变。

二、建设瑶医药特色产业的有利因素

(一) 瑶医药具有深厚的历史文化积淀

瑶族的历史是一部迁徙流离的历史。远古时期，瑶族先民居住在黄河下游及长江中下游、淮河流域，历经数千年迁徙流离，至隋唐宋元时期，渐迁至湖北、江西、湖南等地。在漫长迁徙的过程中，不断与南方其他少数民族先民相融合，"自周代至明清，有许多瑶民融合于汉族，还有一部分融合于苗族和侗族"，"一部分汉人、百濮人、扶夷人、山越人、僚人、俚人、苗人，也成了瑶族的一部分"。这种融合，是一种生存文化的融合，是一种征服自然、不屈不挠的意志锤炼。瑶族人民在迁徙的过程中，迫于生计，不得不游离于高山丛林之中，居无定处。"每至深山，开垦耕种，俟田稍熟，又迁往新处开垦如前，不惮劳瘁"。迁徙的居无定所的生活和恶劣的生存环境，形成了瑶族独特的系统的文化积淀。瑶族医药是瑶族文化的重要组成部分，是瑶族人民在不断迁徙过程中，融合、总结、积累和发展起来的用于疗伤治病、抵御邪祟、强身健体的独特医疗体系。其主要特点是多元文化的融合，既有宗奉自然之神的巫傩文化的影子，又有天人感应的道教文化内涵。瑶医药师集巫、道、医、药于一身，在治疗过程中往往采用"施法治病""药法同治"，在瑶民族中具有特殊的地位。长期的历史积淀给瑶医药披上了一层神秘的色彩。瑶族医药丰厚的历史文化积淀，是瑶医药所独具的文化底蕴，是瑶医药特色产业的活的灵魂。

（二）瑶医药具有深厚的群众基础

瑶族没有本民族的文字，瑶医药的传录方式有口耳相传、指症传经、指药传授，无法对丰富的医药经验进行文字总结，生活习俗则成为一种特殊的记载和传录方式。例如，瑶民每年四、五月份常采取某种植物的叶捣碎取汁，拌糯米粉、糖揉和成药粑，以驱出小孩身体里的蛔虫。药酒是瑶族人民常备的饮品，在不同的季节用不同的药材配制的药酒，其药效不同，或驱寒祛湿，或病后滋补，或舒筋通络，或益肾固本，长年饮用，可祛病延年，益身健体。瑶族群众的茶文化也赋予了瑶药的内涵，除了绿茶外，还有黄精茶、金银花茶、藤茶等。"方春时，瑶女数十，歌啸山谷，以寻药挑菜为事"这种景象，在瑶山深处，时时可以遇见。

在江华瑶族自治县，端午节历来就是瑶医瑶药的民间节日。瑶族群众习惯于端午时节采挖和购买一些草药备用，以防治蛇虫咬伤、跌打损伤等意外伤害；讲究药食同源，经常以药膳调理身体气血，补益阴阳；认为端午节前后采挖的药材，其药力药效达到顶峰状态，是采挖和储备药材的最佳时期。因此，端午节期间，瑶族群众聚集区药材市场自然形成，且颇具规模，药材品类达1200余种。数千年历史熏陶，瑶医药已深深地融入了瑶族群众生产生活的各个方面。

（三）瑶医药与自然资源结合异常紧密

江华瑶族自治县境内南、北、东三面高，西面低，境内最高峰姑婆山海拔1703米，最低处海拔227米，相对高差1476米；大部分林地海拔为500—800米，属低纬度中亚热带湿润季风气候区，具有气候温和，雨量充沛，冬寒期短，夏无酷暑，无霜期长，湿度大的气候特点。得天独厚的地理条件和气候条件，是江华道地药材品种多、药效奇的主要因素。经江华瑶医药研究所和县民族中医医院组织专家在全县境内中草药普查结果，全县有中草药材资源2400多种。

瑶医药的显著特征，就是用于诊疗治病的所有药物都来自大自然原生物。瑶医认为百草皆为药。瑶医临床用药达1000余种，并根据药物性味和功能及其所治疾病的特点，总结出"五虎""九牛""十八钻""七十二风"104种常用药（俗称"老班药"）。瑶医常用药材，在全县境内都能采集得到。

瑶族群众对山野药材充满深厚的感情。平时在烧山炼土等生产过程中，发现野生药材，都必小心翼翼地移栽到适宜的地方或者带回家中栽培于房前屋后。瑶医们采挖药材时，遵从"挖大不挖小，挖公不挖母，挖密不挖稀，采茎不采根"的原则，保持野生药材的自然繁殖。

三、江华瑶族自治县瑶医药发展现状

江华瑶医药研究所于 2017 年成立，以传承、挖掘、整理、发展瑶医药为使命。通过对县境内确有专长的瑶医药人士进行考察、评价，共聘有民间瑶医药研究员 126 名，年龄最大的 94 岁，最小的 26 岁，其中，70 岁以上老瑶医 14 人。按医科分类，涉及妇科、儿科、疼痛科、疑难杂症科等，医疗技法有药浴、火灸、推蛋、拿穴等。同时，研究所聘请了县内外在医药界有一定影响的专家学者 11 名作为特聘研究员，以实现专家学者与民间瑶医药从业人员的对接和交流。

在基地建设方面，培育药材种植基地五个，分布于码市镇、湘江乡、河路口镇、涛圩镇、大圩镇等乡镇，扶持湘江竹瓦村药材种植培育建设，培育品种有厚朴、七叶一枝花、黄精、玉竹、小叶鸡血藤等近十个品种。

在产品研发方面，在瑶医药研究员积极献方的基础上，组织有经验的瑶医药专家进行研究、论证和组方，目前已开发产品 14 款，其中，女用产品 7 款，男用产品 5 款，儿童用产品 1 款。经试用反映效果很好。瑶药产品到外地试用后，江苏和河南医药专家为抢占先机，要求尽快成立分所，目前已挂牌成立"江华瑶族自治县瑶医药研究所江苏苏州分所"和"江华瑶族自治县瑶医药研究所河南亳州分所"。

江华县瑶医药研究所的工作成效证明，瑶药产品具有非常广阔的市场前景，瑶医药研究具有很大的潜力。在"全民健康"理念感召下，建设瑶医药特色产业，江华具有独特的自然资源和人才资源优势。

近年来，因为过度关注于对瑶医药从业人员的资格确认问题，没有重视瑶医药产业化研究，江华目前瑶医药产业，与广西金秀瑶族自治县瑶医药产业相比较，处于劣势地位。江华瑶医药企业不多，研发的产品有限，除黄精保健酒厂以本地黄精为主要原料，研发出的保健酒在北方有销售，湖南省瑶医药谷有限公司研发十多个瑶药日用产品，通过阿里巴巴网上销售外，几无其他瑶医药产品进入市场。其他药材加工企业，基本上以销售原料为主（如药用饮片），附加值低。

四、建设瑶医药特色产业需要解决的几个问题

（1）应尽快研究出台药材资源保护政策。道地药材资源是江华的优势资源，是江华瑶医药立足的根本。近几年，随着中医的复兴，康养意识的强化，中草药

市场有利可图，周边道县、广东、广西的药材商贩频繁进入江华林区，导致江华林区大量药材被无序采挖，有的珍稀药材濒临绝种绝迹。因此动员群众，组织力量，采取措施，对江华境内药材资源进行普查、保护，实行有序开发利用，急需尽快出台相关政策。

（2）金融资本、人力资本和社会资本异常单薄，是林区资源资本化的主要障碍。要研究金融资本融入途径，触动林地流转和生态资源资本化。应重点研究建立林下药材种植培育基地的补偿机制；保险业投入药材种植培育基地增强抵御自然灾害风险能力的保障机制。加强林区人力资源培训，普及瑶医药知识，培养一批挖掘、传承和发展瑶医药的新生力量，条件成熟时，可实现人力资源资本化。

（3）加强瑶医药药材培育过程标准化和瑶药产品标准化的研究、制定，并取得相关职能部门审批和认可，让江华瑶医药产品打上"神州瑶都"的烙印。

（4）推进瑶医药与生态旅游业、瑶族风情旅游业、森林康养业等产业的融合，挖掘和发挥瑶医技法的神奇性、观赏性、体验性和瑶医药产品的实效性价值，实现旅游产业、康养产业和瑶医药产业相互融合，相得益彰，打造独具特色的江华"神州瑶都"产业名片。

（5）县级建立瑶医药产业化统筹机构，用以指导和统筹协调全县瑶医药产业化推进工作。

对药材基地建设项目，统筹协调培育品类，避免盲目性；可以借鉴"小微企业进乡村"办法，鼓励开设小型药材加工企业和家庭作坊；推动瑶医药产业园区建设，实现瑶医药研发机构研发的有效产品和珍藏于民间的瑶医药验方产品，规模化推向市场，惠及大众，并带动小微企业稳健发展，形成瑶医药产业链。

创新脱贫攻坚"五大扶贫模式"
加快全面小康建设步伐

——回首江永县脱贫攻坚的实践探索

◎ 蒋　建

【摘要】消除贫困、实现共同富裕，是社会主义制度的本质要求。改革开放以来，我国大力推进扶贫开发，特别是随着《国家八七扶贫攻坚计划（1994—2000 年)》和《中国农村扶贫开发纲要（2001—2010 年)》的实施，扶贫事业取得了巨大成就。农村贫困人口大幅减少，收入水平稳步提高，贫困地区基础设施明显改善，社会事业不断进步，最低生活保障制度全面建立，农村居民生存和温饱问题基本解决，探索出一条中国特色扶贫开发道路，为促进我国经济发展、政治稳定、民族团结、边疆巩固、社会和谐发挥了重要作用。

近年来，江永县坚持把习近平扶贫思想作为打赢脱贫攻坚战的行动指南，用心用情真扶贫、扶真贫，创新"五大扶贫模式"，如期完成"贫困县脱贫摘帽、贫困人口全面脱贫"两大历史性任务，建设生态魅力幸福文明新江永的步伐再提速。

【关键词】创新"五大扶贫模式"；脱贫攻坚

一、江永基本情况简介

江永县在湖南省南部，距广州 500 千米，距桂林 194 千米，是沿海的内地，内地的前沿。全县辖 5 镇 4 个瑶族乡，分别是千家峒、兰溪、源口、松柏瑶族乡，2 个国有农林场，1 个自然保护区，总面积 1540 平方千米，2018 年末总人口 27.45 万，其中，农业人口 23.2 万人，在都庞岭、萌渚岭山麓生活着以瑶族为主的少数民族人口 17.35 万人，占全县总人口的 63.2%，少数民族聚居区占全县总面积的 87%。是湖南省七个少数民族过半但未实现少数民族区域自治的县区之一。

江永自然资源得天独厚。山地、丘陵、岗地、平原兼有，大体为"六山半水三分半田土"。它横跨长江珠江两大水系，有潇水、桃水为主的溪流 221 条，水能资源丰富，利于发展水电。县境属中亚热带南缘季风湿润气候，四季分明，气候温和，光照充足，雨量充沛，无霜期长，少有积雪，宜于种养业，它的土质肥沃，富含硒等轻稀土元素，这些优越的自然资源为发展特色、优质蔬菜、水果产业提供了良好生态环境。该县的名优物产香柚、香芋、香姜、香米、香菇"江永五香"久享盛名，曾先后荣获多项荣誉。1995 年 4 月江永香柚因具有"果大皮薄、脆嫩汁多、酸甜适度、营养丰富"的独特品质和区域化种植、专业化生产的经营模式而获得社会的肯定，荣获"中国香柚之乡"称号。江永香芋于 1999 年、2000 年、2001 年连续三年分别获得上海"一村一品"科学节、湖南省第二届、第三届农博会金奖。年种植面积稳定在 2—6 万亩之间。2002 年江永香芋因种植面积规模大、产业化程度高、品质优良，而被中国特产之乡组委会授予"中国香芋之乡"的称号，产品远销港澳台和东南亚地区。

江永县是一片古老的土地，历史建制悠久，秦立营浦、汉置谢沐、隋建永阳、唐设永明，1956 年 3 月更名为江永县。这里自然风光绮丽，人文景观丰富。在县城西北部，有世界瑶族后裔世代寻觅的圣地、饮誉海内外的瑶族故地、国家森林公园、3A 级景区千家峒；在县夏层铺镇有山水秀丽、国家历史文化名村、国家重点文物保护单位、3A 级景区上甘棠村；在兰溪瑶族乡有古朴秀美的城堡式瑶寨、中国历史文化名村、4A 级景区勾蓝瑶寨。兰溪洗泥节、源口禅山寺千年会等瑶族特色文化为代表的非物质文化遗产丰富多彩。

但是，由于社会历史、自然条件、经济基础、劳动力素质等多种原因，全县仍存在工业不强，农业产业化程度不高，农民增收渠道不宽的问题。特别是千家峒、兰溪、源口、松柏四个瑶族乡的其中 20 多个村落，瑶民们生活在地处偏僻、交通不便、田地面积少的都庞岭、萌渚岭山区，这些地方农村贫困面广，贫困人口多，贫困程度深的问题依然严重。

二、江永县扶贫开发工作简要历程

新中国成立 70 年来，我国扶贫事业先后经历了小规模救济式扶贫、体制改革推动扶贫、大规模开发式扶贫、整村推进式扶贫、精准式扶贫五个阶段，实现了我国农村扶贫工作由粗放扶贫向精准扶贫的转变。

1. 1949 年至 1978 年

小规模救济式扶贫阶段。新中国成立初期，我国经济基础较为薄弱，农村生产力水平极其低下，农民生活水平不高，整体上处于绝对贫困状况，扶贫任务十分艰巨。中国共产党人对农村贫困边远落后地区群体、因灾致贫战争伤残群体实施了救济式扶贫。通过提供物资或现金，帮助他们维持基本的生活需要。根据1978 年我国规定的贫困线标准测算，我国农村贫困人口规模为 2.5 亿人，占全国人口总数的 25.97%，农村贫困发生率达到 30.7%。

2. 1978 年至 1985 年

体制改革推动扶贫阶段。1978 年，党的十一届三中全会拉开了农村经济体制改革的序幕，我国农村扶贫工作也进入到体制改革推动扶贫的阶段。这一阶段实施的农村经济体制改革措施，包括实施家庭联产承包责任制、提高部分农产品的价格、扶持乡镇企业发展等，极大地解放了农村生产力，调动了农民劳动的积极性，推动了农村经济的快速发展，减少了农村贫困人口的数量。这一阶段，我省农村贫困人口从 1152 万人减少到 551 万人，农村贫困发生率从 25.2%下降到11.7%。

3. 1986 年至 2000 年

大规模开发式扶贫阶段。1986 年 6 月，国务院成立了贫困地区经济开发领导小组。我国成立了专门的扶贫开发领导机构，制定了扶贫开发方针，确定了以县为对象的瞄准机制。1986 年确定了 331 个国家级贫困县。1994 年，国务院印发的《国家八七扶贫攻坚计划》将国家级贫困县调整到 592 个，提出要用 7 年时间解决全国农村 8000 万贫困人口的温饱问题。2000 年底，"八七扶贫攻坚计划"的目标基本实现，农村贫困人口大幅度减少，农村贫困地区群众温饱问题基本得到解决。

据不完全统计，1949 年，江永县解放时，粮食播种面积 23.04 万亩，全县粮食总产量 2.7 万吨，亩产仅 117 千克。1971 年，粮食播种面积 37.31 万亩，全县粮食总产量 6.23 万吨，亩产达 167.2 千克。1978 年后，实行家庭联产承包责任制，进行农业综合开发，农业生产直线上升。1983 年，全县粮食总产量 10.15 万吨，亩产达 283.2 千克，为 1978 年的 1.35 倍。此后，通过大力调整、优化农业内部结构，县内传统农业向高产、优质、高效方向发展。1990 年，全县农业生产总值达 7213 万元，人均产值 313 元，人均占有粮食 340 千克。至 1990 年，全县通过综合开发新建、扩建小一型水库 4 座，小二型水库 15 座，修渠道 207 千米，造田 2.04 万亩，改造中低产田 2.67 万亩，新增粮食生产能力 1.74 万吨。建成千亩以上连片香柚基地 6 个，共种香柚 1.51 万亩，已挂果 3426 亩，产柚 1473 吨；香芋外销居全省之冠，香姜总产和单产均居全省前列，香米单产居全国 6 个香米品种试验区之首。1990 年，农民私人建住宅 5.87 万平方米，板壁房、茅屋基本绝迹，85%的户数住上了砖瓦新房。至 1990 年，境内有公路 587 千米，96%的行政村通行汽车；经过 41 年的建设发展，江永已成为湖南省 18 个商品粮基地县之一，也是国家由沿海向内地改革开放过渡试验区、食品工业、农业综合开发的重点县，全县广大农民不仅解决了温饱问题，生活也得到了逐步改善。

4. 2001 年至 2013 年

整村推进式扶贫阶段。进入 21 世纪，我国农村贫困人口分布逐渐从国家级贫困县区域向村级区域集中。2001 年 6 月，国务院发布了《中国农村扶贫开发纲要（2001—2010 年）》，提出"尽快解决少数贫困人口温饱问题，进一步改善贫困地区的基本生产生活条件，巩固温饱成果，提高贫困人口的生活质量和综合素质，加强贫困乡村的基础设施建设，改善生态环境，逐步改变贫困地区经济、社会、文化的落后状况，为达到小康水平创造条件"。

5. 2013 年至今

精准式扶贫阶段。2013 年至今，在总结以往扶贫实践经验的基础上，我国农村扶贫工作进入到精准式扶贫阶段。2013 年 11 月，习近平总书记在湖南湘西考察时提出"精准扶贫"，精准扶贫战略逐步落地。这一阶段主要针对"扶持谁""谁来扶""怎么扶""如何退"四大问题，提出了贯彻落实"六个精准""五个一批"的具体要求及实践路径。在精准扶贫战略的指导下，我国扶贫工作成效显著，农村贫困人口由 2012 年的 9899 万人减少到 2018 年底的 1660 万人，6 年来连续超额完成千万减贫任务，贫困发生率减少到 1.7%。

在这两个阶段，江永县委、县政府坚持以经济建设为中心，坚持改革开放，改革取得新突破，土地承包责任制进一步完善，农业专业合作组织不断扩大，粮食流通体制改革不断深化，税费改革全面推进，农业的投入和扶持力度持续加大，积极推进工业化、城镇化、农业产业化进程，加强整村推进式扶贫工作，县域经济实力明显增强，扶贫工作取得了显著成果。据不完全统计，2004 年，江永县实现生产总值 14.96 亿元，比 1990 年的 1.9 亿元增长 8.6 倍。财政收入 5705 万元，比 1990 年的 1210.9 万元增长 3.71 倍。粮食总产量 11.66 万吨，比 1990 年的 7.39 万吨增长 55.8%；油料总产量 4652 吨，比 1990 年的 1498 吨增长 2.11

倍。2004 年实现工业总产值 48667 万元，比 1990 年的 7653 万元增长 5.36 倍。以旅游业为代表的新兴产业从无到有、从小到大，成为县域经济发展的新亮点。2004 年实现旅游收入 2650 万元。该年，农民人均纯收入达 2698 元，贫困人口不断减少。

2016 年，江永县完成地区生产总值 56.9 亿元，是 2012 年的 1.4 倍，固定资产投资 74.1 亿元，是 2012 年的 1.9 倍，财政总收入 4.5 亿元，是 2012 年的 1.8 倍，农村居民人均可支配收入达 8419 元，是 2012 年的 2.5 倍。农民专业合作社达 239 家，工商注册现代家庭农场达 236 家。2015 年，电商购销总额突破 13 亿元，电商扶贫覆盖 62 个村，3500 贫困户直接受益，帮助贫困户销售农产品 1.1 亿元，农村危房改造 1900 户。

截至 2015 年底，全县还有 62 个贫困村，建档立卡贫困户 9053 户，贫困人口 29749 人，发展壮大农业特色产业，帮扶拓宽农民增收渠道，整体脱贫的任务依然艰巨。江永县委、县政府深入践行习近平总书记扶贫开发重要战略思想，党中央、国务院和省、市系列决策部署，结合县情实际，举全县之力，聚全民之智，用心用情科学治贫，落细落小精准脱贫各项政策、措施，决心争取于 2017 年早日实现整体脱贫的目标。据统计，仅 2017 年，整合涉农资金 2.3 亿元，实施基础设施扶贫项目 768 个、产业扶贫项目 260 个，切实改善农村生产生活条件，全县农村通水、通电、通车、通信等问题基本解决。投资 4.5 亿元，完成建档立卡贫困户 7883 人易地扶贫搬迁；投入 4582 万元，将 1608 户建档立卡贫困户等"四类人员"纳入危房改造工程，并全部竣工。深入推进教育、金融、兜底保障、健康、就业易地搬迁等扶贫工程，加快了脱贫攻坚整体进程，农业农村发生了巨大变化，贫困人口收入显著增加。

2015 年到 2017 年近三年，全县先后实施产业扶贫项目 360 余个，带动 5.03 万贫困人口参与；已建成 15 万亩特色水果和 10 万亩特色蔬菜生产集群；建立粤港澳大湾区"菜篮子""果篮子"基地 28 个，在贫困村建成特色基地 23 个，养殖基地 120 余个。2019 年，精准脱贫质量又有提高，全力推动贫困群众向全面小康冲刺。落实扶贫政策，发放贫困学生助学金 1600 余万元，全县贫困人口医保参保率 100%，报账比例达到 85% 以上；完成 14898 户 4 类重点对象房屋危险等级鉴定及 163 户危房改造；发展扶贫车间 8 个，创造 400 多个就业岗位；探索开发扶贫特色岗位 505 个，新增转移农村贫困劳动力 407 人。完善基础设施。统筹整合财政涉农资金 6067 万元，实施项目 218 个；完成农村公路安保 138 千米、五小水利工程 23 处、14503 户生活污水治理、安全饮水工程 6 处 5801 人受益，光纤通达和 40 信号覆盖所有行政村。消费扶贫有新突破，帮助贫困户销售农产品达 2.5 亿元。

沧海横流方显英雄本色，通过全县 28 万人民共同努力，历时数十载的脱贫攻坚战终于取得了丰硕的成果，整个县域的经济社会上了一个新的台阶。2018 年 4 月，湖南省人民政府正式公布江永县脱贫摘帽，实现了 2017 年如期摘掉"贫困帽子"的目标，兑现了"庄严承诺"，实现了"高质量脱贫"。全县贫困发生率由 2014 年的 21.18%下降到 2019 年的 0.26%。江永 1540 平方千米的大地焕发出新的容颜，山更青了，水更秀了，路更宽了，江永的农业更强了，江永的农村更靓了，江永的农民更富了。深居大山的近万盘瑶同胞们，告别了祖祖辈辈蜗居的板房茅屋，欢欢喜喜搬进了坚固的钢筋混凝土新居。瑶山鸟语花香、瑶家幸福美满，"盘王大歌"回荡、瑶族长鼓飞扬，油茶暖心舒畅、瓜箪美酒飘香，游客流连忘返，瑶歌世界传唱。

经过多年的探索实践，不断创新突破，江永县在"互联网+社会扶贫"、电商扶贫、乡村旅游扶贫、产业扶贫、消费扶贫等领域，创造了一批全省乃至全国有影响力的"样板经验"，先后获得全国唯一"互联网+"社会扶贫突出贡献奖、全省唯一全国脱贫攻坚组织创新奖、中国全面小康扶贫十佳县市、全省脱贫攻坚先进县、电商扶贫考核第一名等殊荣。2020 年 9 月，江永县消费扶贫典型材料入选《2020 年全国消费扶贫优秀典型案例》。

三、江永县脱贫攻坚工作主要经验做法

在 2020 年 9 月 10 日，永州市决战决胜脱贫攻坚系列新闻发布会江永专场在冷水滩举行，江永县委书记周立夫从创新"五大扶贫模式"，为全国积累经验、树立典型等方面，介绍了江永县决战决胜脱贫攻坚的经验做法和成效。

1. 创新"互联网+社会扶贫"，为全国社会扶贫积累经验

2017 年，江永以列入首批中国社会扶贫网试点县为契机，打造出"一网（互联网）统领、两线（社会扶贫网+电商）并行、三级（县乡村）联动、四员（志愿者、专家、扶贫形象大使、监督队伍）助力、五台（爱心帮扶、电商扶贫、扶贫众筹、扶贫展示、扶贫榜样五大平台）同唱"的"互联网+"社会扶贫"江永经验"。目前，全县打造电商集聚区 2 个，电商企业发展到 223 家，村级站点建成 95 个，取得了显著的经济社会效益。为此，全省、全国"互联网+"社会扶贫工作现场推进会先后在江永召开，"互联网+"社会扶贫"江永模式"在全国

10 余个省份巡回演讲推广。

2. 创新"农村电商+扶贫"，为全国电商扶贫树立典型

以被列为"国家电子商务进农村综合示范县"为契机，大力发展农村电商，建立起县、乡、村三级电商网络，电商扶贫覆盖所有贫困村。江永电商扶贫领跑湘南桂北，经验被国家商务部推介。2019 年，完成电商交易总额 27.02 亿元，直接和间接带动创业就业 9960 人，获评全省电商扶贫专项行动优秀县。

2020 年 7 月，江永夏橙迎来丰收季，潇浦镇马河村返乡青年蒋秀旺非常忙，每天要接上千个订单，销售夏橙有六千到一万斤左右发往全国各地。在江永县有 200 多名像蒋秀旺一样从事水果销售的农村返乡创业青年，他们通过芒果扶贫云超市等平台为贫困地区农产品"直播带货"。目前，贫困户开设网店达 500 余个，贫困户网上销售农产品 2.8 亿元，带动贫困人口就业 1500 名。

3. 创新"乡村旅游+扶贫"，为全国旅游扶贫提供样本

江永县乡村文化旅游资源丰富，为把旅游资源转化为脱贫攻坚的新动力，县里在贫困村勾蓝瑶寨试点推行"政府引导、集体经营、市场运作、村民参与"的乡村旅游模式。如今，"勾蓝瑶模式"已在 10 余个乡村推广，带动 7600 余名贫困人口提前脱贫，一大批村民吃上"旅游饭"，奔上小康路。

兰溪瑶族乡勾蓝瑶古村地处偏僻但历史悠久，至今保留明代古城墙、风雨桥、门楼等古建筑以及古民居 300 多栋。近年来，勾蓝瑶村依托丰富的旅游资源和区位优势，积极发展"旅游+农业""旅游+扶贫"等新业态，依托绿水青山、乡土文化资源，实施休闲农业和乡村旅游精品工程，创新实施了"政府引导、集体经营、市场运作、村民参与"的乡村旅游扶贫新模式。村里民俗表演合作社将瑶家女子拳、瑶家歌舞等独具特色的瑶族民俗融合起来，游客们一边吃着瑶家特色的美食，一边欣赏原生态的民俗表演。目前，全村已有 128 户加入各类合作社，贫困户参与度达 90% 以上，仅民俗表演合作社就实现年创收 80 余万元，参与表演的每个瑶胞年收入达 7000 元。2019 年，全村人均纯收入达到 1.5 万元，提前迈入小康村门槛。2019 年，勾蓝瑶寨成功创建为国家 4A 级景区，,2020 年 8 月 28 日，勾蓝瑶入选"中国美丽休闲乡村"，成为全市唯一入选的乡村。

4. 创新"特色产业+扶贫"，为全县贫困群众开辟富路

坚持"四跟四走"产业扶贫思路，大力实施"一乡一业、一村一品"产业扶贫。近三年，先后实施产业扶贫项目 260 余个，带动 5.03 万贫困人口参与。2019 年以来，外销果蔬近 20 亿元，贫困户"丰产"又"丰收"。

在源口瑶族乡锦堂村，这几年，26 岁的毛豪杰承包了村里的 14 亩香柚树，每年还种植 4 亩香芋和 3 亩百合，现在一年纯收入就达 12 万元以上。在毛豪杰的带动下，锦堂村着力打造特色果蔬种植村，不断培育壮大香柚、香芋两大特色种植基地，发展富硒果蔬产业 2300 多亩，带动 135 户贫困户走上致富路。

5. 创新"543"消费扶贫，为全国消费扶贫探索路径

江永县委、县政府把消费扶贫作为巩固脱贫攻坚成果、决战决胜全面小康的主抓手，依托社会扶贫、电商扶贫、旅游扶贫等模式，创新实施"543"消费扶贫工程，即构筑五大体系、组建四支队伍、瞄准三大主体，打造出电商网、爱心网、品质网、物流网、人才网"五张网"，架设起社会各界与贫困群众之间的产销桥梁，有效解决了"产销最后一公里"问题，一大批贫困户提前迈上幸福小康大道。2020 年 8 月，江永消费扶贫入围全国消费扶贫案例。

四、结语

在今后全面建设小康社会的征程中，我们要继续坚持把习近平总书记关于扶贫工作的重要论述作为行动指南，坚持把勇于探索创新作为最佳方法，坚持把用心用情实干作为制胜之道，坚持把党建引领脱贫作为关键保障。坚决贯彻党和政府的各项政策，进一步优化帮扶机制、明确帮扶目标、夯实工作责任，不断改善人居环境，持续巩固脱贫成果，确保贫困人口持续减少、帮扶政策持续不断、发展能力持续增强，全面提升群众的幸福感和满意度。大力实施乡村振兴战略，建设宜居生态环境，促进乡村文明建设，实现农民生活富裕、精神富足，谱写江永乡村振兴全面小康新乐章。

文化篇

新结构主义下乳源瑶族非遗传承发展探究

◎ 陈晓艺

【摘要】广东乳源县政府近年来特别重视乳源瑶族非物质文化遗产的保护传承工作，并取得了一定成就，但非遗传承发展仍任重道远。本文基于新结构主义理论视角，试图从要素禀赋、政府、市场三个维度对乳源非遗结构要素进行解析，并提出促进乳源非遗有效传承发展策略。

【关键词】新结构主义；乳源；瑶族；非遗；传承

乳源被誉为"世界过山瑶之乡"，是旅居东南亚和欧美等国家的过山瑶祖居地。乳源的非物质文化遗产（简称非遗）丰富而灿烂，经过大力宣传、抢救和保护，乳源非遗传承相关工作不断深入，取得了一定成效，先后被评为"中国瑶绣之都""中国民间文化艺术之乡"，乳源非遗在当代仍具有重要的价值。本文立足于乳源瑶族非遗文化，以新结构主义为理论支撑点，深入探析瑶族非遗在要素禀赋、政府、市场这三方面的实际情况；最后从要素禀赋、政府、市场三个维度出发，思考乳源非遗发展的方向和策略。

一、乳源非物质文化遗产项目

乳源县非物质文化遗产代表性项目较为丰富，拥有不少优秀非遗文化，在国家级、省级、市级、县级非遗项目都有名录。非物质文化遗产传承人数量也在逐渐递增，非遗传承人队伍建设对非遗传承保护有着至关重要的引领作用，传承人是非遗保护传承工作的核心，没有传承人，非遗可谓无源之水、无本之木。据乳源县人民政府官网于 2020 年 4 月公布的数据，乳源新增 2 位省级非遗传承人，目前共有 31 位非遗传承人，其中，国家级代表性传承人 3 位，省级 4 位，市级 7 位，县级 17 位。①

目前乳源共有 21 项非遗项目，其中，"瑶族盘王节""瑶族刺绣""瑶族民歌"被列入国家级代表性项目名录；"乳源瑶族服饰""瑶族双朝节""瑶族苦爽酒酿造技艺"被列入省级名录；瑶族传统医药"西京古道石阶除道""圣祖祭"和"契娘生日"等 6 项为市级非物质文化遗产项目；还有"乳源过山瑶民间故事""瑶族婚礼""瑶族烟熏肉"及"乳源过山瑶传统狩猎"等 9 项为县级项目。②总体上，乳源非遗代表性项目的四级保护体系基本建立，但未尽全面，尚有不少非遗项目未纳入名录保护体系之中。

乳源非遗以瑶族祖先崇拜文化为核心，民俗文化气息浓厚，瑶族特色鲜明。概括来讲，主要有传统祭祀、传统礼仪及反映生产生活的日常行为习惯、禁忌、手工艺等，类别繁多，内容丰富，散发着神秘古朴的原生态文化气息。囊括天地万物的瑶族刺绣图案，拜盘王的挂灯、度身仪式等均体现了中华传统文化，特别是少数民族文化对华夏文明的继承与贡献，具有亘古至今的清晰脉络。这些非物质文化遗产是乳源重要的人文支撑，是县域经济发展的宝贵资源。

二、新结构主义下乳源瑶族非遗结构要素解析

习近平总书记强调："中华优秀传统文化是中华民族的突出优势，是我们最深厚的文化软实力。"《中华人民共和国非物质文化遗产法》第二十八条提到，"国家鼓励和支持开展非物质文化遗产代表性项目的传承、传播。"③在社会主义市场经济体制下，文化生产和消费是中华文化传承创新的重要途径。深入挖掘和阐发非物质文化遗产的时代价值和功能，进行生产性保护，也有利于培育和弘扬社会主义核心价值观，增强文化自觉、守护非遗文化。因此，从新结构主义理论视角探讨乳源瑶族非遗传承发展的有效路径，以期推动非遗文化的繁荣发展。

---

① 韩雨.乳源新增 2 名省级非遗传承人 [OL].乳源瑶族自治县人民政府官网，2020-4-16.
② 笔者于 2017 年 7 月和 2018 年 11 月到乳源调研收集的资料，此处为截至 2020 年 10 月 7 日的数据。
③ 中华人民共和国非物质文化遗产法（2011 年 2 月 25 日第十一届全国人民代表大会常务委员会第十九次会议通过）[OL].中国人大网，2011-2-25.

（一）新结构主义理论要点

新结构主义是在结构主义政策和新自由主义改革方案失败后催生的、试图在市场和政府之间寻求平衡和统一的发展经济学理论，其主要包括要素禀赋、政府、市场这三个要点。新结构主义以要素禀赋及其结构为切入点，而区域发展的推动力来源于要素禀赋，也即来源于在要素禀赋基础上形成的比较优势。要素禀赋数量多，则要素成本低，该要素就成为比较优势；若一个产业符合比较优势，则具有相对竞争力。

按照要素禀赋的比较优势选择发展的模式，前提是有一个充分竞争的有效市场机制，同时配备积极有为、因势利导的政府。这是我国著名经济学家林毅夫提出的新结构经济学，能有效解释发展中经济体的成功之道。在新结构经济学看来，遵循比较优势是快速发展的手段。林毅夫认为经济结构内生决定于要素禀赋结构，发展中国家要素禀赋结构的升级还需要政府、市场在此过程所起的作用。①

（二）新结构主义下非遗结构要素解析

在总结乳源瑶族非遗传承发展现状的基础上，基于新结构主义的理论框架，从比较优势、政府、市场三方面对其进行分析，为提出对策思路奠定基础。

1. 基于要素禀赋的比较优势

在现有比较优势中，乳源非遗资源丰富多彩，古老传统的拜盘王仪式、舞蹈、奏乐，瑶族民歌中传达的语言、瑶族情感和思想，精美的瑶绣制品饱含着蕴意深邃的图案图腾等，这些都承载着瑶族源远流长的非遗，都是乳源向外界发出的特色名片。除上述被列入非遗名录的项目，其他民俗文化、历史古迹、生态环境等自然与人文风光也构成乳源的要素禀赋。广东大峡谷、云门山旅游度假区、南岭国家森林公园、云门寺、乳源云门峡漂流、天景山仙人桥风景区、天井山国家森林公园及粤凰科技生态园等，这些文化资源与非遗项目融合发展，相得益彰。乳源瑶族非遗还具有多方面价值，如历史认识价值、艺术审美价值、科学科研价值、社会教育价值、经济交往价值等，在社会和经济发展中发挥这些重要作用，意义非凡。

经过 10 余年的努力，非遗挖掘和申报工作有序展开；非遗宣传卓有成效；民族文化逐步被记录与积累；非遗文化被广泛运用；民俗文化得到有效恢复等，这些都为乳源瑶族非遗的传承发展开了好头，奠定了基础。另外，乳源文化企

---

① 林毅夫.新结构经济学 [M].北京：北京大学出版社，2012.

事业单位比较健全，文广新局、文广旅体局、文化馆、博物馆、非物质文化遗产传承中心等为非遗传承保护贡献了力量；文化设施建设力度不断加大，盘王纪念馆、世界过山瑶风情园、乳源农旅特色小镇等一批文化基础设施项目已建成；瑶族原创音乐剧《过山"谣"》、自编大型音乐舞蹈情境表演剧《云里古粤瑶》等艺术创作成果显著。乳源获得了许多荣誉称号，如"全国文化系统先进集体""全国绿化模范县""中国最佳民族生态旅游名县""中国观赏石之乡""中国最佳民族生态旅游名县"等。2020 年 6 月，乳源被评为第二批广东省全域旅游示范区……这些都是乳源及其非物质文化遗产向外推广的闪亮名片，是乳源现有比较优势。

2. 因势利导型政府

政府在我国的经济、社会和文化发展中发挥着主导作用。新结构主义提倡积极有为的政府，乳源县政府要遵循当地要素禀赋结构所呈现的比较优势，甄别自身的发展优势，根据要素禀赋结构的比较优势发展相应的产业。

首先，确定自身比较优势，结合国家关于非遗发展要求，制定乳源非遗传承发展规划，推出适合非遗传承发展的政策，指导企业和群众传承发展非遗。其次，重视非遗文化载体和平台建设，继续完善公共基础设施建设。完善公共基础设施和公共服务的职责已归于现代服务型政府，政府履行完善基础设施的职责，配备和完善各方面设施和政策，把潜在优势转变为竞争优势，把非遗的社会价值和经济价值发挥出来，让其更好地传承发展下去。在整个过程中，政府起着关键作用，政府的角色不可或缺。

3. 市场分析

林毅夫在其著作《新结构经济学》提到："市场都是经济发展的每一时点上资源得以有效配置的基础机制。"[①]资源有效自由配置的关键前提是在一个充分竞争的市场，即有效的市场，人们根据市场的价格作用去判断一个地方的比较优势，以此在激烈的市场竞争中，促使企业和政府做出相应策略。新结构主义强调，经济发展的过程中既要有"有效的市场"，也要有"有为的政府"，两者缺一不可。

乳源虽然通过瑶族盘王节、瑶绣艺术节等非遗活动的举办吸引了国内外人士前往旅游、参会、探奇等，但目前我国文化产业市场尚不完善，乳源非遗传承发展路径和模式尚不明晰，非遗发展的定位还需要进一步探讨。在此背景下容易造

---

① 林毅夫.新结构经济学——反思经济发展与政策的理论框（增订版）[M].北京：北京大学出版社，2015.

成乳源非遗的内部市场缺乏培育，外部市场亟待开发的问题。纵观全球大环境，世界各地的联系越来越紧密和便捷，旅行是跨地流动的重要动因之一。随着生活水平提高，精神需求不断增多，精神消费也逐步扩大，文化消费市场巨大。乳源文化积淀厚重，拥有多个闪亮名号，又毗邻珠三角经济较发达地区，潜在消费群体庞大，乳源非遗的市场有很大的开发空间。

三、新结构主义下乳源瑶族非遗传承发展策略

林毅夫在 2012 年"第一财经年会·金融峰会"上探究发展中国家如何利用自身优势发展经济时，提到"新结构主义是繁荣之径"。① 新结构主义为发展经济提供思路，立足于自身要素禀赋决定的比较优势，强调有为的政府和有效的市场双管齐下、齐驱并行。在此理论背景下，从要素禀赋、政府、市场三个维度探索乳源瑶族非遗传承发展的策略。

（一）要素禀赋下非遗传承发展策略

乳源非遗资源丰富独特，能否对非遗加以利用一直是人们争论的焦点。20世纪 20 年代，以马林诺夫斯基为代表的文化功能论诞生，认为文化在其所处社会是具有一定功能的。② 费孝通也曾说到，文化是一种资源，是可以开发利用的。③ 我国非物质文化遗产法第三十七条更明确指出："国家鼓励和支持发挥非物质文化遗产资源的特殊优势，在有效保护的基础上，合理利用非物质文化遗产代表性项目开发具有地方、民族特色和市场潜力的文化产品和文化服务。"保持一种开放的心态保护传承非遗，非遗才能在现代潮流中长盛不衰。④

1. 立足非遗文化，发掘自身比较优势

乳源十分注重非物质文化遗产的保护传承，一年一度的瑶族"十月朝"文化旅游节就是例证。但是由于没有明确的文化产业发展模式、非遗发展策略，乳源丰富的文化资源得不到充分开发和合理利用。如何有效地传承发展非遗，一直是学界关注的重要课题。

---

① 严湘君.林毅夫：新结构主义是繁荣之径 [N] .第一财经日报，2012-11-29.

② [英] 马林诺夫斯基，费孝通译.文化论[M] .费孝通，译.北京：中国民间文艺出版社，1987：11.

③ 费孝通.西部开发中的文化资源问题[J] .文艺研究，2001 (4) .

④ 田阡.穿越现代与传统的藩篱：非物质文化研究中的文化相对论 [J] .思想战线，2012 (4) .

林毅夫认为，应该看自己有什么，而不是看别人有什么，而自己没有的；应当依据自己所拥有的而且是比较优势的，发掘自身优势。依据新结构主义理论，经济发展立足于一个地方的要素禀赋，也就是自身的比较优势。其实这与联合国教科文组织提出的内生式发展理念和内源发展战略有异曲同工之妙。[①]

首先，乳源要立足自身要素禀赋，传承好民俗文化、民族歌舞、传统仪式、民族技艺等非物质文化遗产，保护好自然风光、生态环境、历史古迹、文化遗址等自然和人文资源。其次，要充分运用现代科技手段、先进技术、人才、资金等生产要素对非遗进行创新性继承，让非遗焕发新生机，成为促进乳源社会和经济发展的内生动力。最后，选择合适的发展战略和方式，发挥非遗优势，促进非遗的利用和发展。

乳源处于经济基础薄弱的粤北地区，经济发展和技术革新与东部沿海城市有一定差距，可借鉴和引进广州、深圳的高新技术和先进理念来创新传承发展非遗。人才缺乏，要制定优惠政策吸引人才，留住人才，为非遗的传承发展献谋献策。并且通过增加资金投入和支持来弥补非遗传承资本不足的短板等举措来开发后发比较优势。继续完善交通、通信、接待、购物等硬件设施，保障通信设施的普及和畅通，提高公共服务水平和质量。在招商引资、贷款等方面要制定比较吸引人的制度和政策，营造良好的投资环境、建立健全的教育体系等，使交易成本降低，发挥潜在比较优势。

2. "非遗+"：走"资源依托型"发展之道

乳源历史悠久，民族风情浓郁，自然和文化资源丰富，交通便捷，风光旖旎，被誉为"粤北瑶山的一颗明珠"，利用这些优势，走"资源依托型"发展道路。

乳源的非物质文化遗产，是乳源人民在历史上创造并以活态为主要形式传承至今的文化瑰宝。在新结构主义理论下，非遗是文化产业发展的核心，非遗是乳源的特色和招牌，"非遗+"是基于非遗作为要素禀赋的比较优势，结合各种条件和产业、项目等，融合发展。比如，立足瑶族非遗文化，将保护与传承非遗作为旅游开发的核心导向，由政府牵头示范，构筑乳源瑶族非物质文化遗产旅游体验项目。具体案例如民宿旅游集群区，先试点建设少量传统瑶家民居，把乳源瑶族非遗项目，如瑶族刺绣、瑶族服饰等传统工艺文化及瑶族烟熏肉、瑶族苦爽酒等传统民俗融入经营，打造成集旅游观光、文化体验、休闲住宿于一体的休闲民

---

① 联合国教科文组织.内源发展战略[R].北京:社会科学文献出版社，1988:2.

宿综合体，突出非遗的元素和特色。有非遗的加入，普通的旅游民宿区发展成为具有瑶族传统历史文化价值及高品位的非遗旅游体验区。

推动非遗与文化产业相结合，非遗与旅游产业相结合，非遗与现代科技融合，非遗与农业、旅游融合，非遗与节庆经济相结合，非遗与创意经济相结合，非遗与体验经济相结合、非遗与会展经济相结合、非遗和体育、旅游融合发展等，强化非遗文化的活态化利用。如非遗+十月朝节庆，非遗+休闲度假，非遗+康疗养生，非遗+体育，非遗+农特产品等项目，以促进乳源非遗文化更好地传承发展。总之，非遗的发展要有创新创意思维，运用互联网、手机APP、人工智能、AI 等时代先进技术+非遗，推进非遗与科技融合，让非遗又"活"又"火"。

（二）政府层面下非遗传承发展策略

在新结构主义理论看来，政府扮演着领导者的角色，积极作为，因势利导。政府不仅在产业发展前期提供指导，制定规划和政策，也在整个发展过程中提供支持和保护，而且是企业和产业的坚强后盾。林毅夫倡导构建因势利导型的有为政府，与张继焦提出的政府主导的"伞式"发展路子①如出一辙。市场机制固然重要，但政府也必须扮演主导角色，Lall 提出"越是依赖市场，越需要政府的积极主动作为"。②乳源瑶族非遗的传承发展处于起步后的发展阶段，仍然需要政府的引导和推动。非遗产业化发展是一种新的经济结构形成，是政府关注的发展模式，政府在非遗传承发展的每个阶段有不同的主导。

1. 前期——规划与引导："做好一桌菜等客人"

在前期初始阶段，政府主要发挥导向作用，制定发展规划和相应政策、提供资金和技术支持，并建设和完善基础设施，引导企业和人们参与。乳源交通便利，近些年新建的盘王纪念馆、世界过山瑶风情园、必背瑶寨非遗文化传习馆、设立的非遗传承中心等基础设施让瑶族非遗的生存空间扩展开来。乳源在 2019年出台了《广东省瑶族文化（乳源）生态保护实验区总体规划》，大部分内容与非物质文化遗产息息相关。对非遗项目、非遗传承人、文化空间、民俗活动等都列出了相应的保护措施，但缺乏对非遗如何发展下去的策略和方案探索，因此在这

---

① 张继焦.新结构主义：一种对"中国式"发展的新解释[J] .中州学刊,2018（1）.

② Lall, S. "Rethinking industrial strategy", in: K. Gallagher, Putting Development First. London: Zed Books2015.P.34.

方面仍然值得探究。

　　首先，制定瑶族非遗文化理论研究的政策，加强非物质文化遗产的理论研究，为民间民族民俗文化助力城乡经济可持续发展提供理论支撑。其次，建立健全非物质文化遗产保护传承机制。如建立非遗生态保护机制。将非遗进行整体保护，通过文化生态保护的形式，对非遗的表现形式、承载空间以及与之相关的物品、自然环境进行整体保护。建立健全非遗活动的扶持机制，成立文化生态保护基金会。活化项目资金使用管理机制，设立项目补贴、活动补助等形式，大力扶持民间自办民族民俗和非遗文化活动。本地金融机构制定出台相关政策，设置非物质文化遗产项目的各种传承、传播场馆建设专项贷款业务，政府提供贴息支持，资助相关项目建设。最后，出台非遗人才引进政策，加强非遗人才培养。建立乳源与地方高校和研究机构合作机制和人才培养基地，委托培养一批非遗调查和保护的专业人才。

　　2. 中期——支持与完善：携手共同"做大蛋糕"

　　在中期发展阶段，政府主要发挥推力作用，营造和维持良好的外部环境，对市场经济进行监控，通过市场对经济信号的反应，及时协调供需。为了优化产业结构，持续完善软硬件基础设施和提供优惠政策，提供资金扩大产业规模。完善和健全金融体系，不断完善金融相关的法律法规和市场相关的法律制度。政府宏观调控，维持经济稳定运行。

　　建立非遗传承发展补偿机制。按照以传统为原则，以特色为主线，支持建设一批富有传统色彩、具有不可复制的艺术感观的特色瑶族非遗文化景观，给予资金、技术支持，以及项目补偿等，培育扶持重点大型项目，将非遗逐步推向更广的市场。发挥乳源建设广东省瑶族文化生态保护实验区的招牌，充分发挥乳源作为世界过山瑶祖居地的文化区位优势，更扩大一步地招商引资，吸引更多企业在乳源入驻。拓宽渠道，扩大非遗市场。政府牵头积极向社会寻找优势资源，建立起开放性、多元化的市场融资渠道，实行"政府+企业+农户"的新型运营机制和管理模式，引导旅游开发公司和原住居民共同参与，各司其职，共创共赢。继续加强非遗调查与保护队伍的培养，引进高级人才帮助乳源非遗创造优势条件，优化县内人才发展环境，进而在本土培育人才。重点扶持乳源作为核心文化区域申报国家级瑶族文化生态保护实验区。

　　3. 后期——监督与防范："无为而治"

　　在后期成熟阶段，政府的定位是"无为而治"，即选择性有为，在制度建设和法律方面继续完善，注重信用体系建设，维护产业发展的法律体系和市场规则，防范市场风险。① 在我国非物质文化遗产法的基础上，完善非遗传承发展方面的制度和法律保护体系，创造适合瑶族非遗传承发展的体制环境，完善市场竞争规则，引导建立非遗竞争合作机制。当出现过度竞争行为，政府要适时调整和控制。建立信用体系，营造有信用的竞争环境，可以减少许多非遗同行相互模仿、打价格战。

（三）市场层面下非遗传承发展策略

有学者认为，如果将民族民俗文化打造成人们喜闻乐见、适销对路的文化产品推向市场，得到市场的认可，那么其发展之路会走得更好更远。正如张继焦所言："民族旅游业发展好的地方，文化反而保护得好，而且发展得好。"② 市场需求可以激发文化的活力，拉动文化的传承。如果有广阔的市场，有人的不断参与，非遗就"活"了。

1. 开发和培育非遗市场

传统文化的发展需要创新，而走市场化的道路可以是非遗创新发展的一种渠道。乳源瑶族非遗的市场还没有得到充分开发，本地文化消费市场薄弱。非遗的市场占有率低，产业链便难以形成。③ 因此，增强市场开拓意识，重视对文化市场的调研，挖掘市场需求。引导当地本土居民对乳源非遗的重视和热爱，激发文化精神享受的需求和消费；运用各种宣传手段吸引外来人士对乳源非遗的关注和兴趣，开发和培育乳源非遗的文化市场，助推非遗的传承和发展。

2. 提高非遗市场竞争力

乳源非遗工作负责人曾说："文化没有融入产业、融入生活便难以传承，希望非遗产业化的推进让更多人加入非遗的传承当中。"④ 乳源非遗加入当地文化产业发展，还与农业、旅游业、建筑业、制造业、餐饮业等产业行业相结合，虽取得了一定的成果，但还有很大的发展空间。

非遗走入市场，如果没有一个响亮的招牌或口号，如同小石头落入大海一般激不起波澜。乳源非遗进入市场化，首先，要树立专属自己的特色品牌，打造一个"人无我有，人有我优"的独特非遗招牌，着重培育几个非遗龙头产品、龙头

① 范晓利.地方政府在产业集群发展中的作用[J].今日湖北,2013 (11).

② 张继焦，张小敏.苗族的文化转型：一种关于民族文化变迁的新古典"结构-功能论"[J].贵州民族大学学报（哲学社会科学版），2018 (1).

③ 赵素桃，韦萧竹.广西文化产业发展要素结构解析——基于新结构主义视角[J].现代商贸工业,2016 (22).

④ 韶关：保护非物质文化遗产 不让技艺只剩下"记忆"[OL].中国文明网,2017-8-25.

企业，让其成为乳源的符号和象征，提供瑶族非遗特色的文化产品和差异化的文化服务。[1] 如自 2011 年以来乳源每年举办的瑶族盘王节，是一项重要文化品牌，要继续强化和完善，做大做强做出彩。其次，让非遗更接地气，融入市场、融入生活。博物馆里的非遗似乎有点"高高在上"，而融入生活的非遗，进入平常百姓家，成为日常消费，才能抢占市场，提高市场占有率。将非遗融入现代经济社会发展，活态保护，为现实服务，更好地促进非遗的传承和发展。最后，引导产业融合发展，培育非遗产业市场竞争力。发挥非遗作为要素禀赋的比较优势，融合其他产业的技术、资金优化非遗产业结构。非遗与旅游发展、生态农业、乡村振兴、农林种植等互联互促，开发适合自身发展又满足市场需求的文化产品（如乳源新推出的文农旅融合发展的特色旅游项目），提升竞争力，开拓市场，促进非遗可持续发展。

新结构主义是经济发展的捷径，在新结构主义理论下指导乳源非遗的传承和发展，将作为乳源软实力的非遗，转变为促进乳源经济社会文化可持续发展的新动力。非遗蕴含着丰富而独特的价值和功能。通过要素禀赋决定的比较优势分析，政府因势利导地支持和推动，以及在市场信号的作用下，[2] 合理运用瑶族非遗，促进乳源非遗产业化和市场化发展，推动乳源非遗创造性转化和创新性发展。

---

① 陈晓艺.论民族旅游开发对瑶绣文化的促进作用[J] .四川民族学院学报,2017 (3) .

② 赵素桃.新结构主义视角下广西文化产业发展模式研究[D] .广西大学硕士论文, 2017.

瑶族非遗在节庆文化中的传播

◎ 曾凡忠

【摘要】节庆活动为非物质文化遗产的传播提供了良好的平台，非遗丰富了节庆活动的内容，突出了地方节庆的多样性与特色，两者相互促进，相互影响，既丰富了大众的生活，也有利于增强旅游吸引力。

【关键词】非遗；节庆；传播

非物质文化遗产之根本目的在于保护、传承和发扬，应积极探索创新性的保护方式。当前，时值旅游辉煌时期，将"非遗"与旅游联姻，非物质遗产与节庆文化相结合，创造新的旅游产品，对非遗传播拓宽新渠道具有较重要的意义。

非物质文化遗产是一个不断发展变化的文化生态系统，"活态性"是其重要特征，它的保护需要来自文化主体对自身文化的保护意识、激发民众对它的感情和价值认知、全方位保护其赖以生存的空间，并且随着时代和环境的改变，吸取有利于自身生存发展的因素。民俗学家乌丙安先生提出：节日作为民俗文化空间，应是中国非物质文化遗产保护的重中之重，找到保护综合的大型文化空间活动的有效方法，已成为我国非物质文化遗产保护的重点和难点。瑶族也有自己的传统节日，它是民族文化的集中体现，是众多非物质文化因子的展示舞台和窗口。笔者认为，将二者科学合理地结合，既丰富了旅游产品的文化内涵，又为非物质文化遗产的传承提供了新动力。

一、非遗与节庆文化的关系

民族节庆旅游开发与"非遗"保护本质上是一种经济与文化的互动，二者互相作用、互相渗透、互相制约，共同发展。"非遗"与节庆的结合，或说是文化和物质载体的结合，是内容与形式、目的与方式的关系。

对"非遗"的保护，常规保护程序已面临困境，而科学合理的民族节庆旅游开发，是民族政治、经济、文化艺术、生产生活、宗教信仰、社会交往、民族心理等各方面的综合反映，是一种传承与创新的结合，它丰富了产品内涵，为"非遗"寻求到新的生存空间和土壤，充分发挥了旅游业和文化产业的双重拉动作用，在开发和保护之间形成良性的互动循环。如瑶族盘王节，流行于广西、湖南、云南、广东、贵州、江西等省（区），是瑶族人民居住地的传统节日，国家级非物质文化遗产之一。瑶族盘王节源自农历十月十六日的盘王节歌会，每逢这天，瑶民便汇聚一起，载歌载舞，纪念盘王，并逐渐发展为盘王节，现代的盘王节已逐步发展为庆祝丰收的联谊会，青年男女则借此机会以歌道情，寻觅佳偶。其过程首先就是敬奉盘王，祭毕，众人唱盘王歌，跳盘王舞、长鼓舞等。"盘王节"表现了瑶族人民对祖先的怀念和对美好生活的追求，作为历史悠久、分布广泛的大众节庆活动，集瑶族传统文化之大成，是一种增强民族向心力、维系民族团结的人文盛典。这一系列的节庆活动不仅体现了祭祀仪式、宗教信仰，而且还体现了交往礼仪、道德伦理、生活娱乐等多种节日内涵，积淀了深厚的文化底蕴。对旅游开发而言，体验这种富有积极意义的地方特色的节庆文化是提升瑶族地区旅游吸引力极为重要的方式。民族节日已经成为节庆旅游的重要内容，一方面，节庆类非物质文化遗产的节日狂欢特性与旅游行业的娱乐本质相吻合；另一方面，民族节日还是民族文化的集中展现，符合旅游业是一个带有很强经济特性的文化产业定性，即旅游本身也是一种非遗文化体验。

二、节庆是非遗传播的重要载体

非遗作为一个民族维系生存最重要的精神形态，其具有动态无形、活态流传、民间地域等特性，如何寻求新的途径保护传承一直是人们关注的重点，而旅游节庆活动以其政治经济、文化艺术、宗教信仰、生产生活等特性成为非遗传承、保护与创新的新土壤，"非遗"的无形性决定了其存在的形态，传承人作为文化载体必须借助于一定的时空条件才能再现遗产魅力。"非遗"保护不能仅仅局限于冰冷的陈列和单一的传习所,更应该创造环境对外展示交流,保证交流才能成为活性的文化。而节庆恰好提供了良好的平台。节庆期间,既提供了良好的时间和空间环境,又组织了一群观众,形成了一个有舞台、有演员、有观众的剧场。

瑶族地区除了共同的盘王节外,各个地区还有各类型的节日,如洗泥节、赶鸟节、歌堂节、牛节等,也是集中展示非遗的平台,为各种非遗提供了一个特殊的时空场所、文化空间。人们的衣食住行、仪式、信仰以及相关的文化艺术表现形式,均在节日中得到充分展现。如湖南江永洗泥节又叫苦瓜节,每年春耕忙种之后的农历五月十三,举办的农耕庆典活动,属于平地瑶民俗文化活动项目之一,主要活动在湘南边陲的勾蓝瑶古寨。相传洗泥节起源于唐代,流传于湘桂粤交界的100多个平地瑶村寨。洗泥节活动包含了勾蓝瑶优秀的建筑、饮食、婚姻、生产、生活、节庆等传统文化内容,她承载着勾蓝瑶人许多重大历史文化信息和原始记忆,她以一种潜移默化、寓教于乐的形式,来展示勾蓝瑶人的精神世界,表达着勾蓝瑶人对美好的理想、智慧与伦理道德的追求和向往,她所表现的内容与形式,对民族学、民俗学、人类学、音美学和历史学等学科具有杰出的研究价值,她是弘扬瑶族优秀传统文化和传承中华传统美德的重要载体,更是促进民族团结、构建平安和谐社会的桥梁和纽带。每年洗泥节期间,瑶民、游客都参加洗泥摸鱼活动,通过城堡迎宾、洗泥摸鱼、赏荷戏水、篝火晚会等节目吸引数万余名游客前来游玩,成为瑶族同胞祭拜、休闲、狂欢、联姻、联谊的盛大节日。

节庆活动也是人类服饰文化的集中展示,服饰本身也是非遗或非遗的重要载体。服饰里的非遗是一笔极为丰富的文化服饰资源。除了服饰本身,印、染、织、绣以及民俗甚至金工打造等传统工艺无不是附着于服饰而呈现给世人。节庆是随节令变换而产生的民俗文化事象,其形式多样,内容丰富,不仅涉及宗教活动、生产活动、社交活动和娱乐活动等领域,还包含了宗教文化、生产文化、饮食文化、服饰文化、娱乐文化等多种内容,而且节庆期间,民族文化的展示比平时更加集中和典型,许多平时没有的丰富多彩的习俗风尚、仪式、活动等民俗一并展现在当地的社会舞台上。

瑶族耍歌堂、服饰、刺绣、民歌、长鼓舞、猴鼓舞等非物质文化遗产的常态化舞台演绎,不仅使此类非遗的艺术可行性在节庆活动中得以展现,还使其文化的社会意义得到普遍认可。节庆活动中的舞台演绎环节依据声、光、色、形等多维因素的视觉和听觉创意空间,通过形象塑造、色彩渲染、节奏变化等方式可以对此类非物质文化遗产进行传承、传播和开发利用。同时,随着相关媒体报道,此类非物质文化遗产也逐渐被大众所认知和重视，这种大众性的认知和重视无疑激发了非遗传承人的传承信心、热情和身负继续传承的责任感，对非物质文化遗产的保护具有重要意义。如江华瑶族自治县打造的瑶族音舞诗《盘王之女》通过舞台展现，用 70 分钟的篇幅，向人们诉说了瑶族的昨天和今天，向观众解读千年瑶族文化的脉络，给观众留下了深刻的印象。

三、非遗极大地丰富了节庆内容

非遗可丰富旅游节庆活动的内容、创新旅游节庆活动的形式，实现文化产业与旅游产业的双重共赢。节日中民族传统文化的各种表现形式，如舞蹈、音乐、传统戏剧、竞技、传统手工艺、民俗活动等，是体现瑶族独特个性的主要标志和文化表现事象，在节庆旅游开发中往往作为旅游吸引物成为品牌产品。

随着民间节庆活动的开展和接待外来旅游者的需要，当地一些原先几乎被人们遗忘了的传统习俗和文化活动被重新得到开发和恢复，传统的手工艺品因市场的扩大重新得到发展；传统的音乐、舞蹈、戏剧等又受到重视和发掘；传统的民间服饰、饮食等又重现在人们面前。所有这些原先几乎被遗弃的民间文化不仅随着民间节庆活动的开展而获得新生，还成为其他旅游地区所没有的独特的文化资源。它们不仅受到旅游者欢迎，还使当地人民对自己的传统民间文化升华出了新的自豪感，从而有利于民族文化的保护和发展。

传统"非遗"技艺亦可为主角，如以技艺展示为主的"非遗"文化旅游节通过丰富多彩的节庆活动，就会吸引许多游客参与其中。

在市场经济体制下，市场发挥着决定性作用，衍生出多种消费形式和商品供应者。开展"非遗"节庆旅游的主要目的应满足前文所述现代"节庆"内涵，即达到两个重要目的，一是保护与传承；二是促进经济增长，塑造城市形象。如非遗技艺比赛、免费品尝美食、名店评选、历史人文美术书法摄影展、大型歌舞表演以及舞龙比赛和地方美食厨艺比拼等，活动尽显地域特色，充满浓厚的节庆味和旅游味。

四、非遗如何在节庆中传播

(一) 坚持原生态开发与创新利用

据统计，我国每年举办的各种节庆活动已经超过 5600 多个，绝大多数规模小、影响差、档次低，没有产生应有的社会效益和经济效益，主要原因是产品的文化内涵挖掘不够，活动项目拘泥于开幕式、招商会、洽谈会等表面形式，而忽视了真正的活动内容本身。在尽量保持当地民俗文化、历史文化、地域文化、民族文化等原汁原味的基础上，再进行主题化、情景化、互动化设计，将原生态文化与市场需求有机结合，为"非遗"传承提供动力。如古代用来祭祀的民间舞蹈和音乐，虽早已失去原有的宗教色彩，但开发过程中人们却把它当作一种传统文化接受下来，并且补充了新的元素，重新找回生存空间。"非遗"保护工作的指导方针是"保护为主、抢救第一、合理利用、传承发展"，对"非遗"的开发利用，要做到规划合理、措施得当、监管有力，在开发与保护之间建立可持续发展的长效机制，坚决制止任何违反"非遗"保护原则的短视行为，严防把"非遗"功利化、庸俗化和随意化，以免导致某种肤浅的异化现象发生，如山歌比赛中的语言庸俗化、黄段子化。也不能照抄照搬，破坏了文化的生态性和原真性。如有些地方，为使搬上舞台的民俗表演更具舞台表现力，一些导演和策划人便对当地民众进行各种"指导"，对节目内容和形式进行各种"改编"；还有些艺术专家教唱侗族大歌的民众用美声唱法，说是为了保护嗓子。这些做法在遗产学家看来，无疑对非遗的真实性和完整性造成了不同程度的破坏。急功近利地把民间古老而传统的生活方式舞台化、表演化，还会滋生另一种后果，那就是让非遗的主人——民众失去了生活的自在感和主体性。

（二）激发民众参与

承载"非遗"主要内容的民间舞蹈、戏剧、音乐、传统手工技艺、竞技体育活动等是在特定时空下发生的能动活动，当地群众是文化传承的主体，也是原生态文化的展示载体，离开人民群众的实际参与，"非遗"便失去生命之源，节庆活动的发展也失去了原动力。开发中，当地居民本身作为旅游吸引物和旅游资源所有者双重身份，有权最大限度地参与节庆活动策划、管理、运营的全过程，分享"非遗"开发带来成果的同时促进遗产的保护：百姓经济收入的增加，使"非遗"的传承与发展得到强有力的经济支持；"文化自觉"带来民族认同感和凝聚力，使文化主体得以重新审视自身的文化价值。

（三）利用节庆多形式传播非遗
1. 舞台展演
由于绝大多数传统表演艺术都依附于传统节日与仪式，因而舞台展演也就成了民间文学、表演类非物质文化遗产表现形式的重要载体。

2. 纪念品传播

如将瑶族八宝被、瑶绣、瑶服、剪纸等非物质文化遗产中包含的艺术元素、蕴藏的民族文化内涵以及实用功能在节庆纪念品开发制作过程中创新式嵌入，充分利用此类非遗的外在表现形态、内在文化内涵和不同的功能价值，通过节庆活动，增加游客对当地非遗的认识和了解。

3. 亲身体验

在保持其原生态的同时，增强游客的参与度和体验性；让游客以"当地人"的身份参与活动，可带给游客一个充满活力、文化氛围浓厚、情感深刻的体验，如将瑶族非遗之打油茶、瑶医瑶药之制作过程进行展示或体验。

非遗与节庆通过内容和形式上的有机融合、相互借鉴、互惠共生、互动发展，能够开发成最具吸引力的旅游资源。在实践中，我们既要反对过度开发、对任何遗产滥加利用的行为，又要反对以一种孤立、片面、静止的观点对待"非遗"，通过开展节庆和会展文化服务，让瑶族非遗文化在节庆中得到更好的传播。

粤港澳大湾区产业转移视角下
南岭民族走廊职业教育联盟构建研究

——基于湖南永州市的调查

◎ 周生来

【摘要】南岭民族走廊因地缘优势，抢得大湾区产业转移先机，必须改变观念、明确目标、携手合作、成立职教联盟、发展职业教育，为大湾区产业转移提供高质量的技术人才和劳动力队伍。

【关键词】南岭地区；产业转移；职教联盟

职业教育是南岭民族走廊经济发展的助推器，也是精准扶贫的八大战略举措之一。近年来，粤港澳大湾区产业向内地转移风起云涌，方兴未艾，作为内地的前沿、广东沿海地区与内地过渡地带的南岭民族走廊，要想赢得粤港澳大湾区产业转移的先机，必须创新体制机制，打破行政区域的界限，通过战略合作，实现教育资源的共享，构建南岭民族走廊职业教育联盟，促进职业教育和产业链的有机融合，从而最终促进南岭民族走廊的发展。

一、构建南岭民族走廊职业教育联盟的重要意义

"南岭民族走廊"是费孝通先生提出的中国三大民族走廊之一，以南岭为中心，包括赣、湘、粤、桂边界地区，这一地区生活着瑶、壮、苗、畲等10多个少数民族，近4000万人口。它是长江和珠江两大水系的分水岭，是连接中原和岭南的"桥梁"，也是我国通往西南以及东盟的桥头堡。进入新世纪以后，特别是近年来，粤港澳大湾区劳动密集型产业向内陆中西部地区转移的步伐加快，作

为过渡地带的"南岭民族走廊"要想在这一轮产业转移中占得先机，不仅要大力发展职业教育，着力培育适应企业需求的应用型技能人才，还要着眼于产业对接，建立区域协同创新发展机制，加强职业教育资源的集约共享，积极构建"南岭民族走廊"职业教育联盟，以服务民族区域经济发展。

（一）"南岭民族走廊"是承接大湾区产业转移的过渡地带，急需发展职业教育

在华南沿海地区，特别是以广州、深圳、香港、澳门为中心的珠江三角洲地区，经过 40 年的开放开发，经济建设取得了举世瞩目的成就，成为中国开放程度最高，经济活力最强的区域之一，是世界四大湾区之一。随着经济的进一步发展，2016 年纳入了国家发展战略，2018 年中央正式出台了《粤港澳大湾区发展规划纲要》。但是，现阶段粤港澳大湾区正面临着发展的空间有限，环境污染严重，劳动力成本和土地使用价格逐年上升等问题，产业需要进行全面升级，原有的大量劳动密集型产业和制造业会逐渐向内地转移。作为最靠近大湾区的"南岭民族走廊"要想抓住这一机遇，不仅要在思想观念、政策优势、基础设施等方面形成"洼地"，还必须在提高劳动力素质上加大力度，作好准备，只有进一步加强职业教育，努力培养大量的技术人才和高素质劳动力队伍，才能满足企业需求，迎接大湾区劳动密集型企业的内移。

（二）"南岭民族走廊"职业教育基础薄弱，急需发展职业教育

近年来，由于国家越来越重视职业教育，"南岭民族走廊"职业教育有了长足的发展，但仍然存在许多问题。主要有：一是对职业教育的重要性认识不足，重视不够。民族地区的相当一些政府部门甚至一些市、县、区的主要领导对职业教育在区域发展中的重要性认识不足，在高考指挥棒下，重普教轻职教，重奖高考有功之臣，而视职业教育可有可无。在社会上受"学而优则仕"封建传统观念的影响，除了高考上大学，家长和学生宁愿务农或外出打工，也不愿意上职校，造成民族地区职校招不到学生，影响职业教育发展。二是经费投入不足，办学条件参差不齐。由于职业教育需要一些普通教育没有的特殊设施和环境，如实验场所、实习基地等，其投资成本应为普教的 2.6 倍，但从总体上看，职业教育的财政投入远比不上普通中学，永州市现有高职院校 2 所、中职学校 26 所、其中，公办 14 所，现有教职工 4404 人，在校学生 63148 人。前些年，普通中学财政拨款的教职员工经费为 100%，而中等职业学校只有 85%。职业学校的建设和公用

事业经费也基本上没有财政拨款，很多县"城市教育费附加的 30% 用于教育"的规定也没有完全落实，个别县连上级拨付的职教专项经费也挪作他用。由于财政投入不足，造成民族地区职业教育办学条件滞后，很多学校负债严重，制约了职业教育的发展。三是专业设置不能适应民族地区经济和社会发展的需要。由于编制不足，专业教师严重短缺，"双师型"教师更是缺乏，直接导致专业设置不合理。据对蓝山、江华、江永 3 所职业中专的专业统计：一、二产业数量不足，农科专业受冷落，第三产业类热门专业开设过多，专业重复现象严重，缺乏民族特色专业。特别是没有立足本地经济发展设置适应的特色专业，如与南岭地区的地形和气候相适应的主要经济作物乃至主导产业茶叶、烟叶、中草药、水果等培植、加工，以及民族文化、民族旅游等专业。这样，既影响了学校的办学水平，又影响了政府办职业教育的热情。

（三）构建南岭民族走廊职业教育联盟有利于加快南岭民族地区经济社会发展

成立南岭民族走廊职业教育联盟，是不断深化教育体制改革的必然产物，也是职业教育服务市场经济，走开放式发展路子，适应世界经济一体化发展的必然趋势。其作用主要表现在：一是可以让南岭民族走廊的职业教育信息资源共享。南岭地区靠近大湾区，应该都是产业转移的桥头堡，但产业转移肯定有先有后，有多有少。成立职业教育联盟，一方面，有利于区域内的学校互相交流、连锁互动、互补发展，通过信息交流，以强带弱实现经济乃至人才的流动互通，促进区域内资源的互补。另一方面，有利于南岭民族走廊职业学校与企业"供需结合，相互依托，资源共享"，通过校企合作，实现共赢。二是可以进一步推进和完善南岭民族走廊民族职业教育体系。成立南岭民族走廊职业教育联盟，实现区域内职业教育集团化办学，不仅可以增强资源的合理配置，提高区域内职业教育联盟的凝聚力，促进职教规模的发展和质量的提高，还有利于促进区域内中职和高职的协调发展，进一步优化职教结构，完善职教体系，促进民族职业教育的协调发展。三是可以推进产学研结合，提高民族地区职业教育服务经济发展的能力。成立职业教育联盟，有利于职业教育以市场为导向，推动产学研结合，实现学生学习与就业一体化。一方面，学校可以提高招生的目的性和教学的针对性，从而提高学生的整体能力和水平。另一方面，企业可以直接获得学校的智力支持，劳动力的稳定来源，提高人力资源的整体素质，从而提高职业教育服务民族地区社会经济的能力。

二、构建南岭民族走廊职业教育联盟的有利条件

（一）人文生态环境相同

南岭地区开发历史悠久。早在旧石器时代，人类已经在这块土地上繁衍生息。舜帝南巡葬于九嶷，说明当时南岭地区，至少岭北地区已置于中原疆土之内。秦始皇为打破南北阻隔，征服越族，令戍卒修建连接湘漓二水的灵渠，并沿五岭开辟"峤道"。汉武帝遣兵攻击南越后，元鼎六年（公元前 111 年）设零陵、苍梧、桂林等郡，管辖五岭西边（今广西东北边，湖南西南边）的广大地区。至此，整个南岭地区便如唇齿，一脉相依，历史进程如出一辙。特别是自唐宋以后，南岭地区成为瑶族的主要居住和活动区域，并在长期的历史进程中，形成了比较独特的南岭瑶族文化。同时，南岭地区的教育包括职业教育也有一定的基础。每个市都有 1—3 所高职院校，每个县均有 1 所公办中职学校，有的中职学校规模还比较大，办学条件也日趋改善，有的专业还有一定的特色，质量也在不断提高。

（二）产业结构相似

南岭民族走廊由于地处湘、粤、桂、赣四省边界，远离行政中心，长期以来农业经济占主导地位，改革开放 40 年来，工业化进程加快，二、三产业，特别是工业发展势头强劲，但工业化进程仍处于初级阶段。同时，近年来，南岭民族走廊第三产业发展迅速，在产业结构内的比重逐年上升，但带有明显的初级特征，传统的餐饮、批发零售贸易、房地产等占的比重大，科学研究及技术服务等比重不够。

（三）战略机遇相同

南岭民族走廊面向粤港澳大湾区经济发达地区，位于我国东、中、西三大经济板块的结合部，是沿海经济发达地区沟通内陆腹地的桥梁，区位优势明显。而且区域内很多的县市属"老少边穷"地区，身份独特，享有众多的优惠政策。这些优势，使南岭民族走廊在粤港澳大湾区的产业转移中首当其冲，得先天之利，抢得沿海发达地区产业转移的先机，成为最早的承接地。

（四）交流交往密切

南岭民族走廊相同的地缘关系和文化渊源为区域内交流交往提供了便利。长期以来，区域内民间的经济交往密切，不仅合作开发、联合和独资办厂的越来

多，如合作开发水电、矿产，边界贸易也异常活跃，特别是文化交往十分频繁，如区域内的 7 个瑶族自治县两年一届轮流举办瑶族盘王节，进行瑶族文化交流。同时，区域内市、县党政领导来往也非常密切，各级党政部门经常互相走访，交流学习，取长补短，增进了团结，加深了友谊，关系十分融洽。这些都为区域内职业教育的交流和互动打下了坚实的基础。

三、构建南岭民族走廊职业教育联盟的目标定位和合作内涵

（一）战略定位

根据南岭民族走廊的职业教育基础和产业结构特点以及人才队伍需求，可以把南岭民族走廊职业教育联盟的目标定位确定为：通过区域内市、县政府领导，职业学校主导，企业参与，建立一个有效运转的职业教育合作交流机制，从而形成南岭民族走廊职业教育特色专业优势，在区域内共同培养一支适合大湾区产业转移需要的人才技术和产业工人队伍，最终服务南岭民族走廊产业结构的调整和民族地区经济的快速发展。

（二）合作内涵

1. 专业互补

专业设置是职业院校与社会经济发展的重要接口。可围绕南岭地区得天独厚的资源优势和生态优势，在联盟内开展合作办学，开设差异化课程，如以产业调整为导向，大力发展新型工业化、农业产业化和现代服务业等专业。永州市被誉为"长江以南名优果蔬最佳发展带"，"永州之野"成为首个市级农业公用品牌，职业院校可联合企业开办食品专业，联合院校的学生在一所学校注册后，可选修其他学校课程，成绩合格后在联盟内各校互认，从而实现院校间专业互补，行业企业的紧密合作。

2. 师资互聘

建立联盟内专业教师，特聘兼职教师，实习指导教师三支队伍资源库；创新师资管理模式，围绕专业建设，建立网络健全、结构优化的专兼职教师队伍，积极开展联盟成员间教师互聘，校企间双向兼职，相互渗透，即各院校教师互相流动任职，企业专家可以进课堂，专业教师可以进企业，从而达到自主的、相互联络的、共享共赢的网络化师资管理模式和师资共享合作的目标。

3. 学术互通

职教联盟内各院校、各企业、各实习培训基地要加强学术研究，提升学术水平。

可以通过向相关单位开放共享各类科研资源，建立跨学科、跨部门、跨行业、跨学校的科研团队，定期交流，互通信息情报，也可以联合申报和承接各类科研与社会服务项目，联合开展科技攻关以及各类产学研活动。同时也可以借助联盟平台，更多地开展与区域外以及国际的交流与合作，进一步拓展空间与渠道，提升区域内科研创新能力和职业教育办学质量和水平，更好地为区域内产业调整和经济发展服务。

4. 人才互用

一方面，可以利用联盟的优势沟通用工信息，畅通用工渠道，实行用工以及紧缺技术人才的合理流动或者临时性用工帮助。另一方面，可以依托联盟的优势，合理配置，直至开发就业岗位，为区域内技能型人才资源拓展就业服务。这样有利于联盟内各单位用工和求职的信息共享，减少用工单位的用工成本。同时，也有利于职业院校毕业生利用联盟建立的信息共享平台和共用的就业渠道求职、就业，从而提高联盟内职业教育人才培养的使用效率和成效。

四、构建南岭民族走廊职业教育联盟的主要措施

（一）提高认识

1. 区域内各级领导要树立"抓职教就是抓经济"和"产业发展要靠数以万计技能型人才支撑"的观念，充分认识职业教育在整个教育结构和布局中的重要位置，把职业教育与产业结构调整捆在一起，坚持"普教为先，职教为重"的教育发展思路，加快建立与区域经济相适应的现代职业教育体系。

2. 区域内社会各界要转变传统观念，充分认识职业教育在推动经济发展，实现脱贫致富中的重要作用，使"尊尚一技之长，不唯学历凭能力"成为全社会的共识。让越来越多的学生就读职业学校；越来越多的外出务工人员回乡参加职业技术培训，持证上岗就业。

3. 区域内各职业院校，劳动密集型企业要改变长期自我封闭，单打独斗的现状，主动适应形势的变化，产业的需要，积极推动区域内办学资源的整合优化和校企校地的深度合作，组建以专业为纽带的南岭民族走廊职业教育联盟，努力推进职业教育规模化，形成区域内职业教育发展上的整体优势，全面提高服务民族地区经济社会发展的能力和水平，大力推进民族地区经济社会发展。

（二）做好规划

南岭民族走廊区域内涉及四省七市80多个县市区，要构建职校联盟必须规

划先行，循序渐进。可由市县政府统筹，发改、工信、教育、农业、科技、人社、民族等部门、单位牵头，吸收职业学校、用工企业等参加，拿出各地各行业的规划方案。主要包括如下内容。

1. 产业结构调整规划

各市、县（区）发改、工信等部门必须立足本地发展实际，结合"十四五"规划纲要，认真做好区域内产业结构调整发展的规划，如针对大湾区产业转移的规律，规划好电子、轻纺、农产品加工、文化旅游等产业发展蓝图。这是南岭民族走廊职教联盟的基础和龙头，必须先行规划好。

2. 职业教育发展规划

市、县（区）教育部门要根据产业调整的需求，拿出各地职业教育发展规划。规划中要注重突出产业转型升级中对人才、技术的需求；要立足区域内职业学校的优势和不足，结合本地资源禀赋，规划好职业教育当前发展目标和远景发展蓝图。

3. 人才培养规划

市、县（区）人社部门要联合科技部门根据产业和人才需要，按照"顺应产业需求、符合岗位实际、服务学生发展"的原则，积极探索"工学结合、校企一体"的人才培养模式，认真规划区域内人才培养、社会培训、校企结合等模式和途径，努力提升南岭民族走廊人才培养质效。

4. 联盟合作规划

各市、县（区）政府要打破区域内职业教育自成体系、自我封闭、专业重复、资源浪费的现状，采取共享、共建、合作等形式，不断构建并完善形式多样、深度融合、互利共赢的合作模式，可规划几个不同阶段，使职教联盟合作由浅入深、由单一到全面。联盟内可成立数个专业合作委员会，采取自愿原则，成熟一个发展一个，不断推动联盟的发展，最终形成区域内职业教育发展的整体优势，共同迎接大湾区产业转移大潮。

（三）构建机制

南岭民族走廊职业教育联盟是一项跨区域的系统工程、涉及的领域广、部门多，必须构建一个科学，有效的工作机制。

1. 政府要成立机构来推动合作

一方面，区域内各市、县、校、厂积极行动，可由政府分管教育的领导，院校分管业务的校长和企业高管组成领导小组，具体负责联络工作。另一方面，在政府主导、行业支持下，由学校倡议发起，成立联盟筹备工作机构，主要开展区域内资源条件调研，合作要求分析，草拟联盟章程草案，以及做好联盟成立大会的各项准备工作，启动联盟成立的诸多事宜。同时按照联盟合作的内容和职责，组建联盟的领导机构和办事机构。首先是在联盟成立大会上选举出理事会，以研究制定联盟合作计划和发展规划，组织实施各项工作目标和任务。然后由理事会决定联盟的办事机构——秘书处，负责处理和协调理事会决定的具体工作的落实以及日常工作运转。

2. 构建合作平台

这些平台包括：政策沟通平台，产业对接平台，资源共享平台，人才培养平台等。构建政策沟通平台主要是打破各省、市、县（区）体制形成的政策壁垒，为区域内职业教育合作提供政策支撑。构建产业对接平台主要是深化区域内职业教育与产业发展的有效对接与沟通，避免专业设置的盲目性和对接产业发展上的低效，使产业需求和职业教育办学更直接地融合。构建资源共享平台主要是深化区域内现有办学资源的整合和共享，克服民族地区教育经费不足的矛盾，更好地发挥区域内职业教育办学资源的使用效益。构建人才培养平台主要是让人才培养与岗位需求实现无缝对接，从而降低行业企业的用人成本，提高区域内人才培养的质量和效益。总之，构建平台，可以推动区域内职业教育的资源共享和品牌集聚，从而提高职业教育对区域经济社会发展的贡献率。

3. 构建合作机制

主要包括就业机制、校企合作机制、社会服务机制和联席会议机制等。要根据区域内产业结构状况确定专业和课程，按照就业状况确定规模和招生人数，看菜吃饭，量体裁衣，畅通毕业生就业渠道，统筹联盟内学校间招生与就业的运行。要以学校为主体，行业指导，企业参与，构建一个开放办学的体制机制，企业要积极主动对接学校，沟通人才需求信息，学校根据企业人才需求和自身师资条件确定专业设置，学校领导和教师以及企业专家、管理人员可以采取座谈、调研、挂职等形式，互相拜师学艺和切磋技艺，逐渐形成有效的运行机制。区域内各学校可根据社会需求，独自或联合为社会、企业提供内部培训、管理咨询、应用研究等服务，努力实现联盟内学校与社会合作的良性互动。要坚持边合作、边实践、边研究，积极探索构建一个有各市、县（区）、学校、企业负责人参加的联席会议制度，轮流坐庄，定期开会，讨论确定联盟的发展方向、主要目标、重大事项，解决联盟合作过程中遇到的困难和问题，不断完善合作模式和运行机制。

江华民族教育督导工作的内容和作用

◎ 鄢玉婷

【摘要】近年来，江华瑶族自治县"美丽校园、幸福师生、理想教育"民族教育品牌发展体系的"江华模式"初步形成。教育督导如何在江华民族教育品牌的形成、定型、品牌影响力形成过程中起到强大的推动作用，是江华县域教育发展过程中，督导工作的一份责任和光荣使命。

【关键词】美丽校园；幸福师生；理想教育；教育梦

湖南省永州市江华瑶族自治县地处湘、粤、桂三省（区）结合处，全县总面积 3248 平方千米，共辖 16 个乡镇，总人口 54 万。有瑶、汉、壮、苗等 24 个民族，其中，瑶族人口 37.5 万，占全县总人口的 69.4%，是全国瑶族人口最多、湖南省唯一的瑶族自治县。是国家扶贫开发工作重点县、湘西地区开发县、革命老区县和全国重点林业县。2019 年，脱贫摘帽。党的十八大以来，在习近平新时代中国特色社会主义思想指引下，在实现中华民族伟大复兴中国梦的感召下，江华县委、县政府坚持把教育作为最大的民生来抓，民族教育事业呈现良好发展态势，但因前期"欠债"太多，前进的道路举步维艰。为尽快摆脱困境，并认真贯彻落实"美丽中国""幸福中国"的国家发展策略，2013 年初，县教育局领导班子拟定"美丽校园、幸福师生"的民族教育发展构想。为进一步巩固改革和发展的成果，又于 2017 年丰富和补充了"理想教育"的理念。于是，一个"美丽校园、幸福师生、理想教育"民族教育品牌发展体系的"江华模式"初步形成。

教育督导，特别是校内督导工作，如何在"美丽校园，幸福师生，理想教育"江华民族教育品牌的形成、定型、品牌影响力形成过程中起到强大的推动作用，是江华县域教育发展过程中，督导工作的一份责任和光荣使命。

一、督什么

(一) 美丽校园：硬件建设是否落实

1. 基础设施项目建设

根据全系统的年度计划，安排的重大基础设施项目建设，比如标准化食堂、普通高中大班额化解、学生宿舍、教师公租房等项目建设和学校的维修改造等。

2. 园林型校园创建

一是绿化率是否达标，是否做到"四季见绿、四季有花"。二是校园文化与校园绿化是否融为一体，在园林中育人。三是争创省市园林式单位工作推进是否顺利。四是学校靓化工程建设，是否体现校园文化和办学特色，与环境相得益彰。

3. 校园智能化工作

一是管理智能化，建立县教育局与中小学智慧办公系统，形成全县教育系统考勤审批、人事管理、文件审批、会议、安全、工作汇报等智能化、平台化和全程电子化管理生态，提高办事效率。二是教育教学智能化，对班班通设备进行升级改造或替换，全面接入互联网，充分应用好网络资源平台开展教学。

(二) 幸福师生：师生的学习生活是否快乐

1. 突出以"三个第一"为引领

（1）推进校长第一工程。一是补钙工程。学深悟透笃行习近平新时代中国特色社会主义思想，特别是习近平总书记对教育的重要论述和全国教育大会精神，扎根中国大地办教育。要在办什么样的学校、培养什么样的人、打造什么样的教师队伍上求突破。二是读书工程。每位校长每个学期要深入阅读一定数量的书籍，并每月有读书心得或读书笔记，学以致用。三是反省工程。每位校长每周要撰写工作心得并按要求上交。四是论剑工程。每期举行两次以上校长论坛，每位校长要围绕主题，结合本校的工作实际，探讨交流。五是培训工程。围绕校长六大专业标准，扎实推进校长高端研修培训、校长网络研修；发挥名校长示范辐射作用，建立学习共同体，让相同发展方向学校的校长组成团队。六是听评课工程。引领校长聚焦"主业"，深入课堂，每期举行一次校长听评课活动，有针对性、整体性提高学校课堂教学水平。七是校本研训工程。在抓实教育教学常规的基础上，引领学校开展校本研训，提高教师素养，提高课堂效率，提升教育教学质量。

（2）推进教师第一工程。一是推进师德师风建设工程。各校（园）必须制定教师行为规范，且教师能入脑入心；各校对照九个"是否"，分学校、分教师个人每月建立教师负面清单，开展自查自纠；各校必须对照九个"是否"，设立举报电话，加强整改；各校每月必须评选出师德标兵、教学标兵，并张榜公布；师德师风督查常态化，加大问责力度；建立教师准入、评先评优、职称评定、师德失范"一票否决"制。二是推进教师素养提升工程。根据《课程标准》要求及现代教学前沿理念，结合我县课堂教学实际，制定《江华瑶族自治县课堂评价标准》，根据此标准对全校教师的课堂进行量化评价，打造规范、示范、名师"三级课堂"。三是推进教师待遇保障工程。落实中共中央办公厅、国务院办公厅《关于减轻中小学教师负担进一步营造教育教学良好环境的若干意见》精神，切实为教师减负。校（园）长要切实履行好教师培训工作第一责任人的责任，把培训作为教师最大的福利；各学校（园）除派员参加上级安排的各类培训外，要有系统性、可持续性、精准的教师培训方案和措施，特别突出在课堂中锻炼人、培养人。

（3）推进微团队建设。在全县教育系统集中一批优秀专业人才，成立教学协作片区一体化、校长沙龙、师德涵养、班主任、课堂改革、心育、校园文化、大阅读、大合唱、吟诵活动、足球、新高考研究、德育工程、家庭教育等专业研究微团队，围绕怎么教好、学好、管好，出台规划和实施方案，明晰研究方向和目标任务，每个微团队要重点打造一个基地校。同时，鼓励和支持学校营造教育改革创新的浓厚氛围，各学校结合实际，确定1至2个改革创新项目，制定可行性方案报教育局审定后实施。

2. 树立大质量观，推动高质量发展

一是坚持立德树人。让普通话成为校园语言，做到人人会说一口流利的普通话。积极推进汉字的规范化，做到人人能写一笔规范的汉字。增强"四个自信"，做到人人乐讲一个动人的中国故事。强化爱国主义教育，做到人人能唱一首激昂的爱国主义歌曲。增强文化自信，做到人人能分享一个喜爱的中国传统节日。二是全面提升教育教学质量。克服幼儿园教学"小学化"倾向；牢固树立"得课堂者得天下"的意识，狠抓教学常规和校本教研；狠抓实验教学和智慧课堂。确保公办幼儿园幼儿数，小学阶段入学率、巩固率，初中阶段入学率、巩固率，高中阶段毛入学率达到省定标准。三是大力推进学校体育工作。建设体育高效课堂，注重阳光体育活动的实效性，确保学生每天1小时锻炼时间；要培养学生体育特长，让每一位学生都熟练掌握1至2项终身受益的体育运动技能；要注重体育中"育"的功能。四是大力推进学生审美（艺术）能力提升。以艺术课程为主阵地，以审美和人文素养培养为核心，完成好学校美育课程目标。结合校园文化，上好音乐、美术课。通过绘画、书法、舞蹈、戏剧、影视等课程，开展丰富多彩的艺术活动，每名学生在校期间有一项艺术特长，真正做到以美"育"人。五是积极探索劳动教育。积极组织学生参加家务劳动，有条件的学校要建立学生劳动基地，因地制宜组织学生参加校外劳动。将劳动教育纳入学生的综合素质评价。真正实现在劳动中"育"人。六是大力推进家庭教育。建立健全家长学校、家长委员会、家长会等机制，密切家校合作；开展"书香飘万家"家庭亲子阅读活动；开展中华优秀传统文化进万家活动；开展"家长持证上岗"等活动。

（三）理想教育：办和美民族教育

1. 落实"五个回归"

一是回归主业主责——教书育人。把教书育人作为学校工作的中心，学校要落实每一位教职员工教书育人的具体职责和考核办法。把质量提升作为学校发展的核心，各校要认真贯彻《关于全面深化大质量观下的中小学教育教学质量综合评估改革的实施意见（试行）》。二是回归教育本质——培养人。认真落实《江华瑶族自治县教育局关于进一步树立大质量观，推进中小学高质量发展的实施意见》，践行好"用品质影响学生，用灵魂孕育学生，用生命润泽学生，用担当造就学生"的思想，培养德智体美劳全面发展的社会主义建设者和接班人。三是回归教育主阵地——课堂。要把"上好每一堂课"作为每位教师的价值理念，抓实教育教学常规管理，推动课堂改革。四是回归教育根本方法——因材施教。牢固树立以教师为主导、学生为主体的课改理念，面向全体学生，因材施教，调动每一位学生的学习积极性。强化教师在教学内容的确定，教学方法的选择，评价方式的设计上体现"自主、合作、探究"的学习方式；每位教师务必认真落实教学堂堂清、天天清、周周清、单元清。五是回归教育关键——教师队伍。进一步在培养教师的理想信念和提升教学技术上下功夫。让教师明白"为谁培养人、培养什么人、怎样培养人"，全身心投入到教育教学，享受职业、奉献事业。

2. 全面推进"一校一品、一班一特色、一师一专长、一生一特长"

学校的主体文化要与学校的育人目标一致、与学校的发展一脉相承，要有逐步完善的课程体系。班级的特色文化要清晰，深受学生的喜欢，能极大地促进学生对班级的热爱。每位教师有自己的专长，并能在引导学生积极上进方面有极强的感染力，同时帮助自身专业成长。每位学生都乐意发展自己的特长、展示自己的特长，促进自身德智体美劳全面发展。

3. 坚持党对教育工作的全面领导

全面夯实"五化"基础建设，扎实推进"不忘初心、牢记使命"主题教育制度落地落细。切实加强党的政治建设，推动党的建设与师德师风建设、德育工作、教育教学相融合。坚持全面从严治党，建立健全纪检监察机制，尝试开展内部巡察，狠抓作风建设，严查"四风"问题，推动"三个专项整治"向纵深推进，对腐败问题"零容忍"。

4. 形成教育合力

学深悟透《江华瑶族自治县加强未成年人教育管理实施意见》文件精神，进一步完善政府、学校、社会、家庭联动机制，形成教育合力。定期协调相关部门，坚持教育与整治相结合，在法治教育进校园及各专项整治教育活动取得明显成效。突出未成年人驾驶机动车辆，特别是超载飙车行为的整治，在防溺水安全专项教育、防欺凌教育、预防未成年人性侵害和性犯罪等领域有明显成效。创新家校共育联络机制和方法。在如何让学校、教师的声音及时有效传达给家长，如何培养家长良好家庭教育方法等方面有新的突破。

5. 发扬"真干、苦干、拼命干"江华教育精神，办和美民族教育

江华民族教育近年来健康、稳健、和美发展，在全省乃至全国有了一定的位置。在人民群众对优质教育的迫切需求和当前教育发展不均衡的背景下，我们将继续以"真干、苦干、拼命干"的江华教育精神，朝着"美丽校园，幸福师生，理想教育"江华民族品质教育梦的方向，探索、实践更适合江华、符合发展规律，从个人、家园、国家三个层面展开，为生命打底、为乡愁寻根、为和美铸魂的"三为教育"。

二、怎么督

(一) 突出两个作用

1. 突出对学校领导的参谋和助手作用

根据学校教学改革进程中的热点、重点问题组织专题调研，发现带全局性和带倾向性的情况和问题，及时向学校领导和管理职能部门提供情况、信息，为教学工作出谋划策，提出可行性建议，作为学校领导决策的参考和依据，起到参谋和助手作用。

2. 突出对教师的督导和指导作用

教学质量的高低，关键由教师的素质和教学水平决定。教学督导就是要督促指导、关心激励教师尤其是青年教师不断成长和逐步走向成熟。督导人员深入课堂听课，观察课堂中教师与学生的教学活动，及时了解教师的教学现状，听取学生反馈教学效果。在评教活动中，坚持实事求是，公正评价，重在鼓励，催人奋进。对教师要防止冷漠挑剔，注意挖掘和发扬积极因素，帮助其总结、推广点滴

经验，发现存在的问题和困难，要以与人为善的态度，共同研究改进和提高教学的措施，提供指导性服务。通过听课评教帮教等督导活动，倡导良好的教风，促进教师端正教学态度，熟悉教学业务，规范教学过程，改进教学方法，培养教学能力，提高教学水平，从而达到调动教师积极性和提高教学质量的目的。

（二）处理好两个关系

1. 督与导的关系

在督导过程中要做到督与导结合，以督促导，以导为主。首先从检查、督促入手，督是一种压力，但督中有导，着力于正面指导和引导，化压力为启动他们内在的动力，促进教学工作不断发展。

2. 督导与领导的关系

在督导活动中，要坚持做到督导不领导，到位不越位，沟通不作主，帮忙不添乱，及时向领导反映情况，提供咨询，提出建议，献计献策，当好领导的参谋、顾问。

三、结果如何利用

（一）推动顶层设计

加强专项督导、综合督导、质量监测和重点民生实事项目建设督导等工作，继续推进城乡教育一体化发展，促进县委、县政府、人大、政协主要领导和其他县级领导带头调研教育工作和各部门单位到定点联系学校办实事制度的进一步完善，形成人人关心教育，人人支持教育发展的强大合力。

（二）营造教育公平环境

通过督导评估，推动江华教育形成"学校共同发展、教师共同进步、学生共同成长"的良好局面。

（三）打造特色

推动"一校一品"的打造，在成就师生的同时，学校内涵发展和办学品位也得以提升。推动四声校园、五型六化、六创联动、心理健康教育、瑶族文化进校园、大阅读等活动，提升江华教育的"颜值"，让校园成为学生健康成长的"乐土"，成为学生最向往的地方。促进全县学校、幼儿园形成各具特色、齐头并进的良好局面。

云南跨境民族农业科技合作与交流研究

◎ 赵胜男

【摘要】在"一带一路"发展背景下，云南跨境民族地区农业科技合作与交流不断深化，在双、多边合作机制下取得显著成效，但其中还存在一些问题亟待解决。本文通过分析云南跨境民族地区农业科技合作与交流的区域特点、生态屏障、少数民族独特性等方面，提出一定的解决思路和实质性建议。以期共同构建全方位、宽领域、多层次、高水平的新型农业国际合作关系。

【关键词】"一带一路"；跨境民族；农业科技；合作与交流

农业科技创新是现代农业发展的核心标志，每一次农业科技的重大突破，都是农业发展的新飞跃。自"一带一路"倡议提出以来，国家间农业合作成为沿线国家共建利益共同体和命运共同体的最佳结合点之一。《共同推进"一带一路"建设农业合作的愿景与行动》中指出，要兼顾各方利益和关切，积聚各国农业发展优势，充分挖掘合作潜力，构建相互依存、互利共赢、平等合作、安全高效的"一带一路"新型农业国际合作关系。

农业科技对外交流与合作对推进我国农业科技进步、促进农业发展发挥着重要作用。我国农业历史悠久，农业资源丰富，农业人口众多，"一带一路"对农业的推动让中国农业依靠科技创新实现了"走出去"。以农业科技交流合作为先导，构建全方位、宽领域、多层次、高水平的新型农业国际合作关系。随着国家"一带一路"的建设，云南紧紧围绕面向南亚东南亚辐射中心建设推进，积极开展农业科技国际合作，不断拓宽合作领域，开辟合作渠道，创新合作方式，由于独特的地理位置，云南跨境民族农业合作的重要意义和独特性进一步凸显，跨境地区少数民族农业科技的发展也成为云南农业科技发展的重要组成部分。

一、云南跨境民族的农业生产及其特殊性

(一) 云南跨境民族分布状况

跨境民族既是生活和居住在国家边境线两侧的同一个民族，也是同一民族跨边境线居住在不同的国家。同一民族在习俗、文化、语言等方面基本相同，在文化、经济发展过程中保持着密切的联系。云南省地处祖国西南边疆，是我国少数民族种类最多的一个省份，也是全国边境线最长的省份之一，西部与缅甸唇齿相依，南部和东南部分别与老挝、越南接壤，共有陆地边境线 4061 千米，8 个州（市）的 25 个边境县分别与缅甸、老挝和越南三国交界，主要分布有瑶族、彝族、哈尼族、景颇族、傈僳族、拉祜族、佤族、德昂族、怒族、独龙族、回族、布朗族等少数民族。同时，云南跨境民族的分布还存在一个显著的特点，即大部分跨境民族都在国界两侧相邻而居，村寨相连，由于民族同根、文化同源的历史渊源，以及语言相通、生活习性相近的原因，边境地区少数民族彼此之间有着更密切的交往和深厚的友谊，探亲访友、通婚互市、节日聚会等民间交往从未间断，相互为邻，相互为善。由此，云南边境地区的发展与跨境民族的生产生活有着十分密切的关系。

(二) 云南跨境民族农业生产状况

云南作为"一带一路"南段沿线中的重要节点地区，被定为"面向南亚东南亚辐射中心"，与越南、老挝、缅甸山水相连，与泰国、柬埔寨、马来西亚相邻，经济、社会发展形成了深刻的相互依赖关系。云南在对外开展农业科技合作上有地理上的优势和条件，云南正以农业科技为引领，潜移默化影响着跨境民族地区农业科技的发展。

云南跨境民族农业有较好的区域优势，已开启了多个跨境农业与农业科技合作项目。先后与缅甸、越南、老挝成立了农业培训中心、农业科技示范园、农业科技示范培训中心以及农业研发中心等跨境合作平台，立足热带农业，在边境地区开展粮食、热带经济作物等种植合作，可以说，云南跨境地区农业发展已经形成了"两个市场、两种资源"的现状，云南省农科院选育的大豆、陆稻、小麦、杂交水稻、马铃薯、甘蔗、柠檬等一大批具有云南特色和优势的作物品种已被老挝、缅甸、越南等东南亚国家引进并示范推广，还有橡胶、木薯、茶叶、咖啡、草果等其他作物也有相当规模。农业科技跨境合作对边境的经济发展、生态屏障、和平稳定具有重要意义。近年来，随着国际合作水平的不断提高，云南对外

农业科技方面的合作也正加快步伐。

几年来，与老挝、缅甸接壤的西双版纳州勐腊县利用生态资源和区位优势，促进全县农业向开放农业方向发展，积极打造"景洪—勐仑—磨憨"生态农业景观带和休闲农业、民族农业农耕示范建设，通过科学的规划制定了农业科技推广项目实施计划，引领开放农业的可持续发展。

（三）云南跨境民族农业生产的特殊性

澜沧江、湄公河次区域将云南与流域内的缅甸、泰国、老挝、柬埔寨、越南连接在一起，是云南对外合作所具有的得天独厚的地缘优势和区位优势。以农业技术与品种为内容的跨境农业合作是云南跨境民族地区农业"走出去"的基本方式，"一带一路"的发展加快了边境口岸建设和开放，为云南跨境农业合作带来难得的机遇。

云南跨境民族种类多，其中还包括直过民族，农业技术的发展受民族传统和地区自然条件影响，具有浓厚的民族地方特色，农业技术水平差别很大，发展参差不齐。农业科技工作总体水平不高，关键技术自给率低，核心竞争力不强，先进适用的技术还未能"进村入户"，成为大部分境内少数民族和民族地区经济社会发展的瓶颈。

缅甸、老挝、越南作为传统的农业国家，农业在国民经济中占重要地位，但是农业基础设施差、设备陈旧，农业技术水平大多较为落后。云南跨境地区因多为少数民族聚居的高山区，地理条件、民族文化差异等因素也阻碍了先进农业科技的传播。农业科技交流与合作涉及深层的文化交流与社会认同，使得当地少数民族群众保持更为谨慎的态度。另外，跨境接壤的国家政局变化导致农业产业政策可持续性差，加大了云南跨境农业科技走出去的风险，地区的安全和稳定直接影响了农业科技合作的质量和效率。

总体而言，云南跨境民族地区农业科技并不发达，制约跨境农业科技传播与发展的因素有很多，农业技术交流程度还处于较低水平，思想认识不足、交通设施来往不便、环境污染加剧等，亟须调整发展思路、转变策略。

二、云南跨境民族农业劳动力合作与交流状况

（一）民间农业劳动力合作

云南边境地区跨境民间劳动力的流动已经成为普遍的现象，劳动力流入的动

力主要源于国家经济发展的优势，由于国内人口老龄化、劳动成本的增加，跨境劳动力的流入成了云南跨境地区劳动力的重要补充。

民间劳动力的流入具有自主性和随意性，基于族群认同，大部分人通过亲戚、熟人介绍跨境从事农业劳动工作，弥补了边境地区少数民族青壮年向内地流动而导致的劳动力匮乏。由于受教育水平的限制，大部分人从事的只是农作物种植、林木种植、甘蔗收获、茶叶采摘等相关工作，工作具有显著的季节性特点，集中在农作物种植和收获的时候，完成工作后他们回去仍然从事传统的农业种植。

（二）政府组织农业劳动力转移

为配合"一带一路""走出去"发展战略，云南出台一系列扶持外派劳务工作的政策和措施，加大跨境劳务市场开拓力度，不断培养壮大外派劳务经营企业，大力扶持和推进外派劳务基地及平台建设。近年来，跨境劳务合作逐渐推广开来，政府组织的农业劳动力转移逐渐成熟，主要从事砍甘蔗、装卸以及种植等工作。通过开展对外劳务合作工作，为拓宽我省农业劳动力就业渠道，提高就业质量和水平，带动地方经济发展发挥了积极作用。

东南亚具有充足的劳动力和市场，农业劳动力合作潜力巨大。云南省西双版纳州在缅甸、老挝建立农业科技示范园、农业技术交流合作服务中心，利用这一平台，拓展农业合作和服务领域，扩大农业领域人力资源开发合作，组织缅甸、老挝替代种植区有关人员来中国参观学习、实践实验，把先进的农业生产技术带回去，推动和深化农业科技区域合作，发展与东邻国的睦邻互信伙伴关系。

三、云南跨境民族农业生产资料合作与交流状况

中国作为农业大国，在农作物种植、养殖、农业机械和农业科技推广等农业生产资料方面积累了大量的技术资源。云南跨境民族地区运用现有生产资料的优势，利用资源互补，满足双边农业技术合作的发展需求，在农业科技合作领域不断拓展，区域优势更加突出。

（一）生产工具交流与借鉴

在中国—东盟自由贸易区全面建成和"一带一路"倡议推动下，云南跨境地区农业资源和农业生产要素跨国流动与配置越来越频繁，朝着农业一体化方向发展越趋明显。

从一定程度上来看，云南边境民族地区农业科技含量应用相对较多，境外国家生产水平整体较低，边境民族两边的生产生活条件差异明显。随着"一带一路"农业科技合作与交流，云南跨境民族地区农业对外合作已经从单一的租地和购地行为，转为"多层次、多领域、全产业链"合作模式，特别是农业装备的交流和互动，主要以小型农业机械为输出对象，如小型收割机、插秧机、耕翻机等，在跨境民族地区具有较大市场潜力。云南跨境民族地区农业生产资料丰富，而境外国家农业生产资料供给不足、需求量大，跨境农业生产资料上的合作不仅能有效解决境外国家的需求，同时也解决了境内农业生产资料产能过剩的问题。

(二) 资源、能源动力合作与交流

农业生产过程中，对土壤、水、空气等资源和环境的影响较大，世界各国都十分重视农业生产的生态环境保护，云南跨境民族地区农业基础差、生态环境脆弱，为跨境农业能源动力合作提出了新的更高要求。

目前，当地高投入、高消耗、低产出的粗放式农业生产依然存在，对土地等生产资料的过度依赖，不仅过度消耗农业资源，造成生产成本过高，也给环境带来了不良影响。随着各国越来越重视农业基础地位，更加注重农业资源的整合利用，农业能源的合作与交流诉求也更加强烈。云南跨境民族农业能源开发正稳步推进，对生物资源、天然能源、水土资源等进行合理开发和利用，力求达到互利共赢的目的。

四、云南跨境民族农业科技合作与交流状况

(一) 种植业科技合作与交流

农业产业核心竞争力的体现需要农业科技的创新，早期在"罂粟替代种植"方面，为解决当地烟民和移民的温饱问题，境内提供农业技术服务，因地制宜，利用发展粮食生产作为替代种植的突破口，让本地优良杂交品种及先进的农业科学配套技术"走出去"。同时，组织缅甸、老挝替代种植区有关人员到当地参观学习，把先进的农业生产技术带回去。

近年来，在种植业科学技术合作与建设生态屏障方面，云南省农业科学技术厅和西双版纳科学技术局与老挝北部开展了多个合作项目，主要有杂交水稻种苗栽培技术、水产养殖基地建设、烤烟、蓖麻种植等，特别是在老挝、越南等大湄公河次区域国家实行的"替代种植"，以及云南西双版纳与老挝北部开展跨境橡胶树种植合作。在与老挝长达七百多千米的国界线两侧，跨境民族利用技术优势

开展跨境农业橡胶种植合作，帮助老挝北部人民种植一定规模的橡胶，增加了农业方面的收入，也形成了较好的生态保护屏障。在技术合作上，先后与老挝、缅甸合作建设农业科技示范园，积极开展优良品种种植示范、实用农业综合配套技术推广工作。

（二）养殖业科技合作与交流

合作交流是双向的，目前，我国与缅甸、老挝、越南养殖业科技合作主要以技术输出转移为主，合作内容多是我国"走出去"项目，而从外面"引进来"的项目相对较少，双向合作不平衡，一定程度上阻碍了双方进一步的合作，不利于长远的发展合作。

根据未来规划和发展目标，云南跨境地区将建设成为我国重要的肉牛养殖基地、进出口生产加工基地，基本形成特色鲜明、功能配套、协调发展的肉牛产业。缅甸和老挝可用于肉牛养殖的饲料资源丰富，且成本较低，在当地建设饲料加工厂，控制成本的同时，利用缅甸、老挝等国家的廉价土地资源和劳动力资源优势，把缅甸和老挝打造成为云南跨境地区最大的肉牛养殖和牛源供应基地。

（三）农业科技信息合作与交流

农业科技信息是实施科教兴农战略的重要载体，传统的信息传递方式信道冗长、环节繁多、缺少信息反馈机制，容易出现农业科技信息传递不对称、不全面的问题，影响信息的传递效果，严重影响农业科技成果的转化率。另外，在农业科技信息传递时，如果没有考虑到信息接收主体自身的受教育背景、认知能力等个体差异，那么农业科技信息传达效果的差距会被不断拉大，从而使农业科技成果不能得以上传下达，或者是虽然发生了信息传递行为，但接收者却没能完全消化、理解，也不利于农业科技成果转化目标的实现。

农业经营主体整体受教育水平低，辨识能力较差，对新事物的接受能力较低导致其信息筛选能力不高，收集和处理信息能力很弱，严重制约了其对农业科技信息的理解与接受。大数据技术的发展与运用，为农业科技信息创造了有效的传播渠道，在大数据背景下，分析农业科技信息传递联动机制，提高农业科技供给与产业需求的黏合度，增强农业科技成果的转化能力极为重要。

（四）农业科技人才互动与培养

全面推动农业科技的发展需要大量科技创新人才的支撑，我国农业的快速发展引起世界各地的广泛关注，云南通过组织跨境农业科技培训班、实地考察指导等方式，为跨境国家培养了一批科研、教学和管理人才，从最初的受援国转变成优势技术和人才培养的输出国，一些先进的种植、疫苗、农药等实用技术逐渐在边境线上推广，实现了农业技术和人才"走出去"。

多年来，边境民族地区从事农业生产文化程度较高的农村劳动力转移到了第二、第三产业或到外地打工，实际从事农业生产的劳动者科技素质较低，难以掌握和运用现代农业科学技术。受传统观念的影响，大部分劳动者对现代农业技术保持观望的态度，且不愿意参加农业技术培训，一定程度上阻碍了农业科技人才的培养。由于跨境地区民族多样，语言丰富，复合型农业科技人才的缺乏导致信息交流局限性大，特别是熟练掌握双语的农业科技人才更是缺乏，农业科技人才交流仅限于政府领导、高层交流考察，基层专业人员交流机会较少。基层工作环境和生活环境较为艰苦，难以吸引高层次人才深入边境一线开展农技推广工作，是导致农业科技服务组织工作人员老龄化严重的一个因素，先进的技术、设施难以与基层农业科技服务组织衔接，推广效果不明显。

五、促进云南跨境民族农业科技合作与交流的对策建议

"一带一路"倡议的提出，为云南跨境民族地区农业科技合作的全面优化提供了良好条件，实现与"一带一路"沿线国家农业开发与合作，是我国农业全球安全体系的重要环节，也是实现人民日益增长的美好生活需要的重要组成部分。云南跨境民族农业交流与合作空间广阔，要抓住机遇，积极挖掘云南跨境民族农业科技合作的潜力，加速实现农业的发展和升级。

（一）创新体制机制，促进农业科技合作常态化

随着我国综合国力的提升和国际影响力的增强，云南跨境民族农业科技的合作与交流要坚持"长期合作、互利共赢、共同发展"的指导思想，积极采取关税减让、技术交流、资源开发利用等多种形式促进农业发展与合作，在跨境农业合作过程中树立大局意识，承担大国责任。

1. 建立健全机制体制

云南跨境民族农业科技对外合作坚持市场主导、企业主体和政府服务的原则，建立和健全跨境农业科技合作体制机制，规范化管理，优化日常协调机制，规范跨境企业行为。建立境外全程覆盖、配套完善、高效便利的社会化服务体系，提供必要的社会化服务，把先进的生产要素合理分配到农业生产经营中，提

高农业科学技术装备水平，更好地为双边农业科技进步和农业发展服务。

跨境农业是我国对外经济合作的重要组成部分，对农业政策的执行和监督尤为重要，建立专门的政策执行监督机制，有效夯实农业科技合作成果；设立农业对外合作企业奖惩机制，对于违反法律、触犯宗教文化传统、破坏资源生态环境等损害跨境农业"走出去"的行为进行严厉打击，促进跨境农业科技合作的顺利开展。

2. 加强各项政策的支持

云南跨境农业科技发展涉及方方面面，政府的支持是有力的保障，加强政策扶持、金融支持、优惠力度等对外合作体系，优化政策审批环节、简化手续，设立农业科技合作基金，合理引导社会资本注入，为跨境企业营造良好、便利、宽松的政策环境。

推进农业"供给侧"结构性改革，对传统农业生产体系加以改造，构建符合现代农业发展需要的现代农业生产体系，立足云南跨境民族农业发展，发挥区位、资源优势，制定全方位战略规划，构建具有云南优势和特色的农业科技创新体系。同时，加强双方或多方的合作交流和考察，为农业科技搭建合作平台，定期开展跨境农业合作论坛等交流活动，统一管理和有序规划，建立常态化合作机制。

3. 加强跨境农业合作与交流

经济自由化、区域一体化是当前世界经济发展的主要趋势和特点，云南跨境民族地区要以加快构建更加开放自由的经济体制为目标，加强跨境农业合作与交流，实现境内、境外农业科技发展的有效对接，鼓励境内外企业进行跨境农业投资，实现高质量、高品质的农产品流通。要加强跨境农业科技沟通互信，建立统一的农业生产技术标准体系，有效优化农业资源配置，取得跨境农业科技合作的成效。

云南跨境民族地区农业科技的合作与交流受当地的文化、宗教、生态等多方面影响，特别是政治环境的状况，因此加强跨境农业合作要有预见性，积极应对各种风险与挑战，综合评估农业科技投资与合作的前景。

(二) 农业科技先行，促进农业经济稳定发展

创新是引领发展的第一动力，加快农业科技进步与创新是推进农业经济稳定发展的关键。云南跨境农业经济发展要与社会、经济、资源、环境等协调起来，关键就在于农业科技的创新，只有通过农业科技创新，把农业科技研究落地、推广和运用，才能促进云南跨境民族农业稳定发展。

1. 加强跨境农业科技的合作与交流

科学技术作为第一生产力，对农业的发展起着不可替代的作用。充分发挥农

业技术的比较优势，在跨境民族地区开展多领域、多层次的农业技术交流与合作。在促进云南跨境民族农业科技交流与合作方面，坚持互利共赢，实现区域内优质农产品的互补与互通。

农业科技合作与交流要结合云南跨境民族地区的实际情况，兼顾农业科学技术的适用性，以合作项目为牵引，实现对外农业科技产业链、价值链一体化发展，实现农业科技"走出去"整体发力。同时，通过重大科技项目的合作，加强跨境民族农业科技重点、难点的突破，促进科技与产业深度融合。

2. 推动农业技术服务体系建设

科学技术要有效推广和实施，才能转化为现实生产力。要提升基层农技推广服务能力，完善农业技术服务体系，创新农技推广载体，建立区域性农技推广组织，整合区域科技资源，直接作用于区域内农业科技的发展，避免机构重叠、资源分散。在推动农业技术服务体系建设中，以成立农业技术合作联盟的形式，加强农业科技研发的双边或多边合作，实现信息、人才、技术、设备共享。

结合考核机制的方式，推动农技推广体制、机制的创新和发展，结合农业院校、科研院所和农技推广中心进行资源整合，产学研相结合，注重科研成果的应用，为基层农技推广注入活力。

3. 合力打造农业科技示范园区

农业科技示范园区作为科研成果转化的突破口，是农业科技走向千家万户的紧密结合点。围绕当地农业科技的发展情况和特色，进一步优化现代农业科技园的布局，有规划、有方案、有措施加强农业科技示范园区的建设，推动人员交流、技术研发、经验分享等合作。

农业科技示范园区要以政府主导、企业参与、多方共同合作为发展模式，通过加强基础设施建设、吸引资金投资等方式，加快推进技术成果转化和产业集群发展。对园区内的农业科技企业重点培养，对农业科研项目重点扶持，营造良好氛围，有效提高农业科技的创新能力和市场竞争力。

(三) 注重科技人才的培养，发挥人才主体作用

农业科技创新是现代农业发展的重要保障，农业科技人才则是农业科技创新的主力军，成为现代农业发展的重要支撑。在农业科技服务组织中，重视和发挥人才的主体作用，是推动农业生产者转化为强大生产力的重要途径。

1. 开展基层农业科技培训与指导

农民科技文化素质的高低最终体现在现代科技成果的应用能力上，劳动者的

素质以及科研水平的高低对农业的发展有重要影响。通过积极开展基层农业科技培训，组织农技培训班和技术指导交流会，提升跨境民族基层农业科技人员的科技素养，为农技推广提供有力的人才支撑。

为了保障跨境民族农业科技服务组织能够吸引人才，在加强农业技术推广队伍建设的过程中，要定期组织培训和考核，使其能够实时接触到新的知识和技术，培养具备过硬专业技能的人才。同时，完善人才激励机制，培养和吸引更多的科技创新型人才更好地服务基层农业科技推广工作。

2. 重视人才队伍和科研团队的建设

为了提高农业生产质量，优化农业结构，要着重培养一批懂技术、懂管理、懂经营的农业科技创新型人才队伍，以队伍建设带动农业科技的发展，激发创新活力，实现农业生产转型升级。云南跨境民族地区经济发展相对落后，要坚持本地人才培养和外来人才引进相结合的人才队伍建设工作思路，加强境外农业科研项目及科研人员的合作交流，促进跨境农业人才资源跨境自由流动和合作共享，消除跨境人才流动与配置的体制机制障碍，改善工作环境，创新人才培养体系，破解人才瓶颈的制约。

3. 加强双语农业科技人才的培养

云南跨境民族地区农业科技的发展具有特殊性，特别是语言文化的交流，所以应注重培养适应跨境农业的相关专业人才，有意识加强双语或多语言农业人才教育的培养，为跨境民族农业合作输出专业型人才。

中缅、中老、中越双方可通过人才培养基地，定期开展农业专业技术培训和语言培训，提供进修和留学的机会，学习农业、科技、技术等方面的知识技能，同时普及相关政策、法规、宗教和习俗，置身于合作国的农业科技环境及专业语言环境中，实现教育资源共享，快速融入合作氛围，满足市场对跨境农业人才的需求，提高农业合作与交流的效率。

(四) 创新农业科技信息管理体制，实现信息共享

基于大数据的背景下，在现代农业产业发展的进程中，"互联网+农业"成为科技飞速发展的产物，让互联网和农业技术进行深层次的融合，充分利用互联网平台对农业科技信息进行管理，促进云南跨境民族农业科技合作与交流更加通畅。

1. 以政府为主导，畅通政策信息传递机制

云南跨境民族地区信息网络不健全，过时信息和虚假信息给农业生产带来巨大损失，创建以政府为主导的农业科技信息发布平台，不仅能保障信息的真实可

靠，还有利于农业科技信息传播的实效性，为农业经营主体提供有价值的信息服务产品。

组织相关部门和跨境农业合作组织利用互联网对农业科技信息进行分类收集、整理和发布，集图片、文字、视频等多种形式，实现农业科技信息资源共享。通过官方发布的政策信息，跨境民族地区的农业经营主体实时接收，实现对信息的有效反馈，促进农业科技成果的高效转化。

2. 完善农业技术合作服务平台

"互联网+农业"跨境合作不仅包括信息共享，还要完善农业技术合作服务平台，拓宽平台的服务范围，提升农业科技推广的速度和覆盖面，搭建高效、便捷、受欢迎的农业科技服务平台。通过开展网上远程培训、技术学习和交流、专家咨询与指导服务等专题，提高农业科技成果转化效率，还能大大降低农业科技推广成本。

加大农业科技合作服务平台投资力度，利用现代网络传播技术，增强互联网对农业生产的服务功能，结合网络营销手段，不仅提高了农业科技信息传播效率，也促进跨境农业各方面在跨境市场上的流通，对整个农业产业链环节都具有深刻影响，有助于农业更好地向现代化发展。

3. 提高农业经营主体的科技意识

"互联网+农业"的模式推广对农业经营主体提出了更高要求，首先，要提高当地农业劳动者对互联网发展趋势的认识，组织专门的人员普及互联网农业科技知识，特别是让农业技术的推广人员，认识到"互联网+农业"模式对于现代化农业发展的影响。

其次，积极推进"信息进村入户工程"，完善跨境民族地区基础网络设施和通信设施建设，构建传统服务方式与现代服务方式相融合的农业科技服务体系，让农户们获取信息更方便，传递信息更便捷，切实提高农业科技信息传递效率。

云南跨境民族地区农业科技合作与交流日益扩大和深入，加快推进农业科技创新与发展成为加快少数民族和民族地区经济社会发展、实现各民族共同繁荣的重要机遇期。紧紧围绕"一带一路"共建"开放、包容、均衡、普惠"区域经济合作架构，加强云南跨境民族农业科技对外开放与合作、互利共赢、互助互惠的合作理念。秉持开放的区域合作精神，全方位推进务实合作，加快建设面向南亚东南亚的辐射中心，形成政治互信、经济融合、文化包容的利益共同体、责任共同体和命运共同体。

白裤瑶文化对建设乡村文明的作用研究

——兼谈发展旅游业及农耕特色产业问题

◎ 蓝仕明

【摘要】建设文明乡风、村风、民风，是"乡村振兴战略规划"中提出来的目标和任务之一。那么，在具体实践中如何把白裤瑶优秀文化融入乡村振兴工作，以促进和推动道德、文明建设及经济发展。本文围绕这个主题，对白裤瑶文化同"乡村振兴战略规划"的切入点及其优势和作用等相关内容进行深入的研究、探讨。

【关键词】白裤瑶文化；乡村振兴；道德；文明；旅游；经济；发展

白裤瑶是瑶族的一个支系，主要分布在广西南丹、金城江和贵州省荔波 3 个县、市、区的 10 个乡镇、43 个村、517 个自然屯中。其中，南丹县有 31 个村，瑶族寨子 497 个，37113 人；荔波县 3 个村，瑶族寨子有 14 个，3700 余人；金城江区有 3 个村，瑶族寨子 6 个，1000 余人。

白裤瑶历史源远流长，她的先民可上溯到 50 万年前的北京猿人。在远古时代，北京猿人生活地区为海河流域及黄河中下游一带，这里 5 千多年前居住着蚩尤九黎集团，当是北京猿人的后裔。涿鹿之战后，一部分融入炎黄集团，另一部分与苗族先民一起往南迁徙，并融合发展成为三苗。值得指出的是，三苗并非现在唯一苗族的先祖。在古书中"三"和"九"是表示"多数"和"大数"的意思，而三苗是指九黎之后由多个部族联合组成的联盟集团，故称为三苗。后来三苗的一部分又融合进 4 千多年前的舜、禹集团，一部分继续南迁到湖南的长沙、武陵、五溪、卢溪、洞庭湖等地居住，从而被外族人歧视为长沙蛮、武陵蛮、五溪蛮等。①春秋、战国时期因战乱，又迁徙到广西河池，包括南丹县境内居住，宋代后又有一部分从广西南丹迁徙到贵州省荔波县瑶山乡境内居住。②

文化与历史是密不可分的，历史孕育和造就文化，而文化又承载着历史，承载着古文明。历史越悠久，文化底蕴就越深远，内容就更丰富。然而，怎样把这种远古的优秀文化同乡村振兴战略实践结合起来，使之成为乡村道德、文明与经济发展的基石，让古今文明文化融为一体，从而点亮当代社会，把白裤瑶居住区村寨建设成为具有鲜明特色的新时代民族村寨，笔者谈谈个人浅见。

一、白裤瑶文化与"乡村振兴战略规划"的相关分析

白裤瑶优秀文化与"乡村振兴战略规划"（以下简称《规划》）有密切联系，体现在以下四个方面。

（一）乡村道德、文明建设需要白裤瑶传统道德与文明文化

《规划》提出"持续推进农村精神文明建设，提升农民精神风貌，倡导科学文明生活，不断提高乡村社会文明程度。"③白裤瑶是现今世界上远古文明文化保留得最完整的一个民族，被誉为中华文明文化源头，也是古代人类由野蛮时代走向文明时代现实绝版的遗存标志。建设当代文明社会要有根基，而白裤瑶文化则是这个根基最具代表性的一个要素。

古今历史发展表明，精神生活优劣决定一个社会、一个民族的兴衰。良好的、优秀的文化能提升一个社会、一个民族的文明程度。所以，"乡村振兴战略规划"明确规定，要"弘扬中国优秀传统文化，以满足农村农民群众精神生活的需要，提升农村社会文明程度"。就白裤瑶村寨而言，提升文明程度则离不开本民族的优秀文化，这就是根基。

（二）发展传统特色农耕文化产业与白裤瑶文化息息相关

乡村道德、文明建设是"乡村振兴战略规划"中的内容之一。在乡村振兴

---

① 段宝林，等.洞天部落 [M].西安：陕西旅游出版社，2001.8：1.
② 荔波瑶族 [M].北京：中央文献出版社，2010：5-8.
③ 乡村振兴战略规划（2018-2022 年）[N].人民日报，2018-9-27.

战略规划中，要把发展乡村农耕特色文化产业作为"乡村振兴战略规划"中的又一个内容，《规划》特别强调传统的特色农耕产业，打造民牌传统文化品牌，这对传承和发展白裤瑶农耕文化是一个机遇。

在上古时代，白裤瑶是一个游牧部落，后来又发展成为农耕部落，历史悠久，其农耕文化极具特色，底蕴深远，内涵丰富。比如说，据考古出土的文物证实，黑色小米至今已有 12000 年历史，比水稻早 4000 年。黑色小米是白裤瑶先民发明创造的，并保留种植到现在。据了解，在中国华东、华南、华中、华西等 16 个省区、直辖市的广大农村中只有白裤瑶种植黑小米，尤其是黑皮小米并不多见，属濒危物种，是当今整个华东、华中、华南、华西农耕文化中最具特点的，无人可攀比。

还有，养蚕文化也是中华民族古人类走向文明的标志和源头。据古书和考古出土的文物证实，白裤瑶神蚕为推动中国丝织业的发展做出过重要的贡献，是中华文明起源的重要发明和创造者之一。

再次是稷米，据古书记载，白裤瑶种植稷米至今已有 4500 年左右的历史，也是相当悠久的农耕文化产业。[①]

（三）建立乡村社会治理体系和机制，可以充分利用白裤瑶文化作为基础

建立乡村社会治理体系和机制也是"乡村振兴战略规划"的一项重要内容。白裤瑶自古以来，对本民族社会的治理和管理就有一套习惯性法则，从而保证了社会的稳定、和谐、团结、公正、公平发展，是社会主义核心价值观不可或缺的要素。这些文化种类有：一是民俗文化；二是油锅文化，即所谓的神判文化；三是寨老文化；四是家族习惯法则文化；五是族规族律。这些文化都是白裤瑶社会道德与文明的一个标志和尺度。

（四）发展民族文化旅游产业离不开白裤瑶优秀文化

白裤瑶文化资源丰富，有 15 个种类，279 项总量。其中，可开发使用的有 13 个种类，275 项总量。它如同一座金山，科学而系统地开发、使用好这项资源，可促进白裤瑶聚居区民族文化旅游产业的发展，从而也能拉动其他产业的发展，对建设美丽新南丹具有积极重要推动作用。

关于旅游业问题，经专家、学者科学研究估算，可建成南丹乃至广西集约

---

① 徐客.图解山海经 [M].西安：陕西师范大学出版社，2009：193-194，412.

化、规模宏大、古今文化内容齐全、全国绝无仅有的原始生态完整的远古文明文化旅游景区。景区建设要达到的意境和效果是：让游客到南丹游玩观光后，一方面，感觉自己回到原始社会时代，可看到和观赏到人类文明文化源头，游而忘返。另一方面，从旅游观光的时间和效果看，以每项文化内容需观赏 20 分钟计算，游客到南丹观光游玩就需 5520 分钟，折合 92 个小时，3 天多时间，才能观赏完白裤瑶的主要文化内容。从观赏所花的时间到内容看，可算是目前世界之最了，从而可拉动地方服务产业的发展。

二、白裤瑶文化构成及优势分析

白裤瑶历史悠久，文化底蕴深远，内容丰富多彩。据调查研究，共有 15 个种类、76 项分类、279 项总量。其中，可纳入"乡村振兴战略"开发、使用和发展产业的有 13 个种类、47 项分类、275 项总量（包含文化旅游业在内）。[①]其构成和源于年代陈述如下。

（一）文化构成要素

1. 生产文化（有 5 项分类）

（1）种植文化。最具传统农耕特色的有以下品种：①稷米源于原始社会时代，到了舜、禹时代后稷教白裤瑶先民种植，至今有部分瑶民还传承和种植，既有药用，也可作为生活食物，绝无仅有，还有观赏价值；②黑小米，距今已有 12000 年历史，是中国最远久的农耕文化源头，也是中华民族文明源头，具有旅游观赏价值，目前属濒危植物；③古高粱；④黑漆树，在古代未发明油漆时，白裤瑶先民就是用这种植物油漆，做防腐剂用，无化学毒素，目前世界绝无仅有；⑤粘高树；⑥古花瓜，世界绝无仅有，集观赏食用于一体。

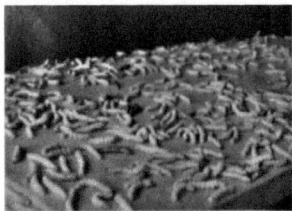

（2）养蚕文化。世界著名的"神蚕"，吐出丝片是金黄色的，（见图 1，图 2）目前，在中

图 1：神蚕在木板上吐黄色丝片，与古书记录一致。

图 2：白裤瑶妇女在精心照料吐丝的神蚕。

① 李富强.第三届中国—东盟民族文化论坛论文集［C］.北京：中国社会科学出版社，2021.7：558.

国乃至世界上只有白裤瑶养殖有神蚕，旅游、观赏和学术研究价值较大，同时市场价格昂贵，大力发展养殖神蚕可推动地方社会、经济发展。

（3）纺织文化、手工艺文化、刺绣文化。①发明创造木质织布机、织线机、打棉机等均源于汉代前后；②织布、织线、针织、"锦绫"等是中国针织业发展的基础。织"锦绫"方法源于原始社会中晚期时代。

（4）生产工具制造文化。在古代，白裤瑶先民已发明了很多生产工具。①石球从旧石器时代开始；②陀螺源于务相时代。务相是伏羲的后代，白裤瑶是伏羲、女娲后代之一，均有史料记载和现实遗存物为依据。[①]

（5）印染文化。这是白裤瑶最具绿色清洁的手工艺品，不含有工业化学元素。

2. 音乐文化（有 7 个种类）

（1）木鼓舞，源于原始社会晚期。木鼓舞又可分为：①猴棍舞；②猴鼓舞。

（2）竹琴文化，源于伏羲、女娲时代。伏羲琴是根据竹琴的原始标本制造出来的。

（3）铜鼓文化，源于南宋（公元 1127 年），跟今只有近 900 年，是白裤瑶先民把木鼓文化与铜鼓文化交融的一种产物，它由巫术、宗教、音乐、铜鼓四种文化组成，是古代白裤瑶各种文化中形成比较晚的一种文化。

（4）牛角号文化，源于炎、黄、蚩尤时代，是当时战争武器之一，黄帝与蚩尤在涿鹿之战中使用过。至今，只有白裤瑶仍保留和传承有上古时代牛角号原声的特征，听到这种声音，如同看到了当年涿鹿之战的悲壮场景。

（5）木叶文化。后编成木叶舞，源于公元前十一世纪左右。

（6）竹笛文化，至今已有 8000 年历史，是古代河南贾湖骨笛文化的复原物。

（7）竹叭文化。

3. 婚姻文化（分为 2 类）

（1）娘舅权婚姻文化，源于母系氏族社会时代，至今仍保留和传承有这种文化信息，但也不具有实际作用，只是一种象征性意义。

（2）婚礼文化，分为 6 个种类。①接亲文化；②送亲文化；③捶亲文化；④长桌婚宴文化；⑤赛歌文化；⑥亲缘文化，它是思想意识形态的一种产物。白裤瑶认为男女之间能成为夫妻是有无形缘分的。

---

① 《中国少数民族社会历史调查资料丛刊》修订编辑委员会广西壮族自治区编辑组.广西瑶族社会历史调查
　　[R].北京：民族出版社，2009.

4. 民俗文化（分为 8 类）

这只是民族文化中的一个种类，民族文化与民俗文化不能画等号。这种文化对维持白裤瑶聚居区社会稳定、和谐、发展起到了非常重要的作用。

（1）族规族律文化（包含有婚姻文化中的部分人人必须遵守的内容）；

（2）家族、家规文化；

（3）油锅文化，也称神判文化；

（4）寨老规则文化；

（5）祭祀文化；

（6）庙老文化；

（7）节日文化；

（8）仁德文化。

5. 体育文化（有 6 个分类）

（1）陀螺文化，源于务相时代，即它是由石球演变发展而来的，陀螺原是一种生产工具，使用弓箭后，其失去了原有的功能作用。

（2）石球文化，在二十世纪七十年代前，白裤瑶一些村寨还盛行这种娱乐活动，现在基本失传了，大部分村寨都以陀螺为主。

图 3　白裤瑶先民铁匠制造鸟枪的工具。依照史书的说法，应源于商、周时期，比中东地区赫梯王国晚 600 年左右。

（3）赛枪文化，源于原始社会时代中晚期，它是由赛弓箭发展而来的，但当时不是枪，而是弓箭，发明枪后，枪取代了弓箭，这就是现在开展赛枪活动的由来。这里的枪，瑶语译为鸟枪，汉语则为砂枪，是白裤瑶先民铁匠制造的，至今白裤瑶部分铁匠还保留有制造砂枪的工具（见图 3）。

（4）年街节文化（内容很多，在此不再列举）。

（5）逗鸟文化。据考证，其来源与白裤瑶先民同鸟人关系有关，当时的鸟人，也称为鸟夷，是一个古时居住在华山一带的部落族群，当时白裤瑶一部分先民和鸟人相邻，关系很好，互相帮助。故为了铭记鸟人，白裤瑶都传承有养鸟和逗鸟的习俗。

（6）斗鸡文化。

6. **丧葬文化**（内容共有 11 项，不再列举）

7. **服饰文化**（共有 4 项）

最具鲜明特色的优秀文化代表，记录和反映的历史内涵非常丰富（内容共有 4 项，不再列举）。

8. **舞蹈文化**（有 6 个分类）

（1）牛角舞；

（2）木鼓舞；

（3）猴鼓舞；

（4）猴棍舞；

（5）啦利舞；

（6）木叶舞。

9. **歌谣文化**（有 5 个分类）

（1）创世史歌；

（2）细话歌；

（3）婚宴歌；

（4）丧葬歌；

（5）爱情歌。

10. **建筑文化**（可分 3 个历史阶段，5 种风格和特色）

（1）古代。代表物为禾仓，是中国汉代前最具特色的建筑物，有学者认为白裤瑶禾仓是汉代考古出土的上古时代建筑物的实存物（见图 4）。

图 4　汉代前白裤瑶的建筑物——禾仓

①原始社会时期建筑文化特征；②商、周时期建筑文化特征；③秦汉时期建筑文化特征；④隋、唐时期建筑文化特征；⑤宋、元时期建筑文化特征。

（2）近代。从清末以来至今，白裤瑶民居屋与壮、汉民族已同化，没有什么特色了（见图 5）。

（3）现代。现在白裤瑶村寨的民房不属古建筑文化，已融入壮、汉民族建筑文

图 5　21 世纪前白裤瑶民房

化风格了。

11. **巫术文化**（内容共有十多项，不再列举）

12. **宗教信仰文化**（共有 9 大项，不再列举）

13. **孝道文化**（内容不再列举）

14. **民风文化**

上述文化都符合"乡村振兴战略规划"中提出的满足人民精神文化生活需要的要求。

（二）文化优势及特点评估

历史来源决定文化科技含量和质量及品位层次。历史越远久，文化底蕴就越深远，内涵就更丰富，质量和品质就越高。从已知的史实看，白裤瑶历史渊源流长，最远可上溯到 50 万年前北京猿人，近的则可追溯到 5 千多年前的蚩尤时代。她的文化被学术界，尤其是瑶学界誉为中国人类文明文化源头。体现在以下 10 个方面。

1. **古典性**

所谓古典性是指白裤瑶现存的文化都是从古代传承下来的物质财富和精神财富遗产，而不是现代社会才产生和发展的产物。大部分文化种类都源于原始社会中晚期至秦、汉时期，传承时间长达 12000 年至 5500 年左右，也无法将之同其他兄弟民族文化相比拟。这种文化最突出的一个优势就是"古"字。

2. **悠久性**

白裤瑶文化内涵深远，它涉及人类从童年时代起至隋、唐时期等各时代的人文、地理、自然科学的演变与发展过程。现在我们都说中华民族有五千年历史，有五千年文化，然而，白裤瑶历史和文化则远大于五千年，它至少涉及 1 万年至 5500 年前的历史或者更远一些。如猴棍舞就是反映人类童年时代音乐、舞蹈起源与形成、发展的过程，而具有很大影响力的广西刘三姐文化也只不过是千来年的历史。还有壮族蚂拐舞文化至今也是只有 500 至 600 年时间，而白裤瑶的服饰文化则与"河洛文化"的形成与发展基本上是同一时代的，前后距今也有 1 万年至 4800 年的历史了。可见白裤瑶文化十分悠久，对实施乡村振兴，建设道德、文明乡村，发展民族文化旅游产业，有其独特的优势。

3. **深度性**

这就是说，白裤瑶文化内涵及内容所包括的元素十分多，它涉及古代社会、政治、军事、生产、生活、风土人情、神话人物传说等方面，可说是包罗万象。如服饰文化内容，就是集审美学、历史学、艺术学等于一体的文化。妇女背心衣上画印的"回"字和"马"字图纹符号，不仅仅是一种美的体现，也是记录历史的一种载体，它表示从原始社会时代到春秋战国时期，白裤瑶先民已学会保护人身安全的方法，"马"字图纹则反映和记录了"河络文化"形成来源。据史料记载和民间口碑传说，"回"字图纹符号在古代用来恐吓吃肉凶猛野兽的器具。当凶猛野兽看见这种图纹符号标志后，就被吓跑了。据说，在新中国成立前，白裤瑶住在深山老林里，各种肉食猛兽很多，妇女上山干活，当遇见老虎，就将背心衣的背面朝向老虎，它就自然逃跑了，在古代也是这样，这种传说与史书记载一致。还有男、女服饰上都绣刺有甲骨文"马"字图纹等，都说明了白裤瑶文化内涵与内容具有深度性和广泛性。为建设文明乡村注入了多姿多彩的文化元素。

4. 趣味性

白裤瑶文化质量和品位极高，集赏析、资信、娱乐、修身、养德、处世、为人于一体。如陀螺文化既是文体活动的娱乐工具之一，同时它又具有尖端科学技术含量。陀螺所具有的离心力、向心力、倾斜力和惯性力，都是当代人类制造宇宙飞船的基本科学理论基础，这就是白裤瑶文化具有趣味的内容之一。当然，在我国有许多少数民族都有陀螺，但调查、考证、研究发现，只有白裤瑶陀螺保留有原真性的原始创造特征，它大约是在公元十一世纪由务相制造石球演变发展而来的。还有白裤瑶的民俗文化，则教育本民族的每一个人怎么做好人、怎样生活、怎样适应社会环境等。所以，开发、使用有趣味性的文化资源，为旅游产业增添了无穷无尽的魅力，从而吸引四方游客，带动经济发展，增加白裤瑶群众收入。

5. 环保性

白裤瑶文化是一种特殊清洁的绿色资源，对建设无烟世界、提升人类健康文明的生产、生活环境都具有积极的作用。当今世界所面临的一个重大问题是，随着工业化的发展，给人类社会生存与发展及生命健康造成了极大的危害，人们生产、生活空间污染越来越严重，环境危机在不断地加大，因此，开发、使用包括白裤瑶在内的民族文化资源，发展民族文化旅游产业，可为工业、企业实现转型、转产，逐步消除污染，具有积极的推进作用。特别是像广西南丹县这样一个依靠矿产资源发展经济的县而言，在实施"乡村振兴战略规划"工作中，开发、使用好白裤瑶文化资源，发展民族文化旅游产业、农耕特色产业，显得尤为重要和迫切。

6. 持续性

文化资源有可持续发展的属性，可为社会经济持续发展提供强劲保障。现在白裤瑶聚居区在发展上只依赖于矿产资源的开采和加工，除此之外，没有什么制造业，经济基础十分脆弱，但矿产资源迟早是要枯竭的。从长远的发展观点看，白裤瑶文化资源是广西南丹未来社会、经济持续发展不可缺少的支柱产业。在实施"乡村振兴战略规划"中，广西南丹只有善于开发、使用白裤瑶文化资源，才有可持续发展前途。

7. 文明性

经史学界、民族学界，特别是瑶学界专家、学者多年的调查、考证、研究，把白裤瑶文化誉为人类文明源头。如竹琴与伏羲琴、服饰文化与"河洛文化"之间有着内在的必然联系和因果关系。还有被古书称为"神蚕"所吐出的蚕丝是金黄色的，它源于原始社会中晚期时代，距今已有8000多年的历史，目前在全世界仅白裤瑶传承并养殖有之，实属稀有，非常宝贵，这都证明了白裤瑶先民是人类文明源头创造者（见图6、7、8）。

8. 智慧性

如陀螺使人们认识到在古代白裤瑶先民已掌握了一定的物理学知识。陀螺具有倾斜力、向心力、离心力、惯性力等方面的物理学原理。当今军事上的尖端武器，即中远程导弹能打到地球的每一个角落，都是科学家根据陀螺原理制造出来的。①

图6 伏羲琴

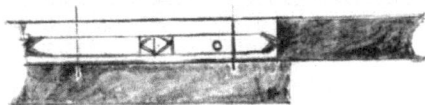

图7 白裤瑶竹琴

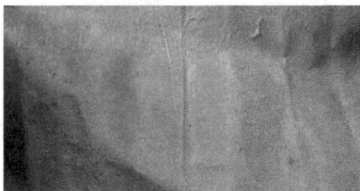

图8 白裤瑶神蚕吐出的黄色丝片，与《诗经·国风·七月》记载的一致。

---

① 国防故事［OL］.央视科教频道，2019-12-11.

9. 可赏性

如陀螺、樱米、黑小米、竹琴、拉利、牛角号、饮食文化等均可作为旅游观光和体验物。

10. 启蒙性

如竹琴是古人从竹子自然声音中得到启发，从而制造出来的，后来人们从中得到启发，又创造和发明了伏羲琴等各种琴类，现在的音乐文化就是由此而产生的。

图 9　白裤瑶陀螺

(三) 可纳入"乡村振兴战略规划"项目建设的文化种类

根据"乡村振兴战略规划"总体要求，从实用性和适宜性原则标准看，白裤瑶优秀传统文化中可纳入"乡村振兴战略规划"建设的有 7 个种类。具体分别如下：

1. 生产文化；
2. 民俗文化（含道德文化）；
3. 陀螺文化；
4. 音乐文化；
5. 油锅文化；
6. 婚姻文化；
7. 饮食文化。

图 10　古代石球

三、白裤瑶文化对建设乡村道德、文明的作用

建设道德、文明的乡村是"乡村振兴战略规划"的目标和任务之一，在这里，首先要明确道德与文明的含义。

所谓道德是指一个民族乃至一个社会的意识形态之一，是社会调整人们之间及个人和社会之间关系的行为规范的法则。它以善和恶、好与坏、正义与非正义、公正和偏私、诚实与虚伪等为判别标准、尺度，用以评价或认定好人与坏人的标准规则，也能调整人们之间的关系等。所谓文明是指人类社会进步状态，与"野蛮"相对，进步一般是指好的、优良、优秀等。①实施"乡村振兴战略规划"目标和任务离不开各民族优良传统文化，传统文化是底子、根基。白裤瑶文化也是中华文化的一个组成部分，其所具有的优势和特点，对建设文明、道德的乡风、村风、寨风、民风及兴旺产业，发展经济，增加农村农民收入、改善人居环境、提高生活质量都有积极的支撑和促进作用。

（一）民俗文化可为建设道德、文明之风奠定根基

一个民族乃至一个国家的兴旺发展，离不开坚韧不屈的强劲精神力量支撑。文化传承历史、传承精神，而精神则沉积于文化之中，并成为文化持续存在与发展的源泉。白裤瑶民俗文化至少已延续了4000—5000多年历史了，至今仍然是白裤瑶社会人人必须遵循和遵守的一种民间习惯性制度或法则。几千年来都是靠这种民俗文化维系着白裤瑶社会文明与发展，维护本民族内部团结和与外族团结，从而加强了白裤瑶与其他兄弟民族的友好交流、交往，赢得各兄弟支持、帮助和同情，与周边各兄弟民族友好相处，共同发展，这是白裤瑶民族几千年来能得以生存发展的文化精神支柱和灵魂。这种根基力量简单而有效，使人人务必遵守。

这种传统的习惯性制度或法则，对实施"乡村振兴战略规划"目标和任务，建设新时代有序、有道德的文明乡风、村风、寨风、民风是会起到积极作用的。在此列举几条说明。

1. 族人不当贼，违者惩罚

惩罚措施和方式有多种多样，据传记，古时违反一次者砍一根手指，二次砍二指，这虽与今天法律文明有冲突，但对社会文明、守法确实起了作用。如从古至今白裤瑶村寨没有偷牛盗马之事发生，粮食装在与居住相隔很远的地方却没有人敢偷一粒米。这些粮仓建在村寨上距离户主都有一定的距离，也无人守护，但从来未有人偷粮，这种良好寨风持续了几千年。

2. 杀人者偿命

这比现在国家刑法还严格，自有文字记录，白裤瑶的近100年中，白裤瑶村寨未发生过本民族人害人的事件，可以说白裤瑶社会文明程度也是相当高的。

---

① 夏征农.辞海［H］.上海：上海辞书出版社，1980.8：1061.

3. 均等族规

这是白裤瑶民俗文化中最精华的部分，这种族规在私有制时代，显得特别重要。最明显的一个例子是，男女在财产上享有权是均等的，对土地执行平均分配，男女一律享有财产权。男女若离婚时，女人同样有土地平均分配的权利，女人若结婚在娘家居住，也同样在娘家分享财产，即土地。心理平衡是社会平安发展的天平，是人与人和睦相处的基础，在私有制时代，白裤瑶没有土地纷争，从根本上讲是民俗文化中的均等制度习惯法则起了作用，它是社会主义核心价值主张和支持公平、公正所需要的，是乡村文明建设不可缺少的一个重要内容。

(二) 婚姻文化是白裤瑶社会文明的重要标志之一

婚姻是社会细胞，它的形态决定和反映一个民族、一个社会的文明程度。"乡村振兴战略规划"提出了构建团结、和谐、公平、公正、平等、友善的社会氛围和环境，凝聚力量，团结一心、奋发进取创新，为实现中华民族的伟大复兴奠定基础，白裤瑶婚姻文化将起到一定推动作用。

1. 社会稳定基础，稳定是文明与发展的体现

白裤瑶是一夫一妻制婚姻，男女结婚自愿、自主、公平，没有包办婚姻的行为。虽然在婚姻开始形成的过程中，呈现有"娘舅婚制"的形式或方式，含有母系氏族婚姻文化元素，但它只是一种象征性的方式。对男女婚姻并没有决定作用。结婚形成夫妻，组建家庭，均由婚姻双方自主决定，不受外因素干扰。[①]

例如，当男女双方同意结婚时，在未举行婚前仪式时，首先要按本民族的族规和婚俗征求母亲哥哥弟弟同意后才能结婚，但这只是一种礼节性的传统形式。其实，男女之间能否结婚成夫妻，还是由双方决定，并不受舅舅的约束，舅舅也无权干预。

2. 白裤瑶执行族内婚

这种族内婚是由于历史的局限性造成的，是在新中国成立前民族压迫、民族剥削的社会产物，也是民族之间存在歧视的产物，本身并不是人类原有的伦理道德和规律。因为人类本身并不存在性的差别。大量的科学检验和现存事实都证明了这一点。

---

① 覃乃昌.广西民族研究 50 年 [J] .广西民族研究，1995：67-71.

白裤瑶执行族内婚并不是近亲婚和同姓婚。依照本民族婚俗婚规和族规习惯法则，在族内不允许与有血缘关系和同姓、同家族男女之间结婚和谈恋爱。所以，男女青年在恋爱或结婚时首先探问对方与自己的关系情况，寻找情侣恋爱也不能直接问对方，而是通过唱细话歌的形式，采用借喻的方法试探对方的信息。若是同姓，同家族人也要告诉对方，我们是兄弟姐妹，不能恋爱或结婚。比如说，男女之间在寻找对象谈恋爱时，在对细话歌中问对方是草，还是天或是木，或是太阳，或是月亮等方式，试探对方的姓氏。"天"是代表蓝色的，对方答应是"天"，说明对方姓蓝，是"圆"的，说明对方姓韦。所以说白裤瑶从恋爱到婚姻都是文明的。

3. 在婚姻家庭中男女平等

表现在白裤瑶社会中，大多数家庭都是女人当家和主持家务事，包括生活上盐、油、粮、钱及农事都是由女人作主，男人只管对外事务。另外，女方享有财产处置的权利。凡离婚，女人都享有参与分配男方家庭财产的权利，特别是在私有制旧社会时代，男方若提出离婚，必须把田地分给女方。若女方招丈夫上门，女方家族要把田土平均分给他。同时离婚要经过双方家族头人研究、讨论商量同意了才能离婚，男人不得随意向女方提出离婚，否则是要受到各方族人谴责和惩罚的，除非女方有过错。这种过错是指与其他异性存在不正当交往，才定为过错。因此，白裤瑶婚姻文化反映了当今社会主义核心价值观，也反映了白裤瑶的文明婚姻观比社会主义核心价值观还早几千年。当代实施"乡村振兴战略规划"，建设文明、有德、守法、有序的乡风、村风、寨风、民风时，在白裤瑶地区同样可借鉴其优秀婚姻文化。

（三）科学地把白裤瑶优秀文化融入"乡村振兴战略规划"

从以上所述看，白裤瑶优秀传统文化对实施"乡村振兴战略规划"，建设文明、道德、有序、和谐、友善、公平、公正、兴旺家族或民族，发展经济，增加农村农民收入是有一定促进和推动作用的。那么，在具体实践上，怎样干、怎样实施和布局，才能把之转化为实实在在的推动力和基础呢。下面着重谈两点。

1. 建立具有专业化水平的白裤瑶文化转化和融入管理机构

这机构职责是专题负责或领导实施"乡村振兴战略规划"中有关白裤瑶文化方面的工作内容，为抓瑶族乡村、寨屯文明、道德、建设和发展特色农耕产业等，增加农村农民收入提供组织保证。依照乡村振兴战略精神，这个组织机构必须形成一个完整的组织体系。概括地讲可设有 5 个小组。

（1）组织协调工作领导小组；

（2）乡村文明道德及产业发展策划规划及设计小组。这个小组由懂得白裤瑶历史、文化的专家和设计人员组成，否则工作会出现南辕北辙；

（3）文化研究小组，由专业的专家、学者组成，防止南郭先生式的问题发生；

（4）组织实施小组；

（5）监督执行工作小组。这方面小组要由领导、专家、学者、农民群众及其他知名人士组成，必须防止监督检查停在领导化、形式化、专家化、空洞化，实践已反复证明没有人民群众的监督就要有懒政的问题发生。

2. 构建白裤瑶文化与"乡村振兴战略规划"融入平台

这是最关键的一环，也是出效果的一环。在具体实践上怎样操作和实施，从白裤瑶现有的文化种类和总量看，这项工作有 200 多个项目工程内容，是一个系统性的宏大工程，在此，笔者只列举 7 个项目说明怎样干才能有效果。

（1）发展白裤瑶传统农耕特色产业。建立白裤瑶古代农作物试验基地，规模至少 1000 亩。地点就选择在南丹县境内，最好连片形成一体化，主要经营品种有黑小米、稷米。经营主体是白裤瑶群众（见图 11、图 12、图 13）。

黑小米分为黑籽黑小米和黑壳黑小米两种，现在白裤瑶中有人传承和种植黑小米。白裤瑶种植黑色小米非常悠久，据考古学认定，跟今已有 12000 年历史。另据史籍记载，"古时在大荒中，有种人叫驩兜。……他们种黑色小米，以此为食，他们的国家叫驩兜 [huan^{51}tu ɔ^{51}] 国。"[1] 古时的"国"实际上就是一个部落。经瑶语学和汉语学专家、学者查考、研究，古汉语中的"驩兜" [huan^{51}tu ɔ^{51}] 和白裤瑶语的"朵缓" [tu ɔ^{51}huan^{51}] 是一个意思。"朵缓"

图 11　已成熟的黑小米　　　图 12　已收割的黑小米　　　图 13　稷米

---

① 孔丘，刘歆.诗经·山海经 [C].呼伦贝尔：内蒙古文化出版社，2007：731.

[tuɔ⁵¹huan⁵¹] 是白裤瑶的自称。在古汉语中是没有"驩兜"［huan⁵¹tuɔ⁵¹］这个词的，是后来汉语依照瑶语的"朵缕"［tuɔ⁵¹huan⁵¹］反写过来的，瑶语与汉语的差别往往就是瑶语把汉语反过来讲，如汉语的红嘴鸟，瑶语则称为"鸟红嘴"。如在贵州省荔波县瑶山乡和广西南丹县白裤瑶文化旅游景区内各种植1000亩左右的黑小米实验基地，让游客到贵州荔波和广西南丹来，就可观赏到12000年前的古老农作物。据了解，在中国的内蒙古赤峰市宁城县、山西省临汾市永和县、山东省菏泽市成武县、陕西省佳县四个地方种植有黑小米。经查考，这些地方都是古时夷人居住地，而史书也明确指出古时夷人仅指蚩尤部落人，而白裤瑶则是蚩尤的后代。2001年经上海复旦大学人类分子学研究室与广西瑶学会对白裤瑶人进行（DNA）抽样检验结果，证实白裤瑶先民确实发源于黄河流域中原一带。① 所以，古书所讲的夷人并不是指全国所有的各少数民族，仅指包括白裤瑶在内的瑶族先民。到了汉代后夷人的含义所指范围才延伸到西南地区的各少数民族。而史书所记载的种植黑小米，也是当时中原白裤瑶先民——"朵缕"［tuɔ⁵¹huan⁵¹］，即夷人。在华东、华南、华中、华西等20多个省区中，只有白裤瑶传承和种植有黑小米，并且是黑皮的黑小米。这种黑小米在全国并不多见，旅游观光有深远的文化底蕴，市场前景看好。

（2）建设中国白裤瑶古代农作物观光园。这个观光园，是在上述农耕产业试验基地基础上把它建设成为观光园。让中国或国外游客在广西南丹旅游时就可观赏到在世界其他地方看不到的景观和濒危物种，看到12000年前中华民族文明源头，具有强劲的竞争力。

（3）在贵州省荔波县瑶山乡或广西南丹县境内的石灰岩山区中的瑶族村屯种植500—1000亩的香糯树，发展林果文化特色产业，具体看下图所示及说明。

说明：香糯树，无性木本科，常绿阔叶林，结果粒，形状为圆形，比鸡蛋还大，可食用，生吃熟吃均可，味道香甜，如同口香糖味道，糯性，皮坚硬。有治病防病作用。据了解全国只有4蔸，生于白裤瑶居住区石灰岩山区石山半腰以下。大树圆直径可达1.5米以上，高20米左右。目前在其他地方未发现有这种植物。

在贵州省荔波县或广西南丹县境内发展和种植香糯果林，让游客观赏到世界上唯一仅有的物种，又可品尝食用，无竞争对手，这将成为世界的旅游奇景。

---

① 奉恒高.瑶族通史［M］.北京：民族出版社，2007：8-11.

图 14　香糯树　　　　　　　图 15　香糯果已结果　香糯果已成熟

（4）建设中国白裤瑶古代饮食文化园。饮食文化园建筑模拟图如下。经营主体是白裤瑶群众。

（5）把文化活化。由于历史的局限性，白裤瑶古建筑风格和特色已荡然无存，可根据研究发现并挖掘，然后依据复原学原理，把白裤瑶古建筑文化风格再复原重建。

（6）在条件成熟时，可以考虑策划、规划建设中国白裤瑶原生态文化交流体验区。要有长远的发展战略眼光，要拓展和开创旅游业发展的新空间，要结合国家的"一带一路"倡议发展方针和思路，重点探索、研究一下，如何把白裤瑶文化同"一带一路"连接起来。现在荔波县捞村也设有一个高铁站点，交通也不成问题，关键是我们有没有文化产品以供旅游观赏。

（7）开发和建设神蚕

图 16　隋、唐到宋前白裤瑶民居屋复原模拟图

图 17　汉代白裤瑶民居屋复原图

文化产业园前景看好。一是这种文化历史悠久，距今已有 8000 多年历史；二是世界绝无仅有，没有竞争对手；三是旅游观赏和学术价值大；四是中华民族文化之源，央视于 2020 年 5 月 17 日在寻根中华文明中做过播报；五是乡村道德文明建设离不开远古文明文化。

综观如上所述，白裤瑶文化确实是中华传统文化中实存的绝版古文明之光，在实施乡村振兴战略实践中，科学地开发使用好白裤瑶文化资源，发展农耕产业、文化和旅游业市场前景是看好的。然而，会不会抓住这个机遇，能不能把白裤瑶文化资源有效地使用好、发展好、保护好、传承好，发挥其在实施乡村振兴实践中的作用，取决于白裤瑶聚居区决策层的智慧。

乡村振兴视阈下瑶区中小学校园文化建设探析

——以广西都安瑶族自治县中小学为例

◎ 蓝芝同

【摘要】实施乡村振兴战略，是党的十九大做出的英明决策。乡村的振兴，离不开当地的文化建设和校园文化建设。在建设过程中，一个地区、一个民族、一个学校都不能缺少。目前，瑶族地区中小学校园文化建设面临诸多困难和问题。要建设好瑶族地区中小学校园文化，必须按照中央规划的乡风文明、治理有效等的总体要求，牢固树立新发展理念，落实高质量发展的要求，突出重点、体现特色、丰富多彩；既要因地制宜、尽力而为，又要量力而行，务求实效。努力打造各具特色的现代版"富春山居图"，让瑶乡校园成为美丽乐园。

【关键词】乡村振兴；瑶族地区；中小学；校园文化建设

一、引言

实施乡村振兴战略，必须坚持物质文明和精神文明一起抓，提升乡村精神风貌，培育文明校风、良好家风、淳朴民风等，全方位不断提高乡村社会文明程度。[①]文明的校风和良好的校园文化氛围，有利于培养学生的社会主义核心价值观和理想信念，促进学生德智体美劳全面健康成长，成为乡村振兴的重要力量和社会主义建设者及接班人。长期以来，由于城乡二元化结构的作用，使得城乡的校园文化建设也呈现二元化状态，即城市和发达地区的中小学在校园文化建设比

[①] 中共中央、国务院.关于实施乡村振兴战略的意见 [OL] .新华网，2018-01-02.

较先进、成绩突出，而广大乡村的校园文化建设比较落后。

据笔者近期到广西都安瑶族自治县的新农民创业园实验小学、六柱中心学校、六里中心学校、澄江中学、古山小学、合建中心小学等一些乡镇的部分学校实地调查了解，目前瑶区乡村校园文化建设状况相当滞后，软硬件生态环境都不理想；学术界有关瑶区乡村中小学校园文化建设方面的研究论文也极为少见。笔者认为，瑶族地区乡村的振兴，离不开文化建设，也离不开当地的校园文化建设，这是一个非常值得研究探讨的课题。

二、校园文化的概念及内涵

校园文化有广义和狭义两个层面。广义的校园文化常指学校存在方式的总和，包括物质文化、精神文化、制度文化。学校物质文化包括：图书室、教学楼、文体设施、环境等；学校制度文化包括：校纪、校训、校规、守则、制度、班规等；学校精神文化包括：学风、班风、校风、教风、升旗仪式、师生的价值观念、有益的活动等。狭义的校园文化是指以学校课外文化活动为主要内容的文化氛围和精神状态。

广义和狭义的校园文化既有区别又紧密相连，共同构成了校园文化的基本内涵，即在校园内部长期的教育、生活和学习中，全体师生共同形成的一种价值观念、精神支柱、学校传统、行为准则、道德规范和生活观念的总和，其核心是学校师生共同的价值观念。校园文化是学校教育的重要组成部分，是教书育人不可缺少的重要因素，是中国特色社会主义学校办学方向和指导思想在长期发展过程中所形成的一种群体意识的体现。

三、校园文化建设的重要意义

校园文化能够规范师生的行为，陶冶师生的情操，激发全校师生对教育目标、准则的认同感，形成强烈的凝聚力、向心力和群体意识。在实施乡村振兴战略的新形势下，瑶族地区中小学的校园文化建设具有重要的意义。

(一) 弘扬正气，激发师生爱国情怀

习近平总书记指出："要在厚植爱国主义情怀上下功夫，让爱国主义精神在学生心中牢牢扎根，教育引导学生热爱和拥护中国共产党，立志听党话、跟党

走，立志扎根人民、奉献国家。"①把社会主义核心价值观融入校园文化建设，加强爱国主义、集体主义、社会主义教育，深化民族团结进步教育，进一步激发师生爱国情怀，树立良好的集体观念、团结和谐观念和崇高的理想信念。让学生置身于健康向上的校园文化中，对学生良好品德形成具有渗透性、选择性、持久性，有利于把学生培养成为"有理想、有道德、有文化、有纪律"的社会主义接班人。

（二）凝聚人心，让奋斗成为校园主旋律

通过校园文化建设，把学校建成一个人际关系融洽、朝气蓬勃、环境舒畅、有期盼和奋斗目标愿景的群体。让教师敬业爱岗、勇于开拓进取、追求卓越，让学生勤学好问、刻苦读书，形成广大师生不怕困难、团结一心、共同奋斗的校园主旋律。促使师生人人自觉行动，围绕学校的奋斗目标，出色完成学校布置的各项任务，不断取得新成绩。

（三）丰富生活，提升学校文化品位

学校的校风校容校貌，集中反映了一个学校整体精神和价值取向，是具有强大教育引导功能的文化资源。加拿大著名学者斯蒂芬·利考克说过："对学生真正有价值的东西，是他周围的环境。"通过升国旗、主题班队会、演讲比赛、书画比赛、文体活动和种树绿化等形式，开展校园文化建设，可丰富校园文化生活，美化校园，提升学校文化品位。师生们处于温馨优美的校园中，心里感到温暖愉悦，可激发他们的文化自信心和教学积极性，促进教风学风校风的转变。尤其对进一步激发学生的学习兴趣，启迪思想、陶冶情操、构筑人格、温润心灵等方面，都将起着"随风潜入夜、润物细无声"的作用。

四、瑶区中小学校园文化建设的现状

瑶族是中华民族大家庭中的重要一员。据 2010 年全国第六次人口普查统计，我国境内瑶族约有 280 万人，主要居住在广西等省区的偏远石山地区，属于"山地民族"。瑶族拥有悠久的历史和灿烂的文化。但是，以广西为主要聚居区的瑶族村寨远离经济、政治、文化中心城市，交通闭塞，经济、文化、教育等发展相

---

① 习近平.在全国教育大会上的讲话［OL］.新华网，2018-09-10.

对落后。在此后进的大环境中，瑶族地区的校园文化建设也难以独善其身。

笔者到广西都安瑶族自治县部分中小学实地调查了解，目前，一些学校也设有黑板报、宣传栏、公告栏、名人名言栏，墙上写有教育方针等大标语，起到一定的教育宣传作用。但总体而言，瑶族地区中小学校园文化建设仍存在诸多的问题。

（一）对校园文化建设缺乏深刻的认识

1. 对校园文化的内涵理解不深。一些学校领导和老师认为，处在偏僻的瑶乡，能完成日常教学任务就已经很不错了，其他工作无暇顾及，甚至可有可无。没有把校风、教风、学风和物质环境建设以及制度建设理解为校园文化，尤其对校园文化的特征、内核、功能知之甚少。

2. 对校园文化建设重视不够。由于对校园文化的内涵理解不深，因而对校园文化建设的重要性缺乏足够的认识，没有把校园文化建设作为一项重要工作来抓。例如，笔者在调查中发现，有一所小学已建成使用三四年，校园宽敞，教学楼高大漂亮，但各栋教学楼外墙和各层走道几乎未见一行文字和一幅标语；学校围墙护栏则挂有商业广告等醒目横额。从外面看，这所小学不像学校，更像是居民住宅区，没有校园特有的文化品位。另外，在几所学校的校园里同样看到不少教室外墙也是一片空白，没有很好利用，与学校教育氛围极不协调。

3. 校园文化活动较少。笔者调查访谈的几所学校，目前校园文化活动形式比较单调，很少开展诸如校运会、主题教育、文艺表演、读书写作比赛、小科技发明创新等活动，有的学校由于学生人数少，师资不足，平时就安排学生打扫一下校园卫生和到球场上打打球，不利于学生创新精神和实践能力的培养及全面发展。

（二）学校常规管理松懈

1. 校园美化工作不到位。有的学校自然环境不错，但校园和教室布置不够整齐到位，有些墙壁剥落，有些门窗破旧，桌椅东倒西歪；扫把和垃圾桶随意乱扔在教室里，张贴的资料有些被撕掉一半，很不美观。在笔者调查的多所学校，极少见到校园内外张贴或刷写"富强、民主、文明、和谐、自由、平等、公正、法治、爱国、敬业、诚信、友善"24字社会主义核心价值观宣传语。

2. 校园卫生状况差。教室内外的墙壁上有不少脚印鞋印，校园各角落的垃圾较多，有的学校大门口外面也堆有垃圾、杂物、乱石。校内厕所脏臭，没有水冲洗，有的厕所甚至无处落脚。

3. 教学设施简陋。教学辅助设施严重缺乏，卫生室、图书室、报刊阅览室等各功能处室没有建立，体育器材不足等，基础设施薄弱，建设任务艰巨。`

五、加强瑶区中小学校园文化建设的措施

加强瑶区中小学校园文化建设，不能停留在口号上，要与实施乡村振兴战略同步进行，采取多方面措施，大力推进，取得实效。

（一）顶层设计，高位推进

1. 加强县委、县政府对校园文化建设的领导。校园文化建设，是乡村振兴和社会主义精神文明建设的重要内容，应该得到党委和政府的高度重视。县委、县政府一方面宏观管理，把握正确的政治方向，确保校园文化建设积极健康向上。另一方面重视校园物质文化建设，体现政府在学校硬件中的投资主体地位，这在瑶族贫困地区尤其重要。

2. 县教育行政部门要加强对校园文化建设的指导。制定全县校园文化建设的总体规划并纳入教育工作目标管理责任书中；制定并卜发校园文化建设的文件，对校园文化建设提出具体的要求；充分发挥督导评估的作用，对校园文化建设进行专项督导，对做得好的学校进行表彰，对做得差的学校给予批评，并提出整改措施；不断总结校园文化建设经验，树立典型。通过现场会、研讨会等形式加以推广，为兄弟学校的校园文化建设提供可借鉴的宝贵经验。

3. 乡村党政组织对校园文化建设给予支持。对学校建设用地、道路整修、用水用电等提供保障，并动员群众积极支持学校建设；帮助学校搞好周边环境治理，在校门口摆摊设点等各种不良现象进行综合治理，给学校创设一个良好的教书育人环境。

4. 学校要发挥校园文化建设的主体作用。校长首先要充分认识校园文化建设工作的重要地位和作用，树立常抓不懈思想。校园的一花一草，一景一物，都是育人的载体，校长要处处留心，精心设计，科学管理。师生积极投身校园文化建设，爱护环境，保护设施，争做主人。形成领导、教师、学生三位一体的管理队伍，不断优化环境，突出育人功能。

（二）广泛动员社会参与

"创新宣传形式，广泛宣传乡村振兴相关政策和生动实践，营造良好社会氛

围。" 运用各种途径广泛宣传瑶族乡村校园文化建设的重要性，搭建社会参与平台，加强组织动员，发挥各级群团组织的优势和力量，凝聚瑶族乡村校园文化建设合力，争取社会多方支持，讲好瑶族乡村校园文化建设新故事，为瑶族地区中小学的健康发展贡献智慧和最佳方案。

（三）抓好"三风"建设

1. 领导作风建设。在"三风"建设中，瑶族地区县、乡、村三级领导干部的作风处于较高层次和关键部位，要切实充分发挥决策设计及引领功能。领导干部在思想作风、工作作风、人格品质、知识水平等方面，都要起到以身作则、率先垂范的带头作用。

2. 教风建设。教风是教师在长期教育工作中形成的教学态度、师德师风、教学效果等要素的集中表现。良好的教风是一种强有力的教育因素，它具有强烈的示范性、感染力。教师的一举一动、一言一行在学生面前都是生动的榜样，对学生人格品质、道德内涵的养成产生较大作用。教师要做到献身教育，教书育人；严谨治人，科学育人；为人师表，身教育人；热爱学生，以情育人；团结协作，共同育人。

3. 学风建设。学风是学生在长期的学习过程中形成的学习态度、学习兴趣习惯、学习方法和学习效果等要素的综合表现。学风建设重在培养学生具有正确的学习观念和学习态度，以及勤奋的学习精神和科学的学习方法。做到尊师重教，谦虚有礼；严格遵纪守法，讲究文明举止。

（四）校园文化建设要突出学校特色

瑶族乡村特殊的地理环境，决定了校园文化的多样性。各学校应结合实际，充分挖掘校内外教育资源，创造性地建设独特的校园文化。

1. 在学校的校园规划上，根据学校的地理位置，因地制宜，在校舍建设和绿化美化等方面与周边景色协调。

2. 在校园精神文化建设上，充分挖掘本地及本校资源，形成独具特色的校园文化，起到说教无法达到的效果。比如，教育学生学习本地区本民族的优秀人才，学习他们不怕困难、艰苦奋斗、勤学苦练的崇高精神，为瑶族山区的发展贡献力量。

3. 创造性地开展校园文化建设活动，充分展示本校特色。以当地瑶族的道德礼仪、风土人情、传统文化为主要内容，并在此基础上进行研究整理、发掘创新，赋予校园文化新的内容，形成浓郁的地方特色文化。特别要注意引进那些已经在海内外有重大影响的瑶族文化品牌进入校园，如瑶族舞曲、瑶族铜鼓舞、瑶族长鼓舞、瑶族猴鼓舞、瑶族羊角舞以及瑶族始母——密洛陀神话传说等，让中小学生传承弘扬本民族的优秀传统文化。这样的校园文化是独具魅力的，更是无法复制的。

（五）抓好校园文化建设常规管理工作

1. 强化卫生管理。卫生状况重在保持，要建立卫生包干制度和检查评比制度。

2. 净化、美化、绿化校园。这是校园文化建设的重要内容，修好校园道路，种好管好花草树木，努力创造一个舒适、优美、宜人的校园物质环境。

3. 重视环境的育人功能。"学校无小理，事事皆育人"，因而学校环境的布置要讲究规范，做到朴实、美观、体现教育性。墙报、黑板报等宣传园地的内容要健康向上，定期更新。充分利用教学楼或教室的墙体墙面，刷写校风、教风、学风以及社会主义核心价值观"24字"等内容。善于运用新媒体技术，在各教学楼、教室、办公室和学校大门的门口上方或两侧，设计播放滚动的电子语录、标语等内容，展现学校新时代、新媒体的精神风貌。

4. 加强对设备的管理。保持教室、办公室等门窗齐全，桌椅板凳排列整齐，窗明几净，各类物品摆放整齐。定期对各类房屋作安全检查，粉刷油漆，及时维修。

5. 加大校园周边环境治理力度，依法维护学校正常秩序。对校门口摆摊设点等各种不良现象进行综合治理，给学校创设一个良好的教书育人环境。

（六）开展丰富多彩的校园文化活动

校园文化活动最能调动学生创造的积极性和自我教育的主动性，成为以育人为目的的校园文化建设中一条最有效的途径。主要抓好以下工作：一要精心组织，根据学校实际开展各种有意义的活动，做到周密考虑，精心设计，有计划、有目的地开展。二要形式多样，包括文体活动、艺术展演、知识竞赛、报告讲座、实践活动等。三要总结提高，形成长效机制。活动过程要及时宣传，活动结束总结评比，以调动学生的积极性，深入持久地推动校园文化建设。

（七）多方争取，加强学校硬件建设

目前，瑶族地区中小学校的硬件设施比较薄弱，亟须改造并加大力度建设。

要切实做好以下工作：其一要确保政府投入主渠道地位，这是进行校园硬件建设的根本。其二要积极争取外援，多方筹措建设资金。其三是学校师生自力更生，自己动手，建设自己美好的校园。

六、结语

实施乡村振兴战略，是党的十九大做出的英明决策。乡村的振兴，离不开当地的文化建设和校园文化建设。在建设过程中，一个地区、一个民族、一个学校都不能缺少。目前，瑶族地区中小学校园文化建设面临诸多困难和问题。要建设好瑶族地区中小学校园文化，必须按照中央规划的乡风文明、治理有效等的总体要求，牢固树立新发展理念，落实高质量发展的要求，突出重点、体现特色、丰富多彩。既要因地制宜、尽力而为，又要量力而行，务求实效。努力打造各具特色的现代版"富春山居图"，让瑶乡校园成为美丽乐园。

黔桂边革命老区少数民族学校
教育发展简论 ①

◎ 杨龙娇　吴正彪

【摘要】黔桂边少数民族地区是 20 世纪 20 至 30 年代由邓小平等老一辈无产阶级革命家创建起来的革命老区，这个由壮族、瑶族、苗族、侗族、布依族、水族等多个民族组成的民族地区经历了近一个世纪的社会变迁，在政治、经济、文化教育等各个方面都发生了前所未有的变化，尤其是学校教育经历了四个发展阶段，从大量的数据和例证中说明了新中国成立以来，老区的学校教育在中国共产党和各级人民政府的大力支持帮助下有了较快发展，同时也充分体现了党的十九大报告中所提出的"不忘初心，方得始终"这一主题。

【关键词】革命老区；少数民族学校；教育发展

20 世纪 20 至 30 年代，由邓小平等老一辈无产阶级革命家组织开展和开辟的左右江革命根据地，在与老区人民同呼吸共命运的过程中，开办学校教育，并在当地各族群众的大力支持下创建了由中国共产党领导的军队红七军和红八军，活跃在今广西壮族自治区、贵州省和云南省等大部分少数民族地区开展革命活动，让贫民子弟得到良好学校教育的同时，也为当时生活在社会底层的民众寻找到了一条翻身做主人的光明大道。在近百年来的社会发展中，与左右江革命时期的教育状况相比，如今的革命老区学校教育都得到了前所未有的发展。在此，我们试以黔桂边革命老区少数民族学校教育发展为例，结合实地调查到的情况和资

---

① 基金项目：广西高校人文社会科学重点研究基地——老区精神与老少边地区发展研究中心科研项目"左右江革命老区乡村文化建设研究"（LQ15A03）系列研究成果。

料谈谈我们的一些认识。

一、黔桂边革命老区的地域范围及学校教育资源状况

1997 年，国家民政部、财政部对广西壮族自治区共划定有革命老区 85 个县（市、区）759 个乡镇和 403 个村委会。其中，属土地革命战争时期的老区乡镇 319 个，属抗战时期的乡镇 137 个，属解放战争时期游击根据地的乡镇 303 个。① 在贵州，1998 年 6 月中共贵州省委办公厅以省办发（1998）16 号文件《关于批转省划定革命老区领导小组〈关于划定遵义等县市为革命老区的请示〉的通知》确定将贵州省 31 个县（市、区、特区）所辖的 551 个乡（镇、办事处）划为革命老区。2002 年 12 月，中共贵州省委办公厅又以"黔委厅字（2002）34 号"文件将荔波县的"玉屏镇、朝阳镇、茂兰镇、立化镇、佳荣镇、翁昂乡、捞山乡、瑶山乡、播尧乡、永康乡、洞塘乡、瑶麓乡"12 个乡镇划定为革命老区。在位于黔桂边的这些革命老区，由于地处喀斯特地貌的自然环境，居住条件极为恶劣，学校教育资源十分匮乏，广西和贵州特别是革命老区县、市自古以来就很少接受过学校的汉文化教育，如在广西壮族自治区都安瑶族自治县，"自明嘉靖七年至清同治十二年的三百余年间，仅有非官族子弟周之祯 1 人获取癸酉科举人。迄光绪年间，邑人应试中举者，仅有潘岳森（土官子弟）、吴云鹏和韦举科 3 人。"② 而少数民族贫民子弟真正进入学校接受教育的，则是在 1930 年后由中国共产党组织建立的苏维埃政权在广西东兰、白色、巴马等地开办的劳动小学。直至新中国成立后，中央人民政府在民族地区全面普及学校基础教育，革命老区的少数民族才开始大范围地接受教育。

二、黔桂边少数民族乡村学校文化教育的四个发展阶段

（一）民国前的乡村学校教育

从元代到清雍正年间，今属革命老区的荔波、望谟等县才由广西划归贵州管理，罗甸则先后由原属四川行省后转为贵州的广顺金竹府、贵定新添葛蛮安抚司和平塘定远府代为管辖，长期以来一直都是处于边缘化的地域，这些地方的学校

---

① 陈欣德.广西老区知多少 [J] .当代广西，2009（23）：21.

② 都安瑶族自治县志编纂委员会.都安瑶族自治县志 [M] .南宁：广西人民出版社，1993：655.

教育起步较晚，而临近的广西所属地区情况亦然。据《罗甸县志》载，清道光二十年（1840年）定番州分驻罗斛州判赵学聘在老城庆王庙侧建城乡义学一所；清道光二十一年（1841年）州判邵鸿儒在老城创办仰山书院，亦称斛城书院，选聘良师，招童生30余名；清道光二十五年（1845年）州判吴德荣又在老城关帝庙办义学一所。[①] 又据相关史籍记载，正统十二年（1447年），明朝廷应思恩土知府岑瑛之请，在思恩"设儒学，置教授一员、训导四员"。[②] 思恩土知府，辖地范围即今广西壮族自治区平果县及武鸣县城圩一带。在贵州革命老区的辖地，雍正二年（1724年），广西巡抚李绂请准设荔波县学；雍正十二年（1734年），清政府批准罗斛（今罗甸县）学习诗书者均可应考；道光二十一年（1841年），建罗斛仰山书院；光绪二十四年（1898年），建瓮安玉华书院（后改名花竹书院）。[③] 由以上史实记载不难看出，进入民国前，建在属于革命老区内的学校教育机构微乎其微。

（二）民国时期的学校教育

尽管清末至民国初年，辛亥革命前后中央政府也在黔桂两省的省会所在地开办了一些学校，但在黔桂边区所属的县乡少数民族聚居地，这样的教育机构设置却姗姗来迟。据"民国"二十三年广西教育厅编辑出版的《广西教育旬刊（第一卷）》载，当时百色县有130个村街，有36个村街有小学，有94个村街均未办有小学，这些未办小学的村街占全县村街总数的72.3%；凌云县有354个村街，有89个村街有小学，有265个村街都未办有小学，这些未办小学的村街占全县村街总数的74.9%；西隆县共有168个村街，有33个村街有小学，有135个村街亦未办有小学，这些未办小学的村街占全县村街总数的80.3%。[④] 民国时期的贵州，在教育上和清朝以前相比，乡村学校已经有一定规模的发展，如在与广西接壤的荔波县，于1905年在原桂花书院创立学堂一所，取名为"荔波公立两等小学堂"，1909年又增设了学堂一所；民国元年（1912年）将"荔波公立两等小学堂"改名为"模范两等小学校"，此后，在增加班级的同时还建立了城区女子小学。仅在民国31至32年的两年间，全县共有17所中心学校，47所

① 贵州省罗甸县地方志编纂委员会.罗甸县志 [M].贵阳：贵州人民出版社，1994：449.
② 蓝武.从设土到改流——元明时期广西土司制度研究 [M].南宁：广西师范大学出版社，2011：173.
③ 黔南布依族苗族自治州史志编纂委员会.黔南布依族苗族自治州志·教育志（第十五卷）[M].贵阳：贵州人民出版社，1996：19.
④ 蒙荫昭，梁全进.广西教育史 [M].南宁：广西人民出版社，1999：363.

国民学校，计 146 个班级（其中，中心学校有 97 个班，国民学校有 49 个班），学生 5290 人。[①]正是有了这样的良好教育条件作起步，荔波的学校教育环境培养了中国共产党的一大代表邓恩铭等杰出人才。为支持边疆地区少数民族学校教育的发展，民国 27 年（1938 年），新加坡爱国华侨胡文虎、胡文豹捐资 3500 元（银圆）创办"贵州省立荔波水庆乡初级小学"，有教室 12 间、礼堂 3 间，办公室和接待室各 1 间，教师宿舍 3 间、图书仪器室 3 间、厨房 2 间、牌坊式校门 1 座，并建有学生运动体育场一个。荔波瑶族有史以来首次有本民族子弟进入学校学习汉文化知识。

（三）新中国成立至党的十一届三中全会前的学校教育

新中国成立之初，百废待兴，黔桂边大部分革命老区的少数民族学校经历了民国时期的各种社会动荡后，在中国共产党和中央人民政府的大力关心、支持下，除了帮助原有的学校进行复课外，还在各个边远的乡镇村兴建了学校。如在贵州省的罗甸县，新中国成立初的 1952 年，全县仅有初中 1 所、完小 6 所、初小 12 所，教职工 128 人、学生 4391 人。到十一届三中全会后的 1985 年，全县已经有完全中学 3 所（其中，民族中学 1 所），高中在校生 505 人，高中补习班学生 82 人，共 587 人，其中，民族生 341 人；独立初中 4 所，在校生 4342 人，其中，民族生 2555 人；小学附设初中班 12 所，在校生 1592 人，其中，民族生955 人；普通中学附设职业班 5 个，在校生 241 人，其中，民族生 147 人；师范学校 1 所，在校生 51 人，其中，民族生 28 人。在学校人才的发展比例上，1985年的罗甸全县已经有大学（含专科）毕业生 269 人（其中，民族生占 58.2%），是 1949 年 9 人的 29.9 倍；中专毕业生 1170 人（其中，民族生占 60.3%），是1949 年 64 人的 18.28 倍；高中毕业生 2763 人（其中，民族生占 62.1%），是1949 年 25 人的 110.2 倍；初中毕业生 17578 人（其中，民族生占 57.68%），是1949 年 164 人的 107.18 倍；小学毕业生 49459 人（其中，民族生占 61.3%），是1949 年 1864 人的 26.53 倍。[②]在广西的巴马瑶族自治县，新中国成立初的 1952年全县仅有中学 2 所，教师 14 人，有完全小学 21 所、村级小学 213 所，教师468 人，在校中小学生 16076 人，其中，中学生 341 人，小学生 15735 人。到1990 年，全县就已经有中小学 434 所，其中，高中 2 所、初中 17 所、职业中学

---

① 贵州省荔波县地方志编纂委员会.荔波县志 [M].北京：方志出版社，1997：692.

② 罗甸县史志编纂委员会.罗甸县志·民族志 [M].贵阳：贵州民族出版社，1989：138–139.

1 所、完全小学 106 所、教学点 308 个，在校学生 30029 人；教师进修学校 1 所，在校进修教师 45 人。从 1977 年恢复高考到 1990 年的几年间，巴马瑶族自治县共有 561 名学生考上大专院校（含预科生）。[①] 在这一发展阶段，虽然"文革"等一些社会因素对学校教育造成了一定的影响，其间也有一些波折，但在总体上大部分地区的少数民族学校教育基本得到了稳定延续的发展。

（四）改革开放以来学校教育的发展变化

从 20 世纪 90 年代以来，随着改革开放步伐的加大，黔桂边革命老区学校教育也得到了快速发展，从下面《黔南州义务教育 60 年发展变化对照表》，可以看出黔南布依族苗族自治州实施义务教育 60 年来的发展变化。

《黔南州义务教育 60 年发展变化对照表》[②]

年　份	1956 年	1990 年	2000 年	2010 年	2015 年
小学校数（所）	1342	3542	1828	1361	769
小学生数（人）	161124	448022	462826	373790	279996
初中学校数（所）	13（中学）	84	152	164	182
初中学生数（人）	4041	74354	142225	208317	158220
小学入学率%	暂无数据	91	98.56	98.04	109.3
小学辍学率%	暂无数据	4.43	0.99	0.29	0.048
初中毛入学率%	暂无数据	70.56	90.2	108.9	116
初中辍学率%	暂无数据	11.73	2.52	2.17	1.17

据 2013 年底调查统计，在贵州革命老区的罗甸县有各级各类学校 162 所，其中，完全中学 2 所，职业学校 1 所，独立中学 10 所，九年一贯制学校 10 所，完全小学 85 所，教学点 29 个，幼儿园 33 所。全县教职工 3380 人，其中，高中教职工 400 人，职校教职工 183 人，初中教职工 962 人，小学教职工 1577 人，幼儿教职工 258 人。全县在校学生 61924 人，其中，普高学生 6311 人，职高学生 4105 人，初中学生 13772 人，小学生 29217 人，在园（班）幼儿 8519 人。在 20 世纪 30 至 40 年代由熊亮臣、熊三妹等人在左右江共产党组织的领导下曾经以罗甸县纳坪乡冗翁坪村为根据地开展革命活动的边远苗寨，该村在 20 世纪 90 年代末没有一个大学生，进入 21 世纪后，现有大学生 8 人，教师 4 人，行政工作人员 17 人，"两基"（九年制义务教育、扫除青壮年文盲教育）未实施之前，

---

① 巴马瑶族自治县志编纂委员会.巴马瑶族自治县志 [M] .南宁：广西人民出版社，2003：626.

② 《撑起一片蓝天：黔南州 60 年教育回眸与展望》编写组. 撑起一片蓝天：黔南州 60 年教育回眸与展望 [M] .贵阳：贵州教育出版社，2016：6.

该村适龄儿童入学率是 60%—70%，青壮年文盲率是 85%；"两基"实施以后，该村适龄儿童入学率达 98%，青壮年文盲率下降为近年的 20%—30%。

进入 21 世纪以来，一些革命老区如荔波县县域内义务教育基本均衡发展工作在 2016 年通过了国家的认定，而且在黔西南布依族苗族自治州兴建了黔南民族师范学院、黔南民族医学高等专科学校、黔南民族职业技术学院和黔南民族幼儿师范高等专科学校四所高等院校，各个县市除了教学体系完备的中小学教育教学点设置外，每个县市还建起了教学设施齐全、专业适应性强且丰富多样化、教师队伍稳定的中等职业技术学校。

三、黔桂边少数民族学校教育的特点

（一）多民族的多语种教育教学

黔桂边自古以来就是边疆地区众多民族交错分布的聚居地，这里的世居民族主要有壮族、苗族、布依族、彝族、侗族、水族、瑶族、毛南族、仡佬族等少数民族，这些民族一直都保留着使用自己的母语进行交流，甚至很多地方的少数民族在汉语交流上依然存在着一定的困难，因此这些学校教育的一个重要特点就是广泛地使用民族语与汉语双语教学。据贵州省黔西南布依族苗族自治州统计局在《2011 年黔西南州国民经济和社会发展统计公报》显示，截至 2011 年 9 月，"全州使用少数民族语言授课的中学有 53 所，占总数的 23.4%。小学有 426 所，占总数的 39%。在使用少数民族语言授课的中小学中，全州有布依族语言小学 403 所，苗族有 76 所"。[①] 类似的民族语与双语教学，在广西的壮族、瑶族和苗族中同样也有很多例子。

在广西壮族自治区，从 20 世纪 60 年代以来就开设了壮文课。"1960 年 1 月，在武鸣、龙州、柳城、平果 4 个县的部分小学开办壮文预备班 8 个"。"到 1964 年，全区小学开设的壮文预备班有 520 个，学生 16000 多人；增设壮语文课的班有 987 个，学生近 40000 人。"到 1989 年，除了小学有壮文教学点外，在各地成立的民族中学中还开设了壮文初中班。仅 1989 年全区的小学壮文教学点就发展到 45 个县 300 多所小学 1000 多个班 30000 多学生，民族中学里的壮文初中有 "22 所 67 个班，学生 3400 多人"。至 1998 年上半年止，"全区有 23 个

---

① 黔西南民族研究中心.黔西南双语教学现状分析与对策［A］.贵州省少数民族语言文字办公室，贵州省少数民族语言文字学会.贵州双语教育与双语人才建设文集［C］.昆明：云南民族出版社，2015：98.

县、市的 176 个小学校点和 25 所民族中学进行壮汉双语文教学实验。小学生
29000 多人，中学生有近 5000 人"。[1] 此外，党的十一届三中全会以后，广西融
水苗族自治县、三江侗族自治县等地也先后在一些小学开设了苗文和侗文的双语
教学课。

（二）黔桂边地区少数民族是接受革命思想教育较早的文化群体

1929 年，百色起义胜利后，中国共产党在左右江地区建立了革命根据地，新
建立的红七军前委和工农民主政府结合广大少数民族群众的要求，制定教育方针
政策，提出在教育上"提高文化，普及教育，劳动儿童，免费入学，推翻旧礼
教，创造好风俗"，[2] 积极发展基础教育，大力主张"瑶民经济、政治、教育、工
资上与其他人民一律平等"的同时，"提高瑶民的智识教育"。在文化建设方面：
"1.教育劳动化，2.创设劳动人民通俗阅报室，3.创设劳动人民通俗图书室，4.创
设劳动人民文化讲习所，5.创设劳动人民夜课学校，6.提高劳动儿童教育（设立
幼稚院），7.创设劳动人民免费学校，8.实行男女共同教育。"[3] 正是在这样的社会
背景下，长期以来文化教育一直较为落后的瑶族不仅有了一批"识字人"，也与
本地区的汉族和壮族的少数民族一样，成为较早接受革命教育思想的文化群体。
民国时期，在广西巴马、都安、东兰等瑶族和壮族聚居区，共产党领导的苏维埃
政府除了创办学校实行免费教育外，还在一些原有的学校接收外地进步青年教师
到校任教，积极宣传进步思想。如在原凤山县盘阳区（今巴马瑶族自治县巴马镇
盘阳村）创建于民国 11 年（1922 年）的振华高级小学，在韦拔群等共产党人及
地方党组织的领导下，建立宣传队、组织学生会、面对社会开办夜校等，以学校
为基地兴起农民运动，宣传革命思想。韦拔群还亲自到学校宣传鼓动，校长梁福
臻根据传播革命思想的需要，提出了"教育与政治（农运）相结合，教育为政治
（农运）服务"的办学口号。该校的大部分毕业生相继考入白色五中、南宁一中，
后来陆续参加革命，成了东（兰）凤（山）农民运动的重要骨干。[4] 为了让瑶族
同胞得到良好的学校教育，1925 年，韦拔群指派瑶族进步青年罗金淘在东兰县

---

① 贺明辉.简谈民族语文对发展广西民族教育的作用 [J].三月三·民族语文论坛专辑，2001（1）：72-73.
② 中共广西区委党史资料征委会《左右江革命根据地》编辑组.左右江革命根据地（上）·中国红军第七军司令
　部、政治部布告 [C].北京：中共党史资料出版社，1989：256.
③ 中共广西区委党史资料征委会《左右江革命根据地》编辑组.左右江革命根据地（上）·广西东兰县革命委
　员会最低政纲草案 [C].北京：中共党史资料出版社，1989：93-95.
④ 巴马瑶族自治县志编纂委员会.巴马瑶族自治县志 [M].南宁：广西人民出版社，2003：631-632.

中山乡长河村创办了历史上第一所瑶族小学，接收瑶族子弟读书。1929 年 12 月，苏维埃政府建立后，韦拔群又在西山领导创办了西山瑶族劳动小学，为红军培养革命力量。此后，在韦拔群的指示和关心下，东兰县苏维埃政府拨出专门经费，在西山瑶族群众聚居的 16 个乡创办了初级小学，让学生从 8 岁到 16 岁不等进入学校免费入学，这些接受学校文化教育的学生中多数为瑶族子弟。[①] 在当时的革命老区，不仅创办有"瑶族小学"，还创办了"劳动学校"，如将广西省立第五中学改为广西劳动第一中学、将白色县立第一小学改为白色县劳动第一小学等。与此同时，苏维埃政府一方面在以大力提高劳动人民文化水平为目标普及识字教育，另一方面则以文化教育的形式在右江革命根据地举办培训班，培养农民运动干部和民族地区的党政军干部。通过这些多种教育的方式和途径，使黔桂边少数民族成了较早接受革命思想教育的文化群体。

四、结语：少数民族教育发展中的困境与希望

从广西的十万大山到贵州的月亮山区，山高谷深，地势险要，喀斯特岩溶地貌高度发达，面广地贫，人类生产生活的自然环境极为恶劣，在这样的生存背景下发展民族教育，不仅校点分散、师资不足，学校基础设施硬件匹配也难以满足教育教学的实际需要，困境重重。针对这些困难和问题，自 20 世纪末以来，黔桂两省区各级政府克服各种不利因素，从政策、资金、财物、人力和社会力量等各个方面储集力量，层层扶持，建立了一大批民族中小学，在高校招生渠道，通过少数民族预科、少数民族双语预科、少数民族骨干计划高层次人才培养和少数民族自治地方少数民族考生实行"双少制"等多种政策帮助，近年来，已经培养了一大批少数民族专业技术人才。

黔桂边不仅是少数民族聚居区，同时也是邓小平等老一辈无产阶级革命家早期领导建立起来的革命老区，在经济全球化迅猛发展的今天，我们在任何时候都不能忘记那些抛头颅、洒热血的革命志士，这正如在党的十九大报告中所指出："不忘初心，方得始终。中国共产党人的初心和使命，就是为中国人民谋幸福，为中华民族谋复兴。这个初心和使命是激励中国共产党人不断前进的根本动力。全党同志一定要永远与人民同呼吸、共命运、心连心，永远把人民对美好生活的向往作为奋斗目标，以永不懈怠的精神状态和一往无前的奋斗姿态，继续朝着实

---

① 徐魁峰，徐洪刚，黄梅珍.白色起义与民族工作 [M] .南宁：广西人民出版社，2014：144.

现中华民族伟大复兴的宏伟目标奋勇前进。"讨论和研究分析黔桂边革命老区少数民族的学校教育发展过程，让我们在道路自信、制度自信、理论自信、文化自信中获取更多的精神力量，实事求是，在习近平新时代中国特色社会主义思想的指引下，让我们少数民族地区的教育以创新性发展去努力实现中华民族伟大复兴的中国梦。

精准扶贫政策下荔波瑶族经济发展
与民族文化传承浅析

◎ 覃　桐

【摘要】瑶族的历史十分悠久且有自己独特的文化，自古以来，瑶族受环境因素的制约和影响，以狩猎和刀耕火种为主，经济结构较为单一。虽然到新中国成立后通过国家的扶持与帮助逐渐由游耕狩猎转化为定居农耕的经济结构方式，但由于结构不合理、农业设施较薄弱和群众观念落后，仍然阻碍着经济的发展。因此，瑶族应在习近平总书记提出的脱贫攻坚背景下，以民族文化精神为中心，以精准扶贫为战略方针，调整经济结构，提升民族整体素质，同时传承特色民族文化，实现与其他民族共同建成小康社会的美好愿望。

【关键词】精准扶贫；民族文化传承；经济发展研究

一、国家政策

国家实行扶贫政策由来已久，自 20 世纪 80 年代开始在全国范围内有组织、有计划地扶贫，2013 年 10 月，习近平总书记在湘西考察时首次提出了"精准扶贫"这一概念，随后中央明确提出了精准扶贫的新机制，要求依照次序落实以下三个步骤：首先确认帮扶对象，再确定帮扶措施，最后确立帮扶管理体制。

自实施精准扶贫政策以来，贵州整体贫困状况得到扭转，贵州坚持将脱贫攻坚作为"十三五"期间的重大政治任务、重大发展任务、重大民生任务。按照中央要求、结合贵州实际，出台了《关于坚决打赢脱贫攻坚战确保全面建成小康社会的决定》以及 10 个配套文件等。同时还制定实施了《贵州市县两级党委和政府扶贫开发工作成效考核办法》《贵州省脱贫攻坚工作督查实施办法》等，以上都进一步丰富和完善了贵州的脱贫攻坚政策理论体系。

其中，将人口较少民族贫困村的脱贫作为民族地区精准扶贫的重点。《贵州省扶持人口较少民族发展"十三五"专项建设规划》于 2017 年 2 月印发实施，要整村推进，加强产业带动，将特色产业扶持、特色村寨建设、民族文化传承保护、民族团结等工作作为重点来抓。

扶贫不仅要扶物质，还要扶精神、扶智力、扶文化，特别"注重扶贫先扶智，增强贫困人口自我发展能力"。文化扶贫是指从精神和文化层面上给予贫困地区以帮助，从而提高当地人民群众文化素质，尽快从贫困中解脱出来。

20 世纪，新华社的《贵州省瑶山见闻》和《黔桂边界见闻》描述了贵州瑶山人民的贫穷落后生活，受到了党中央的重视，中共中央国务院的两个《批示》拉开了贵州省"扶贫攻坚"的序幕。其中，荔波瑶族地区得到了大力扶持和发展，使得瑶山地区发生了巨大变化。

二、荔波瑶族经济发展方式的变迁

千百年来，荔波瑶族长期生活在崇山峻岭和密林之中，因此，瑶族社会经济发展是比较缓慢的，不同时期的生产力发展水平和社会发展阶段所带来的影响不同。

瑶族漫长的历史社会发展过程是一个极为艰难困苦的过程。在原始社会阶段，瑶族先民只能捕捉鱼虾、猎取野兽、采集野果为食，树叶当衣，茅草为被，穴居为房，围火取暖，过着难以果腹蔽体的困苦生活，食尽一山，则又他迁。使用简易生产工具也只是用来秋冬砍树草，春来一把火，雨后耕种，以砍山为业，以种山为主，待地力耗尽，又他坡开种，重复同样生产和生活，故有"瑶族依山险为居"，"刀耕火种，狩猎游耕"，"迁徙频繁"之说。

秦王朝时期，由于瑶族居住在边远山区，交通阻绝，交流隔断，与外界联系甚少，因而经济发展并未受到任何影响，其生产方式也是"狩猎游耕"，"广种薄收"的猎渔生活。隋唐时期，瑶族先民（史称"莫瑶"）才开始学会使用铁器，使生产力有了一定的发展，而到了宋元时期，统治阶级对瑶族推行"以籍授田"的规定，借瑶族先民无籍为由，把其辛辛苦苦开垦出来的田地夺走，使瑶族只有迁徙高山深谷，因而瑶族的经济社会发展远远落后于其他世居民族，长期过着集体的游耕游猎原始生活。明代时期，由于瑶族先民居住深山区、石山区，迁徙频繁，社会经济发展仍然十分落后，其农业生产大多尚处于原始耕作方式，由于历史原因，居住环境，生产条件不同，造成瑶族社会经济上的发展十分缓慢。

荔波瑶族，大约在元末明初，开始定居河谷或山间平畴之地，开垦了很多水田和坡地，开始过着定耕生活，以农耕为主，兼狩猎和采集，种植了一些水稻、粟菽、豆、薯等粮食作物。学会了使用犁、耙、刀、锄等铁木制农具，生产水平有了一些提高。后来由于封建统治阶级的压迫，他族歧视，被排挤，迫不得已迁往环境恶劣的地方居住至今。到明代后期，瑶族先民已经会使用铁制农具，住在坝子的青瑶、长衫瑶也开始学会牛耕和简单提水工具灌田，生产有了不同程度的发展。在这种情况下，长期缓慢不前的瑶族社会经济也有了一个新的发展变化，农业成了瑶族的主要组成部分和生产的主要项目，并居于主导地位。由于种种原因，瑶族人民避居深山，耕地多是刀耕火种的"火把地"，迁徙无常，因而瑶山瑶族过去很少有固定耕地，经济发展极为迟缓。到新中国成立前，瑶山瑶族多数仍停留在"刀耕火种的生产落后方式，仍然是以砍山烧荒开垦为主"，存在"广种薄收"，只能过着贫困的游耕生活。到新中国成立后，党和人民政府为了帮助瑶族地区解决生产生活重重困难，针对瑶山缺田少地和耕牛实际困难，就从附近毗邻的翁昂乡、捞村乡、董界乡没收地主的部分田土共计736.3亩，其中，田480.8亩，土255.5亩，分给瑶山族群众耕种，调进耕牛397头分给群众使用，从而结束了瑶族"刀耕火种，广种薄收"的历史。牛耕得到了普及，农耕技术有了逐步提高，生产力才开始有了一定发展，社会经济进入了一个历史发展新时期。从而彻底结束了瑶山无田无牛的历史，开始从游耕狩猎转向定居农耕，为经济发展创造了良好条件。

三、瑶族经济发展方式变迁对民族经济发展的影响

从瑶族经济发展的历程我们可以看到，人类生存的基础与自然资源分不开，而人类的经济活动又会在一定程度上影响或反作用于自然资源。以瑶族为例，早期瑶族人所依赖的狩猎经济和刀耕火种都取决于自然资源，随着时代的发展和国家政策的帮助逐渐转变为定居农耕，而后又从定居农耕发展出多种经营方式。虽然瑶族的每一次转变都有利于自身的经济发展，并提高了当地群众的生活品质，但同时暴露出的一系列问题也值得深思。

（一）产业结构不合理，没有形成产业规模

首先，瑶族产业结构中种植业占比较大，主要粮食作物以玉米为主，水稻、水米、红苕、高粱为次，经济作物有棉花、油菜、黄麻、宁麻等，但农作物受市场因素影响较大，导致农作物销售困难，人们收入受市场因素限制较大，同时还受季节因素的限制。其次，产业没有形成规模，例如瑶山白裤瑶乡出产的油桐出油率高，品质好，还曾出口到东南亚，但由于没有形成产业规模，出口量不大，因此没有给当地群众带来持续收益。而瑶山鸡是当地著名的肉用型鸡种，其生长速度快，个子大，但由于很多人对瑶山鸡养殖的重视程度不够，因此也没有形成产业规模销往各地。瑶山尽管有丰富的资源，但并没有以其优势促进经济的发展，而是单纯依靠种植业而作为主要收入来源，这是远远不够的。

（二）修建设施，调整农业结构

以前，瑶族产业结构以粮食作物为主，但由于地区偏远，经济发展程度有所欠缺，而受季节影响较大，水利设施也较为落后。但实施"两瑶"扶贫攻坚战以来，国家加大对荔波瑶山地区的扶持，兴修水利设施，实施坡改梯（田）工程、普及农业实用技术等，改善农业生产条件，调整农业结构，使得瑶族地区还开始种植水果（主要有沙梨、李子和柚子等）、糖蔗、辣椒和西红柿（当地又称毛辣果）等，同时还发展种桑养蚕，使得农业结构多元化，经济作物市场化也日益显现。

（三）手工业生产尚未形成规模，发展速度缓慢

瑶族在长期生产发展中不断调整产业结构，但忽略了手工业生产的发展，瑶族手工业生产直到目前仍然处于自然经济的家庭手工业，其中，荔波县布依族的家庭手工棉纺织业，已有部分转化为农民兼营的个体手工业，面向市场而进行商品生产，而瑶族的家庭手工棉纺织业尚未能达到出现商品生产的迹象。瑶族的蜡染服饰，手艺精巧，是一项富有民族特色的工艺品，但由于制作时间长达半年之久，在这快节奏的社会中很难发展起来，发展速度缓慢，而在激烈的市场竞争中很难产生影响力。

四、精准扶贫政策下荔波瑶族民族文化传承与经济发展方式的建议

我党召开的十九大指出脱贫攻坚新的任务亟待解决，并强调精准扶贫的

重要意义。全面建成小康社会，各民族应紧密团结协作，共同实现兴旺昌盛的发展目标。荔波瑶族应结合本民族文化特色，大力发展本地区的经济方式，提高本地区经济发展的协调性，加强本地区经济发展的可持续性。

（一）发展旅游扶贫，促进社会经济进步

旅游扶贫不同于其他的扶贫方式，它是一种崭新的集约型扶贫方式，由于旅游业带有的经济和文化综合性，既能"输血"，也能"造血"，与其他扶贫方式相比具有独特优势和不可替代的作用。旅游扶贫可以振兴地方经济，带动相关产业，为当地提供就业机会，有利于农村剩余劳动力分流，促进社会经济的全面发展。

瑶山瑶族村寨坐落在竹木叠翠、风景秀丽的小七孔国家级风景名胜区，距景区4千米，具有景区旅游辐射的优越条件，加之有古朴的民族文化资源，应大力发展旅游业，这也决定了荔波瑶族要利用旅游扶贫促进文化传承的发展之路。以民族风俗为品牌特色来发展旅游业，例如瑶山白裤瑶的"砍牛祭""二次葬"习俗遗存远古遗风；瑶王宴、长席宴独具特色；民间舞蹈猴鼓舞、铜鼓舞别具韵味，民间陀螺竞技更是贵州民族民间体育运动的精品项目。同时，以旅游业为核心发展餐饮及住宿等附加产业，还应根据地区实际情况，对旅游文化工艺品进行开发，要有地区代表性及民族特色，与此同时，还可以生产民族特色美食，带动当地群众进行生产、加工，提升当地人民的经济收入。

保护与开发、宣传与弘扬是发展文化产业的根本保障，要按照市场规律发展旅游，将自然风光与民族民间文化相结合，采取有效措施，充分利用荔波瑶族民间文化资源，提升文化村寨旅游业的文化品位，拓展旅游项目，促进民族民俗文化村寨旅游业的可持续发展，把民族文化、农家接待、村寨旅游有机结合起来，充分利用瑶族民间资源，开发传统民族民间文化产品，提升文化村寨旅游业的文化品位，拓展旅游服务项目，促进瑶族民俗文化村寨旅游业的可持续发展，保护民族文化传承的同时带动当地经济发展。通过对乡村文化资源进行精准定位，结合不同乡村的文化资源环境，因地制宜地将乡村地区的乡土手工艺品加工业、乡村文化旅游业、传统节庆文化开发等业态做大做强，通过对文化品牌包装与宣传，结合文化市场的需要，不断推出受市场喜爱的乡村文化产品，通过推动乡村文化产业的全面发展，实现乡村人口致富增收。

（二）重视文化底蕴，大力实施文化扶贫

文化产业是将地方文化资源优势转为产业优势，推动地方经济发展、文化

繁荣的新兴产业。乡村社会存在着涵盖非物质文化遗产、文物古迹、信仰民俗、农耕文明等多样化的文化资源，随着文化产业与旅游产业融合速度的加快，更为乡村文化精准扶贫提供了新的契机。而文化产业的发展正是乡村地区释放文化内生潜力，激活地方文化资源，促进乡村文化建设的重要发展方向。

由于自然崇拜与社会存在着密切的关系，荔波瑶族也具有对大自然赖以生存的寄托和崇拜关系，正是由于他们把自己的理想意愿寄托于自然物的造化祈福，从而衍生了民族保护生态环境的意识，这些自觉与不自觉的保护具体体现到了对万物生灵的崇拜和日常生活中，因此形成了民俗生态文化。例如白裤瑶葬俗实行平葬，不立碑、不上坟，坟山同样可以开垦种地；瑶族至今还保留着"结婚种棵树，生子种棵树"的传统习俗；荔波瑶族村寨立房建屋、开辟便道依山就势，不破坏生态，这些民俗现象是各民族在特定的生存环境、生存空间形成的生态民俗文化形态。白裤瑶的"猴鼓舞""铜鼓舞""斗鸟乐""陀螺舞""瑶王宴""砍牛祭"等构成了瑶山丰富的生态文化艺术，加上村寨独特的民居建筑、禾仓建筑形成瑶族特定生态环境的一种独有的文化形态，这些都是民族宝贵的精神财富，是世界宝贵的文化遗产。

文化扶贫也是精准扶贫工作中的一项，对瑶族民族文化的保护，应坚持"保护为主、抢救第一，合理利用、传承发展"的方针，遵循"政府主导、社会参与、明确职责、形成合力；长远规划、分步实施、点面结合、讲求实效"的原则。各级党委、政府、工作部门高度重视，加大经费投入。主要对具有代表性的神话、传说、故事、歌谣、谚语、土风舞艺术、工艺美术和民间文化传承人及其所掌握的传统工艺制作技术，进行挖掘、搜集、整理、出版；对集中反映瑶族生产、生活习俗和历史发展的民居、服饰、器具、用具等进行征集保护；对具有瑶族民间文化特色的代表性建筑物、设施、标识、图腾以及在节日和庆典活动中使用的特定自然场所进行合理规划；对瑶族村寨保存比较完好的民间文化生态区域进行划定；对具有学术、史料、艺术价值的契约、谱牒、碑碣、丧葬等进行保护研究；对具有民间代表性的传统节日、庆典活动、民族体育和民间游艺活动以及具有研究价值的民俗活动进行弘扬继承，采取这些方式，使荔波瑶族的民族文化得到更加有效的保护。而其中，黔南州文化局、民宗局先后扶持建立瑶山民族文艺表演队，贵州省陀年实基地强山瑶族文化展示中心等民族文化实体。解决从业人员达300余人，每年收入达数十万元，文化扶贫使农民得到实惠，使民族文化得到有效保护和传承。因此，将乡村地区传统文化优势转换为社会经济与文化发展优势的重要出口，以文化产业的发展为切入点，引导乡村文化扶贫具有重要意义。

(三) 转变群众观念, 注重思想帮扶

在精准扶贫政策的实施下, 虽然多数瑶族同胞已从大山中搬出, 但也还有相当一部分人在追求自身发展的过程中, 其观念始终没有转变过来, 因此, 转变瑶族人民的落后观念是促进经济发展的重要一环。

由于瑶族人民长期处于封闭、守旧的环境中, 导致他们思想不开化, 科技文化落后, 智力差, 社会生产力低, 民族思维简单, 发展意识淡薄。导致瑶族群众对自我脱贫意识差, 想改变面貌的愿望不高, 缺乏摆脱贫困的信心和决心, 思想消极保守, 没有发展动力, 缺乏开拓进取的创业精神, 安于现状, 只求不断炊, 顺其自然。

因此, 各级政府部门应该转变扶贫观念, 坚持以人为本的科学发展观, 既要抓好物质扶持、产品开发和基础设施环境建设, 又要抓好教育扶贫、文化扶贫, 帮助瑶族同胞摆脱意识和思路的贫困, 引导群众坚定战胜贫困、改变落后面貌的信心。

五、结语

政府在实施精准扶贫政策引导瑶族人民大力发展经济的同时, 要实施可持续发展战略政策, 在扶贫过程中不仅要注重物质上的"硬帮扶", 还要注重文化扶贫、旅游扶贫和观念扶贫等打基础、利长远的"软帮扶"。在发展经济的同时要注重保护民族文化的传承, 不能因小失大, 顾此失彼, 在发展过程中要抢救保护和合理利用民族民间文化资源, 不能过度消费, 在积极打造地域文化、生态文化、文化传承项目的同时, 挖掘其中的历史价值, 凸显文化价值、追求实用价值、开发经济价值, 让民族文化和经济发展有机结合起来。

艺术篇

少数民族文学政策的新成果

——从红日的《驻村笔记》获全国少数民族创作骏马奖谈起

◎ 李　琴

【摘要】瑶族作家红日的长篇小说《驻村笔记》讲述某市文联主席、第一驻村书记毛志平在红山村开展精准扶贫工作的故事。作品聚焦新时代精准扶贫工作，扎根基层，彰显少数民族聚集地的民族特色，是少数民族文学的重要成果。近日，红日的《驻村笔记》获第十二届全国少数民族创作骏马奖，不仅是第一部获得全国少数民族创作骏马奖的瑶族作家长篇小说，也是第一部获得国家级奖项的瑶族长篇小说，是少数民族作家文学政策的新成果。这也将为新时代瑶族文学、少数民族作家文学的发展提供一些可借鉴的经验。

【关键词】红日；《驻村笔记》；第十二届少数民族文学创作骏马奖；少数民族文学；政策

继瑶族作家蓝怀昌的散文集《珍藏的符号》获第六届全国少数民族文学创作骏马奖、瑶族诗人黄爱平的《黄爱平诗选》获第九届全国少数民族文学创作骏马奖之后，瑶族作家红日的长篇小说《驻村笔记》荣获第十二届全国少数民族创作骏马奖，引起学界关注。翻阅历届全国少数民族创作骏马奖获奖名单，笔者发现，红日的《驻村笔记》是第一部获全国少数民族创作骏马奖的瑶族作家长篇小说，也是第一部获得国家级奖项的瑶族作家长篇小说，是少数民族作家文学政策的新成果。红日的《驻村笔记》作为瑶族作家文学一个有价值的样本，势必对新时代瑶族文学、少数民族文学的发展提供一些可借鉴的经验。

一、新时代新使命，发挥文学政策引导作用

2020 年 8 月 24 日，瑶族作家红日的长篇小说《驻村笔记》获第十二届少数民族文学创作骏马奖，作品讲述的是某市文联主席、第一驻村书记的毛志平在红山村开展精准扶贫工作的故事。主人公毛志平既是文化官员、作家，又是精准扶贫驻村第一书记，这样的多重身份，是作者自身的写照。

红日，本名潘红日，瑶族，中国作家协会会员，广西作协副主席，河池市文联主席。2015 年 3 月，红日向河池市委报名到广西罗城仫佬族自治县黄金镇寺门村担任扶贫工作队员。同年 10 月，被任命为寺门村党支部第一书记。驻村两年，红日作为第一书记，和乡村干部、驻村工作队员一道亲身参与了脱贫攻坚全过程。这种文化官员与驻村书记的双重身份，是新时代赋予作家的新的使命与责任。正如习近平总书记在文艺工作座谈会上重要讲话的要求："实现'两个一百年'奋斗目标、实现中华民族伟大复兴的中国梦是长期而艰巨的伟大事业。伟大事业需要伟大精神。实现这个伟大事业，文艺的作用不可替代，文艺工作者大有可为。广大文艺工作者要从这样的高度认识文艺的地位和作用，认识自己所担负的历史使命和责任。"这就指明了广大文艺工作者要认识自己所承担的历史使命和责任的重要性，少数民族作家文学也应服务于习近平新时代中国特色社会主义的发展，为实现"两个一百年"奋斗目标、实现中华民族伟大复兴的中国梦而不懈奋斗。红日获得第十二届少数民族文学创作骏马奖时发表获奖感言也表示："今后，我将按照习近平总书记在文艺工作座谈会上重要讲话的要求，更加自觉地深入生活，扎根人民，不断创作出更多群众喜爱的精品佳作。"所以，《驻村笔记》是少数民族作家承担历史新使命的结果，是少数民族文学政策的新成果。

红日是瑶族作家，《驻村笔记》是瑶族作家文学的重要成果。瑶族是一个历史悠久的民族，在我国主要分布在广西、湖南、广东、云南和贵州五省（区）的部分山区，以广西分布最广。瑶族文学的发展，可以追溯至远古时期，文学形式主要是记录人类征服自然的神话和古歌等民间文学。进入封建社会后到近现代，瑶族文学仍以民间文学为主，有《密洛陀》《伏羲神话》《盘王歌》《梅山侗歌》《千山侗歌》等优秀之作。新中国成立后，在中国共产党的领导下，瑶族人民翻身解放、当家作主，蓝启渲、蓝怀昌、蓝汉东、莫义明、李波等一批瑶族作家，创作了记录新中国瑶族人民生活的瑶族作家文学。尽管，农学冠早在《瑶族文学：勃

兴与多元的态势》(《广西民族学院学报〈哲学社会科学版〉》1988 年第 4 期) 一文中，就下过"瑶族作家文学的勃兴，是时代的必然"的断语。但是，瑶族作家文学的发展，远远不及瑶族民间文学的发展，这是瑶族文学与文化发展的当前现状。

瑶族作家文学有广西都安作家群、湖南"江华作家群"创作的一批优秀作品，荣获第十二届少数民族文学骏马奖瑶族作家红日是广西都安人；获得第九届全国少数民族文学创作骏马奖诗人黄爱平是湖南江华人；另有李祥红、钟二毛、帕男、陈茂智等作家。不过，瑶族作家文学发展明显地域性强，具有全国性、世界性影响的经典作品不多。当前关于瑶族文学与文化的研究，集中于瑶族民间文学的发掘整理研究，早先有赵廷光、刘保元、黄钰、李肇隆等一批瑶族专家学者专注于瑶族文学、文化的研究，取得了巨大的成功。农学冠的《盘瓠神话新探》《岭南神话解读》《瑶族文学史》(修订本，合作) 是瑶族文学研究的重要成果。中南民族大学何红一教授发现的四份卷轴式《评皇券牒过山榜》，是国际学术界瑶族研究重要文献，古瑶族文献现由美国国会图书馆亚洲部珍藏，对瑶族文化的传播起到重要的推介作用。近年来，瑶族民间文学研究呈现多元化趋势，更多从语言学、民族学角度来研究。

相比较而言，瑶族作家文学的研究较为零散。瑶族作家文学研究具有代表性的成果，如何颖的《寻求瑶族作家文学的突破》发表于《民族文学》1991 年第 6 期，系统梳理了瑶族作家文学的发展脉络，也认识到瑶族作家文学在全国影响力不强的问题。随后，《追求民族美质的瑶族作家文学》发表于《民族文学》1993 年第 1 期，从"民族美质"探讨瑶族作家文学的审美特性。当前，瑶族作家文学研究主要是对地域性作家群的介绍和个案作家作品的解读。前者如刘大先发表于《南方文坛》2015 年第 4 期的《远方、自我与集体性——贺州瑶族三作家论》，温存超的《都安作家群：大石山区崛起的一支文学劲旅》(《河池学院学报》2016 年第 6 期)。2018 年 11 月中南大学教授、文学评论家聂茂先生的专著《民族作家：文化认同与生命寻根——文学湘军的江华现象》，其中，对于江华瑶族作家群的解读，引起学界的广泛关注。2019 年，4 月 21 日，围绕这一专著举办的《民族作家：文化认同与生命寻根——文学湘军的江华现象》研讨会在江华瑶族自治县召开，是瑶族作家文学发展的一个重要文学现象。关于瑶族作家作品的个案研究，如肖晶的《族群记忆与身份焦虑——瑶族作家冯昱小说创作透视》刊载于《民族文学研究》2016 第 6 期，章绍嗣的《论蓝怀昌及其短篇小说创作》发表于《中南民族学院学报 (人文社会科学版)》2001 年第 6 期，张亚莎的《蓝怀昌及其小说创作》

（广西教育学院学报 2016 年第 5 期），温存超的《时代主题表达与内聚焦叙事——评红日的长篇小说〈驻村笔记〉》发表于《河池学院学报》2018 年第 1 期，罗传清的《栖居在文字里的乡愁——红日小说〈文联主席的驻村笔记〉中的乡贤叙事》（《河池学院学报》2019 年第 3 期）。

随着时代的发展，新时代面临新形势和新问题，需要作家去记录新生活、新命题，去描写习近平新时代中国特色社会主义建设的美好生活，去记录"中华民族一家亲"的美好图景，而作家文学即是重要载体。瑶族文学与文化的发展，要在丰富的民族文艺基础上，继续传承和发展民间文学，同时发挥瑶族作家文学的重要作用，发挥文学政策的引导作用，是时代的要求，也是文学发展的要求。瑶族作家红日的《驻村笔记》获得第十二届少数民族文学创作骏马奖，就是一个很好的范例。

其实，全国少数民族文学创作骏马奖的设置，本身就是少数民族作家文学政策的重要内容。该奖设立于 1981 年，是由中国作家协会、国家民族事务委员会共同主办的国家级文学奖，专门针对中国少数民族文学创作设立的奖项。旨在推动少数民族文学的繁荣发展，促进中华各民族的交往交流交融，不断铸牢中华民族共同体意识，维护和巩固国家统一、民族团结。中国作协主席铁凝出席第十二届骏马奖评奖委员会第五次全体会议时指出："2020 年，恰逢我国决胜全面建成小康社会、决战脱贫攻坚之年，也恰逢实现中华民族伟大复兴中国梦的重要时间节点。这是我们党向人民、向历史作出的庄严承诺，承载着 14 亿中国人民的热切期盼。每一天，我们都身处让人感奋的现实之中，被波澜壮阔的伟大实践所激励、所振奋。相信广大作家、评论家和文学工作者，在今后的文学实践中会为擦亮灵魂、激发创新活力，构筑中华民族共有的精神家园奉献新的作为。"这对少数民族作家提出了新的使命，也是中华民族伟大复兴中国梦的要求。红日的《驻村笔记》获得全国少数民族文学创作骏马奖，不仅是少数民族文学的一件大事，也是新中国民族政策和文艺政策的重要体现。

二、聚焦精准扶贫，讲好新时代中国好故事

讲故事是民间文学和作家文学通常涉及的内容。要讲一个什么样的故事，怎么讲好故事，却又是一个极具文学性、思想性和智慧性的问题。红日的《驻村笔记》是一部长篇小说，讲述的是某市文联主席成为第一驻村书记的毛志平在红山村开展精准扶贫工作的故事。作品以毛志平的第一人称视角，记录了精准扶贫

工作小分队在红山村开展精准扶贫工作的全过程。文章开头介绍精准扶贫工作小分队的人员组成和村委会，接着以开展"贫困户识别登记工作"讲述红山村的"天桥"和贫困户具体情况，分阶段开展基础设施大会战，完成"架设铁索桥、修通全村通屯水泥公路、改造全村电网、建成全村集中供水工程，成立生态养殖专业合作社，引进食品加工公司"等一系列的基础设施建设工作。驻村第一书记"毛一"带领的精准扶贫工作小分队工作，坚持以人民为中心的工作导向，完成"两识别""两公示""一公告""双认定"等具体工作，克服了重重困难，终于如期完成各阶段的任务。在此过程中与红山村村民结下深厚的情谊，赢得群众的充分信任和认可。

其实，《驻村笔记》要讲述的故事，作者在题目中就有所交代。所谓《驻村笔记》，即讲述"驻村"过程中精准扶贫的故事，这是故事的内容。至于如何讲述？即采用"笔记"的形式。题目言简意赅，又有深意，足见作者的匠心。《驻村笔记》聚焦新时代中国的精准扶贫工作，记录了乡村扶贫工作的方方面面，是一部关于精准扶贫工作的"档案"。小说以"现在全国人民都在扶贫，各行各业都在扶贫"的文学性语言，介绍了当时中国精准扶贫工作的现状，关于扶贫工作的指导思想和政策文件一直贯穿于作品之中。如扶贫工作中要做到"六个精准"，即扶贫对象要精准、项目安排要精准、资金使用要精准、措施到位要精准、因村派人要精准、脱贫成效要精准；精准扶贫"一进二看三算四比五评议"的识别法，精准扶贫贫困评议的"八条规定"和"一票否决制"，《精准识别入户评估表》的16个大项68个小项的指标及分值等。另外，作者十分注重扶贫工作的具体开展，数据的准确度很高。如介绍红山村的基本情况：全村29个村民小组、35个自然屯、701个农户，总人口3506人，耕地面积1596亩。村小学现有一至六年级学生370名，教师29名。可见，《驻村笔记》确实是驻村第一书记和扶贫工作队员的"回忆录"。

至于讲好中国故事，离不开讲故事的形式。红日的《驻村笔记》则采用"笔记体"的艺术形式。笔记，是一种文学体式，也称"笔记体"，顾名思义就是随笔记叙。笔记作为一种史体，始于北宋宋祁的《笔记》，该书即为随笔杂录之作。此后，这类作品一般谓之笔记，亦有用笔谈、笔录、随笔、偶笔、杂记、杂录等为书名的，一般书目列于子部。魏晋南北朝则为笔记的兴起时期，出现大量笔记，如《世说新语》最为人们熟知。中国现当代文学史上，有鲁迅先生的日记体小说《狂人日记》、周作人的笔记体散文，以及汪曾祺的笔记体小说等。将红日的《驻村笔记》理解为"日记""随笔"更为准确。小说中的主人公毛志平是日记的主人，与作家红日所经历的扶贫工作相一致，所以作品描写的精准扶贫工作，如此真实、如此生动。

《驻村笔记》中经常出现当下的时政热词，如"不忘初心""撸袖子""精准扶贫""微信"。扶贫工作队的冰儿以《一座天桥连接山外的世界》的网文，也使精准扶贫工作与"互联网+"模式相结合。小说还写出来一批新时代的"新人物"。"新人物"是中国现代文学百年历史发展过程中不断提及的一个术语。不同环境下，"新人物"也成为"常谈常新"的话题。当前我国处于决胜脱贫攻坚、全面建成小康社会的阶段，塑造"新人物"，即为决胜脱贫攻坚、全面建成小康社会而做出努力的新人物，他们是"新型的驻村书记"（毛志平），"新型的村干部"（老跛），"新型的文化青年"（阿谋）。他们是作者驻村两年真实的所见所闻，是深入基层、扎根大地的收获。正如红日自言："脚上沾有多少泥土，心中就积淀多少故事。"红日的《驻村笔记》以笔记体的形式，记录红山村精准扶贫工作开展中的人与事，是扎根大地的故事，是聚焦少数民族地区发展的故事，是中华各民族一家亲的故事，称得上新时代中国好故事。

三、深入民族地区，铸牢中华民族共同体意识

红日的《驻村笔记》开篇介绍红山村的环境："进入具体位置，我们闻到具体的味道，树木的味道、泥土的味道、谷物的味道和牛粪羊粪猪粪的味道。这是一种召唤的味道，浓郁而执着。"（第1页）这是属于"红山村"的味道。

红山村是一个汉、壮、瑶、苗聚集地，生活着3000多名壮、汉、瑶、苗同胞。小说写到姚总在天桥上修建铁索桥，我向姚总表示感谢："姚总，你是红山人民的贵人、恩人，我代表全村3000多壮、汉、瑶、苗同胞感谢你。"（第129页）谈到国令的博士身份时，也提到壮语"阿士他爹"念作"博士"。（第37页）当冰儿对督导组严组长严厉指出我们扶贫工作中存在的问题表示气愤时，毛志平轻轻地拍了拍冰儿的肩膀，给冰儿说了一个苗族谚语："吃了妹妹的砂锅饭，就得为她摇摇篮。"（第62页）介绍到红山村小学的老师不像一般学校的老师，红山村的老师要掌握壮、瑶、苗三种以上的少数民族语言，因为红山村是汉、壮、瑶、苗等几个民族杂居的地方，不是随便一个一个师范毕业生都可以来上课的。所以，作者借毛志平之口说道："现在教师评职称都要考外语，少数民族语言比外语重要多了。"（第71页）这个民族聚居的红山村，有着浓郁的地域特色。

　　多民族聚居地往往地处偏远，自然环境险恶，然而身处其中的人民群众，傍山而生，故土难离。所以，小说写到扶贫的"易地搬迁"工作，十分难做，村民不愿意搬迁。"我"询问老党村民不愿搬迁的原因。"老党"说出群众的心声："开始是舍不得祖宗留下的一草一木，一砖一瓦……后来是因为无土安置，土地是农民的命根子，农民一旦离开土地，他们靠什么活命？"（第115页）这是一份对家乡的热爱，对土地的热爱，即便生存环境险恶，也不愿意离开自己的家乡。就像小说写到的红山村："对面是一座山"，山区有一座极具特色的"天桥"，由11根木头组成，对面是山崖，十分危险，但却是附近9个村民群众出山的必经之路。

　　尽管自然环境险恶，但作者笔下的红山村民风淳朴。村子里不太需要移动通信来沟通，因为一个乡土社会的互相联络就靠面对面交流。作者笔下的"我"很佩服红山村的人们如此淡定和坦然，说走就走，门也不用锁。更感叹红山村的社会治安，真是夜不闭户路不拾遗。《驻村笔记》多次写到村里喝酒、婚嫁、丧葬的风俗，以及大暑、丰收节、鬼节的节日民俗。关于红山村的丧葬仪式，其中"抛耳朵"的风俗有着浓郁的民族特色。小说写到天桥拆毁后老道公不幸意外跌落山崖，韦局请老道公的孙子覃理科在笔录上签名、按指印，表明老道公不幸意外跌落山崖的事实。当时在场的吴海龙提醒覃理科一定要询问已故老道公才能得出结论，另有胡宗强也表示："公安有公安的破案手续，我们有我们的法事程序。"示意他"抛耳朵"询问老道公的意见。而且这一行为得到众人的认可，无人反对，其结果"猪耳朵"的耳孔同时朝上，表示老道公同意孙子的意见，承认自己就是意外跌下山崖的。后又"抛耳朵"询问是否接受扶贫组的赔偿金，老道公表示不接受。"抛耳朵"其实是流行于民间的风俗，是道公向死去的逝者询问意见的一种特殊方式。道公或者问话者事先说明事情原委，接着实行"抛耳朵"程序，如果猪耳朵的耳孔同时朝上，呈现同一种姿态，表示已故者同意问话者询问的事情。如果呈现一正一反不同的姿态，表示已故者持不同意见。红日的散文《说事》也写到村委会主任刘叔兼任村里的道公，一身两职，挎包里除了一枚公章，还有两只铜质的火柴盒大小的"猪耳朵"。怀了生了盖公章，病了死了抛"猪耳朵"，都要备案的。各有各的手续，各有各的程序。作品写到刘叔向已故的钱老"抛耳朵"，实际上正好与《驻村笔记》写到的"抛耳朵"相一致。由此可见，"抛耳朵"是当地一种带有少数民族特色的风俗。

　　红日接着让扶贫小分队的国令说出实话："那个'抛耳朵'纯属封建迷信的行为，我们完全可以不听他的。"但是老章回应道："可是到了少数民族地区，我们就得尊重他们的风俗习惯。"（第81页）因为，这些风俗是约定俗成的行为，是特定社会文化区域内人们共同遵守的行为规范。尊重少数民族的风俗习惯，就是尊重少数民族的文化，是党和国家民族平等、民族团结政策的体现。习近平总书记《在全国民族团结进步表彰大会上的讲话》指出："文化是一个民族的魂魄，文化认同是民族团结的根脉。各民族在文化上要相互尊重、相互欣赏，相互学习、相互借鉴。在各族群众中加强社会主义核心价值观教育，牢固树立正确的祖国观、民族观、文化观、历史观，对构筑各民族共有精神家园、铸牢中华民族共同体意识至关重要。"类似"抛耳朵"这样带有封建迷信的行为，在作者笔下的红山村，却是具有地方特色的文化行为，这就写出了少数民族地区风俗的丰富性，也表达着对于少数民族地区文化内涵的认同。民族之间的交往交流，各民族亲如一家，相互尊重，是铸牢中华民族共同体意识的体现。因而，小说结尾写到红山村顺利完成脱贫攻坚工作，举行文艺演出时也喊出"展现中国力量，弘扬民族精神"的口号。淳朴的山民把热情和激情深藏于内心深处，以至于将对脱贫干部的不舍都以"拒签"的形式呈现。他们以为"拒签"，毛志平带领的脱贫小分队就永久留下来了，永远不走了。这样"亲如一家"真挚的情感弥足珍贵。

四、结语

红日的《驻村笔记》以笔记的形式，讲述新时代精准扶贫的故事。作品无论从故事、主题、人物、艺术手法来看都紧跟时代潮流，不仅是瑶族文学的重要成果，也是少数民族文学的优秀作品，丰富了少数民族作家文学的题材。2017年9月13日，有关专家研讨红日长篇小说《驻村笔记》，评价为"一部扎根大地的小说"，是广西作家深入生活、扎根人民的重要收获，也是作者回报人民、回报故乡的心血之作。到2020年8月24日，红日《驻村笔记》获第十二届全国少数民族文学骏马奖，作为一个文学现象，也让更多人关注到瑶族作家红日及其优秀的长篇小说《驻村笔记》。《驻村笔记》是新中国少数民族作家文学政策的新成果，也将激励更多作家深入民族地区人民的生活、扎根基层工作，创作出回报人民、回报故乡的优秀之作。我们期待瑶族文学出现更多优秀之作，也期待少数民族作家创作出更多优秀之作、经典之作！

论构建双语和谐对扶贫攻坚的作用

◎ 赵金春

【摘要】在一个多民族、多语言的国家里，为了实现各民族之间、各地区之间无障碍的互联交流，国家需要有一种全民使用的共同语，即我国的国家通用语言——普通话来推动社会经济发展，促进民族团结进步，提升国民素质和文化认同感。在国家"精准扶贫""精准脱贫"的大背景下，发挥语言因素的作用，构建双语和谐的语言关系，帮助各少数民族群众提升普通话水平，以获取更多的劳动技能，从而在经济脱贫过程中实现教育脱贫、文化脱贫，最终达到永久性脱贫，进而全面建成小康社会的目标。这不仅具有重要的经济意义，还具有深远的政治意义。

【关键词】双语和谐；语言资源；语言扶贫；双语志愿者

语言是人类社会中最重要的交际工具。语言扶贫是指将语言因素纳入扶贫工作中，利用或借助语言来开展扶贫，助力扶贫—脱贫。习近平总书记指出"扶贫"要与"扶志""扶智"相结合。"扶贫首要扶智，扶智应先通语"，而"通语"就需要在贫困地区进行语言扶贫，以提高贫困地区群众使用国家通用语言文字的能力，并在此基础上增加就业机会，提高收入水平，尽早尽快脱贫。语言扶贫作为扶贫—脱贫攻坚战略的重要组成部分，在精准扶贫的新时期被赋予了更大的责任和使命。

一、扶贫攻坚主战场分布与我国少数民族语言分布重合，注定需要构建双语和谐语言关系

我国是多民族、多语言的国家，55个少数民族中，约有6000万人使用本民族语言，约有3000万人使用本民族文字。由于自然环境和历史的原因，我国少

数民族大多生活在欠发达的边疆地区。为此，中共中央、国务院印发了《中国农村扶贫开发纲要（2011—2020年）》，在全国范围内选出了14个集中连片特困地区作为扶贫脱贫工作的重点，即六盘山区、秦巴山区、武陵山区、乌蒙山区、滇桂黔石漠化区、滇西边境山区、大兴安岭南麓山区、燕山-太行山区、吕梁山区、大别山区、罗霄山区等区域的连片特困地区，以及已明确实施特殊政策的西藏、四川省藏区、新疆南疆三地州是扶贫攻坚主战场。从语言地理来看，在这14个特困地区中，有11个地区是涵盖我国少数民族居住区的，具体如下表所示：

名称	主要民族	人口（万）	少数民族人口占
新疆南疆三地州	维吾尔族、塔吉克族、回族、哈萨克族、柯尔克孜族、满族、蒙古族、藏族、土家族、乌孜别克族、锡伯族、塔塔尔族等	670	93%
西藏	藏族、回族、纳西族、怒族、门巴族、珞巴族等	405.14	90%
四川省藏区	藏族、蒙古族、羌族、彝族、回族、苗族、傈僳族等	200	73%
滇桂黔石漠化区	壮、苗、布依、瑶、侗等	2129.3	62.1%
武陵山区	土家族、苗族、侗族、白族、回族和仡佬族等	1100	47.8%
滇西边境山区	彝、傣、白、景颇、傈僳、拉祜、佤、纳西、怒、独龙等	831.5	47.5%
乌蒙山区	彝族、回族、苗族等	2000	20.5%
大兴安岭南麓山区	蒙古族、满族、达斡尔族、锡伯族、柯尔克孜族等	111.4	13.3%
燕山-太行山区	满族、蒙古族、回族等	146	13.3%
六盘山区	回族、东乡族、土族、撒拉族等	390.1	16.6%
秦巴山区	羌族等	56.3	1.5%

这11个特困地区的共同特点是由于交通、信息较为闭塞，不少青壮年农牧民无法使用国家通用语言——普通话进行基本的外部语言交流，普通话水平低下已成为阻碍他们生产生活技能和个人脱贫致富能力提升的主要原因。[①]

二、"推普"工作在扶贫攻坚中取得可喜成就

我国的"推普"工作，始于1956年国务院颁布的《关于推广普通话的指示》。60多年来，"推普"工作取得了可喜的成就。2000年，全国语言文字使用情况调查数据显示，全国普通话的普及率是53.06%；2015年，全国范围内的普通话普及率提高到73%；时至2020年，全国范围内普通话普及率已上升至80.72%。[②]

---

① 王春辉.论语言因素在脱贫攻坚中的作用［D］.江汉学术，2018（5）.

② 邹硕.2020扶贫日语言扶贫成果发布会在京举行［N］.中国日报，2020-10-19.

这是《推普脱贫攻坚行动计划（2018—2020 年）》印发以来，语言扶贫事业取得的显著成效。贫困群众的普通话交流能力明显增强，职业技能大幅提升，为打赢脱贫攻坚战作出了积极的贡献。但是，在《中国农村扶贫开发纲要（2011—2020年）》中所列选出的 14 个集连片特困地区里，普通话的普及率远远没有达到全国平均水平。显然，现阶段提升贫困农村和民族地区群众的普通话水平是实现知识学习和其他技能提升的核心要素之一。

三、双语和谐在脱贫攻坚中的作用分析

（一）语言资源与经济有密切的关系

语言是一种资源，这一概念是 20 世纪 70 年代由外国人 Jernudd B 和 J.Das Gupta 首次提出来的。我国的孙宏开、李宇明、徐大明等专家对语言资源方面开展了相关的研究，他们研究的成果无一例外都强调语言是资源，具有重要的潜在经济价值，能够产生社会效益和政治、经济、文化、科技等效益。著名的语言经济学家 Fishman 在总结前人研究成果的基础上指出："一般说来，比起语言异质性（多样性），语言同质性（统一性）往往更多地与国家的'好的'和'合意的'特征相连。语言上同质的国家往往在经济更发达，教育上更先进，政治上更现代化，政治意识形态上也更稳定和牢固。"[1] 刘金林、马静两位学者在对广西边境民族语言研究的时候也认为"多语技能和劳动者收入之间呈正相关关系"。[2] 这一研究成果表明，语言能力尤其是通用语能力和多语能力与工资收入有直接关系。开展语言扶贫十分重要。

（二）构建双语和谐关系，助力精准扶贫

国家民委、教育部紧扣贯彻落实中央民族工作会议精神为主线，围绕中心，服务大局，以构建双语（普通话和少数民族语言）学习使用为抓手，以人才培养培训为支撑，以服务地方和基层为落脚点，启动全国双语和谐乡村（社区）试点工作。于 2015 年，选定了广西壮族自治区崇左市宁明县城中镇馗塘村等 7 个全国首批双语和谐乡村（社区）建设单位，2017 年，又选定了广西壮族自治区河

---

① 陈慧.桂西南精准扶贫视域下的语言服务 [J] .教育观察，2019 (40) .

② 刘金林，马静.边境少数民族地区语言助力脱贫攻坚实证研究——以广西靖西市为例 [J] .广西民族研究，2020 (3) .

池市东兰县武篆镇等 9 个全国第二批双语和谐乡村（社区）建设单位；立足乡村（社区）开展双语示范点建设工作，引导各民族群众通过互相学习语言，普及国家通用语言，促进各族群众交往交流交融，进而实现感情相通、心灵相通，增进民族团结。构建双语和谐关系，服务民族工作、助力精准扶贫和乡村振兴战略，取得了显著的成效。

（三）双语志愿者服务，助力精准扶贫

劳务输出是贫困地区群众脱贫致富的重要手段。背井离乡的农民工是城市建设的贡献者，也是国家建设的贡献者。由于他们所掌握的普通话和劳动技能有限，在城市里务工过程中遇到许多困难。对于贫困地区、贫困家庭来说，他们的通用语言能力往往是较低或没有的，而提升他们的通用语能力则有助于他们走出贫困。2017 年，由国家民委办公厅、中央宣传部办公厅、中央文明办秘书局、教育部办公厅、团中央办公厅联合下发《关于组织开展大学生民汉双语志愿服务工作的通知》（民办发〔2017〕160 号）和《关于印发大学生民汉双语志愿服务团建设名单的通知》（民办发〔2018〕71 号）等文件，在全国范围内组织开展大学生民汉双语志愿服务团工作。

2018 年，中南财经政法大学、大连民族大学、延边大学、云南民族大学、青海民族大学和浙江义乌工商职业技术学院 6 所学校获批为全国大学生民汉双语志愿服务团建设单位；2019 年，又增加了贵州民族大学、广西民族大学、西北民族大学、西南民族大学等大学参与大学生民汉双语志愿服务团建设工作。广大志愿者坚持以"服务少数民族群众，服务边疆民族地区，促进民族团结"为奋斗目标。在校内，面向各少数民族大学生开展学习帮困、心理辅导、融入引导、就业支持等活动。在校外，面向社会积极开展语言翻译、普通话培训、政策宣讲、支教支医、扶贫帮困等各项服务工作，为不通晓国家通用语言文字的少数民族进城务工、经商人员提供志愿服务。苏州大学的好经验是从新疆维吾尔自治区聘请少数民族专职辅导员为新疆籍务工人员提供包括普通话培训、语言翻译等志愿者服务。苏州市民宗委从 2017 年春季开始，对新疆来苏务工人员进行国家通用语言、文字培训，每年一期，每期受培训人数多达 200 人。取得了良好的社会效果。2019 年 6 月 14 日，国家五部委在苏州大学成立了"全国大学生民汉双语志愿服务团"，以及依托全国大学生民汉双语志愿服务团这个国家级载体，也为各族大学生成长成才搭建舞台，为推进各民族交往交流交融、铸牢中华民族共同体意识提供实践样本。

（四）创新技术在语言扶贫事业中发挥重要作用

如何在语言资源丰富的贫困地区开发出语言产业是一个亟待研究的课题。目前，全国各地都开发有一些适合不同地区、不同学习者的电子书、电子语言产品和简单实用的语言 APP 等学习软件。例如贵州省开发的语言扶贫产品中，把《扶贫常用语》编成侗、苗、布依、彝等五个语种的书面教材，每一篇课文都配有一个二维码，个人通过手机扫码就可以获得语音授课。贵州省民宗委还开展与普通话同内容的民族语言水平测试。让民族地区基层干部互相学习语言，助力精准扶贫，取得良好的社会效果。"广西边疆民族地区精准扶贫区语言资源丰富，可供开发的语言经济价值主要体现在多样化的地方语言艺术和民俗节日中，如山歌、地方戏曲、壮族三月三歌节、歌会等。这些语言资源如果利用得当，将可以吸引游客，创造不菲的经济价值，助力当地扶贫"。[①]

四、结束语

语言扶贫是一项长期的、持续性的艰巨任务。语言扶贫不是消灭方言和少数民族语言，而需要在推广普通话与保护民族语言资源多样性之间寻求双语和谐发展的途径；打破贫困地区与外界开展信息沟通和产品交易的语言屏障，以民族语言促进普通话学习，帮助各少数民族群众提升普通话水平，通过技术创新、制度创新、产品创新等多种路径激发语言的经济活力；促进人力资本积累与提升，助力就业创业，最终达到全民共同富裕的伟大目标。

为此，国家需要强化对民族地区的语言培训。一是要在贫困地区开展双语志愿者服务团工作，逐年提高普通话水平。二是要建立长期有效的评估机制，因地制宜设置达标指标，对基层干部开展民族语和普通话水平测试。三是要引入监督机制，把掌握少数民族语言能力和普通话能力，作为少数民族地区基层干部的绩效考核任务之一，以提高基层干部的语言扶贫意识。四是开发贫困地区语言文化产品。增加贫困地区困难群众参加语言培训的机会，构建全民双语和谐语言关系，助力精准扶贫。

① 陈慧.桂西南精准扶贫视域下的语言服务 [J] .教育观察，2019 (40) .

江西全南瑶族歌谣的整理
及其艺术特色研究 ①

◎ 曾晓林

【摘要】全南县瑶族村是江西省唯一的能通行客家话和瑶语的瑶族行政村，瑶歌内容丰富，表现手法吸收了汉族民歌的特点，又具瑶民思维方式与表达方式，主要艺术手法有比喻、对比、双关、起兴等，它对过山瑶民族文化的传播起着重要作用。

【关键词】全南瑶族；过山瑶；民歌

一、民族视野下的全南瑶族

我国瑶族主要分布在广西、湖南、云南、广东、江西、海南等省区的山区，是中国南方一个比较典型的山地民族，总人口 200 多万（2021 年第 7 次人口普查为 263.74 万）。瑶族人自称"勉""金门""布努""拉珈""炳多优"等，因经济生活、居住地区和服饰的不同，又有"盘瑶""过山瑶""顶板瑶""白裤瑶"等 30 多种称谓。中华人民共和国成立后，统称为瑶族。

江西瑶族主要分布在全南。全南地处江西省最南端，有江西南大门之称，森林覆盖率 80%，与广东省的连平、翁源、始兴、南雄等县市毗邻，境内峰峦叠嶂，林海莽莽，如诗如画的青山秀水孕育了许多古朴奇特的民间民俗文化和独具特色的民族风貌，其中，瑶族民族风情最有魅力。全南瑶民主要居住于龙源坝镇

---

① 基金项目：江西省社科规划项目《江西瑶族歌谣中的民俗、艺术与社会》（项目编号：18WX13）。

和陂头镇。龙源坝瑶族已随新农村建设项目全部迁到镇上集中居住，只有陂头镇瑶族村最有特色，其山寨分为上瑶（又称"白芒坑"）和下瑶（又称"高围子"）两个自然村组，今瑶族村是江西省唯一的仍能讲瑶语的瑶族自治村，距县城 50 多千米，距陂头镇 20 多千米。这是一支由广东省始兴县罗坝乡随狩猎迁徙而来的过山瑶，他们保留自己民族语言、服饰、生活习惯，还部分保留着刀耕火种的生产方式。在 1958 年政府还没有解决其定居生活前，他们居无定所，生活在人烟稀少的深山老林里，一家一户各占一座山头搭棚而居，过着贫穷孤单的游猎生活，每当所居山头野兽减少、耕作不利时，他们就卷起铺盖迁徙到另一座山居住，这种迁徙方式便称之为"过山"。"一把刀，一把斧，一支鸟铳"是他们与大自然搏斗、维持生计的主要工具，一般没有固定的土地，也没有由几十户村落所组成的内部家族组织，主要靠打猎为生，主要的经济来源是挖笋、采草药、养蜜蜂，生产方式以刀耕火种为主，苞谷、薯类是主要食物。新中国成立后应政府号召，才在全南县逐步定居下来，现在其政治经济生活已大有改观。

2008 年 3 月调查时，瑶寨共有 160 多户、510 多人，主要姓氏为赵、王、邓等，全村初中以上文化程度已有 12 人，有正式党员 8 名、入党积极分子 2 名。经过十余年，村民有的已外迁到县城或镇里，2015 年 9 月有瑶民 58 户、307 人；2018 年有瑶民 71 户、328 人，2019 年 4 月为 332 人。[①] 人口的持续外迁意味着当地经济文化条件还没有得到根本性的改善，对当地民族文化的传承一定程度上受到影响，需引起地方有关部门的高度重视，才能更好地赓续当地有特色的过山瑶文化。

二、全南瑶族歌谣的整理价值

江西瑶族研究，从学术期刊网知网查，仅见 5 篇论文，其中，有 4 篇为全南瑶族花棍舞研究（曹晓芸 2011 [②]，曹晓芸 2013 [③]，曹晓芸 2017 [④]，黄文华 2014 [⑤]），1 篇瑶寨旅游研究（黄俐琴 2017）[⑥]。由此可知，江西瑶族文化研究至今显得非常薄弱，对全南瑶族歌谣的研究仍一片空白，亟须加强整理与研究。

---

① 陈声年，王静.瑶族村里听新谣 [N].江西日报，2019-4-10.
② 曹晓芸.艺术奇葩 民间之魂——谈江西全南瑶族花棍舞的美学价值 [J].黄河之声，2011（23）：82-84.
③ 曹晓芸.聆听舞声——江西全南瑶族花棍舞"生态背景图"[J].大众文艺，2013（21）：43-44.
④ 曹晓芸，曹晓青，汪丽红.江西全南瑶族花棍舞身体语言的解读 [J].开封教育学院学报，2017.37（02）：262-263.
⑤ 黄文华.赣南瑶族花棍舞的形态特征与审美意蕴 [J].时代文学（下半月），2010（04）：213-214.
⑥ 黄俐琴.全南瑶族村旅游开发设想 [J].农家参谋，2017（15）：7.

全南瑶族歌谣是全南瑶寨民间祭祖及节日活动时演唱的歌本，计手抄本6大本，约300页，这是2006年调查客家文化与少数民族习惯法时所得，2019年，全南县文化部门与民族宗教部门均无此歌本。2018年7月去全南瑶寨调研时，村书记与村主任说都找不到了，2019年8月，再赴瑶村调研时找到零散的几本，但目前并没有人做过这方面的整理与研究。当地唯一能唱全本的王天祥老人已于2017年去世，还有少数几位能唱片段，但都是80岁左右的高龄老人，全南瑶族歌谣现濒于失传。

歌本分"八永唱""夜深深""大说书""小说书""经书""太原堂经书""入席拜"七大部分，独立成篇章，其中，如"太原堂经书"（太原堂氏当地王氏祠堂的堂号）等有其家族色彩，基本不同于已出版的瑶族《盘王大歌》《过山榜》《评皇券牒》等，而且里面有许多汉字书写的瑶语、当地客家话及俗体字、手写体字，对其进行整理与研究，可以呈现"过山瑶"独特的文化样貌，进一步理解少数民族与汉族（特别是与当地汉族中的客家族群文化）杂居时是如何接触、融合，并形成与传承过山瑶独特民族文化的。这对散杂居瑶族的文化适应、瑶族文化旅游开发、瑶族村寨的振兴发展，有着积极作用，也有学术价值。

整理与研究的主要内容有三方面：一是整理江西全南瑶族6本手抄歌本，这批歌本的抄录时间从"光绪二十四年夏孟月上浣"（1898年正月上旬）至1989年抄成，时间跨度大；初步梳理其内容与现有《盘古大歌》等文献有较多不同之处，带有"太原堂"王氏家族色彩，有必要先整理出来，梳理各本及各部分之间的顺序与联系，现在可以肯定的是里面主要是《盘古大歌》《盘古细歌》及祭祀用的经书。二是对歌本进行研究，考察其内容及与现有瑶族歌本特别是"过山瑶"支系之间的联系与异同；厘清江西过山瑶与始迁地粤北过山瑶之间的渊源关系及文化变迁；研究江西过山瑶歌本的深层内涵。三是进行田野考察，将歌本内容、背景、演唱与当地祭祀等民俗活动、仪式展演结合起来，将歌本置于现实生活中，进一步理解与阐释当代江西瑶族民间文化，对其传承、保护与利用等提出对策建议。

整理与研究的重点在于整理过程中发现并挖掘歌本的深层意蕴，并与现有瑶族歌本比较，发现其异同并阐释其民族文化的深刻意旨，揭示粤北过山瑶迁徙到江西全南客家山区后的文化适应与文化变迁。难点主要在于整理工作，因瑶族有语言没有文字，歌本时间跨度长，而手抄歌本中大量使用了用汉字记录的瑶族语言，同时还有不少现在几乎不用的手写体字、俗体字，这些需要懂瑶语的瑶族同胞及当地老人家合作完成。

这6大本手抄歌本主要内容是过山瑶历史来源、迁徙过程、家族组织与婚丧活动、祭祀祭祖仪式等。全南过山瑶来源于粤北南雄市始兴县，主要因经济原因而辗转迁徙；其主要姓氏现与始兴等地瑶族仍通婚，可依其族谱理清其脉络，查找粤北瑶族与近邻的湘桂两省瑶族的联系，进而将湘桂粤赣四省间的过山瑶支系的迁徙历史理清，揭示江西过山瑶的完整来源；全南过山瑶自 20 世纪 50 年代因政府政策而定居，对外操全南客家话，有其文化适应的过程；对内仍部分操瑶语，这有利于瑶族文化的认同与传承，借助当地仍然通用瑶语的现状，有助于手抄歌本的整理与解读；当地仍有祭祖等民俗仪式，歌本中的"经书""太原堂经书"中的情节内容可与此对照，一方面将作为文本的手抄歌本内容置身于活态的仪式展演中去研究，另一方面对照之下发现其异同，研究瑶族文化在客家文化圈中的传承与变迁；当地还部分保持着"直灶"（灶口直通大门）、"柴序"（烧火时按整根树木头尾顺序烧）、"鸟胙"（猎物置于灶头上方木梁上熏烤）、吊脚楼等特色鲜明的过山瑶民俗文化特征，有过山瑶文化底蕴，可以进一步挖掘整理；当地独特的花棍舞一说源于生活形态（持短棍劳作），一说源于祭祀时的点兵情节，现在当地文化部门介入，组织了华南师范大学研究者去整理、帮助编排，已成为舞台表演与迎宾表演的文化项目，结合旅游扶贫、文化扶贫进而发展当地瑶族经济，并做好民族文化传承与保护工作。

三、全南瑶歌的艺术特色

全南瑶歌中掺入了抄写者对歌词的理解，既有汉语规范化的表述，也有使用全南客家话、汉语记录的瑶语发音，还有习惯写法的手写字体、俗体字等，在阅读过程中出现晦涩难懂情况。这些瑶歌主要是还盘王愿时所唱的《盘古大歌》《盘古细歌》，也有瑶民宗教信仰仪式所唱的祭祀歌《经书》《太原堂经书》（王天祥所存，标注为太原堂王氏），也有猜字歌、农事家、情歌等内容，表达的内涵极为丰富，形式上以七言四句为主，也有三言、四言、五言等，有的还加入歌头起兴和衬词。与盘才万所编《盘王歌》[①]版本比较，在结构上、语序上、用词上都有异同，因流传地域空间上分别为赣粤两省，时间上也有不同，总体而言差异较大，但同属过山瑶歌谣，互为参校可以更好地理解全南瑶歌。

就全南瑶歌的艺术表现手法上，主要有比喻隐喻、对比衬托、谐音双关、起兴反复等，这些表现手法与汉族民歌有一致的地方，也有基于或适于瑶民思维模

---

① 盘才万.盘王歌［M］.北京：中国国际广播出版社，2016.

式与表达技艺所不同之处，对此加以分析阐释能更好地理解瑶歌，并有助于当地
过山瑶民族文化的传播。

（一）比喻隐喻手法的运用

比喻手法在乡村的理解中就是"打比方"，将深奥的道理或不太好直接说出
的本意（通常是恋情），形象生动地将他事描述出来。这要有"地方性知识"，
是基于双方共同的知识结构与理解能力，才能理会其意，达成共识。

比喻用法要基于场域中知识体系的共识。"寮起唱，客匠打刀寮起争；黄蜂
结窦娘裙脚，寮起四边也着行。"寮，即撩，也作"聊"，即男女双方走到一起，
休闲聊天，"撩"就是要挑起话题，抛出"歌头"，有人唱起第一句后，便形成
了"歌场"，有唱歌的氛围和气势。"撩起唱"后，大家不分主客，来者聚在一
起，便形如在歌场中对歌，犹如铁匠打刀，你抢一下铁锤、我翻一下铁砧，一唱
一和，你争我赶，歌声此起彼伏，然后又引来众多的男女围过来，小伙子们就像
黄蜂"结窦"筑巢，围拢于姑娘的裙脚边，试图以美妙的歌声来引起姑娘的注
意，以便有机会与中意的姑娘"着行"相恋。此句中"客匠打刀""黄蜂结窦"
就是比喻用法，源自瑶民刀耕火种的熟悉生活场景，使原意与目标语义相契合，
在歌场中达成共同的认知。又如"郎是真心来连我，又着那人来退开；衫袖里头
载丝线，井水发鱼心正凉"。姑娘的意思是你要真心来恋我的话，你就不要对别
的女人好，否则便会把我推开，虽然我就像"衫袖里头载丝线"，对你还有些思
念（"丝"与"思"谐音），但凉井水里养鱼，我的心也会一样凉。"发鱼"，养
鱼，客家话"鱼""你"同音，井水养鱼就像恋爱中不专一，水凉，心也凉。通
过这样的比喻使后两句不着痕迹地把女子的想法倾诉出来了。再如"有心作笑起
便定，无心作笑就船难；那岸有风蕉叶破，海岸无风蕉叶园"。指有心相恋就像
和河水一样结合，无心相恋则像船一样随江流走；岸边有风会把蕉叶吹破，海岸
无风则蕉树成园，只要相恋的人不会移情别恋，没有风波，则蕉叶圆、蕉树成
园，相恋的人也就有姻缘（"圆""缘"）。就像"郎心正，不能那人有二心；郎
心原能江郎树，随根生上一条心"。只要有心相恋，犹如"桄榔树"，笔直同心，
不旁枝逸出，不生出别的恋情；否则"惜便念，莫学别人连又抛；莫学大州客买
卖，前人去了后人来"。珍惜这段恋情就要时时念着，不要学别人既恋爱又抛弃，
就像大州里的人做买卖，前人问价，后人又来，用情不忠，诚心不足。

隐喻用法常借助惯习用语的表达。如隐秘之情的表述："春到了，得见哥凉
妹也凉；哥凉不得春牛驶，妹凉不得插田秧。"系隐喻手法，指男女恋情不得实

现；春牛驶、插田秧，这是春天到来后的正常农事劳作，更是情爱的形象隐喻，真是不着一字，尽得风流，如"羚羊挂角，无迹可寻"。[宋]严羽《沧浪诗话·诗辨》）针对瑶民的生活情形，也有隐喻："世上黄禾十二姓，六姓糯禾六姓粘；六姓爱生尖风岭，六姓爱生坪地田。"指瑶人十二姓，六姓居山六姓居平地。相同结构的还有："世上黄禾十二姓，六姓糯禾六姓粘；六姓煮饭饭柔软，六姓酿酒是糖甜。"也可看出瑶人族群中居住、风俗等的复杂性与丰富性。又如源自生活道理的："打开坪田种绿豆，打开坪地种桐柚；桐柚生子不好食，绿豆花开共收。"则指梧桐开花漂亮，但果子不能吃、不好吃；绿豆开花很平常，但开花所结的豆子伏于豆荚，喻指爱情不需要华而不实，要的是"伏共收"、结同心。"娘上大州郎也上，嫁下贵州郎也争；石上架高枧，放莫枧头插入泥。"此处"争"是客家话，谐音"跟"，姑娘去哪郎都跟随而去，即便嫁了也如此，犹如石上架枧，是为了让水流，但如果枧头插入泥巴堵塞了，则起不到引水作用，隐喻要感情专一。

与比喻、隐喻相关的是比拟手法的运用。"急念急连连，无物做引不得连；得郎变作青铜镜，入娘衫袖出胸前。急念急连连，无物做引不得连，得郎变作灯火子，急光急暗急来连。"把郎的恋情把作铜镜、比作灯火，一直随影相从。"手拿黄秆扫人屋，天光担水到黄昏；铜钗落地成木运，发乱变成马尾丝。"第三句又作"银叉落地成木运"，银钗落地成了木屑，比拟以前的千金小姐现在生活艰辛成了"辛苦女"。

(二) 对比手法的运用

对比手法既有具体景象与物象的对比，也有不同情境与心境的对比。如"春到了，百般树木正含芽；百般树木含芽立，妹在深房织细麻"。此句指树木吐芽，春天到来，春意盎然，女子却在深闺中织麻织丝准备嫁妆，期待爱情到来，以对比的手法，反映姑娘春怨的心情。同构关系的还有："春到了，木叶出来朵朵新；新叶出来旧叶落，旧叶落地成泥尘。"不光指姑娘春怨，小伙子也有明显感觉："春到了，百般春草傍春生；娘屋有随双双去，郎屋无双独自行。"以对比手法，姑娘找到心上人了，小伙却孤身无依、孤独寂寞。"春到了，得见哥忧妹也忧；哥忧不得春牛使，妹忧不得作风流。"这是以性别作对比，男子忧生产，女子忧无人追求。

瑶歌中也有的是以时间线性来表达，如《十二月歌》中："十一月（来收）冬，鹧鸪上树食砂糖；单食砂糖不当饭，头插好花不当双。"指时序到了十一月收获季节，鹧鸪可以上树吃糖梨子，而姑娘头戴漂亮的花朵，却还单身，没有找到心上人。"十二月[拜新]年，鹧鸪下地（田）收年粮；收得年粮有七石，鹧鸪有女不能娘。"

通过对比，喻指鹧鸪都有粮有女（有小鹧鸪），而男子还没有找到中意的姑娘。

特别值得注意的是在一定语境下的对比："楼上点灯地下暗，地下点灯楼上光；当初得见娘嫌子，如今倒转子嫌娘。"（瑶歌中"子"是男子、情郎，"娘"指姑娘，娘与子的关系所指非母子关系，而是男女恋情关系，这是瑶民的独特表述方式）有的用奇特想象作对比："隔江抛刀不入削，隔河摇扇不通风（凉）；欠双便来对面话，莫放斜刀削利良（龙）。"通过对比，要表达出有情则面对面来谈情，不要被太多的无关的事所阻挡。又如："出小不曾见大怪，今年见怪大尧天；青泥出笋郎床脚，南蛇走上屋梁眠。""出小不曾见大怪，今年见怪大尧天；山鸡上房开老酒，田螺上床共妇眠。"通过对比，泥地出笋架床脚，南蛇离开水边而上梁，山鸡开酒，田螺上床，这都是怪现象，不可能出现的。这些歌谣还有很多，如"出小不曾见大怪，今年见怪大江河；上塘得见龟拜鳖，下塘野鸭拜天鹅。""出小不曾见大怪，今年见怪笑呵呵；放得塘干捉老鼠，放火烧岭捡田螺。"类似于汉民族中的"拉翻歌"，以非正常逻辑来表达不可能出现的事象，以此反面说明正常的秩序，以及对爱情的盟誓，这与汉乐府《上邪》"我欲与君相知，长命无绝衰。山无棱，江水为竭，冬雷震震，夏雨雪，天地合，乃敢与君绝！"的抒情结构高度一致，也是情歌中常见的以空间物象对比表达手法。

对比手法运用中还善于配合衬托语境，即用对称手法："入山斩竹林林东，村头村尾织麻笼；织得麻笼千百眼，中心一眼映山红。"麻笼千只眼，但中心仅有一眼，指恋情不变。"丹竹丹，丹竹也丹郎也单；丹竹丹丹会出笋，郎打单身一世难。""丹竹丹，丹竹打排撑下滩；三十六埠都撑过，重有佛前一渡难。"歌词中的丹竹只是起兴对象，与单身的"单"同音，"丹"字的反复出现，营造了一种求偶氛围，"丹竹也丹郎也单"，但"丹竹丹丹会出笋"，会有好的结果，而郎子则经历世事，"三十六埠都撑过"，只有神庙前一滩较难过，指恋爱过程中只有最关键一步还难以实现，"郎打单身一世难"，仍然没有找到合意的姑娘。这种对称手法的运用，犹如王夫之《姜斋诗话》所言："以乐景写哀，以哀景写乐，一倍增其哀乐。"瑶歌中则更重视通过对比与衬托手法的运用，营造追求爱情过程的苦乐意境。

（三）双关用法的运用

瑶歌中的双关有三种情况，即语音、语义、语境的双关。

一是语音双关。"也无事，手拿绿豆也无真；手拿绿豆入园种，看娘不是念双人。"此处"绿豆入园种"，"园""缘"语音双关，指考验双方是有缘，特别是看姑娘是否对男子有意"念双"。"手拿铜钱二十五，数去数回二十五；又有第一歌难唱，又有第二出声难。"——数钱之事容易，但唱歌起头却很难，起着唱歌后要应和对唱也难，一语双关，指青年男女要第一个表态很难，谁也不好意思先去表白，即便表白了要得到应和允诺的"第二出声"也很难。"同叶取莲同叶骨，同搭取莲同搭心；共村又连共村我，同姓取莲同姓人。"此处的"搭"指客家器物类似竹席但比竹席更长更宽的"竹搭"，同村男女同在竹搭上取莲，既指劳作的场景，又"莲""连"（指恋情）同音双关；另一版本则作"桐叶自连桐叶骨，桐塔自连桐塔心；同村自连同村偶，同姓自连同姓娘"。以语音双关的方式，反映了历史上瑶民长时期存在的族内婚习俗。

二是语义双关，指的是同一语中可作不同的含义来理解。"真是真，真铜打刀利过心；真铜打刀心利过，不是连尔连奈人。"真铜，有的版本又作"真钢"，用它打的刀两刃锋利，"利过心""心利过"，指接受爱情的考验，看对方是否真心，只有"利过心"的真情才能忠贞不渝，才能喊出"不是连尔（你）连奈人（奈人，全南客家话，哪一个人）"！另外，还有谐音手法创造语义的双关，如《盘王细歌》中的第 22 段《歌叹》，类似于汉歌的《十二月歌》，它以十二叹的方式来抒写恋情的曲折："十叹枫木叶，落地变成绿罗红；有缘一年见三遍，无缘不见一年空。十一十二都叹了，斑竹斑斑隔妹房；莫放蜘蛛结网过，莫放火灰燂妹房。"到了十月秋冬季节，枫叶红了，转眼落地则变得斑驳不堪，有缘的话能见到三次，无缘则一年到头一次也见不到，只能独守空房。到了深冬，对恋情的渴求犹如蜘蛛牵丝结网，"丝"谐音"思"，双关语义指暗结相思，只留下无尽的思念；亦如放入房中的火炭，希望能"燂妹房"，试图变得温暖。全南县客家方言"燂""探"同音，"探妹房"指到姑娘房中约会。但这一切仿佛"隔妹房"的斑竹，只能无缘恋情，泪迹斑斑，相思与约会变得越来越遥远。

三是语境相关，在不同语境中表达类同的内涵，如"大碗酒，来时熖熖去时干；酒是五凄相任药，旧屋成双来酒浆"。其中，"熖"是"焰"的讹字，指热腾腾的酒气，客人用大碗盛着热腾腾的米酒欢饮，一下子就喝干了。这美酒的酿造是神意促成的，是瑶人所敬奉的五凄神用"相任药"所调制才有如此好的酒浆，这酿酒用的酒曲"相念药"在男女恋情的特定语境下一语双关，指青年男女也需媒人的精心撮合，以致"旧屋成双来酒浆"。

生活事项中的成双成对与青年男女恋情的成双成对之间构成了相互依存的语境结构，在瑶歌中借助语境的推演构成双关表达法则。如"不成酒，一条甘蔗不成糖；人话牛角不修箸，几时修得箸成双。"前一句指一条甘蔗太少，不能榨出糖，更不能酿造成酒，在语境中营造着单身男女的孤独无助；后一句又作"人话牛角好修箸，几时修箸得成双"，一语双关，指牛角尚且能弯曲成需成双成对使用的筷子，青年男女感叹又何时能相亲相恋才能成双成真。

（四）比兴手法的运用

起兴手法由比体与兴体两部分组成。起兴是"先言他物以引起所咏之辞也"（朱熹《诗集传》），所言他物多为全南过山瑶所在山居的自然景物，如瑶民族内婚制度的存在，以比兴手法来指证其伦理的合理性："柑子共皮各自片，韭菜共根各自长；共床夫妻不共姓，就系共姓各爷娘。"另一版本为"橘子共皮各自片，蕉子同弓自各心；共床夫妻各自姓，十分共姓各爷娘"。瑶人族内婚中可能不同姓，也可以夫妻同姓，即便同姓但不同父母，是符合瑶族文化伦理的。

比兴手法与隐喻手法的交叉使用，营造同义反复的效果："厅前种条无根竹，厅前种竹便篱根；郎是单身不有偶，厅前路望望娘行；要娘种竹娘不种，得见别人竹笋生；要娘念双娘不念，得见人双拗笋行。"歌中所描述的是：厅前没有种竹，种后则成为篱笆一样长势茂盛，情郎在厅前常常望着姑娘能前来，但常常失望，只见别人种竹，甚至竹笋都长成了，双双出入拗笋。但实际表达的内涵则是恋爱无成，只看见别人出入双双，成家立业。又如"八月八，八月禾花谷里生；八月禾花爱细雨，得生年少爱歌堂；九月葛藤花过路，二人暗会入花林；几时得到花叶里，发开花叶摘花心"。禾花爱细雨，小伙爱姑娘，二人出入花丛中，手攀花叶摘花心，希望能得到真实的恋情。

比兴手法中还夹杂着叙事意图的递进效果，递进关系一层一层深入推进，最后的才是作者的指向所在，如"急水滩得架梁碓，不图白米且图粮；郎今不图白米食，且图娘屋好爷娘"。男子在急水架桥不是要图白米，而是解决第一步的问题——引水种植水稻（粮），这样才能有粮碓米；男子如今不是要图食白米，而是要找到"娘屋爷娘"，只有她父母的应允，"我"才能得到这个好姑娘。

四、结语

全南瑶族歌谣是瑶族民族文化的奇葩，内容丰富，在与当地汉族客家民系的长期共存中，在表达手法上既吸引汉族民歌的精华，在歌谣中掺入了客家话，又有瑶族独特的思维方式与表达方式，体现出过山瑶歌谣的艺术魅力，对当地瑶族文化的传播起着重要作用。

以乳源瑶歌为例
新时代背景下瑶族民歌传承创新之我见

◎ 邓雄华　　盘招兰

【摘要】瑶族民歌具有鲜明的民族特征，反映瑶族作为中华民族重要成员之一的民族审美情趣，也体现了瑶族的民族特性，其表现形式折射着瑶族传统的生活环境与民族生存状态。特定的生存发展环境铸就了瑶歌的歌唱性特点。

【关键词】瑶歌；传承；创新

探讨一个民族的传统音乐艺术传承发展，是极为艰难而复杂的课题。特别是对于瑶族这个没有文字的民族，我们无法从文字记录的角度直接寻找历史时空的瑶族传统音乐发展轨迹。但瑶族民歌在历史长河中的不断流传与发展，就如激流的石头总是偏圆而找不到棱角，那是因为它曾经从上流走来，也遇到了不同情形的砂石碰撞的结果，所以，瑶歌的无迹可寻也许就是她的历史信息。其实，每一种文化形态的形成与发展都会像河石一样通过不同的方式留下印记，当然也会以新的方式走向未来。而我们需要思考的是，如何努力让她现在的完整，不会像河石一样最后成为散落在四处的沙粒，而是沿着有迹可循的方向变得更有光泽。本文以乳源瑶族民歌为例，探讨瑶族民歌文化的传承发展。

一、乳源瑶族民歌，瑶族文化历史及音乐艺术的综合体

乳源瑶族居住地（据全世界瑶族"过山榜"记载），是世界瑶族的祖居地之一。勉语系过山瑶山歌，按照唱法，分为讴歌、念歌、说唱结合，从内容来分，又分为以《十二月花》为代表，瑶语叫"数花歌"，又被称这"赛花柄"，是汉语

"赛过花朵的语言"的意思。国内外过山瑶山歌音调都有相同之处，但乳源过山瑶的山歌多为呐喊形式的，同时可分为两种，一种为念歌，另一种为喊歌，念歌小声领唱和传授时用，喊歌则由山林或对唱逐渐形成日常对歌的歌唱形式。瑶族山歌歌词分两大类，古典歌词，即兴创作的歌词。古典歌词用汉字记载的大歌书共两千多首。早一代瑶歌艺人，即歌姆，均能背上几百首。现今中青年瑶歌民间爱好者极少数能背唱，大部分都演唱现代散歌，散歌是即兴作词即兴演唱，所唱的是反映现实生产生活的山歌。因此，掌握古典瑶歌的民间艺人，多为主持传统仪式的师爷，以及仪式中的歌姆。古时瑶人赛歌三天三夜，以歌来谈古论今，以山歌谈情说爱。瑶族没有文字，汉字历史书中很少记载，寻找、探索和了解瑶族，只有在山歌和习俗中可以找到一些有价值的历史足迹。因此，《瑶族民歌》涵盖了"开天辟地、世界由来的创世歌"：第一平王造得地、第二高王造得天，高王造天盖不过，立转地王盖过大……"还有叙述民族历史传说的《天大旱》：

　　仙人脚下千条路，千条路口到龙滩。仙人坐落龙滩口，长年出来天大旱。寅卯二年天大旱，深山竹木尽蕉枯。到处深坑无水流，到处深潭无细鱼。到处官仓无粒米，一秤称来走两钱，到处学堂无本书。寅卯二年天人旱，格木树头出火烟。蕉木将来吹出火，水底青苔出火烟。寅卯二年天大旱，四角龙门出火烟。四角龙门无水流，旱到黄龙走上天。寅卯二年见怪路，三条生上四条来。三条生上妖怪路，四条生下引怪明。莫怪歌词相说报，篱根壁上出蕉花。寅卯二年猪出角，北斗二年鸡出牙。寅卯二年见大怪，北斗二年见怪盛。

　　另外还有《葫芦晓》《洪水发》等，以及观察天文地理、发现自然、利用自然的经典唱词，甚至有反映反封建、反抗压迫，叙述民族斗争史的戏剧式唱词。因此，瑶族民歌著称瑶族的《诗经》，是瑶族社会历史的"百科全书"，是瑶族音乐文学艺术的集成。

二、瑶歌文化特点

　　瑶族民歌具有鲜明的民族特征，反映瑶族作为中华民族重要成员之一的民族审美情趣，也体现了瑶族的民族特性，其表现形式折射着瑶族传统的生活环境与民族生存状态。特定的生存发展环境铸就了瑶歌的歌唱性特点。笔者通过长期观察，总结出以下几个特点。

(一) 单一旋律高声调

原生态的瑶歌, 主要于口头相传, 没有专业人曲谱, 节奏相对自由, 因为主要用于交流, 所以旋律相对比较单一, 主要以啊、呕、啊、哎四大修饰音阶开头与结尾, 其次把所表达歌词内容安排在音阶中, 使音和词融为一体, 变成了音韵独特的瑶族山歌。单一旋律却不乏声调高, 男声高亢, 女声尖锐, 普通人难以掌握。

(二) 具有特定的 "口令" 功能

在豪强四起、封建王朝对少数民族不断打压, 甚至征伐的年代, 由于受歧视与压迫, 瑶族人为了求得民族生存的一线生机, 四处迁徙, 甚至为躲避官兵追杀, 防范强盗掠夺与迫害而往深山密林中寻找生存空间。据老人家们讲述, 瑶族人民无论是迁徙还是在深山生产劳动中, 往往通过向远方以讴歌的形式进行民族内部交流, 分辨敌友, 甚至防范猛兽。以讴歌的形式在凶险生存环境中防范风险, 同时达到狩猎合作或生产劳动交流的作用。

(三) 反映了瑶汉文化交融状态

瑶族人由于四处迁徙, 甚至在某个时期与客家人形成同进退、同路线或相互交错的迁徙历程。在民族生存发展的区域与客家人有着长期交往, 甚至相互杂居, 在共同的地域环境相互融合, 文化互相影响。特别是瑶族人没有文字的情况下, 利用汉字记录瑶族经书、瑶歌唱词, 因此, 在瑶歌传唱与发展过程中, 无疑吸取了客家山歌的某些内容和形式, 或借用, 或谐音, 或者通假字, 有助于发音等, 所以这就为什么古瑶语的唱法, 其歌瑶语中会有客家的发音。

(四) 再现了生存发展环境

瑶族民歌音色高亢、尖锐、嘹亮、悠长。体现了瑶族在告别漫长迁徙, 定居深山后的音乐发展特点。作为大山出生的儿女, 瑶族人民在四面环山、与世隔绝、崇山峻岭中, 跋山涉水中守护相望, 以高声呐喊、高声讴歌为信息通讯的生产生活背景, 铸就了瑶歌以高亢为主的特征。而大山里的山与水, 赋予了祖祖辈辈人们嘹亮的歌声与灵气。

(五) 体现了习俗风情

原始宗教是音乐起源的原因之一。瑶歌也反映了其在民间信仰方面的重要功能与作用。同时也是瑶族长期的生产生活中形成的沟通和娱乐的一种生活习俗。在旧社会，山区里的自然环境，瑶族人刀耕火种，砍木伐林，或捕鱼狩猎，除此之外，没有更多的娱乐方式，而瑶歌成了瑶族人民为纪念古人和在生活中取乐、传情，或驱赶孤独和心魔，以祈求借助山外神灵，感动野鬼恩赐神力，并对美好生活向往，自娱自乐，增添很多生活乐趣的工具。

三、瑶族民歌的传承现状不容乐观

乳源瑶族自治县的瑶族都属过山瑶。过山瑶之中也分东边瑶和西边瑶，东西两瑶的语言都相通，但"后来语"有方言之区别，西边瑶的山歌已失传，东边瑶山歌老化残缺，由于现代信息化的各种高新知识技术代替，东边瑶的山歌临近绝亡。导致现今乳源瑶族民歌传承状态不容乐观。

（一）体制化传承管理模式与社会动态发展不相适应

体制化传承保护模式存在人才队伍管理的机制不全、管理不到位等问题，年轻力量"转业"频繁，后备力量难以发展。加上体制化缺乏有效的激励机制，能紧守传承工作的极少，有情怀有担当且能术业专攻的人才匮乏。制度设计与时代发展不相适应，与民间的动态变化不相适应，宣传形式与群众需求不相适应，培训推广手法与时代发展要求、社会大众需求不相适应。导致瑶族民歌传承发展面临许多亟待解决的问题。

（二）大众对瑶族语言文化缺乏了解

瑶族语言分现代瑶语的白话文和古时候的古瑶语，也就相当于现代汉语中的普通话和古代的文言文。原生态的山歌唱词用言与传统祭祀仪式沿用的是古瑶语，而瑶族社会日常交流则是用瑶语中的"白话文"。现今瑶族人中，除了师爷及歌姆，能听懂古瑶语的极少，产生了现代瑶语的"白话文"才是瑶话，古瑶语不是瑶话的种种争论。

（三）缺乏体系化记录研究

瑶歌最开始是一种交流沟通工具，没有稳定的节奏，更没有本民族专业音乐人士去谱曲和记载，大部分通过口传相授，或者后续记载的词有所偏差。虽然不乏专题的抢救性记录或课题研究，但记录不全面，断章取义多。研究不够深入，蜻蜓点水多。缺乏系统性、专业性的记录与研究，传承工作缺乏体系化的理论支撑。

（四）体系化传承机制有待建立

学瑶歌从经典的古瑶语唱词开始，经典唱词如文言文般内涵丰富，但需要长期的学习熟念。而歌唱性的瑶歌音调很高，音色尖锐，甚至比现代声乐中的民族唱法、美声唱法的音调、音频还要高，一般人难以接受。而传统瑶歌不像现代歌曲有固定的旋律，任何一次对原歌的重唱都可能会有所不同，需要一个长时间的摸索才明白，而且会唱瑶歌的老人家缺乏总结分析能力和教学理论。因此，实施体系化的传承教学机制，是瑶族传承发展的需要。

四、当代瑶歌传承的意义

现代社会娱乐方式五花八门，原生态瑶歌需要长时间学习，已经不是现代人所需的娱乐方式。原生态曲调的单一，使得现代人感觉枯燥乏味，导致瑶歌缺乏受众。但瑶族民歌经历漫长历史形成的艺术形式，有她独特的发音技巧，难以掌握正是瑶歌的魅力所在。因此，缺乏受众并非使瑶歌在当代失去了传承发展的价值。

（一）瑶族民歌是瑶族音乐文学艺术的集成

瑶族民歌不仅是集说、唱于一体的艺术，也是瑶族集民间传说、历史记录、生产生活积累于一体的口传相授的文学艺术，更是瑶族的戏剧性艺术，是瑶族音乐文学艺术的综合体。传承瑶族民歌文化，有利于维护中华文明文化多样性，瑶族民歌承载的历史信息、文学价值极为丰富，对于研究瑶族历史甚至中华民族发展史具有重要意义。

（二）瑶族民歌是民族文化瑰宝

正如京剧的虚实结合、夸张写意，瑶族民歌无论是歌词还是唱法，虚实写意中叙述纵横千古的美丽传说，简单的韵律中唱出无限的人间音符，一个人可高可低、可洪可沉、可吟可念更可高亢无比，特殊的发声表达着丰富的情感世界，唱出的是整个民族的斗争史、迁徙史和文化史，是数代瑶族人留给我们的文化瑰宝。

（三）瑶族民歌承载着全世界瑶族的精神家园

瑶族民歌承载着国内外瑶族的共同语言和民族情感，是海内外瑶人沟通的文化桥梁，是维系世界瑶族的精神纽带。因此，传承瑶族民歌不仅有利于深化全国瑶族地区文化交流，促进各地瑶族人民的感情，增强民族认同感。同时有利于构筑世界瑶族的精神家园，有利于凝聚中华传统文化朋友圈，为建设人类命运共同体提供宝贵的民族文化支撑。

（四）瑶族民歌是中华传统优秀文化的组成部分

瑶族民歌是中华文化圈中的音乐艺术、文学艺术、戏曲艺术的特色组成部分。传承瑶族民歌文化，有利于维护中华文明文化多样性，瑶族民歌承载的历史信息、文学价值极为丰富，对于研究瑶族历史甚至中华民族发展史具有重要意义。

五、瑶族民歌传承创新的对策建议

（一）坚守初心，留下根本

首先要埋清为谁而创新，即以人民为中心。以什么为方向，即以人民为需求的创新；如何创新，守住核心，避免在创新中的倒退，尊重传统文化之根，避免在创新中扭曲。避免像现代某些京剧表演：故事在哪朝时代就穿哪朝时代的服装，违背了历代艺术家建立起来京剧的艺术法则。要尊重瑶歌的原生艺术形态，避免片面、创新地扭曲文化，侵蚀文化。

（二）坚持原生，内联外引

与生俱来的文化血脉以及从小的耳濡目染，是包括民间艺人在内的瑶族原土音乐艺术人才独有的优势，瑶族民歌的传承与发展，主体力量在于瑶族本民族，中坚力量仍然是瑶族的传承群体以及音乐艺术专业人才。无论是研究或是传承创新发展，要将培育本土力量、瑶族力量作为首选。同时也要积极加强与国内外音乐界的合作，借鉴成功经验，以包容之心引入多元的音乐艺术人才，深化交流合作，为瑶族民歌的传承创新发展提供新思想、新动力。

（三）放眼未来，加强研究

要放眼过去和未来，立足于全世界瑶族社会，古瑶语原生态唱法，在海内外瑶族社会的传承已面临危机，特别是至今还没有人研究证实具体的发声方法，所以非常值得考究。再者，瑶歌已不是单纯仪式活动的一种形式，它还是瑶族人民席地而坐、饭桌上交流等调节气氛的一种娱乐方式，可以给生活带来多姿多彩的乐趣。研究瑶族民歌，记录瑶族民歌，要找源头，抓轨迹，找背景，从歌词到内涵，细致入微。

（四）从小抓起，全面发展

要从根本抓起，从源头抓起，从领域抓起，抓娃娃抓起，从顶层设计抓起，从生产生活的点点滴滴抓起，走战略性、体系化、跨领域、全民参与的长远之路。建立传承创作支持机制，鼓励支持瑶族现有的音乐专业人才在传统瑶歌的核心基础上进行瑶歌新创，让社会、让校园有作品传唱，从经典学起，植入校园、幼儿园，在他日孩子们长大之时，便是瑶歌盛开的日子，瑶歌传承，永远长青。

（五）社会创造，全民创新

当下许多官方主办的群众文化艺术作品评比，真正来自民间的并不多。高手在民间，要让群众文化艺术创作真正成为鼓励民间创作的平台。破除长期以来文艺评比的格式化、符号化，让传统文化创新创意化蓄能得以释放。要从服务的导向思维，设立鼓励投资负面清单的扶持甚至于加以奖励机制，激发体制外专业人才、民间艺术家、民间力量的创作创新活力，让社会力量成为瑶族民歌传承创新的主体力量，形成自觉行为和积极行动。

六、结论

当下，文化创新发展已进入新时代，瑶族民歌传承迭代是不争的现实，传承迫在眉睫。无论是官方还是民间主体力量，均要积极面对，努力破解难题。瑶族民歌的传承创新发展任重道远，要站在新时代的历史方位和文化发展背景思考瑶族民歌的传承与繁荣发展之路。站在原来原生态的基础核心上去改良和发展，凸显瑶族民歌的深厚内涵，彰显民族特性，使瑶歌在新的时代以绚丽的民族风绽放光彩，重新走进寻常百姓家。